suhrkamp taschenbuch
wissenschaft 1717

Theodor W. Adorno

Gesammelte Schriften

Herausgegeben von Rolf Tiedemann
unter Mitwirkung von
Gretel Adorno, Susan Buck-Morss
und Klaus Schultz

Band 17

Theodor W. Adorno

Musikalische Schriften IV

Moments musicaux
Impromptus

Suhrkamp

Klimaneutral
Druckprodukt
ClimatePartner.com/14438-2110-1001

5. Auflage 2023

Erste Auflage 2003
suhrkamp taschenbuch wissenschaft 1717

Umschlag nach Entwürfen von
Willy Fleckhaus und Rolf Staudt
Druck und Bindung: C. H. Beck, Nördlingen
Printed in Germany
ISBN 978-3-518-29317-1

www.suhrkamp.de

Inhalt

Moments musicaux

Neu gedruckte Aufsätze 1928-1962

Vorrede

Nachdem der Autor in die beiden Bände seiner musikalischen Schriften erstmals frühere Arbeiten hineingezogen hatte, lag es nahe, einen Querschnitt seiner musikalisch-literarischen Produktion zu geben; Aufsätze aus den verschiedensten Zeiten zu sammeln, die in keinem seiner Bücher sich finden. Sie waren durchweg in Zeitschriften erschienen; das meiste ist schwer oder gar nicht mehr zugänglich. Angeordnet wurden sie nicht chronologisch, sondern sachlich. Geändert hat der Autor nur, wo er alter Unzulänglichkeiten gar zu sehr sich schämte.

Ein Gesichtspunkt der Auswahl war, ob ein Aufsatz vielleicht bewahrt werden sollte um der Wirkung willen, die er ausübte; auch, ob erstmals Motive angemeldet sind, die erst später durchgeführt wurden und denen etwas von der Durchschlagskraft der ersten Formulierung zukommt. Derlei Momente schleifen nur allzu leicht sich ab. Schließlich enthält das Buch manches, was typisch war für die Intentionen des Autors zu der Zeit, als er den Wiener ›Anbruch‹ redigierte.

Das meiste von dem, was er je über Musik schrieb, ist bereits in seiner Jugend, vor 1933, konzipiert. Zahlreiche Aufsätze aus jener Phase aber gingen während der Emigrationsjahre verloren. Für die Publikation gerettet wurden sie von Rudolf Komarnicki in Wien. Er hat mit einer Anteilnahme, die der Autor als unverdient empfindet und die ihn darum um so tiefer berührt, alles Einschlägige, das ihm seit den zwanziger Jahren erreichbar war, gesammelt und zur Verfügung gestellt. Der öffentliche Dank an ihn gibt nur ein Geringes wieder von dem, was der Autor ihm schuldet.

Zu den einzelnen Beiträgen sei soviel gesagt:

›Spätstil Beethovens‹, geschrieben 1934, gedruckt 1937, dürfte einige Aufmerksamkeit erwarten wegen des VIII. Kapitels des ›Doktor Faustus‹.

Der Aufsatz über Schubert galt dem hundertsten Todestag. Als erste umfangreichere Arbeit des Autors zur Deutung von Musik ließ er ihn passieren trotz manchen Unbeholfenheiten, und obwohl die philosophische Interpretation allzu unmittelbar, unter Vernachlässigung der technisch-kompositorischen Tatbestände, sich vorwagt. Kraß ist das Mißverhältnis zwischen dem großen Anspruch, auch dem des Tons, und dem Erfüllten; vieles bleibt, ebenso wie in der kurz danach entstandenen ›Nachtmusik‹, schlecht abstrakt. Keine andere captatio benevolentiae hätte der Autor vorzubringen, als daß seine spätere Anstrengung zentriert war in der Korrektur solcher Mängel; insofern sind sie ein Moment seines Denkens selber.

Die nächsten vier Beiträge, zeitlich weit voneinander entfernt, tasten nach Erfahrungen mit der Oper, die den Autor seit seiner Kindheit begleiten.

›Nachtmusik‹ war als Programm für die geistige Tendenz des ›Anbruch‹ gedacht. Viele der späteren Bemühungen des Autors um die geschichtliche Dynamik der Musik, die Veränderung der Werke in sich ebenso wie die Theorie der musikalischen Reproduktion, gehen darauf zurück.

Das Porträt Ravels und ›Reaktion und Fortschritt‹ vermitteln eine Vorstellung von dem, was der Autor dann im ›Anbruch‹ zu realisieren trachtete. Der Text über Fortschritt war das antithetische Seitenstück zu einem Beitrag Ernst Kreneks über den gleichen Gegenstand. Die für die ›Philosophie der neuen Musik‹ zentrale Kategorie der musikalischen Materialbeherrschung zeichnet darin sich ab.

›Neue Tempi‹ ist ein Modell jener Texte, welche ästhetische und geschichtsphilosophische Überlegungen mit praktisch-musikalischen Anweisungen verbinden. Die meisten Aufsätze solcher Art brachte ›Pult und Taktstock‹, eine Fachzeitschrift für Dirigenten, deren Herausgeber, der Schönbergschüler Erwin Stein, für die Versuche des Autors von Anbeginn großes Verständnis zeigte.

Die Jazzarbeit von 1936 ist das erste Ausführlichere, was der Autor, nach der Erstarrung der ersten Jahre unterm Faschismus, zustande brachte. In mehr als einer Hinsicht markiert die Abhandlung einen Durchbruch: künstlerisch-technologische und gesellschaftliche Erwägung setzt sie in eins. Die unpublizierten, unmittelbar darauf entstandenen Nachträge bezeugen den Willen, den Gehalt nicht in der Distanz von der Sache, sondern in der äußersten Nähe zu ihr aufzusuchen. Beides datiert vor die amerikanische Zeit des Autors zurück; Einzelinformationen trug der unterdessen tödlich verunglückte Komponist Mátyás Seiber bei, der vor 1933 die Jazzklasse des Hoch'schen Konservatoriums in Frankfurt leitete. Der Mangel an Kenntnis der spezifisch amerikanischen Aspekte des Jazz, zumal der Standardisierung, ist ebenso empfindlich wie die Überholtheit einiger Charakteristika des Jazz der dreißiger Jahre in Europa. Je weniger die Gattung sich wesentlich verändert, desto mehr Wesens machen die Fans aus ihrem geschichtlichen Wandel. Der Autor gestände als erster zu, daß manches von ihm Beschriebene in der Mode veraltet, manches zu unmittelbar sozialpsychologisch, ohne Rücksicht auf institutionelle gesellschaftliche Mechanismen interpretiert ist. Was in der ursprünglichen Konzeption versäumt ward oder noch nicht gesehen werden konnte, ist in dem ›Fetischcharakter‹ aus den ›Dissonanzen‹, der Jazzarbeit aus den ›Prismen‹ und dem Kapitel über leichte Musik aus der ›Einleitung in die Musiksoziologie‹ nachgeholt.

Die Artikel über Krenek, Weills ›Mahagonny‹ und Zilligs Verlainelieder sind physiognomischer eher als analytischer Art.

Zu dem Aufsatz über Schönbergs Bläserquintett (1928) seien Sätze aus einem viel späteren Brief des Komponisten an Rudolf Kolisch, vom 27. Juli 1932, angeführt: »Die Reihe meines Streichquartetts hast Du richtig (bis auf eine Kleinigkeit: der zweite Nachsatz lautet: 6. Ton cis, 7. gis) herausgefunden. Das muß eine sehr große Mühe gewesen sein, und ich glaube nicht, daß ich die Geduld dazu aufbrächte. Glaubst Du denn, daß man einen Nutzen davon hat, wenn man das weiß? Ich kann es mir nicht recht vorstellen. Nach meiner Überzeugung kann es ja für einen Komponisten, der sich in der Benützung der Reihen noch nicht gut auskennt, eine Anregung sein, wie er verfahren kann, ein rein handwerklicher Hinweis auf die Möglichkeit, aus den Reihen zu schöpfen. Aber die ästhetischen Qualitäten erschließen sich von da aus nicht, oder höchstens nebenbei. Ich kann nicht oft genug davor warnen, diese Analysen zu überschätzen, da sie ja doch nur zu dem führen, was ich immer bekämpft habe: zur Erkenntnis, wie es *gemacht* ist; während ich immer erkennen geholfen habe: was es *ist*! Ich habe das dem Wiesengrund schon wiederholt begreiflich zu machen versucht, und auch dem Berg und dem Webern. Aber sie glauben mir das nicht. Ich kann es nicht oft genug sagen: meine Werke sind Zwölfton-*Kompositionen*, nicht *Zwölfton*-Kompositionen: hier verwechselt man mich wieder mit Hauer, dem die Komposition erst in zweiter Linie wichtig ist.«[1] Tatsächlich jedoch war der Autor stets gänzlich desinteressiert am Reihen-Zählen. Er hatte längst vorher, in Übereinstimmung mit Schönberg, dessen Zwölftonwerke als Kompositionen: unter dem Gesichtspunkt des musikalischen Zusammenhangs analysiert. Die Abhandlung über das Bläserquintett, welche die Idee der »Auskonstruktion der Sonate« anmeldet, wollte genau dem dienen. Das Gedruckte war lediglich ihre Einleitung; der Hauptteil war bis ins einzelne der motivisch-thematischen und formalen Struktur des großen Scherzos aus jenem op. 26, ohne Rücksicht auf die Reihe, gewidmet. Er ging verloren; nicht unmöglich, daß er doch noch im Archiv von ›Pult und Taktstock‹ ausgegraben wird. Übrigens ist kein Zweifel mehr daran, daß Berg und Webern ebenfalls keinen Augenblick lang die Reihenkomposition als Selbstzweck betrachteten, sondern einzig als Darstellungsmittel des Komponierten. Zu einem Zeitpunkt, da die Frage des Fetischismus der Mittel alle anderen kompositorischen überschattet, hat die Kontroverse eine Aktualität gewonnen, die vor dreißig Jahren nicht abzusehen war.

›Verfremdetes Hauptwerk‹ schließlich gehört in den Komplex des schon seit 1937 projektierten philosophischen Werkes über Beethoven. Bislang kam es nicht zur Niederschrift, vor allem, weil die Anstrengungen des Autors immer wieder an der Missa Solemnis scheiterten. Er hat darum wenigstens versucht, den Grund jener Schwierigkeiten zu benennen, die Frage zu präzisieren, ohne sich anzumaßen, er hätte sie etwa schon gelöst.

Weihnachten 1963

1 Arnold Schönberg, Briefe, ausgewählt und hrsg. von Erwin Stein, Mainz 1958, S. 178 f.

Spätstil Beethovens

Die Reife der Spätwerke bedeutender Künstler gleicht nicht der von Früchten. Sie sind gemeinhin nicht rund, sondern durchfurcht, gar zerrissen; sie pflegen der Süße zu entraten und weigern sich herb, stachlig dem bloßen Schmecken; es fehlt ihnen all jene Harmonie, welche die klassizistische Ästhetik vom Kunstwerk zu fordern gewohnt ist, und von Geschichte zeigen sie mehr die Spur als von Wachstum. Die übliche Ansicht pflegt das damit zu erklären, daß sie Produkte der rücksichtslos sich bekundenden Subjektivität oder lieber noch »Persönlichkeit« seien, die da um des Ausdrucks ihrer selbst willen das Rund der Form durchbreche, die Harmonie wende zur Dissonanz ihres Leidens, den sinnlichen Reiz verschmähe kraft der Selbstherrlichkeit freigesetzten Geistes. Damit wird das Spätwerk an den Rand von Kunst verwiesen und dem Dokument angenähert; tatsächlich pflegt denn auch bei Erörterungen über den letzten Beethoven der Hinweis auf Biographie und Schicksal selten zu fehlen. Es ist, als wolle angesichts der Würde menschlichen Todes die Kunsttheorie ihres Rechtes sich begeben und vor der Wirklichkeit abdanken.
Nicht anders kann verstanden werden, daß man an der Unzulänglichkeit jener Betrachtungsweise kaum je ernstlich Anstoß genommen hat. Die erweist sich, sobald man anstatt der psychologischen Herkunft das Gebilde selber im Auge behält. Denn dessen Formgesetz gilt es zu erkennen, wofern man nicht die Grenzlinie zum Dokument überschreiten mag – jenseits von welcher dann freilich jedes Konversationsheft Beethovens mehr zu bedeuten hätte als das cis-moll-Quartett. Das Formgesetz der Spätwerke ist aber jedenfalls von der Art, daß sie nicht im Begriff des Ausdrucks aufgehen. Vom letzten Beethoven gibt es höchst »ausdruckslose«, distanzierte Gebilde; darum mochte man von seinem Stil eben so gern auf neue, polyphonisch-objek-

tive Konstruktion schließen wie auf jenes rücksichtslos Persönliche. Seine Zerrissenheit ist nicht stets die von Todesentschluß und dämonischem Humor, sondern oftmals rätselhaft schlechthin, fühlbar in Stücken heiteren, selbst idyllischen Tones. Der unsinnliche Geist meidet nicht Vortragsbezeichnungen wie »Cantabile e compiacevole« oder »Andante amabile«. Keinesfalls ist seiner Haltung das Cliché »Subjektivismus« plan zugeordnet. Wirkt doch in Beethovens Musik insgesamt Subjektivität, ganz im Sinne der Kantischen, nicht sowohl formdurchbrechend denn ursprünglich formerzeugend. Dafür mag exemplarisch die Appassionata einstehen: gewiß dichter, geschlossener, »harmonischer« als die letzten Quartette, aber um eben so vieles auch subjektiver, autonomer, spontaner. Trotzdem behaupten diese letzten Werke vor ihr den Vorrang ihres Geheimnisses. Wo ist es gelegen?

Zur Revision der Auffassung vom Spätstil könnte allein die technische Analyse der in Rede stehenden Werke verhelfen. Sie hätte sich vorab an einer Eigentümlichkeit zu orientieren, die von der landläufigen Auffassung geflissentlich übersehen wird: der Rolle der Konventionen. Die ist beim alten Goethe, beim alten Stifter bekannt; ebensowohl aber bei Beethoven als dem vorgeblichen Repräsentanten radikal persönlicher Haltung festzustellen. Damit schärft sich die Frage. Denn keine Konventionen zu dulden, die unvermeidlichen umzuschmelzen nach dem Drang des Ausdrucks ist das erste Gebot jeglicher »subjektivistischen« Verfahrungsweise. So hat gerade der mittlere Beethoven die herkömmlichen Begleitfiguren durch Bildung latenter Mittelstimmen, durch ihren Rhythmus, ihre Spannung und welches Mittel auch immer in die subjektive Dynamik hineingezogen und nach seiner Intention verwandelt, wo er sie nicht gar – wie im ersten Satz der Fünften Symphonie – aus der thematischen Substanz selber entwickelt und kraft deren Einmaligkeit der Konvention entreißt. Ganz anders der späte. Überall sind in seine Formensprache, auch dort, wo sie einer so singulären Syntax sich bedient wie in den fünf letzten Klaviersonaten, Formeln und Wendungen der Konvention eingesprengt. Sie sind voller schmückender Trillerketten, Kadenzen und Fiorituren; oftmals wird kahl, unverhüllt, unverwandelt die Konvention sichtbar: das erste Thema der Sonate op. 110 zeigt eine unbefangen primitive Sechzehntelbegleitung, die der mittlere Stil kaum geduldet hätte; die letzte der Bagatellen bringt Einleitungs- und Schlußtakte wie das verstörte Vorspiel einer Opernarie – all dies mitten in den härtesten Gesteinschichten der vielstimmigen Landschaft, den verhaltensten Regungen abgeschiedener Lyrik. Keine Auslegung Beethovens und wohl jeglichen Spätstils langt zu, die die Konventionstrümmer nur psychologisch, mit Gleichgültigkeit gegen die Erscheinung motivierte. Hat doch Kunst allemal bloß in der Erscheinung ihren Gehalt. Das Verhältnis der Konventionen zur Subjektivität selber muß als das Formgesetz verstanden werden, aus welchem der Gehalt der Spätwerke entspringt, wofern sie wahrhaft mehr bedeuten sollen als rührende Reliquien.

Dies Formgesetz wird aber gerade im Gedanken an den Tod offenbar. Wenn vor dessen Wirklichkeit das Recht von Kunst vergeht: dann vermag er gewiß nicht unmittelbar ins Kunstwerk einzugehen als dessen »Gegenstand«. Er ist einzig den Geschöpfen, nicht den Gebilden auferlegt und erscheint darum von je in aller Kunst gebrochen: als Allegorie. Das verfehlt die psychologische Deutung. Indem sie die sterbliche Subjektivität zur Substanz des Spätwerkes erklärt, hofft sie bruchlos im Kunstwerk des Todes innewerden zu können; das bleibt die trügende Krone ihrer Metaphysik. Wohl gewahrt sie die sprengende Gewalt von Subjektivität im späten Kunstwerk. Aber sie sucht sie in der entgegengesetzten Richtung als der, nach welcher sie drängt; sucht sie im Ausdruck von Subjektivität selber. Diese jedoch, als sterbliche und im Namen des Todes, verschwindet in Wahrheit aus dem Kunstwerk. Die Gewalt der Subjektivität in den späten Kunstwerken ist die auffahrende Geste, mit welcher sie die Kunstwerke verläßt. Sie sprengt sie, nicht um sich auszudrücken, sondern um ausdruckslos den Schein der Kunst abzuwerfen. Von den Werken läßt sie Trümmer zurück und teilt sich, wie mit Chiffren, nur vermöge der Hohlstellen mit, aus welchen sie ausbricht. Vom Tode berührt, gibt die meisterliche Hand die Stoffmassen frei, die sie zuvor formte; die Risse und Sprünge darin, Zeugnis der endlichen Ohnmacht des Ichs vorm Seienden, sind ihr letztes Werk. Darum der Stoffüberschuß im zweiten Faust und in den Wanderjahren, darum die Konventionen, die von Subjektivität nicht mehr durchdrungen und bewältigt, sondern stehen gelassen sind. Mit dem Ausbruch von Subjektivität splittern sie ab. Als Splitter, zerfallen und verlassen, schlagen sie endlich selber in Ausdruck um; Ausdruck jetzt nicht mehr des vereinzelten Ichs, sondern der mythischen Artung der Kreatur und ihres Sturzes, dessen Stufen die späten Werke gleichwie in Augenblicken des Einhaltens sinnbildlich schlagen.

So werden beim letzten Beethoven die Konventionen Ausdruck in der nackten Darstellung ihrer selbst. Dazu dient die oft bemerkte Verkürzung seines Stils: sie will die musikalische Sprache nicht sowohl von der Floskel reinigen als vielmehr die Floskel vom Schein ihrer subjektiven Beherrschtheit: die freigegebene, aus der Dynamik gelöste Floskel redet für sich. Jedoch nur im Augenblick, da Subjektivität, entweichend, durch sie hindurchfährt und mit ihrer Intention sie jäh erleuchtet; daher die Crescendi und Diminuendi, die, scheinbar unabhängig von der musikalischen Konstruktion, diese beim letzten Beethoven oftmals erschüttern.

Er sammelt nicht mehr die Landschaft, verlassen jetzt und entfremdet, zum Bilde. Er überstrahlt sie mit dem Feuer, das Subjektivität entzündet, indem sie ausbrechend auf die Wände des Werkes aufprallt, treu der Idee ihrer Dynamik. Prozeß bleibt noch sein Spätwerk; aber nicht als Entwicklung, sondern als Zündung zwischen den Extremen, die keine sichere Mitte und Harmonie aus Spontaneität mehr dulden. Zwischen Extremen im genauesten technischen Verstande: hier der Einstimmigkeit, dem Unisono, der bedeutenden Floskel, dort der Polyphonie, die unvermittelt darüber sich erhebt. Subjektivität ist es, welche die Extreme im Augenblick zusammenzwingt, die gedrängte Polyphonie mit ihren Spannungen lädt, im Unisono sie zerschlägt und daraus entweicht, hinter sich lassend den entblößten Ton; die Floskel einsetzt als Denkmal des Gewesenen, worin versteint Subjektivität selber eingeht. Die Zäsuren aber, das jähe Abbrechen, das mehr als alles andere den letzten Beethoven bezeichnet, sind jene Augenblicke des Ausbruchs; das Werk schweigt, wenn es verlassen wird, und kehrt seine Höhlung nach außen. Dann erst fügt das nächste Bruchstück sich an, vom Befehl der ausbrechenden Subjektivität an seine Stelle gebannt und dem voraufgehenden auf Gedeih und Verderb verschworen; denn das Geheimnis ist zwischen ihnen, und anders läßt es sich nicht beschwören als in der Figur, die sie mitsammen bilden. Das erhellt den Widersinn, daß der letzte Beethoven zugleich subjektiv und objektiv genannt wird. Objektiv ist die brüchige Landschaft, subjektiv das Licht, darin einzig sie erglüht. Er bewirkt nicht deren harmonische Synthese. Er reißt sie, als Macht der Dissoziation, in der Zeit auseinander, um vielleicht fürs Ewige sie zu bewahren. In der Geschichte von Kunst sind Spätwerke die Katastrophen.

1937

Schubert

> Tout le corps inutile était envahi par la transparence. Peu à peu le corps se fit lumière. Le sang rayon. Les membres dans un geste incompréhensible se figèrent. Et l'homme ne fut plus qu'un signe entre les constellations.
>
> Louis Aragon

Wer die Schwelle zwischen den Todesjahren Beethovens und Schuberts überschreitet, den ergreift ein Schauer, wie ihn ähnlich empfinden mag einer, der aus rollendem, aufgestülptem, erkaltendem Krater ins schmerzhaft feine und weiß behangene Licht kommt und vor den Lavafiguren der schutzlos gebreiteten Höhe dunkler Pflanzengespinste gewahr wird, um endlich, nah dem Berg schon und dennoch weit über seinem Haupte, die ewigen Wolken in ihrer Bahn zu erkennen. Aus dem Abgrund betritt er die Landschaft, die jenen umgibt und seine bodenlose Tiefe einzig sichtbar macht, indem sie sie mit der gewaltigen Stille ihrer Lineatur umzieht und in Bereitschaft das Licht empfängt, dem blind zuvor die glühende Masse entgegenschlug. Mag immer Schuberts Musik nicht in sich selber die Macht des tätigen Willens enthalten, der vom Schwerpunkt der Beethovenschen Natur sich erhebt: die Schlünde und Schächte, die sie durchfurchen, leiten in die gleiche chthonische Tiefe, in der jener Wille seinen Ursprung hat, und machen ihr dämonisches Bild offenkundig, das die Tat der praktischen Vernunft je und je wieder zu meistern vermochte; die Sterne aber, die ihr sichtbar leuchten, sind die gleichen, nach deren unerreichbarem Schein die eifernde Hand griff. So muß strengen Sinnes von Schuberts Landschaft die Rede sein. Nichts könnte gründlicher die Gehalte seiner Musik verfälschen, als der Versuch, ihn, da er sich schon einmal nicht wie Beethoven aus spontaner Einheit der Person verstehen läßt, als Persönlichkeit zu konstruieren, deren Idee, ein virtuelles Zentrum, die disparaten Züge ordnete. Je weiter vielmehr von solchem innermenschlichen Bezugspunkt die Züge der Schubertschen Musik sich entfernen, um so besser bewähren sie sich als Zeichen einer Intention, die allein sich durchsetzt über den Bruchstücken der trügenden Totalität des Menschen, wie er als selbstbestimmter Geist von sich aus bestehen möchte.

Jeglicher idealistischen Synopsis ebensowohl wie der vorschnellen phänomenologischen Erforschung von »Sinneinheit« enthoben, geschlossenes System so wenig wie zweckvoll wachsende Blume, gibt Schuberts Musik den Schauplatz des Miteinander von Wahrheitscharakteren ab, die sie nicht erzeugt, sondern empfängt und die nur empfangen von Menschen ausgesagt werden können. Es ist das freilich nicht so zu denken, als sei der Anteil des personellen Komponierens in Schuberts Musik rundweg getilgt, und so sehr die landläufige Vorstellung die Realität verfehlt, Schubert habe, Lyriker seiner selbst, umstandslos und ohne Zäsur ausgedrückt, was er als psychologisch bestimmtes Wesen gerade eben fühlte, so irrig wäre eine Auffassung, die den Menschen Schubert aus seiner Musik streichen möchte und ihn, nach dem Muster der Bruckner-Phraseologie, zum Gefäß göttlicher Eingebungen oder vollends Offenbarungen machen; wie denn die Rede von künstlerischer Intuition, aus schlechter psychologischer Deutung des Produktionsprozesses und wahlloser Metaphysik des fertigen Gebildes trüb gemischt, die Einsicht in Kunst stets nur versperrt. Beide Vorstellungen sind identisch eigentlich, obschon sie an der Oberfläche heftig kontrastieren, und mit der einen entfällt zugleich die andere. Beide wurzeln in einem falschen Begriff vom Lyrischen, das sie, der frevelnden Überhöhung von Kunst im neunzehnten Jahrhundert getreu, für Wirkliches nehmen; für Teilstück des wirklichen Menschen oder Splitter transzendenter Wirklichkeit, während als Kunst auch Lyrisches Bild des Wirklichen bleibt, bloß darin von anderen Bildern unterschieden, daß sein Erscheinen mit dem Einbruch des Wirklichen selber in seiner Möglichkeit verknüpft ist. Damit wird der Anteil des Subjektiven und Objektiven am Lyrischen, das Schuberts Landschaft ausmacht, neu bestimmt. Die lyrischen Gehalte werden nicht erzeugt: es sind die kleinsten Zellen der seienden Objektivität, als deren Bilder sie stehen, nachdem die großen Formen objektiven Bestandes in ihrem autoritären Recht längst verfielen. Diese Bilder indessen fallen nicht in die Seele des lyrisch geöffneten Menschen ein wie Strahlen ins Pflanzengewebe: nirgends sind Kunstwerke Geschöpfe. Sie werden vielmehr vom Menschen gleich Schießscheiben getroffen: wird die richtige Nummer erreicht, so schlagen sie um und lassen das Wirkliche selber durchscheinen. Die Kraft, die sie trifft, ist menschlich, nicht künstlerisch: Gefühl des Menschen bewegt sie. Nicht anders ist die Indifferenz des Subjektiven und Objektiven im lyrischen Gebilde zu begreifen. Nicht bildet der Lyriker im Gebilde unvermittelt sein Gefühl ab, sondern sein Gefühl ist das Mittel, Wahrheit in ihrer unvergleichlich kleinen Kristallisation ins Gebilde zu ziehen. Nicht fällt Wahrheit selber ins Gebilde, sondern stellt sich dar in ihm, und die Enthüllung ihres Bildes bleibt Werk des Menschen. Der Bildner enthüllt das Bild. Das Bild von Wahrheit aber steht allemal in Geschichte. Die Geschichte des Bildes ist sein Zerfall: Zerfall des Scheines von Wahrheit all der Gehalte, die es von sich aus meint, und Aufdeckung seiner Transparenz zu den Wahrheitsgehalten, die mit ihm gemeint sind und rein erst in seinem Zerfall hervortreten. Der Zerfall des lyrischen Gebildes nun ist der Zerfall seines subjektiven Gehaltes zumal. Die subjektiven Gehalte des lyrischen Kunstwerkes sind durchaus nur seine Stoffgehalte. Mit ihnen werden die abgebildeten Wahrheitsgehalte getroffen bloß; zwischen beiden die Einheit gehört der geschichtlichen Stunde und löst sich auf. So sind denn bleibend an lyrischen Gebilden nicht, wie naturgläubige Statik es will, konstante menschliche Grundgefühle, sondern jene objektiven Charaktere, an die im Ursprung des Kunstwerks jeweils jene Gefühle, die vergänglich sind, rührten; die subjektiv vermeinten und reproduzierten Gehalte indessen haben das gleiche Schicksal wie nur die großen materialbestimmten Formen, die die Zeit erweicht. Der dialektische Aufprall beider Mächte: der Formen, die in trügender Ewigkeit aus den Sternen abgelesen werden, und der Stoffe der Bewußtseinsimmanenz, die als unableitbare Gegebenheiten schlechthin sich setzen, zertrümmert beide und mit ihnen die vorläufige Einheit des Werkes: eröffnet das Werk als Schauplatz ihrer Vergänglichkeit und legt endlich frei, was an Bildern der Wahrheit zur brüchigen Decke des Kunstwerks sich erhob. Heute erst ist der Landschaftscharakter von Schuberts Musik evident geworden, wie heute erst das Lot die luziferische Senkrechte der Beethovenschen Dynamik ermessen kann. Die dialektische Befreiung der eigentlichen Gehalte Schuberts vollzieht sich nach der Romantik, der er selber kaum jemals blank zurechnet. Sie hat sein Werk als Zeichensprache des subjektiv Vermeinten gelesen, das Problem seiner Form in banaler Kritik unterdrückt; die psychologischen Mitteilungen, die sie aus ihm zog, hat sie dynamisch überboten und so schnell erschöpft, wie sich nur die schlechte Unendlichkeit erschöpfen läßt. Doch ließ sie als besseren Teil des Werkes dessen Rest zurück, und die Hohlräume der ausgebrochenen Subjektivität darin, die Sprünge der poetischen Oberfläche erfüllen sich sichtbar mit dem Metall, das unter den faßlichen Aussagen des Seelenlebens vordem sich verkapselt hatte. Zum Zeugnis des Untergangs der bewegenden Subjektivität im Wahrheitscharakter des Werkes steht die Verwandlung des Menschen Schubert in jenen abscheulichen Gegenstand kleinbürgerlicher Sentimentalität, dessen literarische Formel zwar Rudolf Hans Bartsch in der Figur des Schwammerl gefunden hat, die aber geheim das heutige Schubert-Schrifttum aus Österreich insgesamt beherrscht; und vollends als Schlußstück aller romantischen Schubert-Imagination deren Vernichtung im Dreimäderlhaus. Denn so klein muß ja wohl der Mensch werden, um nicht länger die Perspektive zu verstellen, die er aufgetan hat und aus deren Bannkreis er doch nicht ganz vertrieben werden darf, sondern die er als geringste Staffage am Rande beleben muß; und wieder stimmt die Gestalt jenes unstimmigen Schubert, der, ein Gelächter für Ladenmädchen unter ihresgleichen und selber ein Stück ihresgleichen, in erotischer Hilflosigkeit sich ergeht, wahrhaft besser zum genuinen Bilde seiner Musik als der vormärzliche Träumer, der immerzu am Bächlein sitzt, das er rauschen hört. Mit großem Recht auch schließt das Dreimäderlhaus an Schubert, nicht an Mozart oder Beethoven an, und die sozial determinierte Affinität des Biedermeiers zu Genrepostkarten, die den Impuls jeglicher Verkitschung Schuberts entbindet, weist sich im Werke selber aus als Fortbestand des Vereinzelten, wie es die Schubertsche Landschaft besetzt. Mag selbst der Bestand der Schubertschen Form enden, während die Beethovensche und Mozartsche unzerbrochen stumm dauert – worüber freilich, ehe nach jener Form die Frage nur ernstlich gestellt wurde, nicht entschieden werden darf –, die wirre, banale, quere und sozial der bestehenden Ordnung höchst inadäquate Welt der Potpourris garantiert seinen Themen ein zweites Leben. Im Potpourri rücken die Züge des Werkes, die mit dem Untergang der subjektiven Einheit in ihm zerstreut sind, zu einer neuen Einheit zusammen, die zwar als solche nicht sich zu legitimieren vermag, die aber einzig die Unvergleichlichkeit der Züge erweist, indem sie sie unvermittelt konfrontiert. Der Fortbestand des Themas als Thema wird vom Potpourri garantiert, das Thema an Thema fügt, ohne aus einem verändernde Konsequenzen ziehen zu müssen. Kein Thema, das vergangen wäre, könnte solche abgesetzte Nachbarschaft eines anderen ertragen; furchtbar liegt Totenstarre über den Opernpotpourris des neunzehnten Jahrhunderts. Bei Schubert aber drängen sich die Themen, ohne zur medusischen Figur zu gerinnen. Dennoch legt erst ihre blindlings unternommene Sammlung den Weg frei zu ihrem Ursprung und zugleich rückwärts den Zugang zur Schubertschen Form. Denn als die Zusammenlegspiele der Musik wollen Potpourris auf gut Glück die verlorene Einheit von Kunstwerken wiederfinden. Nur dann ist ihnen Chance zu geben, wenn jene Einheit nicht selber eine subjektiv erzeugte war, die im Glücksspiel nimmer sich heimbringen ließe, sondern wenn sie aus der Konfiguration der getroffenen Bilder aufstieg. Damit scheint nun allerdings einer Schubertauffassung umständlich das Wort geredet, wie sie herkömmlich und in ihrer Meinung vom Lyrischen falsch ist: jener nämlich, die Schuberts Musik als pflanzenhaft sich entfaltendes Wesen sieht, das ohne Rücksicht auf jede vorgedachte Form und aller Form vielleicht bar aus sich heraus wächst und erquickend blüht. Allein es ist mit der Konstruktion aus dem Potpourri gerade jene organologische Theorie strikt verneint. Solche organische Einheit wäre notwendig teleologisch: jede Zelle in ihr machte die nächste notwendig, und ihr Zusammenhang wäre das bewegende Leben der subjektiven Intention, das erstarb und dessen Restitution gewiß nicht im Sinne des Potpourris gelegen ist. Wagners Musik, nach dem Bilde des Organischen errichtet, läßt wesentlich das Potpourri nicht zu; wohl aber die von Weber und Bizet, die Schubert tatsächlich verwandt sind. Die Zellen, die das Potpourri zusammenschichtet, müssen nach anderem Gesetz ineinander verwoben gewesen sein als dem der Einheit von Lebendigem. Zugestanden selbst, es sei vergleichsweise Schuberts Musik überall mehr gewachsen als gemacht: ihr Wuchs, bruchstückhaft durchaus und niemals sich selbst genügend, ist vegetabilisch nicht, sondern kristallinisch. Indem der bewahrende Übergang zum Potpourri die ursprüngliche konfigurative Vereinzelung der Schubertschen Züge und damit den konstitutiv fragmentarischen Charakter seiner Musik bestätigt, klärt er vollends die Schubertsche Landschaft auf. Kein Zufall darf darin gesehen werden, daß im neunzehnten Jahrhundert das Potpourri zur gleichen Zeit als Surrogat musikalischer Form aufkam, zu der die Miniaturlandschaft als bürgerliches Gebrauchsobjekt jeglicher Art bis zur Ansichtskarte sich bildete. Alle jene Landschaftsintentionen konvergieren in dem Motiv, plötzlich aus Geschichte aufzuspringen, um sie wie mit einem Scherenschlag abzuschneiden. Sie haben ihr Schicksal fernerhin in Geschichte, aber allein als deren Schauplatz: niemals ist Geschichte ihr Gegenstand. In ihnen bildet die Idee einer zeitlosen mythischen Realität dämonisch depraviert sich ab. So sind auch Potpourris ohne Zeit in sich. Die vollständige Vertauschbarkeit alles thematisch Einzelnen dort zeigt an die Gleichzeitigkeit aller Ereignisse, die ohne Geschichte aneinanderrücken. Aus jener Gleichzeitigkeit läßt sich die Kontur der Schubertschen Landschaft ablesen, die sie infernalisch widerspiegelt. Jede wahrhaft legitime Depravation ästhetischer Gehalte wird inauguriert von Kunstwerken, in denen die Enthüllung des Bildes so weit gelungen ist, daß die durchscheinende Macht von Wahrheit im Bilde sich nicht mehr bescheidet, sondern ins Wirkliche eindringt. Jene Transparenz, für die das Kunstwerk mit seinem Leben zu zahlen hat, eignet den Kristallen der Schubertschen Landschaft. Dort ruhen ungeschieden Schicksal und Versöhnung beieinander; ihre zweideutige Ewigkeit wird vom Potpourri zerschlagen, damit sie erkannt werden kann. Es ist die Landschaft des Todes zuvor. So wenig Geschichte zwischen dem Eintreten eines Schubertschen Themas und einem zweiten konstitutiv waltet, so wenig ist Leben intentionales Objekt seiner Musik. Dem Problem der Hermeneutik nun, das Schubert unabweisbar stellt, wurde bislang allein in der Polemik wider den romantischen Psychologismus und nicht in der geforderten Schärfe nachgegangen. Die Kritik aller musikalischen Hermeneutik vernichtet zu Recht jegliche Deutung von Musik als poetischer Reproduktion psychischer Gehalte. Nicht aber ist sie legitimiert, den Bezug auf die getroffenen objektiven Wahrheitscharaktere zu eliminieren und die schlechte subjektivistische Betrachtung von Kunst durch den Glauben an deren blinde Immanenz zu ersetzen. Keine Kunst hat sich selbst zum Gegenstand; nur tritt ihr symbolisch Gemeintes nicht in abstrakter Sonderung von seiner materialen Konkretion auf. Es ist in seinem Ursprung unabtrennbar an jene gebunden, um sich mit Geschichte erst von ihr abzuscheiden. In Geschichte entsteigen wechselnde Gehalte dem Werk, und allein das verstummte Werk besteht für sich selber. Wenn Schuberts Werk, in Depravationen heute noch beredter als irgend andere seines Zeitalters, nicht zu versteinen brauchte, so darum gerade, weil es sein Leben nicht der vergänglichen subjektiven Dynamik in konformer Abbildung verdankt. Zu seinem Ursprung ist es das unorganische, sprunghafte, brüchige Leben von Steinen bereits, und zu tief ist ihm der Tod eingesenkt, als daß es den Tod zu fürchten hätte. Keinesfalls ist da an die psychologischen Reflexe, die Todeserlebnisse zu denken, und die zahllosen Anekdoten, die von Todesahnungen des Menschen Schubert berichtet werden, haben kaum anderen Wert als den von schwachen Zeichen. Höher schon ist die Wahl der Texte einzuschätzen, deren Kraft die Schubertsche Landschaft in Bewegung bringt, mag sie auch rasch genug unter ihrer Masse verschüttet werden. Besonders ist daran zu erinnern, daß die beiden großen Zyklen an Gedichte anknüpfen, in denen stets wieder die Bilder des Todes vor den Menschen sich stellen, der so klein zwischen ihnen wandert wie nur Schubert im Dreimäderlhaus. Bach, Mühle und schwarze winterliche Einöde, im Zwielicht der Nebensonnen ohne Zeit wie im Traum sich erstreckend, sind die Zeichen der Schubertschen Landschaft, trockene Blumen ihr trauriger Schmuck; die objektiven Todessymbole lösen sie aus, und ihr Gefühl kehrt in die objektiven Todessymbole zurück. So ist die Schubertsche Dialektik geartet: sie saugt die verbleichenden Bilder der seienden Objektivität mit der Macht subjektiver Innerlichkeit an, um sie in den kleinsten Zellen der musikalischen Konkretion wiederzufinden. Das allegorische Bild vom

Tod und dem Mädchen geht unter in ihr; aber nicht um sich im Gefühl des Individuums zu lösen, sondern um nach seinem Untergang aus der musikalischen Gestalt der Trauer gerettet sich zu erheben. Sie ist damit freilich qualitativ verändert. Aber erst im kleinsten glückt die Veränderung. Im großen herrscht der Tod. Allein der zyklische Charakter der Disposition der beiden Liederreihen vermöchte es zu erweisen: denn der kreislaufhafte Umgang der Lieder ist der zeitlose zwischen Geburt und Tod, wie blinde Natur ihn diktiert. Der ihn durchmißt, ist der Wanderer. Niemals wurde die Kategorie des Wanderers in ihrer bestimmenden Dignität für die Struktur des Schubertschen Werkes erörtert; während sie doch um so tiefer in Schuberts mythischen Gehalt Einsicht eröffnet, als sie von der handgreiflichen Symbolik Wagners sich gänzlich fernhält und wahr in sich begreift, was dort scheinhaft zitiert wird. Wenn die Psychoanalyse Reise und Wanderschaft für die objektive Todessymbolik als archaisches Residuum beschlagnahmt, so sind beide in der Landschaft des Todes füglich zu suchen. Der exzentrische Bau jener Landschaft, darin jeder Punkt dem Mittelpunkt gleich nah liegt, offenbart sich dem Wanderer, der sie durchkreist, ohne fortzuschreiten: alle Entwicklung ist ihr vollkommenes Widerspiel, der erste Schritt liegt so nahe beim Tod wie der letzte, und kreisend werden die dissoziierten Punkte der Landschaft abgesucht, nicht sie selber verlassen. Denn Schuberts Themen wandern nicht anders als der Müller oder der, den im Winter die Geliebte verließ. Nicht Geschichte kennen sie, sondern perspektivische Umgehung: aller Wechsel an ihnen ist Wechsel des Lichtes. Es erklärt sich damit Schuberts Neigung, das gleiche Thema zwei-, dreimal in verschiedenen Werken, und verschieden, zu exponieren; am denkwürdigsten wohl in der Wiederholung jener unvergangenen Melodie, die als Thema von Klaviervariationen, als Variationenthema im a-moll-Quartett und in der Rosamunde-Musik steht. Töricht, jene Wiederkehr aus der Unersättlichkeit des Musikanten zu erklären, der doch bei seinem bis zum Überdruß ausgeschrienen Melodienreichtum hundert andere Themen hätte finden können; dem Wandernden allein begegnen unverändert, aber anderen Lichtes die gleichen Partien wieder, die ohne Zeit sind und unverbunden vereinzelt sich darstellen. Dies Schema befaßt nicht bloß die wiederholte Anwendung des gleichen Themas in verschiedenen Stücken, sondern wesentlich die Konstitution der Schubertschen Formen in sich. In ihnen auch bleiben die Themen ohne dialektische Geschichte; und wenn Schuberts Variationenwerke nirgends, wie Beethovens, das Gefüge des Themas angreifen, sondern es umspielen und umgehen, so ist zumal dort die kreisende Wanderschaft Schuberts Form, wo ihr nicht ein vordergründig zugängliches Zentrum gegeben ward, nein, wo dies Zentrum allein in der Kraft sich kundtut, alles, was erscheint, auf sich hin zu richten. Derart sind sowohl die Impromptus und Moments musicaux, als auch vollends die Werke in Sonatenform gefügt. Nicht allein die gründende Negation aller thematisch-dialektischen Entwicklung stellen sie disparat zur Beethovenschen Sonate, sondern ebensowohl auch die Wiederholbarkeit unveränderter Charaktere. Daß in der ersten a-moll-Sonate etwa zwei Einfälle den Satz anlegen, die nicht als erstes und zweites Thema gegeneinander stehen, vielmehr beide in der ersten sowohl wie in der zweiten Themengruppe enthalten sind, ist nicht einer motivischen Ökonomie zuzuschreiben, die um der Einheit willen haushält mit dem Material, sondern der Wiederkehr des Gleichen in der ausgebreiteten Vielfalt. Man kann hier den Ursprung jenes Begriffes von Stimmung aufsuchen, wie er für die Kunst des neunzehnten Jahrhunderts und die Landschaftsmalerei zumal seine Geltung behielt: Stimmung ist, was wechselt an dem, was zeitlos sich selber gleichbleibt, ohne daß Wechsel Macht hätte darüber. Es bedarf allein der Lockerung dessen, was gleich bleibt, um Stimmung alsogleich in Schein zu verwandeln. Darum haftet die Echtheit von Schuberts perspektivischen Stimmungen unabtrennbar an der Echtheit des identischen Gehaltes, den sie umkreisen; und wenn sie dem Verfall von Stimmungskunst entrannen, haben sie es den getroffenen Charakteren selber zu verdanken. Wiederholbar ist das ansichseiende Einzelne, nie das subjektiv Erzeugte, das in Zeit notwendig verläuft. Nicht die Wiederholungen als solche sind es, die die Formen Schumanns und Wagners gefährden, sondern bloß die Wiederholung von Unwiederholbarem, das allein an jenem Ort der Form sein Recht hat, wo es der innerzeitlichen subjektiven Dynamik entsteigt. Anders bei Schubert. Seine Themen sind Erscheinungen von Wahrheitscharakteren, und das Vermögen des Künstlers ist darauf beschränkt, ihr Bild mit Gefühl zu treffen, und nachdem es einmal erschienen, es wieder und wieder zu zitieren. Kein Zitat aber geschieht zur gleichen Zeit, und darum wechselt die Stimmung. Schuberts Formen sind Formen der Beschwörung des einmal Erschienenen, nicht der Verwandlung des Erfundenen. Dies gründende Apriori hat die Sonate vollständig ergriffen. Da treten anstelle von entwickelnden Vermittlungssätzen harmonische Rückungen als Umbelichtungen und führen in ein neues Landschaftsbereich, das in sich so wenig Entwicklung kennt wie der vorige Teil; da wird in Durchführungen verzichtet, die Themen motivisch zu zergliedern, um aus ihren kleinsten Teilen den dynamischen Funken zu schlagen, sondern die unabänderlichen Themen werden fortschreitend enthüllt; da werden rückschauend Themen wieder aufgenommen, die durchmessen, nicht aber vergangen sind; und über allem liegt gleich einer dünnen knisternden Hülle die Sonate, die die wachsenden Kristalle überzieht, um bald zu zerbrechen. Eine wahrhafte Formanalyse Schuberts, wie sie bislang noch nicht in Angriff genommen wurde, wie sie aber programmatisch völlig klar steht, hätte vor allem der Dialektik nachzugehen, die zwischen dem vorgesetzten Sonatenschema und Schuberts zweiter, kristallinischer Form waltet und jene Form erst ergibt, indem sich der Einfall über die trügende Dynamik der Sonate hinaus zu behaupten und zu bekräftigen hat; nichts könnte die Themen mehr stärken als der immanente Zwang, eine Form zu beherrschen, die sie von sich aus als Themen nicht dulden möchte. Der fundierende Unterschied von Einfall und Erfindung, der nicht mit der Mainlinie zwischen Gnade und Willen gezogen werden darf, sondern beide mitten durchschneidet, ist mit Schubert exemplarisch fixiert. Zu den Formobjektivitäten nämlich verhalten sich beide gleichermaßen dialektisch. Erfindung durchdringt mit konstruktiver Macht deren Sein vom Subjekt aus und löst es auf in der Behauptung der Person, die die Form frei nochmals aus sich heraus erzeugt; Einfall sprengt sie durch Dissoziation, indem er ihre konstitutive Würde, die im großen verging, im kleinsten Rest bewahrt, wo sie mit der subjektiven Intention kommuniziert. Erfindung baut in den Dimensionen der unendlichen Aufgabe und trachtet Totalität zu errichten; Einfall zeichnet die Figuren der Wahrheit ab und wird belohnt durchs endliche Gelingen im kleinsten. Das erst legt die Rede vom getroffenen Bild ganz klar. Es ist getroffen zugleich wie jene Schießscheibe vom Schützen und wie das Wirkliche vom Abbild; wie eine Photographie »gut getroffen« ist, wenn sie einer Person ähnelt, so gut getroffen sind die Schubertschen Einfälle nach ihrem unvergänglichen Vorbild, von dessen Ewigkeit sie oft genug die Spuren noch bewahren, als seien sie selbst stets schon dagewesen und nur aufgedeckt; zugleich aber hat in ihnen der Mensch den Einbruch in die Region der Wahrheit so sicher vollzogen wie nur ein Schütze mit scharfen Augen. Beides Getroffensein geschieht im Augenblick, blitzhaft erhellt, nicht in der ausgebreiteten Zeit; ihr kleinstes Teil steht als Signal ihrer Aufhebung selber. Zum Zeichen des Getroffenseins; Loch im Vordergrund der Form, auf die gezielt ward, und zugleich durchscheinend zur unerreichbaren wahren Form sind Schuberts Themen asymmetrisch, in frühem Hohn auf die Architektur der Tonalität. In ihrer Unregelmäßigkeit setzt die Autonomie des getroffenen Bildes über dem abstrakten Willen zur puren Formimmanenz sich durch; ins Gefüge der subjektiven Intentionen und ihrer geschichtlich gesetzten Stilkorrelate jedoch legt sie rechtmäßig Brüche: so muß das Werk Fragment bleiben. Am Schubertschen Finale erweist sich der fragmentarische Charakter seiner Musik material. Der Kreisgang der Liedergruppen verbirgt, was in jeder zeitlichen Folge zeitloser Zellen evident werden muß, sobald sie umstandslos der Entwicklungszeit der Sonate sich zu nähern bestrebt sind; daß das Finale der h-moll-Symphonie nicht geschrieben werden konnte, ist mit der Unzulänglichkeit des Finales der Wandererphantasie etwa zusammenzudenken; nicht der Dilettant des vollen Herzens versagt vorm gefügten Schluß, sondern die Tartarusfrage, »ob noch nicht Vollendung sei«, herrscht weit und bannend über Schuberts Region, und vor ihr verstummt Musik. Darum sind die geglückten Finali, die von Schubert blieben, vielleicht die mächtigsten Signa der Hoffnung gerade, die sein Werk enthält.

Davon ist freilich in der Wandererphantasie noch nichts zu finden. Ihr helles Waldgrün sogar zieht sich im zitierenden Adagio zur finsteren acherontischen Schlucht zusammen. Die Hermeneutik des Todes, die in so viele Bilder der Schubertschen Musik eindringt und ihren objektiven Charakter anrührt, erschöpft ihn nicht. Der Affekt des Todes – denn der Affekt des Todes wird in Schuberts Landschaft nachgebildet, die Trauer über den Menschen, nicht der Schmerz in ihnen – ist allein das Tor zur Unterwelt, in die Schubert hinabgeleitet. Vor ihr versagt das hermeneutische Wort, das eben noch dem Übergang des Todes zu folgen vermag. Keine Metapher mehr kann einen Weg bahnen durch die Eisblumenwälder, die jäh anschießenden Kristalle, die gleich erstorbenen Drachen daher stürzen; die helle Oberwelt, von der immer wieder der Weg in dies Reich beginnt, ist wenig mehr als perspektivisches Mittel, der dritten Dimension die erste und zweite vorauszuschicken; so dünn als vegetabilische Decke wie eben die organisch-dialektische Sonate über Schuberts zweiter Form. Seine blinde Neigung, in der Textwahl mythologischen Gedichten zu folgen, ohne da zwischen Goethe und Mayrhofer noch viel Unterschied zu machen, markiert aufs drastischeste das Versagen allen Wortes in jenem Tiefenraum, darin das Wort allein noch Stoffe abwirft, nie aber die Macht hat, sie wahrhaft zu erleuchten. Den leer fallenden Worten, nicht ihrer erhellten Intention folgt der Wanderer in die Tiefe, und selbst seine menschliche Leidenschaft wird zum Mittel des schauenden Abstiegs, der nicht in den Grund der Seele, sondern ins Gewölbe seines Schicksals führt. »Ich will den Boden küssen / durchdringen Eis und Schnee / mit meinen heißen Tränen / bis ich die Erde seh.« Dort hinunter zieht die Harmonik, das rechte Prinzip musikalischer Naturtiefe: Natur ist aber da nicht der sinnige Gegenstand innermenschlichen Naturgefühls, sondern die Bilder der Natur sind Gleichnisse des chthonischen Tiefenraums selber, so unzulänglich als solche wie je das poetische Wort. Nicht umsonst sind Schuberts Stimmungen, die nicht kreisen bloß, sondern auch stürzen, an die harmonische Rückung, den Durchblick der Modulation geknüpft, der aufs Gleiche aus wechselnder Tiefe Licht fallen läßt. Wie Blenden verstellen jene plötzlichen, entwicklungsfremden, niemals vermittelnden Modulationen das Oberlicht; die Einführung der zweiten Themengruppe im ersten Satz der großen B-Dur-Sonate; der gewaltsame chromatische Gang etwa in dem des Es-Dur-Trios; endlich auch der Beginn des Seitensatzes der C-Dur-Symphonie haben die Überleitung des Sonatenmodells ganz zum perspektivischen Einbruch in die harmonische Tiefe verwandelt, und daß in jenen drei Durstücken die zweiten Themengruppen nach Moll gerichtet erscheinen, bedeutet nach der Symbolik der Tongeschlechter, die bei Schubert ungebrochen noch gilt, sinnfällig den Schritt ins Dunkle. Die dämonische Funktion der Tiefe erfüllt sich am alterierten Akkord Schuberts. In der nach Dur und Moll geschiedenen Landschaft steht er zweideutig wie die mythische Natur selber, nach oben und unten weisend zugleich; sein Glanz ist fahl und der Ausdruck, mit dem ihn die Konfiguration der Schubertschen Modulatorik belädt, ist der der Angst: der Angst vorm tödlichen Erkennen der Erde und vorm vernichtenden Erkennen des bloßen menschlichen Selbst: so wird der Spiegel des Doppelgängers zum Gericht über den Menschen auf dem Grunde seiner Traurigkeit. Nur daß Modulatorik und Alteration in das Idiom der tonalen Ordnung eingesprengt sind, verleiht ihnen zur geschichtlichen Stunde solche Macht. Als Widerspiel der naturalen Oberwelt unterhöhlen sie jene; nach deren Einsturz werden auch Modulatorik und Alteration in den qualitätslosen Fluß der subjektiven Dynamik eingezogen, und erst Schönberg hat mit der nachdrücklichen Bestimmung der Fundamentschritte die Schubertsche Kraft des harmonischen Prinzips nochmals gewonnen, um es endgültig zu tilgen. Ihren tiefsten Ort erreicht die Schubertsche Harmonik, der noch der Kontrapunkt als plastischer Schatten der Melodie bis hinunter folgt, im reinen Moll der Trauer. War der Affekt des Todes das Tor zum Abstieg, so ist die Erde selber, die endlich erreichte, die leibhafte Erscheinung des Todes, und vor ihr erkennt die sinkende Seele sich selbst als Weib, unentrinnbar in den Naturzusammenhang eingetan. Im letzten großen allegorischen Gedicht der deutschen Sprache, dem Bilde des Matthias Claudius vom Tod und vom Mädchen, erreicht der Wanderer den Schwerpunkt seiner Landschaft. Dort wird das Wesen Moll offenbar. Aber wie beim ertappten Kinde die Strafe der Tat, wie im niedrigsten Sprichwort die Hilfe der Not auf dem Fuße folgt, so folgt auf jenem Punkte Trost der Trauer auf dem Fuße. Die Rettung geschieht im kleinsten Schritt; in der Verwandlung der kleinen in die große Terz; so dicht rücken beide aneinander, daß die kleine Terz nach dem Erscheinen der großen als deren Schatten sich enthüllt. Es ist darum nicht zu verwundern, wenn die qualitative Differenz von Trauer und Trost, in deren konkreter Gestaltung Schuberts wahre Antwort gelegen ist, mit mediierendem Verfahren überschlagen wurde: wenn das neunzehnte Jahrhundert mit dem Begriff der Entsagung eine Formel für das Schubertsche Grundverhalten zu finden meinte. Aber der Schein von Versöhnung, der von Resignation ausgeht, hat mit dem Trost Schuberts nichts zu tun, durch den Hoffnung sich darstellt, daß der Zwang natürlicher Verstrickung irgend seine Grenze doch erreiche. Wie schwer auch Schuberts Trauer zum Grunde ziehe; und möchte selbst der Wanderer ohne Hoffnung im Wasser der Geburt untergehen; unverrückbar steht Trost über dem Toten und bürgt dafür: Hoffnung bleibt, im verworfenen Zauberkreis der Natur sei sein Ort nicht für die Ewigkeit. Hier entzündet sich in Schuberts Musik die Zeit, und das geglückte Finale kommt bereits aus anderer Sphäre als der des Todes. Freilich auch aus anderer als das Beethovensche Muß. Denn gegenüber Beethovens drohend geforderter, bedrängter, kategorial faßlicher, aber material unerreichbarer Freude ist die Schubertsche das vernommene, wirre, endlich aber sichere und unmittelbar gegebene Echo. Einmal nur stiftet es eine große Dynamik: im Aufstieg des Finales der C-Dur-Symphonie, deren Bläsermelodie wie mit wirklichen Stimmen ins Bild der Musik einschlägt und es zersprengt, wie kaum ein zweites Mal je Musik von ihrem wahren Grunde aus gesprengt worden ist. Sonst aber geht das Gelingen der Freude bei Schubert andere und wunderlich irritative Wege. Im großen vierhändigen A-Dur-Rondo singt das ausgebreitete Wohlsein, so leibhaft beständig, wie körperliches in Dauer es ist, und von Beethoven höchsten Sinnes so unterschieden wie gute Speise von der in praktischer Vernunft postulierten Unsterblichkeit. Zur Freude rechnet oftmals so auch die Extension der Schubertschen Sätze, und das Wort von der göttlichen Länge behauptet sich weiterhin, als es jemals vermeinte. Wenn in der Landschaft des Todes zeitlos die Themen beieinander stehen, so erfüllt tröstend Musik die wiedergefundene Zeit fern vom tödlichen Ende mit der vorweggenommenen Beständigkeit des Ewigen. Die Wiederholbarkeit des Schubertisch Einzelnen entspringt aus seiner Zeitlosigkeit, wandelt sich aber in Zeit zu deren materialer Erfüllung. Jene Erfüllung indessen bedarf keinesfalls durchweg der großen Sätze oder gar des Pathos einer großen Form. Viel lieber hält sie sich in einer Region tief unterhalb der bestätigten Gestalten der bürgerlichen Musikübung. Denn jene Schubertsche Welt eigentlicher Freude, der Tänze und Militärmärsche, des dürftigen vierhändigen Klaviers, der schwebenden Banalität und leichten Betrunkenheit ist sozial so wenig adäquat dem bürgerlichen, auch kleinbürgerlichen Musizieren, wie sie jemals das Daseiende selber naiv bekräftigte. Wer daran festhält, Schubert als Musikanten zu rubrizieren, sollte immerhin bedenken, daß der Musikant, von dem da die Rede sein könnte, sozial ein Deklassierter wäre, dem fahrenden Volk, den Gauklern und Zauberspielern und ihrer Wanderschaft ähnlicher als der metaphorischen Schlichtheit des Handwerkers. Es ist denn auch die Freude der Schubertschen Märsche unbotmäßig und die mit ihnen gesetzte Zeit nicht die seelischer Entwicklung, vielmehr der Bewegung von Menschenmassen. Schuberts Freude in ihrer unvermittelten Bekundung kennt keine Form mehr, fertig zum Gebrauch naht sie der unteren empirischen Realität und läßt sich fast von ihr verwenden, indem sie aus der Kunstregion ausbricht. Der solcher anarchischen Freude die Musik fand, mußte ein Dilettant sein; und wann wäre nicht die Revolution dem hohen Staatsmann dilettantisch erschienen. Jener Dilettantismus aber ist der Dilettantismus nochmaligen Beginnens und sein Siegel die selbständige Organisation, die dem Beginn entsteigt. Bei Schubert bleibt die Organisation kompositorische Technik, aber das Bild erzittert. Nirgends rückt es der Wahrheit näher als in Schuberts Folklore, völlig anderen Sinnes, als irgendeiner nach ihm sich darum mühte. Keine Korrektur der verlorenen Nähe durch die unerreichbare Ferne hat Schubert unternommen: ihm wird die transzendente Ferne erreichbar in der nächsten Nähe. Das liegt vor dem Tor wie Ungarn und so fern wie die unverständliche Sprache zugleich. Daher rührt das Geheimnis, das nicht bloß im ungarischen Divertissement, der f-moll-Phantasie und den Seitensätzen des A-Dur-Rondos, sondern in feinen Verzweigungen durchs ganze Schubertsche Werk rinnt, greifbar heranrückend und phantomgleich entschwindend im cis-moll-Thema aus dem Finale des a-moll-Quartetts. Die Sprache dieses Schubert ist Dialekt: aber es ist ein Dialekt ohne Erde. Er hat die Konkretion der Heimat; aber es ist keine Heimat hier sondern eine erinnerte. Nirgends ist Schubert der Erde ferner, als wo er sie zitiert. In den Bildern des Todes eröffnet sie sich: im Gesicht der nächsten Nähe aber hebt Natur sich selber auf. Darum führt von Schubert kein Weg zur Genre- und Schollenkunst, sondern bloß einer in die tiefste Depravation und einer in die kaum nur angesprochene Realität befreiter Musik des veränderten Menschen. In unregelmäßigen Zügen, einem Seismographen gleich, hat Schuberts Musik die Botschaft von der qualitativen Veränderung des Menschen notiert. Ihr antwortet zurecht das Weinen: Weinen der ärmsten Sentimentalität im Dreimäderlhaus nicht anders als das Weinen aus erschüttertem Leib. Vor Schuberts Musik stürzt die Träne aus dem Auge, ohne erst die Seele zu befragen: so unbildlich und real fällt sie in uns ein. Wir weinen, ohne zu wissen warum; weil wir so noch nicht sind, wie jene Musik es verspricht, und im unbenannten Glück, daß sie nur so zu sein braucht, dessen uns zu versichern, daß wir einmal so sein werden. Wir können sie nicht lesen; aber dem schwindenden, überfluteten Auge hält sie vor die Chiffren der endlichen Versöhnung.

1928

Huldigung an Zerlina

Inmitten der hochgestelzten Herren und tragischen Damen bringt sie es bloß zur Episodenfigur. Zwar ist der unwiderstehliche Blick auf sie gefallen, über den Abgrund der Stände hinweg bietet der dissolute Grande ihr die Hand, und sie wäre zu schüchtern, um nicht sogleich in sein Schloß mit ihm zu kommen: es ist nicht weit von hier. Weil aber die Opera buffa nicht die Verführung einer Unschuld gestattet, die ihr Masetto gewiß nicht ebenso stilvoll rächen könnte wie der korrekte Ottavio die der Donna Anna, macht da Ponte einen Strich durch die Rechnung der Promiskuität, in der nicht gleich um gleich getauscht wird, stellt wie die moralische so die soziale Rangordnung wieder her und läßt mitten in der stygischen Nacht den Laternenschein beseligter Nähe fallen auf ihre Versöhnung mit dem, der allen Tölpeln und Ungeschickten den Namen lieh. Im Nachspiel von Mozarts Orchester scheint die entzweite Menschheit selber versöhnt.

Solche Versöhnung hat im Namen der Freiheit statt. Zerlinas Musik klingt, als dränge sie durchs offene Flügelfenster in den weiß und goldenen Saal des achtzehnten Jahrhunderts. Sie singt noch Arien, aber deren Melodien sind schon Lieder: Natur, deren Hauch den Bann des zeremonialen Wesens löst und doch noch von den Formen umfangen ist, geborgen beim verblassenden Stil. Im Bild Zerlinas hält der Rhythmus von Rokoko und Revolution inne. Sie ist keine Schäferin mehr und noch keine citoyenne. Sie gehört dem geschichtlichen Augenblick dazwischen, und an ihr geht flüchtig eine Humanität auf, die unverstümmelt wäre vom feudalen Zwang und geschützt vor bürgerlicher Barbarei. Manche Gedichte und manche Gestalten des jungen Goethe haben etwas davon. »Und so tritt sie vor den Spiegel / All in ihrer Munterkeit« ist ihr Miniaturportrait, und wie Friederike steht sie »auf der Grenze zwischen Bäuerin und

Städterin. Schlank und leicht, als wenn sie nichts an sich zu tragen hätte, schritt sie, und beinahe schien für die gewaltigen blonden Zöpfe des niedlichen Köpfchens der Hals zu zart. Aus heiteren blauen Augen blickte sie sehr deutlich umher, und das artige Stumpfnäschen forschte so frei in die Luft, als wenn es in der Welt keine Sorge geben könnte; der Strohhut hing ihr am Arm, und so hatte ich das Vergnügen, sie beim ersten Blick auf einmal in ihrer ganzen Anmut und Lieblichkeit zu sehen und zu erkennen.« Die, ohne sich etwas Arges zu denken, den Liebhaber für ihre Treulosigkeit entschädigt, indem sie ihn ermuntert, sie zu schlagen, und die rustikale Roheit zum Raffinement verklärt – sie nimmt den utopischen Zustand vorweg, in dem der Unterschied von Stadt und Land aufgehoben ist.

Fällt aber nicht ihr Abglanz auch auf den Verführer, der schließlich doch um die Süße betrogen wird? Denn wo wäre ihre Anmut und Lieblichkeit, hätte der halb schon ohnmächtige Feudale sie nicht auf seiner Flucht durch die Oper eben noch erweckt. Weil er nicht mehr die Gewalt des jus primae noctis hat, wird er zum Sendboten der Lust, schon ein wenig komisch für die Bürger, die jene rasch genug sich verbieten. Dem Angstlosen haben sie ihr Ideal von Freiheit abgelernt. Indem es aber allgemein wird, wendet es sich gegen ihn, dem Freiheit noch ein Privileg war. Bald werden sie die Willkür in die Freiheit hineinnehmen und sie damit in ihren Widersinn verkehren. Don Juan aber war rein von der Lüge, es wäre seine Willkür die Freiheit der anderen, und damit tat er dieser die Ehre an, die er ihr raubt. Zerlina hatte recht, daß sie ihn mochte.

Ewig ist sie als Gleichnis der Geschichte im Stillstand. Wer in sie sich verliebt, meint das Unaussprechliche, das aus dem Niemandsland zwischen den kämpfenden Epochen mit ihrer silbernen Stimme tönt.

1952/53

Bilderwelt des Freischütz

Mit größerem Recht als die Meistersinger gilt der Freischütz als deutsche Nationaloper. Denn das deutsche Element setzt sich darin nicht als solches, kompromittiert sich nicht durch nationalistische Gesinnung. Man wird dabei freilich nicht zuerst an den Wald denken dürfen, der, wie Canetti in »Masse und Macht« hervorhob, nicht so unschuldig ist, wie von Pflanzen zu denken wäre: »Das Massensymbol der Deutschen«, schreibt Canetti, »war das Heer. Aber das Heer war mehr als das Heer: es war der marschierende Wald. In keinem modernen Lande der Welt ist das Waldgefühl so lebendig geblieben wie in Deutschland. Das Rigide und Parallele der aufrechtstehenden Bäume, ihre Dichte und ihre Zahl erfüllt das Herz des Deutschen mit tiefer und geheimnisvoller Freude.« Zum Erfolg des Freischütz in der Frühzeit des Vormärz hat das sicher nicht wenig beigetragen.

Musikalisch wird man das spezifisch Deutsche der romantischen Oper eher im Verhältnis zum Österreichischen zu suchen haben. Sie spricht nicht, wie in erheblichem Maß selbst Schubert, das Idiom des Wiener Klassizismus. Der Freischütz hat nicht die reine Formimmanenz, nicht das sich in sich Zusammenschließende, Integrale der großen symphonischen Musik; er ist minder verpflichtend, geöffneter. Durch Fenster und Lücken strömt eine Luft herein, welche von der dichten Kulturlandschaft draußengehalten wird. Das verleiht der Partitur die Frische, die sie ohne viel Tonmalerei zur imaginären Sprache des Waldes macht. Nirgends schöner als in Agathens Rezitativ, zu den Worten »Welch schöne Nacht«, dort, wo sie hinaustritt auf den Altan. Bildet im letzten Figaro-Akt der gestirnte Himmel über dem Schloßpark noch ein sicheres Zelt über den Verwirrten und Liebenden, so tröstet der Freischütz durch Aufatmen: im Ungedeckten.

Mit Gluck teilt das Werk ein Exterritoriales, fast Traditionsloses. Beide bereiten den Ausbruch aus der zwangvollen Logik der Kunstmusik vor, den dann Berlioz vollzog, dessen Lieblinge nicht umsonst Gluck und Weber waren. In der Einheit des undistanziert Vertrauten und der Fremdheit zur Tradition ist der Freischütz überaus bürgerlich, darum wohl auch vom sich emanzipierenden deutschen Bürgertum unmittelbarer als seine Sache empfunden worden denn Beethoven oder Mozart. Man könnte sagen, der Freischütz sei das erste musikalische Werk großen Stils, das nicht länger in einen prästabilierten Stil fällt.
Mozart gegenüber sind die Charaktere, die Profile der Personen ebenso wie die rein musikalischen, weit drastischer. Der Vergleich zwischen den Paaren Gräfin und Susanne dort, Agathe und Ännchen hier, die etwa den Rollenfächern der Sentimentalen und der Naiven entsprechen, lohnt. Bei Mozart vollzieht sich die Individualisierung der beiden Frauen durch subtilste Nuancen innerhalb seiner Formsprache, die den Vorrang bewahrt. Bei Weber sind sie keck, locker kontrastiert. Ännchen, die zum Biedermeierkousinchen gewordene serva padrona, erntet die Früchte der bürgerlichen Emanzipation, indem sie redet, wie ihr der Schnabel gewachsen ist, und kokett den Hörerinnen vom schlanken Burschen vorschwärmt, wo Susanne, auf der fernen antikischen Höhe eines erotischen Rituals, den Geliebten mit Rosen kränzt. Den Tonfall des Naseweisen in der Gruselballade oder in der sich überhaspelnden Zeile »Der wilde Jäger soll dort hetzen, und wer ihn sieht, ergreift die Flucht«, die von der Geisterwelt schon mit der Wichtigkeit eines Sensatiönchens singt, hat es vorher nicht gegeben. Für den Fortschritt ist zu zahlen: die Prägnanz der Charakteristik, die dann im musikalischen Drama bis Berg unablässig sich steigerte, geht in ihrem Anfang mit einiger Vergröberung zusammen, dem Mal des bürgerlichen Sieges über das feudal-aristokratische Europa, dessen Rudimente bei den Wienern noch im Ton der revolutionären Humanität aufbewahrt sind.
Offenbar wird der qualitative Sprung, den der Freischütz vollzieht, in der Behandlung des Orchesters. Das Neue ist, wie die Instrumente aus der klassizistischen Totale sich herauszulösen beginnen; ihre abermalige Synthesis durch das konsequent

durchgeführte Mischprinzip war erst Wagners Triumph. Der Klangspiegel des klassischen Orchesters zeigt im Freischütz verselbständigte Einzelfarben; bald gleißt er, bald trübt er sich. Die Klarinette, hoch überm Streichertremolo in der Ouvertüre frei all ihre Register ausnutzend, wölbt sich wie eine Erscheinung; tiefe Klarinetten und Pizzicati der Bässe mischen sich so schwarz, wie Beethoven noch an den düstersten Stellen nie dem Instrumentenklang es zugemutet hätte; die Posaune verläßt die Dreistimmigkeit des akkordischen Satzes und äfft, in einer großartigen Episode der Durchführung, das Schlußglied des leidenschaftlichen Liebesthemas nach, Echo als Gelächter der Hölle, die erste musikalische Verzerrung von expressiver Wirkung. Nachahmung ruft die Stimme der Leidenschaft hinab ins ungeschieden Verderbliche des Mythos. Spott wird zur Produktivkraft: das He-he-he der Bauern hebt auf dem schlechten Taktteil an, als wäre es ein guter, und bringt alle rhythmische Ordnung ins Wanken. Keiner hat vor Weber die Gewalt zerfallender Musik so auskomponiert wie das sinistre Ende des Walzers; Mahler hat im Trio der Ersten Symphonie, noch im Scherzo der Neunten der Stelle seinen Tribut gezollt, auch bei Strawinsky hallt sie wider. Das ist nicht der Böhmerwald, wo meine Wiege stand, sondern beginnendes Grauen, Zauber aus der Frühzeit der entzauberten Welt.

Geschichtlich gilt der Freischütz als das geläuterte deutsche Singspiel. Der bunte entspannte Wechsel von Dialog und Musik, die kleinen Formate vieler Nummern haben nicht zuletzt der romantischen Oper zum Einverständnis mit dem Publikum verholfen. Während aber in der Zauberflöte die Singspielerbschaft ein Welttheater stiftet, auf dem oben und unten, Opera seria, Couplet, Lied, Ziergesang und aufgeklärte Mystik gleichwie zum letztenmal im runden Kosmos sich zusammenfinden, ohne Riß zwischen dem Bereich Sarastros und dem Papagenos, zieht der Freischütz aus dem Singspiel die Kraft des Unvermittelten, Disparaten. Indem die Musik intermittiert, anstatt die gesamte Handlung auszufüllen, wird ihr Unverbindliches selber zu einem Stilprinzip; kann der Freischütz keinen Stil mehr sich vorgeben, so ist er zugleich die erste Oper, die, bescheiden und unwillkürlich, aus sich selbst Stil entläßt. Das gleicht aus, was

an Formgewalt gegenüber Mozart und dem Fidelio verloren ward, und bestimmt auch die Qualität der einzelnen Stücke. Caspars kurzes Strophenlied vom irdischen Jammertal, mit dem pfeifenden Piccolo und dem abrupten Schluß auf dem schlechten Taktteil, überragt weit die ausführliche Triumpharie des obligaten Bösewichts, und der Eremit, dessen Einspruch gegen die rachedurstige Gerechtigkeit dramaturgisch vorzüglich konzipiert ist, hat es musikalisch nicht zum Sarastro gebracht; was ins Formgesetz des Freischütz nicht paßt, gerät darin konventionell. Je weniger prätentiös die einzelnen Stücke angelegt sind, desto besser gelingen sie; auch desto hintergründiger. Das gilt vor allem für das populärste, den Jungfernkranz. Es ist als vergnügtes volkstümliches Lied rezipiert worden, und die Tempobezeichnung Andante quasi allegretto wurde darüber vergessen. Hat man die Courage, den Chor wirklich, gegen die Gewohnheit, gemächlich tickend zu nehmen, so gewinnt er sogleich etwas Fahles, Unheilvolles, die fröhliche Sitte wird Lügen gestraft, wie das Libretto es möchte. Die hinzutretende Bratschenfigur mit dem as in der letzten Strophe verhilft dann diesem Charakter zur Erscheinung, und das sich niedersenkende Nachspiel des Orchesters ist das herzbrechende Bild von Wehmut. Eine Nebennote, ein paar Dissonanzen genügen, um gerade in die harmlos eingängige Melodie das Drohende einzusenken. Auch musikalisch ist der Brautchor ein Todessymbol. All das hat die Farbe älterer Kinderbücher, die des unauslöschlichen Abendrots.
Am reichsten vielleicht ist Agathens Arie, im wiederkehrenden Adagio den Choral säkularisierend zum innigen Lied, in den rezitativischen Teilen gereiht aus Bildchen, welche vollkommene Einfachheit mit dem Hauch des Zumerstenmal vereinen. Das eben nur angedeutete Rauschen der Sechzehntel läßt alles üppige Waldweben hinter sich, ein paar Hörnerstaccati suggerieren das Lauschen auf ferne Schritte. Zum Wort Wolken, bei der Ahnung des Gewitters, ertönt eine Dissonanz. Obwohl sie nichts weiter ist als ein verminderter Septimakkord über dem Orgelpunkt auf der Wechseldominante, klingt sie, als hätte man sie noch nie vernommen, so prall an Ausdruck, daß kaum ein späterer vieltöniger Akkord dagegen aufkommt. Aus Bildchen, fast streifenhaft wie im Film, ist auch die Wolfsschlucht komponiert,

deren jedes eine Situation oder eine Gespenstererscheinung begleitet. Gerade durch diese Zurückhaltung, durch die Beschränkung auf Bühnenmusik, den Verzicht auf die Idee des großen durchlaufenden Finales wie jenes im zweiten Figaro-Akt oder in der Kerkerszene, hat das Kernstück des Freischütz seine bezwingende Originalität. Ohne Angst vertraut es der Flucht der Bilder sich an. Symphonische Ansprüche wären im Singspiel weder einzulösen, noch vertrügen sie sich mit den Farben der wechselnden Augenblicke – einer Höllenvision aus Biedermeierminiaturen. Um dieselben Jahre, in denen der Freischütz komponiert ward, hat man das Kaleidoskop erfunden; etwas von dem Bedürfnis, das jene Erfindung herbeizitierte, ist in der Wolfsschlucht Musik geworden.

Von Webers Bilderwelt hat gleichsam sich abgespalten, verselbständigt und damit den Charakter gewechselt, was im Klassizismus Einheit stiftete. Anstelle des Prinzips der integralen thematischen Arbeit, der entwickelnden Variation ist der Schwung getreten; aus der kompositorischen Verfahrungsweise ein Gestus geworden, mit dem die Musik sich vorträgt. Er erinnert an den Klaviervirtuosen, der Weber war, an die weite Spannung der Hände, die waghalsig über die Oktav hinausgriffen; der Gestus hat etwas Bravouröses, Scheinhaftes, an dem auch der Ausdruck partizipiert; Schwung und Verblendung sind im Freischütz einander nicht fern. Will der Klassizismus durch die Einheit thematischer Arbeit die Totale als sinnvoll rechtfertigen, so hat demgegenüber der Webersche Schwung schon etwas Blindes wie die späteren Ideen vom Willen und vom Leben, und kommt dadurch dem Dämonischen des Vorwurfs zugute; er entrollt grundlos und ziellos sich selbst wie das Rad in der Wolfsschlucht. Der Webersche Schwung definiert in Wahrheit bereits die hundert Jahre spätere Reaktionsform von Richard Strauss. Beethoven, der dynamische Komponist schlechthin, kennt eigentlich kaum etwas dem Verwandtes. Leben als bewußtloser Drang übernimmt sich permanent; in seinen großen Sprüngen hat es schon den Sturz in sich. Konstruiert die große Wiener Musik den Sinn, so wird der Elan selbstherrlich genossen. Freilich auch noch als Stand von Gottverlassenheit gefürchtet; die Frage in der großen Maxarie, »Lebt kein Gott?«, welche weniger die

Hölle als die Immanenz des Zufalls meint, reicht deshalb über die Opernrhetorik hinaus, weil in ihr genannt wird, was der ausgreifende Webersche Bogen, von der Einleitung des ersten Chors bis zu den Allegroteilen der Arien von Agathe und Max, in sich birgt.

Es ist der aus der guten Stube in die Vorwelt – vielleicht das Rätselbild des Biedermeiers insgesamt, auch das Jean Pauls. Die Dumpfheit des Intérieurs fluoresziert wie, wenig später, in Poes Haus Usher; die Försterei ist über chthonische Höhlen gebaut. Danach muß auch eine Inszenierung sich richten, die den Kindern nichts von dem vorenthält, was ihr orbis pictus ihnen verspricht; nur wenn das Försterhaus, ohne kunstgewerblich-altkluge Stilisierung, ebenso deutlich zu erkennen ist wie die Geister und Tiere der Wolfsschlucht, wird jener Bogen sinnfällig. Was den Nashörnern recht ist, sollte dem Wildschwein billig sein. Die Bilder sind archaische und neuzeitliche zugleich; darauf muß die Regie achten und lieber alle Jägerburschen als buntgedruckte Doppelgänger einander gleichen lassen, denn eine Illusion opfern, die hier das Medium des Entfremdeten bildet.

Im Geist des Werkes vermittelt zwischen Stube und Vorwelt das Geschlecht. Das Schicksal Agathens, der Figur gewordenen Kavatine, enthält eine unaufgelöste Sexualsymbolik, und eben ihr Gekapptes, Unkenntliches – der Schuß steht für die Defloration – schafft das überschattete Geheimnis, in dem die Musik ihre Zuflucht findet; wie wenn ein Mädchen im Schlaf weint. Enge selbst ist die Dämonie, vor der ihr bangt, als drohte sie von außen. Darum entrinnt sie ihr kaum. Wie im Märchen ist die Metaphysik des Freischütz, in dessen Epoche die einzigen bedeutenden deutschen Kunstmärchen geschrieben wurden, die der Haaresbreite. Die Anspielungen auf den Sexus sind zugleich solche auf den Untergang der gleichen Bürgerlichkeit, welche das Werk wie unter Zensur bestätigt. Gerade eben kommt der Freischütz an der Katastrophe vorbei; die Zäsuren des Singspiels sind keine anderen als die, welche das Märchen in den Mythos setzt. Das Rettende aber scheint nicht in die gottverlassene Immanenz hinein, sondern geht auf in ihr selber, das höchste Echo in der Schlucht, versöhnte Natur. *1961/62*

Hoffmanns Erzählungen in Offenbachs Motiven

Auf die Frage, was Offenbach, den Magier der Parodie und Parodiker der Mythen, zur späten Romantik des deutschen Hoffmann gezogen habe, wird herkömmlicherweise geantwortet mit dem Hinweis auf die Wahlverwandtschaft der Dämonie. So wenig dagegen sich sagen läßt, so wenig ist doch damit gesagt. Die Figur, die Offenbachs letzte und erste Oper mit dem Dichter bildet, ist weit bestimmterer Art. Nicht umsonst wird er darin auf die Bühne zitiert. Den szenischen Rahmen, den er erstellt, die Fabeln, die er entworfen hat, muß er leibhaft bewohnen. Denn die Dämonie, welche hier von der Musik beim dunklen Namen gerufen wird, ist nicht eine von abstrakten Mächten der Unterwelt, sondern entspringt aus der Wohnung wie Mirakel den Wänden von Crespels Zimmer. Wenn stets die Geister und Gespenster an Ort und Stunde gebunden waren: hier sind Ort und Stunde selber Geister und Gespenster. In ihnen verschlossen leben die Menschen, bis sie sie ersticken. So fremd sind sie ihnen wie Kirchhöfe und Kreuzwege ehemals: das mechanische Kabinett, dessen Formeln ihr eigenes Leben aus sich entrollen, dem ahnungslos die betrogenen Sinne nachfolgen; die käufliche Liebe in Venedig, die auf der Gondel davonfährt, als wäre sie von der Laterna magica hergezaubert, kostspielige Phantasmagorie; Antoniens Musiksalon mit dem hüstelnden Klavier und dem transparenten Gemälde der Mutter, dem tödlichen Modell aller Familienbilder. Wenn der Offenbach der Operetten jeglichen Zauber der Vorzeit als faulen Zauber der Profanation durch die Dingwelt preisgab: jetzt hat er den faulen Zauber der profanen Dingwelt als wahren Zauber der Vorzeit grell erleuchtet, »elektrisch und galvanisch«, wie Lintorf es nennt, mit Worten, die zur Archaik des technischen Zeitalters zählen. Als Herrn und Meister der Dingwelt aber hat er Hoffmann beschworen. Der sie rief, die Geister, wird sie nun nicht los; als unglücklich Liebender wird bis zum jüngsten Tag von den Dingen: der Puppe Olympia, der Courtisane Giulietta, der Leiche Antonia geplagt im szenischen Bilde, der einst stark genug war, von Vitrine, Taburett und Drehstuhl unverführt sie herzurufen. Pupperln heißen in Wien die Dirnen, und Antonia führt in ihrem bleichen Nachmittag ein Scheinleben, zu dem Gesang sie zwingt gleich Eurydiken und in dem sie singend verfällt. Die entfremdeten Dinge sind die Geister, gebannt in Intérieurs ohne Zugang ins tätige Leben; ihr Schein äfft den Liebenden und Musik hält ihn gefangen wie uns, die wir sie hören »in süßer Melodie von ferne«. Die Ferne ist die Nähe. Darum ist Offenbachs »romantische« Oper im neunzehnten Jahrhundert eine der wenigen mit modernem Sujet. Hier klingen die Gläser im Prunkbuffet als Stundenschlag des Todes; und was aus den Wänden unter die erstarrten Gruppen von Menschen tritt, sind keine Engel.

Die Dinge sind teuflisch, weil sie ausgebrochen sind aus jedem Zusammenhang, in dem sie Lebendigem dienen könnten. Das physikalische Kabinett ist ein Panoptikum von Figuren aus »Tragant«; Giuliettas Kissen sind zum Schein arrangiert, um den Törichten Schatten oder Spiegelbild abzunehmen, und fast möchte man glauben, der Canale grande liege hier unter Glas, daß kein Hauch in eine Schwüle wehe, die weniger die der Sinne als des Dekors ist; bei Crespel endlich haben die Dinge aus der Vergangenheit sich verschworen, zu denen auch Franz der Diener zählt, als Faktotum sächlichen Geschlechts, gesungen vom Tenor buffo, ohnmächtiger Portier des Unheils. So sinnlos einzeln wie der taube Diener, der den einläßt, den er vor allen anderen fernhalten sollte, sind rings die Dinge, und da ihr auswendiges Dasein keine Funktion mehr kennt, erwacht eine zweite, aberwitzige in ihnen selber. Unübertrefflich hat das Offenbach in der tiefsten Anlage der Form aufgefangen. Daß die Oper Skizze blieb und ein Klavierauszug, wie geschrieben fürs Heim, das darin laut wird, das hat nicht nur seinen biographischen Grund im Tod des Meisters. Sondern das Gesetz der Oper ist selber das der Skizze. Kein übergreifender Zusammenhang soll sich zwischen das partikulare Leben der Dinge und die Angst des Hörers stellen. Es gibt Einfälle darin, wie die allerersten Takte, die für eine Symphonie ausgereicht hätten, und aus der Introduktion zur Barcarole hätte ein anderer unnachsichtig ganz Venedig komponiert. Hier steht es einmalig und konsequenzenlos, versprengt wie die Dinge, ohne Kausalität wie die Geisterwelt. Kurz wie Namen sind die Motive, und wo sie Leitmotive scheinen, kennen sie kaum die Variation: Geister entwickeln sich nicht und gehorchen dem immer gleichen Anruf. Es gibt keinen Kontrapunkt, keine Polyphonie, keine weitergreifenden Finalformen: die Musik ist eine starre und jäh wechselnde Beschriftung der Vorgänge, nie deren Reproduktion, gewiß nicht deren Deutung – hier gilt das rechte Zeichen, gefunden und gesungen, mehr als aller deutende Sinn. Aber welche Schrift steht da nicht! Jene ersten Takte: leibhafte Präsentation von *Unheil*, auf Nimmerwiedersehen verschwindend, ehe die Chiffre sich lösen läßt. Das Spottlied der Studenten auf Lutter: in einer Gefahrzone, wo Lustigkeit jeden Augenblick in wüste Grausamkeit umspringen möchte. Die Ballade von Klein-Zaches: Duolen und Triolen der Geliebten ranken sich wie das kostbare Monogramm der Erinnerung. Oder die Barcarole selber: wie strahlt sie nicht aus den Pfützen der Cafés, der Buden und Automaten, und doch, bedarf sie nicht ihrer wahrhaft, so echt im Falschen zu strahlen, wie keine Melodie ihr es nachtut? Dapertuttos Arie ist ein rätselvolles Seitenstück zu Wagners Venusberg; vom Melodram – dessen Text sehr unverächtlich ist und wörtlich eingehalten werden sollte: »Sie haben keinen Degen, nehmen Sie den meinen.« – »Ich danke« – weiß man seit Busonis schönen Worten als einem der Meisterstücke musikalischer Dramaturgie. Trugvoll und ungerührt zieht das Schicksal zu Häupten der Betroffenen dahin, bereit schon zum nächsten Verrat, da diese eben erst sich anschicken zu sterben. Und die Einleitungstakte des letzten Aktes: also so ist es ernst, spielt das, was wird nun. Kein Betrug antwortet, und doch, mit den nächsten Takten sind wir schon verloren, mit den schmächtigen Achteln von Antonias Klavier, mit dem Lied von der Taube, das innehält, während die Achtel weiterticken, eine leise, unmerklich leise Uhr, die die Zeit nachmißt, die Antonia singen darf. Die Leiche Antonia – ihre Wangen sind gerötet bloß vom Sonnenuntergang durch die Gardinen, beinahe ist es die schreckliche Stille, die sie singt, spinös am Spinett; unaufhaltsam rasch werden die Schatten von den Wänden sie anfallen, denen vergebens Hoffmann die flackernde Lampe des verspäteten Gefühls entgegenstreckt. Und die Figuren der Schatten! Die große Beschwörung durch Mirakels Ostinato hat nur ein Vorbild. Ungewiß, ob Offenbach es kannte: das klingt wie das furchtbare Scherzo aus Beethovens letztem Quartett. Das Lied der Mutter: Arie aus großen Opern, die wir aus der frühen Kindheit mit uns führen, von breiten Wellen getragen, hinab ins Meer des Ursprungs, fluoreszierend in der Gloriole von Verwesung. Das Lied des Dieners: fast als ließe es sich zuviel Zeit, aber wenn dann mit dem Ausdruck des Entsetzens sein Rhythmus verstört wiederkommt, wissen wir, dies war die kostbarste Zeit, die ungenutzt blieb, weil auch er dem Zwang der singenden Wohnung erlag als Parodie der Herrin; hätte er hier nicht gezögert, es hätte alles gut werden können, aber nun ist es zu spät. Der Schluß dann wagt nicht mehr Atem zu holen, eilend wie aus dem schwersten Traum fährt er auf, daß er nicht für immer darin bleibe.

Dennoch, im Zimmer des Todes gedeiht, was in der Oper ihrer Dämonie entragt. Hoffmanns und Antonias Duett: als wollte im Angesicht des Todes selbst der Schein der Liebe beständig aufgehen und trösten; vergebens suchen die beiden nach Worten für ihr Liebeslied, sie vermögen nichts als den milden, süßen Bogen seiner Melodie anzurufen; der rasch vergehenden; der unvergänglichen. Sind Motive in Hoffmanns Erzählungen die flammende Schrift, dann sind Melodien ihr lösender Ton. Aus der mörderischen Lagunentiefe erhebt sich die Barcarole, um widerzuhallen als Laut jener, die in Erniedrigung, in Schuld und Verworfenheit als Versprechen des richtigen Menschen einsteht, weil sie schön ist. Wenn Niklas Hoffmann fortzieht mit dem Ruf: »die Wache«: wie ist dann nicht, über aller Schmach und Lüge, die Freude nah: daß hier die Beiden, Fremden, der Dichter und die Courtisane, die ihn betrog, für eine Sekunde doch sich verstanden: da Hoffmann den verdrossenen Geldgeber erstach. Der Augenblick jubelt ewig, und ihn meint die Barcarole, meint Hoffmanns sonderbares Preislied, auch wenn Giulietta dem Buckligen längst als Beute zufiel. Die Geister, in welche hier die Dinge der Bürgerwelt allesamt sich verzaubern – sie sind es zugleich auch, die die Dinge sprengen, indem sie aus ihnen hervorbrechen. Die Katastrophe, die in Hoffmanns Erzählungen geistert, ist nicht bloß die des Menschen zwischen den Dingen. Es ist auch die der Dinge selber im Umschlag.

Künstlerin, Puppe und Courtisane – wann habe ich das schon einmal gehört? Ist es nur die Kindheit, die mit der Formel der geliebten drei Bilder sich bemächtigte? Oder schlägt nicht in ihr, im Wort Courtisane, Erinnerung an ein unschätzbares Amulett dessen an, was von je war, metallen? Müßte nicht vor drei Worten des erzählenden Hoffmann, mit dieser Musik, die verkapselte Dingwelt aufspringen, deren Male ihnen eingegraben sind?

1932

Zur Partitur des ›Parsifal‹

Von aller Wagnerischen Musik ist die des Parsifal am wenigsten ins öffentliche Bewußtsein eingegangen, und über ihr Eigentümliches ist denn auch, sieht man allenfalls von den Formanalysen von Alfred Lorenz ab, wenig Eindringendes gesagt worden. Die lex Parsifal, die dem Bühnenweihfestspiel eine Schutzfrist über die damals geltenden dreißig Jahre hinaus verschaffen sollte, kam nicht zustande; dafür aber umgibt es eine Art Schutzschicht, an der die Ehrfurcht vorm kultischen Element und die Furcht vor der Langeweile gleichen Anteil haben mögen. Diese Furcht jedenfalls ist grundlos. Gerade in der Schwerfälligkeit, die den arglosen Opernbesucher schreckt, verbirgt sich das stets noch befremdend Neue. Ein Moment des Umständlichen war Wagner von je eigen; es hängt zusammen mit seiner suggestiven Gestik, der Neigung, den Hörer totzureden. Die Götterdämmerung mahnt zuweilen, in ihrem breiten Musikstrom, an jenen Schwimmer des Uhlandschen Gedichts, den der eigene Panzer niederzwingt; die Armatur der Leitmotive der gesamten Tetralogie, die deren Schlußstück mit sich schleppt, lähmt die Entwicklung. Im Parsifal steigert sich das und schlägt um: der Meister des Übergangs schreibt am Ende eine *statische* Partitur. Die Kunst des Hörens aber, die verlangt wird und die lernen muß, wer das Werk begreifen will, ist, wie schon an gewissen Stellen der Götterdämmerung, eine des Nachhörens: des Lauschens. Der versteht den Parsifal, der das Zuviel daran, das Extravagante, versteht, Eigenheit und Manier, wie schon im Beginn des Vorspiels jene melodielos schwebenden Holzbläserakkorde, in denen die erste Strophe des Abendmahlthemas vier Takte nach dessen eigentlichem Abschluß verhallt. Es ist, als suchte der Parsifalstil nicht bloß die musikalischen Gedanken darzustellen, sondern deren Aura mitzukomponieren, wie sie nicht im Augenblick des Vollzugs, sondern dem des Verklingens sich bildet. Nur der kann der Intention folgen, der mehr noch dem Echo der Musik sich überläßt als dieser selbst.

Das statische Wesen des Parsifal, erzeugt aus der Idee eines sich gleichbleibenden, wiederholbaren Rituals im ersten und dritten Akt, heißt kompositorisch: über weite Strecken, mit der großen Ausnahme der Kundryszene des zweiten Aktes, Verzicht auf fließenden Verlauf und treibende Dynamik. Die Zahl der Motive ist geringer als in den anderen Werken der reifen Zeit. Der Tendenz nach sind die meisten Zaubersprüche, Sigel nach Art des »Nie sollst du mich befragen« aus dem Lohengrin, auf den die Verfahrungsweise des Parsifal überhaupt, dem Stoff zuliebe, in manchem zurückgreift. Diese Motive sind durch ihren allegorischen Gehalt gleichsam von innen her aufgezehrt, asketisch abgemagert, entsinnlicht; sie alle haben, wie das Parsifal-Idiom insgesamt, etwas Gebrochenes, Uneigentliches; die Musik trägt ein schwarzes Visier. Aus dem Nachlassen primärer Erfindungskraft schafft Wagners Gewalt die Tugend eines Altersstils, der nach dem Goetheschen Satz zurücktritt von der Erscheinung. Dem Vergleich des umdüsterten, gleichsam abgeblendeten Fanfarenmotivs des Parsifal mit dem Siegfriedmotiv wird jener Charakter offenbar: als wäre jenes Motiv bereits Zitat aus der Erinnerung. Zugleich jedoch sind die fragmenthaften Motive viel nackter da als etwa im Tristan, viel weniger ineinander verwoben, weniger in den Gang der Komposition hineingezogen, weniger auch variiert. Oft werden sie, absichtsvoll-unbekümmert, bloß wie Bildchen aneinander gereiht. Die Wendestelle des Ganzen freilich, Kundrys Ruf »Parsifal«, löst aus dem Klang des Blumenmädchenensembles, bei zwei festgehaltenen Mittelstimmen, sich heraus und enthüllt gerade in der Identität mit dem Vorausgehenden sich als nichtidentisch. Meist aber verzichtet die Musik auf jenen Moment des in Schwung Kommens, der sonst die Wagnerische Form definiert.

Dem bloßen Aneinanderrücken der Motive, dem entsagungsvollen Verzicht auf musikalische Zusammenfassung und freien Abgesang entspricht allerorten ein Hang zur Vereinfachung. Wenn gegen Ende des zweiten Akts der Speer überm Haupt des Helden schweben bleibt, so wird das Wunder musikalisch nicht durch Glanz und Reichtum der Faktur, sondern durch eine äußerste Reduktion der Mittel gespiegelt. Das Glaubensmotiv in Trompeten und Posaunen, ein Harfenglissando, ein Oktavtremolo der Geigen, das ist alles. Durchweg kehrt die Orchesterbehandlung von Melodieteilung, solistischer Aufspaltung, vom Ideal der kleinsten Differenz sich ab. Sie ist weit chorischer als in den Musikdramen zuvor; Brucknerischer, könnte man sagen. Tuttistellen wechseln mit rezitativähnlichen, nur andeutend begleiteten. Aber das Raffinement dieser Simplizität ist beispiellos; die Finessen sind ausgespart, nicht vergessen. Das chorische Verfahren beruht auf Verdopplung. Sie erlaubt kaum einem Instrument, kaum einer Klanggruppe mehr, als solche kenntlich zu werden. Ein Mischklang wie der am Anfang, wo das Abendmahlmotiv begleitet wiederkehrt, von Geigen, Oboen und einer »sehr zarten«, also nicht solistisch hervortretenden Trompete vorgetragen, ist einzigartig. Die Kunst der Bläsermischungen, die im Lohengrin sich auf das Holz beschränkte, wird nun auch dem Blech zuteil: Trompeten sowohl wie Posaunen werden gern durch die bis zum äußersten ausgenutzten Hörner verdoppelt. Das mildert die helle Schärfe des Klangs; er wird voller zugleich und dunkler, so wie das Gesamtkolorit des Parsifal: solcher abgeblendete Orchesterklang des gedämpften Forte hat, über den späten Mahler bis zu Schönberg hin, die äußerste Tragweite für die neue Musik gewonnen.

Im Kompositionsmaterial ward die Vereinfachungstendenz zum Archaisieren: Kirchentonarten klingen an. Wagners reifste Kompositionserfahrung sucht den alten Widerspruch seines œuvres, den von fanfarenhafter Diatonik und süchtiger Chromatik, zu beschwichtigen, indem diese in die Hölle verbannt wird – der Tristanakkord, in tiefer Holzbläserlage, symbolisiert nun die Klingsorwelt –, während die Diatonik verfremdet, verdunkelt ist durch modale Akkordverbindungen, auffällige Nebenstufen in Moll. Sie zeitigen die vielbemerkte Anähnelung des Parsifalstils an Brahms, die im übrigen am äußerlichsten des harmonischen Vorrats haftet und die innere Zusammensetzung der Komposition kaum betrifft. Diese kennt, außer bei ein paar Themenkombinationen, kaum Polyphonie, auch keine »durchbrochene Arbeit«. Dafür zeigt die Harmonik ein selbst der Götterdämmerung gegenüber höchst avanciertes Element: die unaufgelöste Dissonanz. Das Vorspiel schließt mit einem Dominant-Septim-Akkord in As-Dur. Nach den Regeln der Harmonielehre mag man das darauf folgende fes der Posaunen, mit dem der erste Akt beginnt, als Trugfortschreitung deuten – aufgefaßt wird, in der Zäsur des aufgehenden Vorhangs, jener Septim-Akkord als absolut, ins Unendliche fragend. – Und der schon im Ring verwandte verminderte Septim-Akkord mit der darüber liegenden kleinen None des Grundtons, der bei dem großen Ausbruch des Parsifal im zweiten Akt, »Amfortas! Die Wunde!« ertönt, wird überhaupt nicht harmonisch fortgesetzt, sondern das Kundrymotiv, das der Akkord begleitet, stürzt einstimmig ab. Der großartige Zersetzungsprozeß der musikalischen Sprache, die – analog Kundrys expressionistischem Stammeln – sich in unverbundene Ausdrucksmomente dissoziiert, bedroht das traditionelle harmonische Gefüge. Der Parsifal markiert die historische Stelle, wo erstmals der in sich vielschichtige, gebrochene Klang sich emanzipiert, für sich selbst einsteht.

Wohl war die unmittelbare Wirkung des Parsifal auf die Komponisten weit geringer als die von Tristan, Meistersingern und Ring. Er paßt am wenigsten in die neudeutsche Schule; élan vital und bejahende Gebärde fehlen so sehr, daß man die Rettung am Ende so wenig glaubt wie manchmal im Märchen. Gerade im dritten Akt herrscht ein gepreßter Ton, dem gegenüber Parsifals Erlösungstat etwas Scheinhaftes und Ohnmächtiges hat; am Ende hielt Wagner seinem Schopenhauer doch besser die Treue, als die es wollen, die ihn zum Apostel von Erneuerung degradieren. Eben darum aber war die unterirdische Wirkung des Parsifal um so nachhaltiger. Was immer dem falschen Glanz absagte, hat an ihm sich gebildet: die sakrale Oper ist eine Vorform von Sachlichkeit. Schon an einer klagenden Stelle des Glockenchors aus Mahlers Dritter Symphonie steht eine offene Reminiszenz an die Trauermusik für Titurel; und Mahlers Neunte ist ohne den dritten Akt, zumal das fahle Licht des Karfreitagszaubers nicht zu denken. Am stärksten aber war der Einfluß auf Debussys Pelléas et Mélisande; die Oper des französischen Antiwagnerianers ist musikalisch wie der traumhafte Schatten des Musikdramas. Der karge Umriß, das statische

Nebeneinander der Klänge, das verhängte Kolorit, das Ineinander von Archaik und Moderne – Mittelalter als Vorwelt –, all das kommt dorther, und der Rhythmus des Parsifalmotivs geistert durch das Gebilde, das am Anfang der neuen westlichen Musik steht und eigentlich schon dem des Neoklassizismus. Durch den Parsifal hindurch drang Wagners Kraft ein in die Generation, die ihm abschwur. Seine Schule ist mit dem Parsifal über sich selbst hinausgegangen.

Was aber Parsifal mit dem Pelléas gemein hat, ist das Element des *Jugendstils*, den Wagner in Deutschland inaugurierte, längst ehe es den Namen gab. Die Aura des reinen Toren selber gleicht der des Wortes Jugend um 1900, die »flüchtig hingemachten« Blumenmädchen den ersten Jugendstilornamenten; ein solches Ornament ward als Mélisande zur Heldin. Die Idee des Bühnenweihfestspiels ist genau eine von Kunstreligion – das Wort ist übrigens noch weit älter, von Hegel – wie im Jugendstil. Das ästhetische Gebilde soll durch die wählerische Konsequenz seines Stils einen metaphysischen Sinn beschwören, dessen Substanz der entzauberten Welt mangle. Auf die Erzeugung solcher »Weihe« ist der Parsifal angelegt; ihr gilt die Aura der Gestalten wie der nachhallenden Musik. Dem künstlerischen Ausdruck dessen, was nach dem Schopenhauerschen Dogma das Wesen der Welt ist, des blinden Willens, und der Verherrlichung des Quietivs, der Verneinung des Willens durchs Mitleid, wird von dem Werke schimärisch die Kraft der Erlösung zugetraut. In der Vergeblichkeit dieser Hoffnung aber, der Unwahrheit des Parsifal, entspringt seine Wahrheit, die Unmöglichkeit, aus bloßem Geist den entsunkenen Sinn zu beschwören. Der Kunsterlöser bedarf der Erlösung als ein heimlicher Klingsor. Was am Parsifal überdauert, ist der Ausdruck der Hinfälligkeit von Beschwörung selber.

1956/57

Nachtmusik

Alban Berg in Verehrung

Leicht könnte es geschehen: daß die gesellschaftlich vorgezeichnete Frage, wie heute Vergangenes zu musizieren sei, da keine Hörer sind, die es vernähmen – daß solche Fragwürdigkeit bekräftigt wird durch die des Musizierens bei sich selber. Nicht darum bloß wird die Unmöglichkeit, Werke der Vergangenheit angemessen zu interpretieren, evidenter stets, weil es an solchen fehlt, die fähig oder willens wären, das Gebotene zu empfangen; nicht auch allein deshalb, weil die Interpreten des traditionellen Haltes entraten. Die Werke beginnen uninterpretierbar zu werden. Denn die Gehalte, die Interpretation zu erfassen trachtet, haben in der Realität vollständig sich verwandelt und damit zugleich auch in den Werken, die in Geschichte stehen und an der realen Geschichte teilhaben. Geschichte hat in den Werken die Gehalte ihres Ursprungs aufgedeckt, evident gemacht; sie sind sichtbar allein durch den Zerfall ihrer gestalthaften Einheit in der Form eben des Werkes, und von beiden die geschlossene Einheit allein bot Raum für die angemessene Interpretation, die heute zwischen Bruchstücken umirrt und die Gehalte erkennt zwar, nicht mehr aber sie ins Material ziehen kann, daraus Geschichte sie vertrieb. Nun leuchten sie sichtbar und fern: die nahen Hüllen, denen sie sich enthoben, durchwärmen sie nicht mehr. So ist der Charakter Bachs seiner ästhetischen Struktur nach, die sich vernommen glaubt und fragend zugleich über sich hinausdeutet, uns aufgegangen, als wir dem Grund jener Objektivität radikal fremd waren; früher vielleicht lag jene Objektivität derart in den Werken verschlossen, daß sie, verbindlich dem Material zugehörig als dessen unablösbare Form, die Freiheit der Interpretation regelte; die objektiven Charaktere des Werkes spiegelten bloß die, welche in der Realität vorausgesetzt waren, ehe das Werk nur anhob; und im sicheren Raum solcher Übereinstimmung mochte der Interpret wohl als umfangenes Selbst dem Werk nahen und produktiv teilhaben an seiner Gegenwart; heute erscheint die Objektivität des Werkes notwendig uns zum Stilprinzip reduziert; abstrakt, weil die Bindung der erkannten und vergangenen Gehalte ans übrig gebliebene Musikmaterial nicht mehr besteht; die Präludien und Fugen sind mit sich allein geblieben, und wir können sie nicht anders reproduzieren, als indem wir die rätselhaft verstummte Kontur ihrer Form nachzeichnen. Weil sie interpretatives Maß nicht mehr in sich tragen, muß es ihnen von außen gesetzt werden als rationales Schema oder wird den Fragenden unerfragbar schlechthin; Freiheit der Interpretation verzerrt sich zur privaten Willkür. Die Gegenwart der Werke verweigert sich den Menschen.

Es ließe sich denken, daß die Geschichte der Interpretation vergehender Werke ihre Fortsetzung fände in der Geschichte von deren Derivaten. Während unaufhaltbar Interpretation der Treue mechanischer Darstellungsmittel überantwortet wird, die das steinerne Bild ihrer abgestorbenen Formen schaffen, beginnen die absterbenden Werke selbst sich zu zersetzen. Längst schied die leichte Musik sich von der ernsten; damals nur wölbte die gleiche Opernkuppel sich über Sarastro und Papageno, als im revolutionären Augenblick das Bürgertum mit den ergriffenen Menschenrechten Freude selbst erreicht meinte; da jedoch die bürgerliche Gesellschaft so wenig der Freude teilhaftig wurde wie Menschenrechte realisierte, haben die Klassen der Musik wie die der Gesellschaft sich geschieden; während wahre Freude der herrschenden unglaubhaft wurde im zerspellten sozialen Zustande, wurde umgekehrt der Schein der Freude ihr Mittel, die unterdrückte über ihre Lage zu täuschen; als Freude in der Gesellschaft irreal war, trat die irreale ideologisch den Dienst der Gesellschaft an und in Kunst, die um Wahrheit sich mühte, blieb für sie kein Raum. Nun die pathetische Einsamkeit der hohen Musik des neunzehnten Jahrhunderts selber fragwürdig ist, bemächtigt die leichte Musik sich der sinkenden hohen – darum wohl auch, weil in ihr verzerrt etwas von den großen Gehalten aufgehoben bleibt, die die hohe vergebens anredet. Die Depravation durch den Kitsch aber, die die Ohnmacht der hohen

Werke anzeigt, gewinnt zugleich den Rest der Werke der Gesellschaft zurück, die bloß im Kitsch noch jene Werke zu erfahren fähig ist, weil ihre Ordnung selber so scheinhaft ist wie der Kitsch. Durchs fliederbekränzte Tor des Dreimäderlhauses nimmt ein Ballett zertrümmerter Gestalten seinen Einzug, deren sprunghaftes Aneinandergefügtsein erstmals vielleicht verrät, was unterhalb der Dynamik von Schöpfer und Persönlichkeit mit jenen Werken getroffen war. Im Shimmy macht der Toreador seine zweite Karriere, so wie er den Stier der erzürnten Gottheit opfert; Josés Schicksalsthema begleitet die vergebliche Verführung des keuschen Josef durch Frau Massary, wie vielleicht die wahre Astrologie heute in der zauberisch-geheimen Liebeswahl schlimmer Frauen einzig gilt; Lehárs langweilige Frasquita ist eine beispielhaft strenge Transformation der Carmen insgesamt, die endlich als Kitsch die Züge der Oper so völlig aus allem menschlichen Bezug herausbricht, wie sie in der authentischen Gestalt versteckt lagen. Chopin, gleich Schubert und Bizet aus kollektiven Quellen unvermittelt gespeist und stets im fragmentarisch Einzelnen beständiger als in der Formtotalität, erweist sich darum eben als transformierbar und: weil die großen Damen, denen er schmeichelt, der Wunschtraum sind der kleinen Mädchen von heute; so mögen beim Tanzsport die großen Damen, die ihn vergaßen, ihm wiederbegegnen in den Tänzen, die man um der kleinen Mädchen willen aus ihm geschlagen hat: nicht die Walzer bloß, auch die Fantaisie Impromptu erwies sich da als praktikabel und gab ihre letzte Substanz her für die Armut der Schlagerkomponisten, die reich damit wurden. Unterdessen begleitet bereits das Schlummerthema der Walküre den Feuerzauber von Bars. Der zweite Akt des Tristan ist bostonreif geworden, man muß nur die Synkopen fortlassen, durch jazzgerechte des Saxophons ersetzen, und wieder sinkt hernieder die Nacht der Liebe. Allein Rudimente des europäischen Bildungsglaubens schützen einstweilen Mozart und Beethoven, die im Kino eingebürgert sind, vor energischerem Gebrauch. Im dichten Lärm bewahren die Werke sich stumm.

Man sollte hart daran festhalten, daß Veränderungen in den Werken sich zutragen, nicht in den Menschen bloß, die sie interpretieren. Der Stand der Wahrheit in Werken entspricht dem Stand der Wahrheit in Geschichte. Damit nur läßt sich zwingend der Einwand widerlegen: es müsse bloß gelingen, die Menschen gebührend zu verändern, ihren geschwundenen Sinn für Maß und Form und Innerlichkeit zu wecken, und Werke, die sie heute langweilig finden, erblühten ihnen neu, sie bekehrten sich vom Kitsch zum echten Original; heute und hier bereits könne ein großer Künstler nicht nur produzieren, sondern auch beliebig reproduzieren, wofern er originale Anschauung und Kraft der Darstellung vereine und vollends von irgendwelcher Tradition legitimiert sei. Das argumentiert, als ob man die Wahl hätte, und daß künstlerische Freiheit niemals Freiheit der Wahl, gerade dies niemals bedeute, gilt es einzusehen. Wohl ist dem billigen ästhetischen Historismus gegenüber der Rekurs auf den bleibenden Gehalt des Kunstwerks angezeigt. Allein es darf dieser bleibende Gehalt nicht in geschichtslos ewigen, unverändert natürlichen Beständen des Werkes gesehen werden, die sich beliebig ergreifen lassen und die zu verfehlen, gemessen am Bestand des Werkes jedenfalls, Zufall wäre. Die Freiheit des Künstlers, des reproduzierenden nicht anders als des produzierenden, beruht allemal nur darin, daß er das Recht hat, über allen Zwang des gerade Bestehenden hinweg zu realisieren, was dem fortgeschrittensten geschichtlichen Stande nach von ihm als aktuelle Wahrheit des Werkes erkannt wird – erkannt nicht im Sinne der abstrakten Reflexion, sondern der inhaltlichen Einsicht in die Beschaffenheit seines je und je geschichtlich präformierten Materials. Ewig ist am Werk nur, was jetzt und hier mit Macht manifestiert wird und was den Schein am Werke sprengt; die anscheinend unveränderten Naturqualitäten des Werkes sind höchsten Falles der Schauplatz, darauf die Dialektik von Form und Gehalt des Werkes sich zuträgt, öfters wohl nichts als ein fauler Grenzbegriff idealistischer Ästhetik, das »Werk an sich«, das sich real vom Werk, wie es geschichtlich erscheint, überhaupt nicht sondern läßt; und bliebe jemals nichts anderes übrig als dieses »Werk an sich«, so wäre das Werk tot. Aufs Unveränderliche einer Musik sich richten und die aktuelle Veränderung der Interpretation befehden, heißt denn auch niemals das ewige Werk vor dem Vergehen retten, sondern allein das vergangene gegen das gegenwärtige ausspielen; den Zerfall der Werke in Geschichte bestreiten, hat reaktionären Sinn; die Bildungsideologie als Klassenprivileg will nicht leiden, daß ihre hohen Güter, deren Ewigkeit die Ewigkeit des eigenen Bestandes garantieren soll, jemals zerfallen können. Und doch ist der Wahrheitscharakter des Werkes gerade an dessen Zerfall gebunden. An der Geschichte von Beethovens Werk im neunzehnten Jahrhundert läßt er sich ablesen. Nicht die zeitlichen und individuellen Unterschiede zwischen den Betrachtern, der zeitgenössischen Kritik also, E. T. A. Hoffmann, Schumann, Wagner, den psychologisch-hermeneutischen Deutern der Vorkriegszeit und dann den heutigen sind es, die die Unterschiede zwischen den Auffassungen selber diktieren, als ob der befremdende Reichtum thematischer Gestalten, die poetische Fülle des Geheimnisses darin, die Tiefe der personalen Innerlichkeit, die geschärfte dramatische Dialektik, die extensive Größe der heroischen Gesinnung, der gestufte Reichtum von Seeleninhalten, endlich die formkonstruktive Phantasie Beethovens in zufällig wechselndem Lichte zwar, aber als diskret im Werk enthaltene, identisch bleibende Bestandstücke darin bewahrt würden, die wechselnd in Besitz zu nehmen stets freisteht. Schicht um Schicht vielmehr lösen jene Gehalte zu ihrer Stunde vom Werke sich ab, und jede vergangene ist dem Werk unwiederbringlich. Zwischen ihnen bleibt keine Wahl, und Erkenntnis hat darüber bloß zu wachen, daß die Gehalte realisiert werden, die der vollen Aktualität des Werkes zugehören. Sind die Gehalte ganz aufgedeckt, sind damit die Werke fraglos und unaktuell. Ihre Interpretierbarkeit hat ein Ende.

Theoretisch läßt sich das Ende der Interpretierbarkeit nicht vorausbestimmen. Es entscheidet sich aktuell. Aktuell nur und polemisch mag die Uninterpretierbarkeit von Werken behauptet sein, die so lange ihre Geheimnisse aus sich entließen, bis sie selbst zum Geheimnis wurden. Uninterpretierbarkeit als kritische Kategorie schließt nicht aus, daß faktisch, und nicht einmal völlig sinnlos, Werke doch interpretiert werden, deren Recht in Frage steht. Es ist nicht abzusehen, ob nicht der Klassikerbetrieb der Konzertgesellschaften und Musikfeste unentwegt weitergehe, solange die Zahlungsfähigen sichere, inaktuelle Interpretationen als feierlich nachgedunkelten Wandschmuck für den komfortabeln Hörraum notwendig begehren. Mancher Pianist noch wird am Medusenblick der verhärteten Appassionata zur Leidenschaft sich entzünden, anstatt trauernd das Bild ihres gewaltigen Hauptes zu entwerfen oder das getroffene Auge abzuwenden von ihr; und es wird nicht offenkundig sein, daß seine Leidenschaft objektiv zum Trug sich fälschte, den der steinerne unbetretbare Bau des Werkes stumm verhöhnt. Manche Pianistin wird die privaten Sehnsüchte ihrer Seele fliegenden Haares in die Irrgänge der Schumannschen Formen ergießen und eitel überhören, daß ihr eigenes Echo nur ihr erschallt, während sie vom stockenden, verlorenen Seelenlaut wohl die Spur im Gehäuse vorfindet, ihn selbst aber nicht mehr erwecken kann. Der allein aktuellen Reproduktionsweise dieser Phase, der vollends manifesten, konstruktiv durchsichtigen, wie sie von Schönberg ausgeht, bleibt die Breite des musikalischen Lebens noch erst zu gewinnen, obschon sie mit Klemperer etwa und Scherchen in jene Breite hineinwirkt, und ihr Klang mag für lange die Gegenwart der verstummenden Werke dämonisch erzwingen. Jedoch ist die Stunde, zu erwägen, daß der Rede von der Unsterblichkeit der Werke ihre inhaltliche Grenze gesetzt ist.

Noch sind wir gewöhnt, alle Musik zu unbefangen von innen nur zu betrachten. Wir meinen, wir wären selbst in ihr wie in einem sicheren Haus, dessen Fenster unsere Augen, dessen Gänge unsere Blutbahn, dessen Tür unser Geschlecht bedeute; oder gar, sie wäre gewachsen aus uns, die Pflanze aus dem Keim, und die feinsten Ausläufer noch ihrer Blätter ahmten gesetzlich die inwendige Zelle nach. Wir setzen uns als ihr Subjekt, und selbst wenn wir, dem Zerfall des bloß Organischen sie zu entreißen, zum allgemeinen, transzendentalen Subjekt uns verdünnen, bleiben wir es, die ihr die Regel vorschreiben. Die Krise der subjektivistischen Musik, die Erkenntnis und Praxis heute gleichermaßen anzeigt, macht nun nicht etwa vor den Werken, die aus Bewußtseinsimmanenz stammen, Halt derart, daß zwar die Bildung anderer Musik notwendig würde, die frühere subjektivistische aber in sich unangefochten bestünde. So wäre sie, wollten wir sie weiterhin nur von innen sehen. Allein der Untergang des musikalischen Subjektivismus ist geschichtlich von der Art auch, daß der subjektive Anteil schwindet in Werken, die ursprünglich subjektiv konstruiert waren. Es gibt in Wahrheit keine rein subjektive Musik, und hinter der subjektiven Dynamik haben allein längst vergessene und drohende objektive Qualitäten sich verschanzt, die endlich nun durchbrechen. Denn der Zerfall der Werke ist der Zerfall ihrer Inwendigkeit zumal. Die Gehalte, die ihnen entweichen, sind vor anderen die personalen und mit ihnen die konstitutiv subjektiven, die ihrer Struktur nach dem Wechsel privat-psychologischer Subjektivität enthoben sind. Aus Beethovens Werken tritt die autonome Spontaneität des moralischen Menschen als ihr formkonstitutiver Grund heraus; ihn erreicht die interpretative Realisierung nicht mehr; übrig aber ist die auswendige Bildung seiner Formen; deutlich zwar die autonome Spontaneität als deren bewegende Kraft, sie selbst jedoch klar geschieden von jener. Mit dem transzendentalen Gehalt, der abwandert, verläßt auch Kritik die subjektive Immanenz. Ihr Standpunkt wird transzendent. Zwar kann sie nicht die Stummheit des zurückgebliebenen Werkes tilgen; indem sie jedoch Werk und Gehalt durch die Zeit geschieden erblickt, blickt sie die Stummheit des Werkes selber an, und die Konturen des stummen sind anders, als die des redenden jemals es waren. Während das lebendige Werk unter dem Schein des Lebens selbsttätig sich kundgab, wird das zerfallende zum Schauplatz der Dissoziation von Wahrheit und Schein. Kein Werk ist in der Wahrheit und das zerfallende ist ihr weit entrückt. Aber die Gehalte, die dem Werk vordem eingesenkt waren, beleuchten es hell nun von außen, und in ihrem Lichte fügt seine auswendige Lineatur sich zu Figuren zusammen, die Chiffren der Wahrheit sein mögen. So sind die Entitäten der Stummheit und des Trostes, überpersonale Ursprungselemente allen opernhaften Wesens, erst kennbar geworden, als die Musik, die auf sie zielt, in die Region unterpersonalen Gebrauchs floh, nachdem sie trügend lange in die Innerlichkeit hinabgetaucht waren. Personal sind sie so wenig vermeint, wie die Intention eines Schlagers Seeleninhalt des vortragenden Kabarettsängers ist. – Oder es treten die Sonaten von ehedem heute ins Stadium ihrer konstruktiven Analyse, und so wird das Sonatenproblem neu gestellt werden müssen – es geschah bereits in Schönbergs Quintett –, wie die reine Form unterhalb alles subjektiv Vermeinten in ihr sich darstellt. Die konstitutiven Gründe von Musik sind wieder an die hörbare Auswendigkeit übergegangen. Der Zerfall des scheinhaften Innen hat das wirkliche Außen von Musik restituiert. Es dürfte in geschichtlicher Aktualität mit größerem Rechte und tieferen Sinnes von musikalischem Materialismus zu reden sein als von einer geschichtsfreien Materialbestimmtheit der Musik.

1929

Ravel

Nicht Strauss, der stets wieder eilends zu seiner vitalen Naivetät heimkehrt; nicht Busoni, der's dachte und unternahm, aber nie in Musik selber rein ausformte: Ravel allein ist der Meister von klingenden Masken. Kein Stück aus seiner Hand ist buchstäblich gemeint, wie es dasteht; keines aber bedarf zur Erklärung eines anderen außerhalb seiner selbst: in seinem Werk haben Ironie und Form zu glücklichem Schein sich versöhnt. Man nennt ihn Impressionisten. Soll das Wort Strengeres bedeuten als bloße Analogie zur vorhergehenden malerischen Bewegung, so nennt es Musik, die kraft der unendlich kleinen Einheit des Übergangs ihr Naturmaterial vollends auflöst und gleichwohl tonal bleibt. An der äußersten geschichtlichen Grenze jener Region steht Ravel; daß er die impressionistische Funktionalisierung nicht bis zum ernsten Ende trieb, ordnet ihn gerade jener Grenze zu: er ist zu wissend bereits, den Impressionismus rein durchzuführen, da er seinem Grunde nicht mehr traut; zugleich jedoch so gänzlich ihm zugehörig, daß er nie wünschen kann, ihn aufzuheben. Todfeind allen dynamischen Wesens der Musik, der letzte Anti-Wagnerianer einer Situation, für die der Bayreuther Bann sonst gänzlich erlosch, überschaut er die Formwelt, in die er selber gebannt ist; durchschaut sie wie Glas; aber durchstößt nicht die Scheiben, sondern richtet sich ein, raffiniert wie ein Gefangener. Stil und gesellschaftlicher Ort sind damit definiert. Seine Musik ist die einer großbürgerlich-aristokratischen Oberschicht, die sich selber hell wurde; die auch das drohend untergrabene Fundament sieht, auf dem sie sich erhebt; die die Möglichkeit der Katastrophe einrechnet und doch bleiben muß, was sie ist, da sie anders sich selber tilgen müßte. Daß jene Gesellschaft nicht vorwiegend Ravel, sondern lieber Straussens erotischen Elan oder heute vielleicht Strawinskys schnödere Finten genießt, beweist nichts gegen Ravel, sondern bloß allenfalls etwas gegen die Gesellschaft: daß sie nämlich entweder gar nicht so wissend existiert, wie sie bei Ravel vorkommt, oder daß ihr bereits nicht mehr die ästhetische Kraft innewohnt, das Porträt zu erkennen, das Ravels Musik schmeichlerisch genug ihr vorhält. Oder ist seine Musik Traumbild eines high life, Märchen einer mondanité, die zur bestehenden so fremd sich verhält wie eine befreite Gesellschaft, jener am Ende verwandt? Jedenfalls hat sie mit handfester Akkumulation unmittelbar wenig gemein, und sobald Meisterschaft so weit von ihrem gesellschaftlichen Ursprung sich sonderte, daß er kaum mehr darin nachhallt, darf man ihr bessere Geheimnisse zutrauen als jene, unter deren Bann sie steht.

Wenn von Meisterschaft gesprochen wird, kommt die Rede unvermeidlich auf Debussy. Trotz der Dummheit der Cliché-Begriffe, unter die man die beiden französischen Komponisten subsumiert, nicht zu Unrecht. Denn nirgends in der gegenwärtigen Musik, Schönbergs Schule vielleicht ausgenommen, sind die Ähnlichkeiten des Stils größer, die Divergenzen aber des Komponierten radikaler als zwischen ihnen. Die Frage nach der Priorität verschlägt wenig. Sie ist ohne Streit Debussy zuzugestehen, obwohl zwischen den ersten spezifischen Stücken Debussys und dem Beginn Ravels, der sogleich ihn voll explizit zeigt, nur wenige Jahre liegen. Die Prioritätsfrage ist gleichgültig, weil keine Kategorie dem Sinn Ravels unangemessener wäre als gerade die des Originellen. Er will nicht als Persönlichkeit sich mitteilen, nicht aus Innerlichkeit beginnen; er notiert sicher die entschwindenden Figuren seines geschichtlichen Moments; wie Degas, dem er in vielem gleicht, die Figuren seiner Rennpferde und Balletteusen notierte. Er hat nicht die unerbittliche Auswahl aus dem Musikmaterial getroffen wie Debussy; definiert die Motive nicht quasi mathematisch wie der Ältere, ist aber an süßer und weicher Fülle ihm überlegen. Die Mittel, die jener fand im Glauben an ihre geschichtliche Dignität, hat er leichter, skeptischer und auch extensiver gehandhabt. Dabei bleibt es sein Unvergleichliches, daß sie ihm niemals zur Sprache seiner Zeit oder auch bloß der nationalen Musikbewegung, der er selber zuzählt, sich banalisierten, sondern die exklusive Prägnanz behielten, die Debussy ihnen gab. Mit Florent Schmitt, selbst mit Dukas hat er nichts gemein. Niemals war sein Impressionismus unmittelbar wie der Debussys; La valse ist dessen Apotheose im Zitat der Vorvergangenheit. Die frühen Klavierstücke, die Jeux d'eau, Gaspard de la nuit machen dem Impressionismus den ganzen Reichtum des Klaviersatzes zugänglich, den Debussy, in frischerer Reaktion gegen das Neudeutschtum noch, mied. Von ihm unterscheidet Ravel bereits zu Beginn sich sehr deutlich. Sein Impressionismus weiß sich sogleich als Spiel; er hat nicht das Pathos der Begrenzung und des Programms. Sein Reichtum widerspricht der polemischen Idee des musicien Français; nicht umsonst spielt in den Klaviersatz neben dem Lehrer Fauré ein virtuoser Liszt herein, der bei Debussy undenkbar wäre. Die Entwicklung der Meister – soweit bei Ravel Entwicklung behauptet werden darf – verläuft in striktem Gegensinn. Sie kreuzen sich im Reich der Kindermusik. Ravel dämpft die Schwierigkeit der ersten Klavierwerke zur Einfachheit der Sonatine und gar zur Kargheit der vierhändigen Suite Ma mère l'oye, die durchaus unter die Hauptwerke gehört. Die Krise des poetischen Impressionismus, dessen Mangel an immanenter Form-Macht nur mühsam vom artistischen Wissen zu paralysieren war, wird ihm akut als Infantilismus; wie Debussy; wie später Strawinsky; ähnlich etwa wie in der Malerei der Laurencin. Aber nirgends trennen sich die Wesen schärfer, als wo sie sich am nächsten kommen. Debussys Childrens Corner hat bei allem Charme die zärtliche Bonhomie sicherer Bürgerlichkeit; dies Kind hat es gut; in der Boîte à joujoux besitzt es für sich allein einen ganzen Spielzeugladen, wie wir ihn uns wünschen. Die Infantilität Strawinskys ist ein Schacht, aus der Moderne in die prähistorische Landschaft gegraben. Die Kinder von Ma mère l'oye indessen und der Sonatine, deren Menuett zumal, sind traurige und beglänzte plein air-Kinder, auf der bunten Allee zwar von viel Sonne betupft, aber von englischen Gouvernanten betreut. Debussys Kindlichkeit war Spiel des Mannes, der sich erkennt und die eigene Schranke; Strawinskys schräger Angriff auf die erwachsene Dingwelt; Ravels allein die aristokratische Sublimierung von Trauer. »Und Kinder wachsen auf mit tiefen Augen«; Ravel hätte Hofmannsthal komponieren können, wenn er seiner bedurft hätte, da er Mallarmé besaß. Seine Trauer wählt die imago der Kindlichkeit, weil sie in Natur verharrt und, konkret musikalisch, im Naturmaterial der Tonalität und der Obertonreihe. Wohl zerteilt er sie in ihre flimmernden Sonnenstäubchen, jedoch als unendlich geteilte bleibt seine Musik beim Gewesenen. Nirgends übersteigt er die vorgedachte Form, die in der Wahl des höchst qualifizierten Materials angelegt ist; niemals dringt Konstruktion in den vegetabilischen Umkreis ein. Er läßt die Convenus erklingen.

Vom traurigen Kinde bewahrt Ravels Musik Züge insgesamt: vom Wunderkind. Daher mag sein Maskenspiel rühren: er maskiert sich wie aus einer Scham, die zu durchbrechen die Formen ihm nicht verstatten, aus denen er sein Leben zieht, der Scham des Wunderkindes: all dies zu haben und doch unerbittlich in Naturgrenzen eingeschlossen zu sein. Durch die Scheinregionen von noblesse und sentiment, durch die hochmütige Kinderlandschaft führt die Tournée seiner Musik ins Altertümliche. Nicht ins Primitive; nicht ins Pathos der Erweckung, das Debussy geleitet: in Trauer ohne Glauben. Kein Zufall, daß sein archaistisches Hauptwerk, mit dem welken Duft der Forlane, die von den eigenen Harmonien entblättert wird; mit dem zärtlichsten Menuett; daß dies große, über Jahre hin komponierte Tombeau de Couperin eine Trauermusik ward. Das Altertümliche hat bei Ravel nicht die Schwere wie bei Debussy, dessen Hommage à Rameau aus der Tiefe der versunkenen Kathedrale gehoben scheint. Ravels Melancholie ist die helle und gläserne der enteilenden Zeit, die so gar nicht sich halten läßt, daß es vor ihr wenig mehr verschlägt, was immer ihr entgleiten mag; weiß ihre Zärtlichkeit sich keine Worte, so darf sie sich die des alten G-Dur holen, das ihr nicht realer ist als die vergehende Zärtlichkeit selbst. So gerät in Ravels Werk ein Moment fragender, absichtsloser Zufälligkeit, das mit Artistentum, Ästhetizismus und Experiment herabzusetzen so töricht wie ungerecht wäre: vorm rückhaltlosen Wissen seiner Musik gilt wahrhaft alles gleich, und im Zufall vollstreckt er das Schicksal des ihm Vorgezeichneten. Debussy gewinnt aus der Exklusivität seiner Wahl in den letzten Werken, En blanc et noir, den Klavieretüden Reichtum des Satzes und konstruktiven Halt zugleich; Ravel wird um so schmäler, je weniger er, der Jüngere, den impressionistischen Glanz sich mehr glauben darf, der sich über sich hinaus zu bewegen begann: er endet, einstweilen, beim schmächtigen lydischen ersten Satz der Violinsonate, beim dynamisch-koloristischen Illusionsakt des Bolero. Hier ist alle Unmittelbarkeit getilgt, die, als geistfremd, Opfer technischer Besinnung ward; während doch Ravel, im Eigenen befangen, weder fremdes Material mehr sich unterjochen noch durch fremde Intentionen das vertraute zum Glühen bringen darf. Die Landschaft ist geschwunden; ihre Luft, ihr feines Zittern, allein übrig, macht die Musik aus. Debussy hat seine Substanz an Unmittelbarkeit im kompositorischen Angriff, in der grausamen Spaltung seines Materials aufgelöst und dafür Werke empfangen, die stimmig und gefügt sind gleich den größten Bildern ihrer Epoche. Ravel hat zur Substanz, die ihm der Welt romantischen Scheins angehört, von Anbeginn das Zutrauen verloren und atomisiert sie darum gar nicht erst, sondern umgeht sie, umspielt sie, wendet sie neu und verflüchtigt sie schließlich ins Nichts gleich einem Zauberkünstler. Darum kennt er in Wahrheit keine Entwicklung. Nachdem er einmal den Impressionismus durchgehört hat, wird ihm jedes neue Werk zum neuen Kunststück, und Kunststücke haben keine historische Kontinuität. Die Artistik, die so statuiert wird, empfängt gleichwohl ihr Recht aus Geschichte. Nicht anders mehr vermag Musik sich darzustellen, die ganz und gar der Dignität ihrer Formen vertraut, nachdem deren Macht selbst in Frankreich verging. Darum eben ist Ravel deutschen Musikern, und gerade den besten und strengsten, die Debussy lieben, stets fast suspekt. Seine Musik beschließt damit die romantische Epoche, daß sie das Recht der formsetzenden Persönlichkeit bricht.

Wunderkind-Musik hat den besten literarischen Geschmack; bei Ravel muß man sich endlich nicht schämen, wenn man die Texte liest. Zumal das Buch der Colette. Nach den Noten zu urteilen und in Kenntnis von Ravels Wesen: L'enfant et les sortilèges muß sein Meisterstück sein. Kindlich verzaubert ist jeder Takt bei ihm, aber ein Wort seiner mütterlichen Erde – wie mütterlich ist nicht Frankreich heute noch gegen jene, die sich vom Ursprung losgesagt haben – genügt, die Natur, die tausendfach überspielte, in ihre alten Gerechtsame wieder einzusetzen. Was davon bleibt, läßt sich nicht prophezeien. Aber vielleicht wird man später, in einer anderen Ordnung der Dinge, doch noch hören, wie schön man einmal, im Menuett der Sonatine, fünf Uhr des Nachmittags komponiert hat. Es ist zum Tee gedeckt, die Kinder werden hereingerufen, schon schallt der Gong, sie vernehmen ihn und spielen noch eine Runde, ehe sie sich mit dem Kreis auf der Veranda vereinen. Bis sie von dort loskommen, ist es draußen kühl geworden, sie müssen drinnen bleiben.

1930

Neue Tempi

Möchte selbst einer mit Pfitzner an die Unveränderlichkeit der Werke glauben, an jene Ewigkeit, die sich das neunzehnte Jahrhundert ausgedacht hat, den Schöpfer-Künstler zu vergotten: die Texte der Werke selber widerlegten solche Ewigkeit. Wie sie dastehen, bieten sie keine bündige Regel der Interpretation, und die Möglichkeit interpretativer Veränderung der Werke im Rahmen ihres Textes ist so radikal, daß sie am Ende die Texte selber notwendig angreift. Je älter das Werk, desto offenbarer wird seine Veränderung. Bei Werken, deren Ursprung in objektiv verbindlichen Formen und in geschlossener Tradition der musikalischen Ausübung gesetzt ist, findet sich die Zeichensprache des subjektiv Vermeinten unvollkommen ausgebildet; jene Zeichensprache allein konnte den Schein des in der Zeit unveränderten Werkes hervorbringen. Unveränderte Werke des siebzehnten Jahrhunderts bereits wären Hieroglyphen, wie von mittelalterlicher Musik insgesamt trotz allem Gerede von der Wiederbelebung ihrer polyphonischen Prinzipien der unerfragbare, hieroglyphische Charakter ernstlich nicht zu bestreiten ist. Verstummen die unveränderten Werke, so zerfallen freilich die anderen in ihrer Veränderung. Allein die Veränderung des Werkes, wie sie objektiv an ihm sich vollzieht, gewährt doch für einige Dauer die Regel zur Interpretation, die im geschichtslosen Werke nicht gesucht werden kann. Das darf freilich nicht so gedacht werden, als sei durch Geschichte das Werk als Werk ohnmächtig schlechthin und gebe bloß deren zufälligen Schauplatz ab. Sondern die Erkenntnis der aktuellen Interpretation eines Werkes vollzieht sich zwischen Text und Geschichte in Strenge. Ein Werk aktuell, also nach dem objektiv gegenwärtigen Stande der Wahrheit in ihm interpretieren, ein Werk angemessener und richtiger interpretieren, heißt stets zugleich auch: es treuer interpretieren; es besser lesen. Geschichte läßt latente, objektiv wohl, doch nicht subjektiv darin angelegte Gehalte im Werke aufsteigen, und der Garant von deren Objektivität ist der Blick, der näher auf den Text geht und in ihm der Züge gewahr wird, die vordem im Werke verborgen und zerstreut lagen und nun im Text selber sich ausweisen; allerdings erst ausweisen können zur geschichtlichen Stunde. Rechte Aktualisierung der musikalischen Interpretation ist nicht Willkür am Werk sondern bessere Treue; Treue, die das Werk so versteht, wie es durch Geschichte konkret uns vermittelt wird, anstatt ein abstraktes An sich des Werkes dort vorauszusetzen, wo das Werk in der geschichtlichen Konstellation seiner Ursprungszeit ganz noch gefangen ist. Wo das Werk als geschichtslos erfragt wird, verfällt es der Geschichte als ideologisches Denkmal des Vergangenen; was ewig ist an ihm, kann einzig in seiner Geschichtlichkeit erkannt werden. Der Zwang, Werke neu und fremd anzuschauen, wird von den Werken diktiert und nicht von den Menschen. Er ist so zu realisieren, wie er vom geschichtlichen Stande der Werke für die Erkenntnis vorgezeichnet wird.

Es ist im Bewußtsein aller Schwankungen und aller empirischen Widersprüche, doch gleichwohl mit einiger genereller Bestimmtheit zu vermuten, daß die Werke im Lauf der Zeit stets rascher gespielt werden müssen. Das ist an den Werken zu begründen; nicht psychologisch. Die Werke schrumpfen in der Zeit ein, die Vielfalt des darin Seienden rückt zusammen. Das mag mit der Funktionalisierung der Musik – und nicht der Musik bloß – bedeutet sein, so wie sie seit der Statuierung des harmonischen Prinzips zu verfolgen ist: die Seinsgehalte der Musik werden kleiner, ziehen sich von der großen geschlossenen Oberflächengestalt weiter stets ab, werden schließlich zu monadengleichen Kraftzentren, die sich im Übergang eines Seienden ins andere, doch nicht mehr im Seienden unmittelbar darstellen. Die Authentizität von Musik geht an unvergleichlich kleine Zellen und an deren Zuordnung über. Es wird damit als eigentlicher Sinn des Funktionalisierungsprozesses in Musik angesprochen eine Verschiebung von deren Gehalten in der Art, daß sie ihre wahre scheinlose Schicht erst nach dem Zerfall ihrer eigenmächtigen Oberfläche gewinnen und in völliger Verkleinerung. Die fortschreitende Subjektivierung der Musik ihre fortschreitende Entmythologisierung nennen, hieße das Gleiche. Für die Folge der Werke aufeinander ist jener Prozeß zugestanden; an den Werken selber ihn herauszustellen, Aufgabe der erkennenden Interpretation. Zwischen der Folge der Werke und der Geschichte der Werke in sich vermittelt die Geschichte der musikalischen Schrift. Sie hat seit dem Mittelalter sich mehr und mehr verkleinert. Die Größenmacht der Longa und der Brevis schrumpft zusammen; jene ist längst vergessen, diese fristet ihr Dasein kümmerlich in Kompositionen archaisch-sakraler Haltung. Die Semibrevis ist uns als ganze Note seit Beethoven verdächtig geworden, und erst die neoklassizistische Reaktion versucht wieder, sie uns aufzuschwatzen. Wo unsere Musik am aufrichtigsten ihren geschichtlichen Stand realisiert, läßt sie sich in Zweiunddreißigsteln notieren; ein Blick auf Schönbergs ›Erwartung‹ zeigt es. Daraus sind Folgerungen für die Interpretation zu ziehen und als selbstverständlich längst gezogen. Selbst unter Annahme absolut gleicher Tempi muß ältere Musik heute relativ auf die notierten Werte rascher gespielt werden, da wir ja zumindest die gleiche Zeitdauer heute in anderen Zeichen darstellen. Damit wäre gewiß noch keine Veränderung der Tempi als absoluter Einheiten gefordert. Wohl aber wäre stringent der Zwang erwiesen, den Geschichte über Interpretation hat; die Bedeutung der Notation variiert in Geschichte, und schon, um identische Tempi herzustellen, ist gleich Notiertes in verschiedener Geschwindigkeit auszuführen. Das kategorische Recht der Texte ist gebrochen.

Dies Recht schwindet vollends, sobald man sich entschließt, die Veränderung der Zeichen nicht isoliert, sondern im Zusammenhang mit der Veränderung der Werke selber zu denken. In einer Händelschen Sarabande etwa hatten, als sie entstand, die Fundamentschritte kraft des seit hundert Jahren erst ausgebildeten harmonischen Prinzips solche Macht, daß der Übergang von der ersten zum Terzquartakkord der fünften Stufe, durch den Vorhalt gebunden, eine Spannung bedeutete, die nachgefühlt werden wollte und Zeit brauchte, nachgefühlt zu werden, ohne den in sich ruhenden tonischen Dreiklang und damit die Form aufzulösen, anstatt diesen Dreiklang sinnvoll weiterzubewegen.

Für uns jedoch ist die Fortschreitung durch Geschichte so abgenutzt, so ausgeschliffen und verbraucht, daß sie als solche, durch Tempo beleuchtet, nicht mehr erträglich wäre. Wofern es heute an Händel ein realeres Interesse gäbe als das der musikphilologischen Aufwärmung, könnte es allein am Fluß der melodischen Linie sich orientieren, der gewiß historisch in solch ruhigem Schreiten nur durch die staunende Gewinnung des harmonischen Prinzips möglich war, den wir aber angemessener erkennen könnten nach der Befreiung von jener längst zerfallenen Harmonik, die die Linie für unser harmonisch weit funktionelleres Bewußtsein nur hemmt, während sie sie ursprünglich bewegen sollte. Es resultiert daraus der Zwang, Händel auch absolut rascher zu interpretieren, als er mutmaßlicherweise zu seiner Zeit interpretiert wurde. Dagegen werden laut der Einwand und Protest: man bringe ihn so um seine Würde und das Werk um eine Einheit, die die Elemente untrennbar in sich beschließe. Es ist zunächst zu antworten, daß Würde als Wahrheitscharakter uns nichts mehr bedeute. So wenig sie in der Realität uns verbindlich ist, so wenig darf sie es in Kunst sein, wo ja nicht das Gewesene aufgespeichert wird, sondern die uns nur soweit gilt, wie wir ihre Gehalte als Wahrheitsgehalte anzuerkennen gezwungen sind. Kunst vermöchte Würde heute nur scheinhaft zu behaupten, müßte uns einen Ausdruck geschlossener Seinsfülle vorspielen, der uns unerreichbar und nicht einmal erreichenswert ist und dessen ästhetische Setzung damit jeglicher Legitimität entbehrt; Würde wäre nur zu erkaufen um den Stand unseres musikalischen Bewußtseins und um den Preis der Langeweile dazu. Mag sie im Werke preisgegeben werden wie in der Wirklichkeit. Die Einheit des Werkes vollends ist uns nicht kanonisch. Sie zerfällt in Geschichte, vom Werk bleiben Bruchstücke allein übrig als Wirkliches, während die Einheit als Schein evident wird und vom Wirklichen sich sondert. Solche Einheit durchsetzen wollen, nachdem sie dem immanenten geschichtlichen Stande des Werkes nach fragwürdig wurde, heißt einen Zustand galvanisieren, aus dem Leben entwich, und die lebendigen Trümmer frommen uns mehr als das tote Ganze. Der Raum des toten Ganzen ist antiquarisch und hat sein antiquarisches Recht; nicht jedoch das der Unmittelbarkeit. Ihm dient besser, wer ihn stumm bewahrt, als wer ihm den Schein des Lebendigen zu erwirken trachtet. Man weiß, wie in manchen Städten mitteldeutscher kirchenmusikalischer Tradition Werke des siebzehnten und achtzehnten Jahrhunderts dargeboten werden; wie feierlich langsam im Langsamen, wie gemäßigt und skandiert im Raschen. Die Schicht der Weihe, die jene Interpretation umhüllt, erklärt sich daraus, daß unmittelbar das Werk so nicht mehr interpretiert werden kann; daß man es sakral und schließlich ästhetizistisch stilisieren muß, in einen künstlichen, gleichsam geschichtsfreien Hörraum transponieren, um es überhaupt noch traditionstreu wiederzugeben. Wer da zu unterscheiden vermag, wird in solchen Interpretationen das lehrhaft Moralisierende, Irreale und Ideologisch-Reaktionäre nicht überhören können, wenn bedächtig jeder gute Taktteil so betont wird, als wäre mit ihm das wahre und unauflösliche Sein gesetzt, während das Ohr längst sechzehn Sequenztakte weiterhält. Alle solche historisch treue Interpretation hat den Charakter des Als ob: sie interpretiert, als ob die Werke in der Gestalt ihrer Ursprungszeit noch ungebrochen gegenwärtig wären, die sich doch so veränderten, daß ihre Ursprungsgestalt überhaupt nicht mehr greifbar ist oder allein an finsteren Weihestätten. Das zeigt sich schließlich exemplarisch am Zwang zur Übertreibung. Händel mußte wahrscheinlich nicht skandieren, da seine guten Taktteile als Träger des harmonischen Fortschrittes ohnehin Kraft genug in sich hatten. Nun diese Kraft entwich, muß sie durch eine Überbelastung der Akzente ersetzt werden, nur damit die vergangene Wirkung konserviert werde, die aus dem Material selber adäquat nicht mehr zu gewinnen ist. So führt gerade der Wille, das Werk geschichtslos zu bewahren, schließlich zu einer Musikregie, die von außen, aus der reaktionären Ideologie der Interpreten kommt und in ihrer Kraßheit und Starrheit mit der konkretmusikalischen Gestalt des Werkes selber in Widerspruch gerät. Es läßt sich damit die Unmöglichkeit solcher Interpretation einsehen und zugleich, die bestimmende Tatsache der Funktionalisierung in ihrer Konsequenz für die einzelnen Werke einmal zugestanden, die Notwendigkeit, die Werke rascher zu interpretieren.

Ihre spezifische Aktualität gewinnen die neuen rascheren Tempi durch die Krisis des expressiven Pathos; vorab Beethoven gegenüber. Die pathetischen Tempi waren guten Teiles in romantischer Reaktion gegen den totalen Funktionalisierungsprozeß, den sie doch nicht aufhalten konnten, langsamer durchweg. Die Gewalt des Ausdrucks ist in Musik stets im Einzelnen; nur das musikalisch unmittelbar Wahrgenommene kann nach Analogie mit den »Erlebnissen« aufgefaßt werden, der Totalverlauf eines Satzes aber ist von völlig anderer Form als der psychologische Erlebniszusammenhang des Menschen. Der musikalische Zusammenhang leistet eine Objektivation der einzelnen musikalischen Phänomene, wie sie im menschlichen Erlebniszusammenhang durch die Formen der Begriffsbildung, keinesfalls aber allein durch den bloßen unreflektierten Zusammenhang der Erlebnisse selber geleistet werden kann. Darum läßt alle psychologische Musikübung das Einzelne verweilen auf Kosten der Totalität, die die expressive Unmittelbarkeit aufhebt. Formanalytisch wäre fast das Pathos als Mittel zu verstehen, die Formschwierigkeit, die aus der Vorherrschaft des Singulären resultiert, zu beseitigen, indem nun die beharrende Darstellung des Einzelnen gerade als Formintention erscheinen soll. Demgegenüber wird die Interpretation um so rascher, je konsequenter sie auf die Formkonstruktion ausgeht und auch die Partikeln formkonstruktiv erfaßt. Die Zuordnung von großen Formteilen zueinander, ja oft schon der Bau eines Teilganzen, einer bestimmten melodischen Gestalt, wird erst in einem Tempo deutlich, das diese Teile nicht mehr als autonome Einheiten gibt, sondern so anlegt, daß sie im Augenblick des Erklingens unvollständig sind, nur als Teilstücke des Ganzen verstanden werden können. Oder umgekehrt, vom Ganzen aus gesehen: die Vorstellung eines Formganzen bildet sich allein dann, wenn die Teile so aneinanderrücken, daß sie unmittelbar aufeinander bezogen werden müssen. Es ergeben sich damit völlig neue Interpretationsprobleme für das Einzelne, das ja nicht sich verflüchtigen, sondern in seiner konstruktiven Stellung im Ganzen kenntlich werden, deshalb auch in sich auskonstruiert werden soll: die Einzelgestalt wird jetzt nicht mehr durch die Zeitlupe vorgeführt und dadurch als in sich Geschlossenes vom Ganzen abgehoben, sondern ins Ganze hineingezogen; damit wird ihre plastische Darstellung erneut zur Aufgabe, die nicht mehr vom Tempo aus, vielmehr durch veränderte Darstellung des Teiles selbst gelöst werden muß. Es ist dabei an Phrasierung und Metrik, an bewußte Betonung – Emanzipation von der schematischen Viertaktigkeit zumal – und an die Dynamik zu denken, wie sie auf Grund der Formkonstruktion des Ganzen wie der Teile zu disponieren ist. So ergibt sich der Zusammenhang der geforderten neuen Tempi mit dem veränderten Interpretationsstil insgesamt. Damit innerhalb der neuen Tempi die Gestalten nicht ausgeschliffen werden, das Ganze sich nicht in einen Leerlauf von Bewegung verwandle, ist eine veränderte, das heißt hier: weitgehend vom guten Taktteil und also den tonalen Kadenzierungen emanzipierte metrisch-rhythmische und dynamische Interpretation erheischt. Damit anderseits unter konstruktiver Preisgabe der ausgezehrten rhythmisch-harmonischen Symmetrie die Darstellung der Formteile als Teilganzer gelinge, die allein nach ihren Formkategorien, nach keinem vorgedachten Schema sich bewegen, ohne daß sie darum in Formanarchie gerieten: daß dies zentrale Problem aktueller Interpretation gelöst werde, muß das Tempo beschleunigt werden, die Partikeln aneinanderzurücken. Ob im Stadium des Zerfalls der Werke solche Versöhnung von Ganzem und Teil durchweg noch gelingen kann, bleibt die Frage. Jedenfalls kann sie nicht als unmittelbar gesichert mehr vorausgesetzt werden, und wo sie sich etwa realisiert, wird sie sich lieber als rationale Konfiguration der bereits auseinandergetretenen Teile denn als eine »organische« Totalität realisieren. Es mag der wahre Sinn der heut unabweislichen Tempobeschleunigung sein, die als organisch verlorene Einheit der Werke konstruktiv nochmals zu erzeugen, indem im zerfallenen Kunstwerk die dissoziierten Teile dicht aneinander rücken und Schutz suchen beieinander. Die Tempomodifikation, die ihren Ausgang in der geschichtlichen Veränderung der Werke hatte, findet ihre Bestimmung erst, wenn sie die Werke in ihrer Geschichtlichkeit ergreift. Vom Zerfall der Werke wird sie inauguriert; an den zerfallenen Werken bewährt sie sich. Das Verfahren des Virtuosen mag prototypisch sein, vor dessen Übung, vor dessen gewalttätiger Wiederholung die

Werke schon zerfielen, als sie geschichtlich noch zusammenzuhalten schienen. In der Tat hat d'Albert mit seinen auch heute noch erstaunlichen Interpretationen des mittleren Beethoven, vor allem der Waldstein-Sonate und der Appassionata, in improvisatorischer Vorwegnahme die neuen Tempi gefunden, die heute der konstruktiven Erkenntnis zwangvoll sich ergeben. Aus der Konstruktion des musikalischen Materials und mit allen übergreifenden Konsequenzen für die Totaldarstellung hat sie erst Schönberg gewonnen. Kein Zufall, daß seine Entdeckung in genauer Kenntnis der Originale ihren Grund hatte; daß also die Veränderung des Werkes dialektisch von Treue gegen das Werk erzeugt ward. So hat er das f-moll-Quartett von Beethoven in der originalen Metronomisierung spielen lassen und damit nicht bloß die einzelnen Sätze in sich, sondern auch die Form des Ganzen, vor allem die Korrespondenz des ersten und letzten Satzes, herausgestellt.

Der Kampf, der um die Werke unter dem Problemtitel der Technisierung geführt wird, ist nicht von außen, durch die Findung neuer Darstellungsmaterialien, herbeigeführt. Daß solche Materialien konnten gefunden werden, entspricht einem objektiven geschichtlichen Stand der Werke bei sich selber, der es unmöglich macht, die Werke anders zu interpretieren als in der gründlichen Neuanschauung, deren drastisches Zeichen die Technisierung ist. Im Zwang, neue Tempi zu wählen und die Darstellung von Musik insgesamt in raschere Zeitmaße als die traditionalen zu verlegen und in eins damit insgesamt zu modifizieren, zeigt sich diese Notwendigkeit unabhängig von den technischen Mitteln an und fundiert sie von den Werken her. Die Interpretation, die heute die Werke ihrem geschichtlichen Stande nach selber verlangen, und die, deren Chance die Technisierung bietet, nähern sich ideell an. Freilich ist die Technik am fortgeschrittensten Stande der Interpretation selber zu messen, und die Interpretation hat nach der Erkenntnis des Werkes und nicht in hilfloser Analogie zu der gegenwärtigen technischen Praxis zu verfahren.

1930

Über Jazz

Die Frage, was unter Jazz zu verstehen sei, scheint der eindeutig definitorischen Antwort zu spotten. Wie der historische Ursprung der Gattung im Nebel des jüngst Vergangenen verfließt, so ihr Umfang im zweideutigen Gebrauch der Gegenwart. Zur rohen Orientierung könnte man angeben, es handle sich um den Bereich jener, sei es unmittelbar gebrauchten, sei es leicht stilisierten Tanzmusik etwa seit dem Kriege, die von der voraufgehenden durch einen entschiedenen, doch selber der Bestimmung höchst bedürftigen Charakter von Modernität sich abhebe. Er wird am sinnfälligsten vielleicht von den – übrigens regional sehr verschiedenen – Widerständen bezeichnet, denen der Jazz begegnet und die nach den Begriffen des seelenlos Mechanischen und des zuchtlos Dekadenten polarisiert sind. Musikalisch ist jene »Modernität« wesentlich auf Klang und Rhythmus bezogen, ohne die harmonisch-melodische Konvention der tradierten Tanzmusik fundamental zu brechen. Als rhythmisches Prinzip gilt die Synkope. Sie tritt außer in ihrer Elementarform – wie der Vorläufer des Jazz, der Cake Walk, sie nutzt – in vielfachen Modifikationen auf, die stets indessen auf jene Elementarform durchlässig bleiben. Die gebräuchlichsten Modifikationen sind: die Verschleifung der guten Taktteile durch Aussparung (Charleston) oder Überbindung (Ragtime); die Scheintaktigkeit, etwa als Behandlung eines Vierverteltaktes als Folge von 3 + 3 + 2 Achteln, mit dem Akzent jeweils auf der ersten Note der als »Scheintakt« aus dem Hauptrhythmus herausgegliederten Gruppe; endlich der »break«, eine improvisationsähnliche Kadenz, meist am Ende des Mittelteils zwei Takte vor Wiedereintritt des Refrain-Hauptteils. Bei all diesen Synkopierungen indessen, die in virtuosen Stücken zuweilen als ungemein kompliziert sich geben, ist die zugrundeliegende Zählzeit aufs strengste innegehalten; sie wird je und je von der großen Trommel markiert. Die rhythmischen Ereignisse betreffen die Akzentuierung und Phrasierung, doch nicht den Zeitverlauf des Stückes, und selbst die Akzentuierung bleibt, eben durch die große Trommel und die ihr zugeordneten Continuo-Instrumente, stets auf eine zugrundeliegende symmetrische bezogen. So ist denn insbesondere in der »Großrhythmik« die Symmetrie völlig respektiert. Die achttaktige Periode, ja bereits die viertaktige Halbperiode sind unangefochten in Geltung erhalten. Dem entsprechen ebenso simple harmonische und melodische Symmetrieverhältnisse, nach Halb- und Ganzschluß aufgegliedert. – Dem Klang ist die gleiche Simultaneität des Ausbrechenden und des Starren eigen. Er kombiniert expressive und kontinuohafte, objektiv durchgehaltene Elemente: Geige und große Trommel sind seine Extreme. Sein Lebenselement aber ist jenes Vibrato, das einen für sich selber starren und objektiven Ton gleichsam in sich erzittern macht; das ihm subjektive Emotionen einlegt, ohne daß diese die Starrheit des Grundklanges zu brechen vermöchten – so wie die Synkope das Grundmetron nicht zu brechen vermag. In Europa gilt als für jenen Klang repräsentativ das Saxophon, gegen welches die Widerstände vorab sich kehren. In Wahrheit ist das Instrument, dem so viel modernistische Verruchtheit nachgesagt wird und das die überreizten abendländischen Nerven der Negervitalität pervers preisgeben soll, von ehrwürdigem Alter. Es findet bereits in Berlioz' Instrumentationslehre sich abgehandelt; wurde im neunzehnten Jahrhundert erfunden, als die Emanzipation der Orchestrierungskunst die Forderung nach feineren Übergängen zwischen Holz- und Blechblaskörper nahelegte, und ist in einem längst zur Klassizität erhobenen Stück wie Bizets Arlésienne-Suite – freilich nicht obligat – verwendet. In vielen Ländern wird es seit Generationen in der Militärmusik gebraucht und vermag darum keinen Menschen mehr zu schockieren. Seine Bedeutung für die tatsächlich geübte Jazzpraxis mag hinter der der Trompeten zurückstehen, denen eine weit größere Mannigfaltigkeit von Spielweisen zu Gebot steht als dem Saxophon und die darum funktionell weit bequemer, weit weniger abhängig vom Grundklang sich einsetzen lassen als jenes. Der Jazzklang selber aber bestimmt sich eben nicht durch ein bestimmtes auffälliges

Instrument, sondern funktionell: durch die Möglichkeit, das Starre vibrieren zu lassen, oder allgemeiner durch die Möglichkeit der Herstellung von Interferenzen zwischen Starrem und Ausbrechendem. Das Vibrato selber ist Interferenzerscheinung im genauen physikalischen Sinn, und das physikalische Modell taugt wohl zur Darstellung des historisch-gesellschaftlichen Phänomens Jazz.

Der technologische Tatbestand der Funktion darf als Chiffre eines gesellschaftlichen verstanden werden: die Gattung wird von der Funktion beherrscht und nicht von einem autonomen Formgesetz. Als Tanzmusik scheint sie zum Gebrauch selber sich zu bekennen. Aber es scheint zugleich ihr eifriges Bestreben, ihre Funktion lediglich abstrakt, eben unter der Formel Tanzmusik, zu deklarieren, um dafür konkret um so unangefochtener geheim sie ausüben zu können: darum gibt die Funktion des Jazz dem Dialektiker als Rätsel sich auf. So wenig eindeutige Elemente des Materials zu dessen Lösung beitragen, so wenig die Formtypen, die der Jazz ausgebildet hat. Vieles, was wenn nicht bei den Jazzfachleuten so doch zumindest beim Publikum als Jazz unterläuft, will nicht einmal der gröbsten Charakteristik rhythmischer und klanglicher Interferenz Genüge tun. Das gilt zunächst für die Tangos, die, rhythmisch sehr primitiv, nur die Elementarform der Synkope heranziehen, ohne sie je zum Prinzip der Faktur zu machen. Es gilt weiter für jene Mischform aus Jazz und Marsch, die, seit der ›Valencia‹ von 1925 als »Six-eight« aufkam und ungemein rasch sich ausbreitete, die marschähnlichen Züge immer offener ausbildete, anstelle der Synkope den ungebrochen durchlaufenden Rhythmus, anstelle des Interferenzklanges einen homogenen und »wohllautenden« Tuttiklang setzte; von der Jazzpraxis aber nie scharf sich sonderte und von den Orchestern alternierend mit durchsynkopierter »hot music« gespielt wird. Andererseits wird viele Musik als Jazz oder Jazz-verwandt nur um ihres Klanges willen angesehen, ohne überhaupt mit den rhythmischen Jazzprinzipien befaßt zu sein: der breite Publikumserfolg der Songs von Kurt Weill war durchaus einer von Jazz, obwohl die rhythmische Profilierung ihrer Melodien nach der Skandierung der komponierten Verszeile dem Jazzverfahren völlig entgegengesetzt ist;

durchgehender Grundrhythmus und Saxophonklang stehen hier allein fürs Jazzwesen ein. Jazz ist nicht, was er »ist« – karg und mit einem Blick zu durchdringen ist sein ästhetisches Gefüge bei sich selber –, er ist, wozu man ihn braucht, und das freilich stellt vor Fragen, die zu beantworten weitgreifende Untersuchung nötig machte. Vor Fragen nicht wie das autonome Kunstwerk; viel eher wie der Detektivroman, mit dem der Jazz gemein hat, daß er eine strenge Stereotypik unerbittlich durchhält und zugleich alles daransetzt, sie durch individualisierende Züge vergessen zu lassen, die selber wieder ausschließend durch die Stereotypik determiniert sind. Wie beim Detektivroman die Frage nach dem Verbrecher sich verschränkt mit der, was mit dem Ganzen bedeutet sei, so beim Jazz die nach dem seltsamen Subjekt, das da zugleich bebt und marschiert, mit der, wozu es diene, wozu es überhaupt da sei, während es sein Dasein als eine Selbstverständlichkeit behauptet, die nur verbirgt, wie schwer ihm die eigene Rechtfertigung fallen muß.
Denn wollte man, wie es oft genug geschah, die Gebrauchsfähigkeit des Jazz, seine Eignung zum Massenartikel, als Korrektiv der bürgerlichen Vereinsamung der autonomen Kunst, als dialektisch fortgeschritten betrachten und gar seine Gebrauchsfähigkeit als Motiv zur Aufhebung des Dingcharakters der Musik akzeptieren, man geriete in jene jüngste Romantik, die aus ihrer Angst vorm tödlichen Charakter des Kapitalismus den verzweifelten Ausweg sucht, das Gefürchtete selber zu bejahen als eine Art grausiger Allegorie kommender Freiheit und die Negativität zu heiligen – ein Heiltum, an das, beiläufig gesagt, der Jazz selber glauben machen möchte. Wie immer es in einer kommenden Ordnung der Dinge mit Kunst sich verhalten mag; ob ihr Autonomie und Dinglichkeit wird erhalten bleiben oder nicht – und die ökonomische Überlegung bringt manchen Grund dafür bei, daß auch die richtige Gesellschaft nicht auf die Herstellung purer Unmittelbarkeit aus sein wird –, soviel jedenfalls ist gewiß, daß die Gebrauchsfähigkeit des Jazz die Entfremdung nicht aufhebt, sondern verstärkt. Der Jazz ist Ware im strikten Sinn: seine Tauglichkeit zum Gebrauch setzt in der Produktion anders nicht sich durch denn in Gestalt seiner Absatzfähigkeit, im äußersten Widerspruch zur

Unmittelbarkeit der Verwendung nicht bloß sondern auch des Arbeitsprozesses selber; sie unterliegt den Gesetzen, auch der Zufälligkeit des Marktes, so wie seine Distribution denen von Konkurrenz oder auch schon ihrem Erben. Die Züge am Jazz indessen, in denen Unmittelbarkeit sich zu behaupten scheint, jene angeblich improvisatorischen nämlich, als deren Elementarform die Synkope genannt ward, sind dem genormten Warencharakter, selber wiederum genormt, in blanker Auswendigkeit hinzugefügt, um ihn zu maskieren, ohne doch Macht über ihn zu gewinnen für eine Sekunde. Durch Intentionen, sei es von gehobenem »Stil«, sei es von individuellem Geschmack, ja sei es auch von individueller Spontaneität, will der Jazz seinen Absatz verbessern und seinen Warencharakter bemänteln, der, nach einem der gründenden Widersprüche des Systems, unverhüllt auf dem Markte die Durchsetzung seiner selbst gefährdete. Wie immer neusachlich der Jazz sich gebärden mag, er ist, was alle Sachlichkeit am grimmigsten zu befehden vorgibt, Kunstgewerbe, und seine Sachlichkeit taugt nicht mehr als ein aufgeklatschtes Ornament, das darüber betrügen soll, wie sehr er bloße Sache ist.

Solcher Trug liegt zunächst im Interesse des Bürgertums. Wenn ihm wirklich das Vorrecht reserviert ist, seine eigene Entfremdung zu genießen, so hilft in der antagonistisch weit fortgeschrittenen Situation zu solchem Genuß nicht mehr das Pathos der Distanz, von dem noch Nietzsche Freundliches zu berichten wußte. Wie es durch Gemeinschaftsideologien der vielfältigsten Art die Distanz fürs Bewußtsein um so mehr verkleinert, je unerbittlicher sie im Sein anwächst, so ist ihm das Entfremdete selber nur noch erträglich, solange es sich als unbewußt und »vital« gibt: das Allerfremdeste als das Allervertrauteste. Die Funktion des Jazz ist denn auch zunächst relativ auf die Oberklasse zu verstehen, und seine folgerichtigeren Formen dürften, jedenfalls soweit es um intimere Rezeption geht als das bloße Ausgeliefertsein an Lautsprecher und Kapellen in Massenlokalen, heute noch der tanzgerechten und hochtrainierten Oberschicht vorbehalten sein. Der Jazz repräsentiert ihr, ähnlich etwa wie die Abendkleidung des Herrn, die Unerbittlichkeit der gesellschaftlichen Instanz, die sie selber ist, die sich jedoch im Jazz als urtümlich, primitiv, »Natur« verklärt; mit seinen individuellen oder stileigenen Momenten aber appelliert der Jazz an ihren »Geschmack«, zu dessen souveräner Wahlfreiheit ihr Standort sie legitimiert; daß aber der Jazz, sowohl um seiner Starrheit wie seines individualisierenden Geschmacks willen, »kein Kitsch« sei, hilft den also Disziplinierten zu gutem Gewissen. Allein die Wirkung des Jazz bleibt so wenig an die Oberschicht gebunden, wie deren Bewußtsein von dem der Beherrschten in Schärfe sich abhebt: der Mechanismus der psychischen Verstümmelung, dem die gegenwärtigen Bedingungen ihren Fortbestand verdanken, hat Macht auch über die Verstümmler selber, und sind diese der Triebstruktur nach ihren Opfern ähnlich genug, so werden die Opfer damit entschädigt, daß sie an den Gütern der Herrschenden soweit Anteil haben dürfen, wie diese auf eine verstümmelte Triebstruktur gemünzt sind. Als Oberflächenwirkung und Zerstreuung, ob auch nicht als seriöses Amüsierritual, durchdringt der Jazz die gesamte Gesellschaft, selbst das Proletariat; in Europa dürften allenfalls spezifisch agrarische Gruppen ausgenommen sein. Oft mögen die Abhängigen durch die Rezeption des Jazz mit der Oberklasse sich identifizieren; Jazz gilt ihnen für »mondän«, und ihm dankt es der Angestellte, wenn er mit seiner Freundin im Bierkabarett stets noch etwas Besseres sich dünkt. Doch werden dabei wohl einzig noch die »primitiven« Elemente des Jazz, also die nachtanzbaren guten Taktteile des Grundrhythmus, aufgefaßt; die hochsynkopierte hot music wird geduldet, ohne genauer ins Bewußtsein zu dringen – zumal die billigen Tanzlokale keine virtuosen Jazzorchester bezahlen können, und die vermittelte Wiedergabe durchs Radio doch weit weniger eindringlich bleibt als die der leibhaften Kapelle zu ihrem Ort und ihrer Stunde. Es ist aber charakteristisch für den Jazz als Interferenz, daß auf seine differenzierteren Elemente ohne weiteres sich verzichten läßt, ohne daß er darum sich aufhöbe oder nur aufhörte, als Jazz kenntlich zu sein. Er ist pseudodemokratisch in jenem das Bewußtsein der Epoche bezeichnenden Sinn: die Attitüde seiner Unmittelbarkeit, definierbar durch ein starres Tricksystem, täuscht über die Klassendifferenzen. Wie im aktuell politischen so ist im ideologischen Bereich solcher Demokratie die Reaktion dicht gesellt. Je tiefer der Jazz gesellschaftlich wandert, um so mehr reaktionäre Züge nimmt er an, um so vollkommener ist er dem Banalen hörig, um so weniger duldet er Freiheit und Ausbruch von Phantasie, bis er endlich als Begleitmusik der zeitgemäßen Kollektive schlechtweg die Unterdrückung selber verherrlicht. Je demokratischer der Jazz, um so schlechter wird er.

Daß seine demokratische Attitüde bloßer Schein sei, kommt an der Rezeption zutage. Nichts falscher als diese plebiszitär zu denken. Die Kapitalkraft der Verlage, die Verbreitung durch Rundfunk und vor allem der Tonfilm bilden eine Tendenz zur Zentralisierung aus, die die Freiheit der Wahl einschränkt und weithin eigentliche Konkurrenz kaum zuläßt; der unwiderstehliche Propagandaapparat hämmert den Massen solange die Schlager ein, die er gut findet und die meist die schlechten sind, bis ihr müdes Gedächtnis wehrlos ihnen ausgeliefert ist: und die Müdigkeit des Gedächtnisses wiederum wirkt auf die Produktion zurück. Die für die gesellschaftliche Breitenwirkung des Jazz entscheidenden Stücke sind gerade nicht jene, welche die Idee des Jazz als Interferenz am reinsten ausprägen, sondern technisch zurückgebliebene, grobschlächtige Tänze, die jene Züge fragmentarisch bloß enthalten. Diese werden als »commercial« betrachtet: bei ausreichendem Bezug der banalen Erfolgsstücke pflegen die Verleger ein »modernes«, also leidlich konsequentes hot-Stück gratis dreinzugeben. Immerhin kann auch für den Massenkonsum auf die hot music nicht ganz verzichtet werden. Es drückt darin ein gewisser Überschuß der musikalischen Produktivkraft über die Marktforderung sich aus. Die Kapellen verlangen nach hot music, teils um ihre Virtuosität zu zeigen, teils auch weil die immerwährende Wiederholung der simpelsten Dinge unerträglich sie langweilt. Zugleich aber ist die kunstgewerbliche hot music, der relativ fortschrittliche Jazz, auch für die Hebung des Massenkonsums notwendig. Gibt das Verständnis der hot music der Oberklasse das gute Gewissen ihres Geschmacks, so verleiht die Verständnislosigkeit der Majorität im Schock des Unverstandenen dieser, wenn sie mit hot music zu tun hat, die vage Satisfaktion des Up to date, vielleicht auch eine Bestätigung der erotischen Emanzipiertheit durchs gefährlich Moderne oder »Perverse«. All das ist bloßes Dekorum; nachgesungen werden nur die faßlichsten und rhythmisch trivialsten Melodien. Für die breite Rezeption spielen die hot-Stücke äußerstenfalls die Rolle pseudomoderner Maler wie van Dongen, Foujita, Marie Laurencin, oder besser noch von kubistischen Reklamebildern.

Es liegt dagegen der Einwand zur Hand: von Zentralismus und Scheindemokratie könne darum nicht wohl die Rede sein, weil der propagandistische Mechanismus nicht zureichend funktioniere. Schlager könnten nicht »gemacht«, darum auch keine zureichenden theoretischen Bedingungen für den Erfolg angegeben werden. So sei einer der größten Schlager aus jüngster Zeit – ›Capri‹ – bei einem kleinen Verleger erschienen, nachdem die wichtigen ihn refusiert hätten, und hätte seinen Weg aus eigener Kraft gemacht. Fragt man Jazz-Fachleute nach dem Grund für große Schlagererfolge, so werden sie – je geschäftstüchtiger um so eifriger – mit depraviert magischen Formeln aus dem Vokabular der Kunst, mit Inspiration, Genialität, Schöpfertum, mit Ursprünglichkeit, geheimnisvoller Kraft und anderem Irrationalem aufwarten. So durchsichtig die Motive jenes Irrationalismus sein mögen, so wenig ist doch das Moment der Irrationalität am Schlagererfolg zu übersehen. Welcher Schlager Erfolg haben wird und welcher nicht, das läßt mit apodiktischer Gewißheit so wenig sich voraussagen wie das Schicksal eines Wertpapieres. Aber diese Irrationalität ist nicht sowohl eine Suspension des gesellschaftlichen Bestimmtseins als vielmehr selber gesellschaftlich bestimmt. Zunächst kann die Theorie zahlreiche notwendige, ob auch nicht zureichende Bedingungen des »Erfolges«, also der sozialen Wirksamkeit herausstellen. Die fortschreitende Analyse mag dann auf die »irrationalen« Momente stoßen; auf die Frage etwa, warum von zwei durchaus äquiformen und äquivalenten Stücken das eine reussierte und nicht das andere. Aber sie wird kein schöpferisches Wunder annehmen dürfen, wo nichts geschaffen ist. Wofern die Irrationalität sich nicht auf ungleiche Chancen der Propaganda und Distribution reduziert, ist die Zufälligkeit selber Ausdruck einer gesellschaftlichen Gesamtverfassung, zu deren Konstituentien es gehört, bei genauester tendenzieller

Bestimmtheit des Ganzen gleichwohl anarchische Zufälligkeit in allem konkreten Einzelnen zu dulden und zu fordern. Auch im Bereich der Ideologie kommt der Monopolismus keineswegs einer Aufhebung der Anarchie gleich. Wie die Realität, in der ein Schlager erklingt, keine planvoll geordnete ist; wie Ort und Stunde mehr über das Schicksal eines Gebildes zu entscheiden vermögen als sein eigenes Verdienst, so ist planlos das Bewußtsein derer, die ihn rezipieren, und die Irrationalität vorab die der Hörer. Das ist aber keine schöpferische, sondern eine zerstörende; keine Ursprungsmacht, sondern Rückgriff auf falsche Ursprünge unter der Macht der Zerstörung. In einer richtigen Gesellschaft könnte vielleicht Angemessenheit von Qualität und Erfolg angesetzt werden; in der falschen ist ihre Unangemessenheit nicht sowohl Zeugnis einer okkulten Qualität denn der Falschheit der Gesellschaft.

Unternimmt in Wahrheit der Jazz den Rückgriff auf falsche Ursprünge, so verliert nicht bloß die Rede von der Irrationalität seines Erfolgs, sondern auch die von seiner wesenseigenen, von der in ihm aufbrechenden Archaik oder wie immer die Phrasen lauten mögen, mit denen diensteifrige Intellektuelle den Betrieb rechtfertigen, ihren Sinn. Der Glaube an den Jazz als eine Elementarkraft, an der etwa die angeblich dekadente europäische Musik sich regenerieren könnte, ist eine bloße Ideologie. Wieweit der Jazz überhaupt mit genuiner Negermusik zu tun hat, ist überaus fraglich; daß er vielfach von Negern praktiziert wird und daß das Publikum den Markenartikel Neger-Jazz verlangt, beweist über ihn wenig, selbst wenn die folkloristische Forschung die afrikanische Herkunft vieler seiner Praktiken bestätigen sollte. Heutzutage jedenfalls sind alle Formelemente des Jazz durch die kapitalistische Forderung nach seiner Tauschbarkeit völlig abstrakt vorgeformt. Selbst die vielberufenen Improvisationen, jene hot-Stellen und breaks, haben bloß ornamentale, nie konstruktive und formsetzende Bedeutung. Nicht bloß ist ihnen stereotyp ihre Stelle, bis auf die Taktzahl, zugewiesen; nicht bloß ihre Länge und harmonische Struktur als die einer Dominanzwirkung genau vorbestimmt. Sogar ihre melodische Gestalt und ihre simultanen Kombinationsmöglichkeiten lassen auf ganz wenige Grundformen: der Umschreibung der

Kadenz, des harmonisch figurativen Kontrapunkts sich zurückführen. Der Jazz verhält sich zu den Negern ähnlich wie die Salonmusik der Stehgeiger, die er so stählern meint überwunden zu haben, zu den Zigeunern. Nach Bartóks Nachweis wird diese den Zigeunern von der Stadt aus geliefert; städtisch ist wie der Konsum so auch die Herstellung des Jazz, und die Haut der Neger so gut wie das Silber der Saxophone ein koloristischer Effekt. Keineswegs hält mit den blanken Musikwaren die siegreiche Vitalität ihren Einzug; der europäisch-amerikanische Amüsierbetrieb hat die Triumphatoren nachträglich als Lakaien und Reklamefiguren sich gedungen, und ihr Triumph ist bloß die verwirrende Parodie auf den kolonialen Imperialismus. Soweit bei den Anfängen des Jazz, beim Ragtime vielleicht, von Negerelementen die Rede sein kann, dürfte es weniger um archaisch-primitive Äußerungen als um die Musik von Sklaven sich handeln; selbst in der autochthonen Musik von Innerafrika scheint die Synkope bei durchgehaltener Zählzeit durchaus nur der niederen Schicht zugehörig. Psychologisch mag die Struktur des Ur-Jazz am ehesten an die des Vor-sich-hin-Singens der Dienstmädchen gemahnen. Die Society hat ihre Vitalmusik, wofern sie sie nicht von Anfang an nach Maß herstellen ließ, nicht von Wilden, sondern von domestizierten Leibeigenen bezogen. Damit könnten dann freilich die sadistisch-masochistischen Züge des Jazz recht wohl zusammenhängen. So modern wie die »Primitiven«, die ihn anfertigen, ist die Archaik des Jazz insgesamt. Die improvisatorische Unmittelbarkeit, die seinen halben Erfolg ausmacht, rechnet streng zu jenen Ausbruchsversuchen aus der fetischisierten Warenwelt, die ihr sich entziehen wollen, ohne sie zu verändern, und darum tiefer nur in ihre Verstrickung hineinziehen. Wer vor der unverständlich gewordenen Musik oder vor dem entfremdeten Alltag in den Jazz flüchtet, gerät in ein musikalisches Warensystem, das vor anderen für ihn einzig den Vorzug hat, nicht sogleich durchschaubar zu sein, das aber, mit den entscheidenden, den nicht improvisatorischen Zügen, eben jene humanen Ansprüche niederschlägt, die er an es erhebt. Mit dem Jazz stürzt ohnmächtige Subjektivität aus der Warenwelt in die Warenwelt; das System läßt keinen Ausweg. Was dabei an uraltem Trieb sich wiederherstellt, ist nicht die ersehnte Freiheit sondern Regression durch Unterdrückung; keine Archaik gibt es im Jazz denn die aus Moderne mit dem Mechanismus der Unterdrückung gezeitigte. Nicht alte und verdrängte Triebe werden in den genormten Rhythmen und genormten Ausbrüchen frei: neue, verdrängte, verstümmelte erstarren zu Masken der längst gewesenen.

Die moderne Archaik des Jazz ist nichts anderes als sein Warencharakter. Die urtümlichen Züge an ihm sind die warenhaften: die starre, gleichsam zeitlose Unbewegtheit in der Bewegung, die maskenhafte Stereotypie, das Ineins von wilder Erregtheit als dem Schein des Dynamischen und Unerbittlichkeit der Instanz, die über solche Erregtheit herrscht. Vor allem aber das Gesetz, das eines des Marktes so gut ist wie eines der Mythen: er muß gleichzeitig stets dasselbe sein und stets das Neue vortäuschen. Es wird offenbar mit dem paradoxen und jede Produktivkraft lähmenden Anspruch an die Komponisten, immer nur »genau wie...« und doch »originell«, durch Originalität wirksam zu komponieren. Wer beides zugleich vermöchte, würde das Ideal des »commercial« realisieren; in der Unversöhnlichkeit beider Ansprüche aber, wie sie an alle Waren gestellt werden, mag einer der tiefliegenden Widersprüche des Kapitalismus selber sich anmelden als des Systems, das gleichzeitig die Produktivkräfte entwickeln und fesseln muß. In der Jazzpraxis pflegt das Gewohnte sich durchzusetzen. Die Karten des Jazz scheinen ausgespielt; seit Foxtrot und Tango sind zu den Grundcharakteren keine neuen hinzugetreten, nur die bestehenden wurden modifiziert. Selbst der »Einfall«, dessen Begriff übrigens gesellschaftlich wie ästhetisch gleich problematisch ist, bleibt weithin von der Rücksicht auf erfolgreiche Modelle abhängig; er ist so gründlich konventionell vorgeformt wie nur die Grundtypen selber. Das neue dringt nur gelegentlich, anscheinend als individuelle Nuance und vom Individuum aus gesehen zufällig durch; wenn es nämlich, stets fast unbewußt, objektive gesellschaftliche Tendenzen ausprägt, also gerade nicht individuelle Nuance ist. Manchmal, ob auch keineswegs in der Mehrzahl der Fälle, bringt das Neue den großen Erfolg, etwa bei dem ersten Six-eight, Valencia, oder dem ersten Rumba. Solche

Stücke werden meist gegen den Willen der Verleger gedruckt, da sie allemal Risiken sind. Das musikalische Korrelat der Forderung nach »ebenso wie« und »originell« aber ist: daß ein erfolgreicher Jazzschlager einen individuellen, charakteristischen Zug mit vollständiger Banalität in allem übrigen vereinen muß. Dabei ist keineswegs allein an melodische Plastik zu denken: gerade sie ist durchweg erstaunlich gering. Ein Detail welcher Art immer – in ›Valencia‹ etwa ist es eine kleine, dem Konsumenten nicht bewußte Unregelmäßigkeit der Metrik – genügt. Darum kommt es den Verlegern, ähnlich wie jedem Propagandisten, wesentlich an auf den Titel, den Textbeginn, die ersten acht Takte des Refrains und den meist in der Introduktion mottoartig vorweggenommenen Refrainschluß. Alles übrige, mit anderen Worten die musikalische Entwicklung, ist gleichgültig. Das alte, tatsächlich vielleicht auf Kultformen zurückverweisende Prinzip des Rondos: dem einprägsamen eigentlichen Rundtanz unselbständigere und unauffälligere Nebengedanken zu kontrastieren, wird vom Jazz in den Dienst der Behaltbarkeit und damit des Absatzes gestellt: durchweg sind die Couplets oder »verses«, als Gegensatz zum Refrain oder Chorus, absichtlich unplastisch gehalten.

Die Einheit des Charakteristischen und Banalen, die dem Jazz vorgezeichnet ist, betrifft nicht bloß die Gestalt der Jazzstücke in sich selber. Vielmehr und vor allem realisiert sie sich im Verhältnis von Produktion und Reproduktion, dem der Jazz gerade den Ruf der spontanen Unmittelbarkeit verdankt. Banal – so darf übertreibend gesagt werden – ist das Stück als solches; charakteristisch, apart, virtuos seine Wiedergabe, die es oft bis zur Unkenntlichkeit verkleidet. Für die Konvention im Jazz muß, sonderbar genug, der Komponist einstehen; der sie modifiziert, ist der Arrangeur, manchmal dem Verlag, manchmal dem Orchester verbunden, stets aber in engster Fühlung mit den Reproduzierenden; und vergleicht man die Leistung einer guten Kapelle mit dem Notentext etwa der Klavierfassung, so mag man gern glauben, daß die qualifizierten Musiker unter den Arrangeuren und nicht unter den Komponisten sich finden. Fast scheint es, daß ganz indifferentes Material am besten dazu sich eignet, verjazzt zu werden. Eines der bekanntesten Virtuosenstücke für Jazz, an dem die Kapellen mit Vorliebe ihre Fertigkeit beweisen, der ›Tiger Rag‹, ist als Komposition von der äußersten Simplizität. Es scheint damit der Jazz nach zwei Richtungen – beide verschieden von der innermusikalischen Entwicklungstendenz – fortschrittlich. Einmal durch Wiederhereinnahme des Reproduzierenden in die Komposition. Sind beide in der Kunstmusik einander hoffnungslos entfremdet; lassen die Vortragsbezeichnungen der neuen Musik keinerlei Raum für reproduktive Freiheit, ja will die Interpretation ganz hinter der mechanischen Wiedergabe verschwinden – dann scheint im Jazz der Reproduzierende sein Recht aufs neue anzumelden gegenüber dem Kunstwerk: der Mensch gegenüber dem Ding. So jedenfalls ist der Jazz von den Gewissenhaften unter seinen Apologeten verstanden worden: die Gesinnung von Kreneks ›Jonny spielt auf‹ legt dafür Zeugnis ab. Aber diese Gesinnung ist romantisch, und Krenek war nur konsequent, als er dem Jonny als Epilegomena die romantischen Einakter folgen ließ. Denn der Eingriff des Arrangeurs oder Interpreten in den Jazz vermag nicht, so wie stets noch die Improvisation des großen Schauspielers, den Stoff wahrhaft zu verändern, zum bloßen Anlaß der subjektiven Kundgabe zu machen. Reiz und Kunststück, die neue Farbe und der neue Rhythmus werden dem Banalen bloß eingelegt – so wie das Jazzvibrato dem starren Ton, die Synkope dem Grundmetron bloß eingelegt ist; ja diese Interferenz des Jazz ist die Leistung des Arrangements an der Komposition. Deren Konturen aber bleiben die alten. Noch den ausschweifendsten breaks des Arrangements ist das Schema anzuhören. Der Reproduzierende mag an den Ketten seiner Langeweile zerren, wohl auch mit ihnen klirren: zerbrechen kann er sie nicht. Reproduzierende Freiheit besteht so wenig wie in der Kunstmusik. Ließe sie selbst die Komposition zu, das Übereinkommen einer Jazzpraxis, die für die kleinste subjektive Nuance ihren vorgegebenen Namen bereit hält, würde sie nicht dulden. Vermag der Mensch nicht in der Komposition selber durchzubrechen, so gewiß nicht in einer Reproduktion, die deren kahle Wände respektvoll auskleidet, um über ihre Unmenschlichkeit zu täuschen, damit aber gerade der Unmenschlichkeit zur geheimen Dauer verhilft.

Weiter aber könnte man als fortschrittlich die Disposition des Arbeitsprozesses betrachten, der im Jazz zwischen Produktion und Reproduktion spielt. Er gibt sich als sinnfällige Arbeitsteilung, die ein »Material« in technischer Freiheit und Rationalität formt, ohne von seiner Zufälligkeit, der Zufälligkeit der Produktionsbedingungen oder der der mitwirkenden Personen noch abhängig zu sein. Einer hat einen »Einfall« oder was dafür gilt; ein zweiter harmonisiert ihn und setzt ihn aus; dann wird ein Text, dann der Rest der Musik geschrieben und rhythmisch und harmonisch, vielleicht schon vom Arrangeur, gewürzt; endlich das Ganze vom Fachmann instrumentiert. Es erfolgt nun aber die geflissentlich herausgekehrte Arbeitsteilung keineswegs planmäßig im Sinne von Rationalisierung – so wenig wie etwa bei der Filmfabrikation. Ihr Grund ist vielmehr die Not des Produzierenden, aus der er nachträglich die Tugend eines Kollektivismus macht, der in Wahrheit gar nicht obwaltet. Wer eine hochkapitalistische Rationalität des Produktionsvorgangs im Jazz annimmt, verfällt einer Illusion, ähnlich der, welche von der blitzenden Maschinerie ausgeht, die das Jazzorchester mit metallenen Instrumenten und hochgestelltem Flügeldeckel zu imitieren sich bemüht und die die Ware Jazz im Sinne vager Avanciertheit, im Sinne jenes »Tempos der Zeit« romantisieren möchte. Die Rationalisierung, die sich mit dem Plural der Autorennamen auf den Titeln der Klavierausgaben so eifrig deklariert, funktioniert höchst mangelhaft; nirgends kann von planvoller Kollektivarbeit die Rede sein, und durchweg ist der Widerspruch zwischen dem »Material« und seiner Technisierung offenbar – woran eben die Technisierung als gescheitert kenntlich wird. Die Arbeitsteilung rührt wesentlich daher, daß die Einfälle häufig von Amateuren, vielfach von Outsidern der Jazzpraxis stammen, die sie nicht selber jazzgerecht instrumentieren, ja oft nicht einmal aussetzen oder sogar nur notieren können; während am andern Ende des Produktionsprozesses die Rücksicht auf die dem Verlag liierten Kapellen und ihre besonderen ökonomischen Interessen steht. Es ist denn auch die Zufälligkeit des Ausgangsmaterials keineswegs das Resultat von dessen technischer Beherrschung, sondern mit ihr greift allemal die Anarchie in den Produktionsprozeß ein.

Er beherrscht nicht sowohl das Ausgangsmaterial, als daß er von ihm und seiner Zufälligkeit abhängig bleibt: das setzt der Rationalität der Verfahrungsweise so gut wie des Resultats die Grenze. Die Jazzfachleute gehorchen dem Publikum und seinem Repräsentanten im Produktionsprozeß; der aber steht prinzipiell aller technischen Stimmigkeit entgegen. Wäre er Fachmann, so wäre der Erfolg im Ursprung gefährdet. Von künftigen kollektiven Kompositionsverfahren entwirft die Arbeitsteilung des Jazz bloß die Parodie.

Der extreme Fall des Publikums-Repräsentanten im – als solchem den Individuen entfremdeten – Produktionsprozeß des Jazz ist der Amateur. Er ist der Schulfall einer gesellschaftlichen Instanz, wie sie heute real auf die Musikpraxis wirken mag; darum von exemplarischer Bedeutung auch dann, wenn man die Zahl der eingeschalteten Jazzamateure nicht hoch anschlagen will. Diese Bedeutung freilich ist keinesfalls so aufzufassen, wie die Jazzideologie selber sie hinstellt. Der Amateur ist nicht der Unbelastete und Frische, dessen Originalität gegen die Routine des Betriebs sich durchsetzte; das gehört ins Bereich der Negerfabel. Es ist auch nicht so, daß durch ihn die gesellschaftliche Wirklichkeit bilderlos, scheinlos ins Kunstwerk eingriffe, und daß durch seinen Eingriff das Kunstwerk selber zur Wirklichkeit transzendierte. Als Anwalt der Gesellschaft im Jazz ist er vielmehr der Anwalt ihrer extremen Scheinhaftigkeit. Im Produktionsprozeß fungiert er als Garant der Apperzipierbarkeit des Produkts. Seine Einfälle sind der Niederschlag der aufgespeicherten Konventionen. Wie etwa ein Kaufmann, der im Angesicht einer Geburtstagsfeier zum Dichter zu erwachen meint, nicht etwa kraft seiner literarischen Unberührtheit unvermittelt und zwangvoll sich selber bekunden wird, sondern, wie ungebildet er auch sei, einen Abklatsch von Heine oder Scheffel oder Wilhelm Busch bietet – so klatscht der Amateur die Schablone der kurrenten Jazzmusik ab und gewährt die kommerzielle Chance, sie womöglich noch zu unterbieten. Was gerade ihn und nicht einen beliebigen anderen legitimiert, diesen Abklatsch an die Öffentlichkeit zu bringen, der er ihn verdankt, ist nicht sowohl die individuelle Qualifikation seiner Ideen als vielmehr, daß er die hysterische Hemmungslosigkeit aufbringt zu sagen, was er nicht leidet. Er investiert in der Produktion gerade jenen Fond unbewußter musikalischer und außermusikalischer Assoziationen, Erwartungen, Kategorien und Fehlleistungen, der beim Musiker durchs handwerkliche Training zersetzt oder zum Bewußtsein erhoben wird und, einmal verloren, nie mehr sich rekonstruieren ließe, der aber eine wesentliche, vielleicht die entscheidende Bedingung der Publikumswirkung ausmacht: unschätzbarer Beitrag zum kommerziellen Erfolg. Die Hilflosigkeit des vom spezialisierten Handwerk Ausgeschlossenen, der vor der Musik wie vor einer gesellschaftlichen Macht gleichsam Angst hat und aus Angst ihr sich zu adaptieren trachtet, ohne daß es ihm doch gelänge – diese Hilflosigkeit ist ein so wesentliches Ingrediens wie das versierte Normalbewußtsein des Habitués. Es gehören denn auch, als Konstituentien der Form Jazz selber, Hilflosigkeit – das wimmernde Vibrato – und Normalbewußtsein – die Banalität – zusammen. Das Wesen des Amateurs ist das subjektive Korrelat jener objektiven Formstruktur. Seine Fehlhandlungen fallen so gut ins Apriori des Jazz wie, nach der gründlich bewährten Einsicht von Karl Kraus, die Druckfehler in das der Zeitungen. Fehler der musikalischen Orthographie, Grammatik und Syntax sind in den Klavierfassungen – also den Originalen – von vielen der erfolgreichsten Schlager nachweisbar; sie setzen sich fort in den feineren Brüchen, die den gehobenen Jazzstücken aus zwingenden Gründen innewohnen; denn prinzipiell ist aller Jazz unstimmig. Wenn in der neueren, vor allem der amerikanischen Literatur die Oberfläche sich zu schließen beginnt, wenn weniger grobe Fehler vorkommen und die Dilettanten ausgeschlossen werden, so ist darin kein »Fortschritt« des Jazz zu sehen. Während er sich nach seinen Extremen, der sweet music und dem Marsch, aufzuspalten beginnt, stabilisiert sich der Jazz-Kern, die hot music, auf einer kunstgewerblich mittleren Linie von Sorgfalt und Geschmack, die die improvisatorischen Elemente des Ausbruchs, welche in der ursprünglichen Jazzkonzeption zuweilen doch am Werke waren, zu symphonischer Einfalt und Größe bändigt. Der stabilisierte Jazz, das ist der, welcher als »symphonisch«, als autonome Kunst sich gibt, damit aber endgültig auf jene Intentionen verzichtet, mit welchen zuvor einmal kollektive Unmittelbarkeit sich herzustellen schien. Er unterstellt sich dem Maß der Kunstmusik; vor diesem aber enthüllt er sich als weit zurückgeblieben.

Denn der »Geschmack« des Jazz und die Fermente seiner Modernität, Gegenpol und Korrektiv des Amateurs, sind artistisch so sehr bloß Trug wie umgekehrt dessen Unmittelbarkeit. Der versierte Geschmack, der das Konventionelle prüft und veredelt, ist längst selber konventionell; die Modernität beruht ausschließend auf Mitteln der jüngstvergangenen musikalischen Moderne. Es sind, grob gesagt, die des musikalischen Impressionismus. Der Farbige Duke Ellington, ein geschulter Musiker und der Hauptrepräsentant des gegenwärtigen »klassischen«, stabilisierten Jazz, hat als seine Lieblingskomponisten Debussy und Delius genannt. Mit Ausnahme der hot-Rhythmik weisen alle subtileren technischen Charakteristika des Jazz auf jenen Stil zurück, und es ist kaum übertrieben zu behaupten, daß dieser erst über den Umweg des Jazz in der Breite der Gesellschaft sich durchsetzte: in Pariser Nachtlokalen kann man zwischen Rumba und Charleston Debussy und Ravel hören. Am auffälligsten ist der impressionistische Einfluß in der Harmonik. Nonenakkorde, Sixte ajoutée und andere Mixturen, wie der stereotype blue chord, parallele Verschiebung von Akkorden und was immer der Jazz an vertikalen Reizen zu bieten hat, ist von Debussy entlehnt. Aber auch die Behandlung der Melodik, gerade in den konsequenteren Stücken, hat impressionistische Modelle. Die Auflösung in kleinste, nicht dynamisch entwickelte, sondern statisch wiederholte Motivformeln, die einzig rhythmisch umgedeutet werden und um einen unverrückbaren Mittelpunkt zu kreisen scheinen, ist spezifisch impressionistisch. Aber sie wird vom Jazz um ihren Formsinn gebracht: der übernommene Impressionismus wird depraviert zugleich. Bilden bei Debussy die melodischen Kommata nach dem konstruktiven Geheiß der Subjektivität aus sich heraus ihre Farb- und Zeitflächen, so werden sie im Jazz, so wie die Scheintakte der hot music, ins metrisch-harmonische Schema der »normal« kadenzierenden achttaktigen Periode eingespannt. Die subjektiv-funktionelle Aufteilung der Melodie bleibt ohnmächtig, indem sie durch die achttaktige Zusammenfassung zu einer melodischen

Oberstimmengestalt gewissermaßen revoziert wird, die mit ihren Partikeln bloß spielt, anstatt daß aus ihnen eine neue Gestalt sich komponiert hätte; ebenso die komplexen Harmonien, indem sie von der gleichen Kadenz wieder aufgefangen werden, aus der ihr schwebender Klang entweichen wollte. Selbst das Gestrige muß vom Jazz erst harmlos gemacht, aus seinem historischen Zug herausgelöst werden, ehe es marktfähig wird. Auf dem Markt fungieren die impressionistischen Zutaten als Reiz. Sie wirken, bislang noch in Konzertsaal und Atelier isoliert, modern; im groben Schema als feine Nuance; fürs breite Publikum wohl auch, in einer kaum mehr nachzufühlenden Weise, gewagt und aufstachelnd; abstrakt täuschen sie Fortgeschrittenheit vor. Aber das Individuelle, das mit dem Impressionismus dem Jazz eingelegt wird, verdankt sich nicht sich selber und gehört sich nicht zu. Längst ist es erstarrt, formelhaft, verbraucht – das Individuelle nun so sehr wie die gesellschaftliche Konvention zuvor. Um seinen Formsinn ist es darum so bequem zu bringen, weil er bereits, auch in der nach-Debussystischen Epigonenmusik, ihm selber entwich; als konventionell läßt es bruchlos der Konvention sich einfügen. Das individuell Moderne am Jazz ist so scheinhaft wie das kollektiv Archaische.

Der Scheincharakter des Individuellen verbindet den Jazz der Salonmusik, zu der der Impressionismus selber in seinen minderen Repräsentanten tendiert. Mit seinen Ursprüngen reicht der Jazz tief in den Salonstil hinab. Aus ihm stammt, drastisch gesagt, sein Espressivo; alles, womit ein Seelisches darin sich kundtun will. Das Jazzvibrato ist zunächst wohl vom Stehgeiger übernommen, der dann im Tango wieder aufersteht. Die impressionistische Harmonik spielt allenthalben in die sentimentale des Salons hinüber. Der eigentümliche Stil der flüsternden Jazzsänger, die am schwierigsten der Norm einzuordnen sind, hält den des Café Concerts wenig verändert fest. Der subjektive Pol des Jazz – Subjektivität selber strikt als Sozialprodukt und warenhaft verdinglicht genommen – ist die Salonmusik; von ihren Regungen zittert er. Wollte man die Interferenzerscheinung Jazz mit großen und handfesten Stilbegriffen bestimmen, man könnte ihn die Kombination von Salonmusik und Marsch nennen. Jene repräsentiert eine Individualität, die in Wahrheit keine ist, sondern bloß deren sozial produzierter Schein; dieser eine ebenso fiktive Gemeinschaft, die durch nichts anderes sich bildet als durch Gleichrichtung von Atomen unter auf sie ausgeübtem Zwang. Die Wirksamkeit des Marschprinzips im Jazz ist evident. Der Grundrhythmus von Continuo und großer Trommel fällt mit dem Marschrhythmus durchweg zusammen, und mühelos konnte der Jazz, seit den Six-eights, in den Marsch sich verwandeln. Der Zusammenhang ist historisch gegründet: einer der Bläserbässe des Jazz heißt nach dem Marschkomponisten Sousaphone, und nicht bloß das Saxophon ist den Militärkapellen entlehnt, sondern die gesamte Disposition des Jazzorchesters, nach Melodie-, Baß-, »obligaten« Begleit- und bloßen Füllinstrumenten, ist mit der der Militärkapellen identisch. Darum will der Jazz zum faschistischen Gebrauch gut sich schicken. In Italien ist er, gleich dem kubistischen Kunstgewerbe, besonders beliebt. Das Verbot in Deutschland hängt mit der Fassadentendenz zusammen, auf vorkapitalistisch-feudale Formen von Unmittelbarkeit zurückzugreifen und diese Sozialismus zu heißen. Aber charakteristisch genug hat dies Verbot keine Macht. Der Kampf gegen das Saxophon ist von den Musikorganisationen und der Instrumentenindustrie beschwichtigt worden; der Jazz selber geht, unter anderen Namen, munter weiter, auch im Rundfunk; einzig die vorgeschobenere, neusachlich-großbürgerliche und dem Laien schwerer verständliche hot music bleibt dem Bann verfallen. Nicht nur wird die marschähnliche Jazzmusik geduldet: die neuen Märsche, wie sie zumal der Tonfilm lancierte, sind selber wieder unvermittelt aus dem Jazz entsprungen.

Das Verhältnis von Salonmusik und Marsch, die sich im Jazz vermischen, hat seinen Grund in der Entmythologisierungstendenz des Tanzes selber: der Umwandlung des Tanzens in bürgerliches Gehen, womöglich von Individuen aus dem Salon. Die Vorformen des Jazz, vor dem Kriege, waren »Step« genannt: die Schrittbewegung, also eine aus dem Gehen, gab ihnen den Namen. Es ist die gesellschaftliche Funktion des Jazz, die Tendenz der Entzauberung des Tanzens, deren Geschichte zu schreiben wäre, aus ihrer eigenen Konsequenz in ihr Gegenteil, den neuen Zauber, überzuführen. Das magisch nicht länger gebundene Gehen der bürgerlichen Individuen schlägt, einmal rhythmisch kommandiert, in Marschieren um. Soweit Tanzen gleichgerichtete Bewegung heißt, ist im gehenden Tanz die Tendenz zum Marschieren von Anbeginn vorhanden; darum knüpft der Jazz im Ursprung an den Marsch an, und seine Geschichte deckt lediglich die Beziehung auf. Zunächst freilich gibt das lässige Gehen, mit dem der Jazz begleitend mitläuft, sich als das Gegenteil des Marschierens. Es scheint den Tanzenden aus der Haft der genauen Gestik zu entlassen in die Zufälligkeit seines Alltags, die er auch mit dem Tanz nicht mehr verläßt, doch die der Tanz als eine verborgene Ordnung spielerisch verklärt. Mit dem Jazz setzt, so dünkt es, die Kontingenz des individuellen Daseins gegenüber seiner gesellschaftlichen Regel sich durch, mit dem Anspruch, es sei sinnvoll. Vollends die Jazzsynkope will das rituale Maß vergessen machen; zuweilen klingt es, als ob die Musik ihre Distanz und ästhetische Bildlichkeit opferte und in die leibhaftige Empirie des geordnet-zufälligen Lebens überginge. Im Film will der Jazz am besten zur Begleitung kontingenter, im doppelten Sinn prosaischer Vorgänge sich schicken: wenn flanierende und schwatzende Menschen an einer Küste gezeigt werden, wenn eine Frau mit ihrem Schuh sich zu schaffen macht. In solchen Augenblicken wirkt der Jazz so situationsgerecht, daß er kaum mehr ins Bewußtsein dringt. Daher auch die Bedeutung der Schlager der Kontingenz: wo ein zufälliges Wort, als Fetzen der Alltäglichkeit, der Musik zur Hülle wird, aus der sie sich hervorspinnt: Bananen und Käse am Bahnhof und Tante Paula, die Tomaten ißt, haben oft genug ihre erotischen und geographischen Konkurrenten aus dem Felde geschlagen.

Ihrer Kontingenz nun freilich läßt sich nur über ein sehr kurzes Stück vertrauen. Allzu willig geben die Schlager der Kontingenz eine – keineswegs unbewußte – sexuelle Bedeutung her: sie allesamt tendieren zur Zote. Der Käse appelliert an die anale Regression, die Bananen verhöhnen die Ersatzbefriedigung der Frau; je absurder der Unsinn, um so handgreiflicher der sex appeal. Das Gehen selber hat – die Sprachen bezeugen es – unmittelbaren Bezug auf den Coitus; der Geh-Rhythmus ähnelt dem geschlechtlichen, und haben die neuen Tänze die erotische Magie der alten entzaubert, so haben sie – darin wenigstens fortgeschrittener, als sich erwarten ließe – die drastische Andeutung des sexuellen Vollzugs an ihre Stelle gesetzt. Das wird extrem ausgeprägt von einigen Dance Academies, wo Taxi girls zur Verfügung stehen, mit denen man Gehtänze ausführt derart, daß sie zuweilen zum Orgasmus des Mannes führen: so daß der Tanz zum Mittel sexueller Befriedigung bei gleichzeitigem Respekt fürs Virginitätsideal wird. Das sexuelle Moment des Jazz ist es denn auch, das diesem den Haß der kleinbürgerlich asketischen Gruppen eingetragen hat.

Dies sexuelle Moment aber wird von allem Jazz geflissentlich unterstrichen. Anders als Psychoanalyse es gewohnt ist, möchte man, in ihren Begriffen, die symbolische Darstellung der sexuellen Vereinigung den manifesten Trauminhalt des Jazz nennen, der durch die Anspielungen von Text und Musik eher verstärkt als zensiert werden soll. Es läßt sich der Verdacht nicht von der Hand weisen, daß die plumpe und leicht durchschaubare sexuelle Geheimnistuerei des Jazz nur darauf aus ist, ein zweites, tieferes und gefährlicheres Geheimnis zu verstecken. Das erste wäre in nichts von dem unterschieden, was älteren Operetten wie ›Walzertraum‹ Titel und Handlung gab; der Charakter von Modernität, der dem Jazz innewohnt, würde von ihm nicht betroffen. Das zweite Geheimnis aber darf als gesellschaftliches vermutet werden. Den latenten Traumgedanken aufzufinden, mag man beim Verhältnis des Jazz zur Kontingenz insistieren. Denn als gesellschaftliche geht sie nicht auf in der sexuellen Bedeutung: die gesellschaftliche muß ihr in der sexuellen abgezwungen werden. Auch gesellschaftlich hält der Jazz zunächst eine simple Lösung bereit. Es ist die rondomäßige: die von Couplet und Refrain, die er mit der traditionellen leichten Vokalmusik teilt. Couplet und Refrain heißen englisch: verse und chorus; Namen und Sache beschwören das alte Verhältnis von Vorsänger oder -tänzer zum Kollektiv. Das Individuum redet im verse gleichsam isoliert, eben aus der Kontingenz seiner Individualität; bescheiden, unaufdringlich berichtend, nicht im Ton der gemeinschaftlichen Hymne, um sich dann im chorus, der einer musikalisch durch den Halbschluß ausgedrückten Frage antwortet, bestätigt und zur Gesellschaft objektiviert zu finden. Dies Ritual richtet sich an Individuen als an sein Publikum. Der intendierte, vom Publikum wohl auch geleistete unbewußte Vorgang ist demnach zunächst der der Identifizierung. Das Individuum im Publikum erlebt sich primär als Couplet-Ich, fühlt dann im Refrain sich aufgehoben, identifiziert sich mit dem Refrainkollektiv, geht tanzend in dieses ein und findet damit die sexuelle Erfüllung. Soweit die allbekannte Traumschicht des Jazz; sie ähnelt jener im Film, die unter dem Titel der Wunschphantasie wieder und wieder mit allem trivialen Esprit abgehandelt wurde. Immerhin zeigt sie bereits, wie die korrespondierenden Filme, den Primat der Gesellschaft über ein Individuum, das sich doch als Maß des Vorgangs erfährt. Bezeichnend der Produktionsprozeß: er verwirklicht den Primat des Refrains vorm Couplet, indem jener immer zuerst und als Hauptsache geschrieben, das Couplet nachträglich erst dazu gesucht wird; das Individuum, der »Held« des verse, ist bei der Herstellung gleichgültig. Oft erzählt der verse, um nur überhaupt den Anschluß an den Refrain zu finden, eine schwachsinnige Entstehungsgeschichte des Refrains. Bei Orchesterarrangements tritt der verse ganz zurück: das Stück beginnt mit dem Refrain, das Couplet wird überhaupt nur einmal – wie ein Rondo»gang« – gebracht; Wiederholungen und Variationen gelten allein dem Chorus. Auch gesungen wird nur dieser. Dagegen enthalten die Klavierausgaben, die ja an den Privaten sich richten, den vollständigen Text und musikalisch das Couplet samt dem Refrain.

Will die Theorie hinter solche Befunde ins Zentrum der gesellschaftlichen Funktion des Jazz oder, psychologisch gewandt, in seinen latenten Traumgedanken eindringen, nämlich die konkret-historisch bestimmte Konstellation von gesellschaftlicher Identifizierung und sexueller Triebenergie deuten, deren Schauplatz er ist, so muß sie das Problem der Kontingenz stellen im Angesicht der hot music, so wenig auch diese, jedenfalls in Europa, in der Breite des Publikums sich durchgesetzt hat. Denn den Minima von Marsch und Salonmusik steht die hot music als das erreichbare Maximum gegenüber; aus ihr, wenn überhaupt, ist seine »Idee« zu konstruieren. Der Umfang der hot-Elemente reicht von der kunstvoll ausgeführten Improvisation über break und Scheintakte bis zum Elementarfall, der aus dem Grundrhythmus gleichsam herausstolpernden Synkope. Ihnen steht als Norm die durchgehaltene Zählzeit gegenüber. Sie mögen mit besserem Recht fürs Jazz-Subjekt gelten als dessen archaisches Rudiment, das Couplet: in ihrem Herausfallen stellt individuelle Kontingenz leibhaft sich selber dar. Dies Jazz-Subjekt ist ungeschickt und neigt doch zur Improvisation; es steht als Selbst der abstrakten übergeordneten Instanz gegenüber und ist doch nach Belieben auszuwechseln; es verleiht ihr Ausdruck, ohne sie doch durch Ausdruck zu erweichen. So ist es paradoxer Art. Daß es selber konventionell vorgeformt ist und bloß anscheinend sich selber gehört, zwingt so gut wie der musikalische Ausdruck der hot-Stellen zum Schluß, dies Subjekt sei kein »freies«, lyrisches, das ins Kollektiv erhoben würde, sondern unfrei im Ursprung: Opfer des Kollektivs. Damit aber setzt zugleich der Jazz den vorgeschichtlichen Sinn des festgehaltenen Refrain-Coupletverhältnisses aufs neue zu seiner eigenen Stunde durch: denn der Vorsänger oder Vortänzer ist kaum etwas anderes als ein – vielleicht abgelöstes – Menschenopfer. Es mag in diesem Zusammenhang entscheidend zur Erhellung des Jazz beitragen, daß der einzige dem Jazz irgend nahestehende Komponist von Gewicht, Strawinsky, mit seinem eben um synkopischer Künste willen berühmten Hauptwerk, dem Sacre du printemps, ein Menschenopfer, und eben das des Vortänzers, zum Gegenstand macht; ein Opfer, das die Musik nicht sowohl dramatisch interpretiert wie ritual begleitet. Der Opfersinn des Jazzsubjekts ist freilich, nun wahrhaft unter Traumzensur, abgeschwächt. Es fällt aus dem Kollektiv heraus wie die Synkope aus den guten Taktteil-Akzenten; will der vorgegebenen, vor ihm selbst existierenden, von ihm unabhängigen Mehrheit, sei es aus Protest oder Ungeschick oder beidem in eins, sich nicht einfügen – bis es dann doch in sonderbarer Gnadenwahl vom Kollektiv rezipiert oder besser eingeordnet wird; ja bis die Musik ironisch-nachträglich, mit der sich rundenden Periode, beweist, daß es von Anbeginn darin war; daß es, selber ein Stück dieser Gesellschaft, eigentlich aus ihr gar nicht herausfallen kann; ja daß sein scheinbares Ungeschick in Wahrheit Virtuosität der Einfügung ist; daß sein Nichtkönnen in jedem und freilich nun vorab dem sexuellen Sinn gerade Können, Auch-Können, gar Besser-Können bedeutet.

Die genaueste Vorform dieses Jazz-Subjekts hat das Vorkriegsvarieté ausgebildet; die historische Frage, wieweit die ersten Steptänze im Varieté entsprungen sind, wäre darum sachlich für eine ausgeführte Theorie des Jazz von äußerster Wichtigkeit. Als Modell des Jazz-Subjekts darf der Excentric vermutet werden: eines der ältesten und berühmtesten jazzähnlichen Stücke der Kunstmusik, ein vorm Kriege erschienenes Präludium Debussys, trägt den Titel: ›Général Lavine, Excentric‹, mit der auf den Steptanz bezugnehmenden Vortragsbezeichnung: »Dans le mouvement et le style d'un Cake-walk«. Der Excentric kann zunächst als der strikte Gegenspieler des Clowns verstanden werden. Ist der Clown der, dessen anarchische und archaische Unmittelbarkeit dem verdinglichten bürgerlichen Leben sich nicht einfügt, vor ihm lächerlich wird, fragmentarisch aber zugleich es selber lächerlich erscheinen läßt, so fällt gewiß der Excentric ebensowohl aus der zweckvollen Regelmäßigkeit – dem »Rhythmus« – des bürgerlichen Lebens heraus. Er ist Sonderling und Einspänner so gut wie der Clown und mag den Bereich des Lächerlichen wohl streifen. Aber sein Herausfallen offenbart sich sogleich: nicht als Ohnmacht, sondern als Überlegenheit oder doch deren Schein; Lachen grüßt den Excentric nur, um im Schock zu verstummen, und mit seiner Lächerlichkeit verschwindet elegant auch die der Gesellschaft in der Versenkung. Der Rhythmus seiner Willkür ordnet bruchlos einem Größeren, Gesetzmäßigen sich ein; und sein Versagen hat seinen Ort nicht unter, sondern über der Norm: dem Gesetz gehorchen und doch anders sein. Diese Verhaltensweise wird, unter allmählicher Preisgabe der Züge von spielerischer Überlegenheit und liberalem Anderssein, vom hot-Subjekt übernommen. Äußerlich schon hält die Jazzpraxis der besten Kapellen stets Züge des Excentrics fest. Jonglierkünste der Schlagzeuger, blitzschneller Wechsel der Instrumente, Improvisationen, die beim ersten Takt als lächerliches Falschspielen klingen und vom letzten als richtig erwiesen werden; planvolles Stolpern, sinnreich-sinnloses sich um sich selber Drehen – all das ist der virtuoseren Jazzpraxis mit der der Excentrics gemeinsam. Die rhythmischen Kategorien der hot music selber sind Excentric-Kategorien. Die Synkope ist nicht, wie ihr Widerspiel, die Beethovensche, Ausdruck gestauter subjektiver Kraft, die gegen das Vorgesetzte sich richtete, bis sie aus sich heraus das neue Gesetz produziert. Sie ist ziellos; nirgends führt sie hin und wird durch ein undialektisches, mathematisches Aufgehen in den Zählzeiten beliebig widerrufen. Sie ist bloßes Zu-früh-Kommen, so wie Angst zum verfrühten Orgasmus führt, wie Impotenz in zu frühem und unvollständigem Orgasmus sich ausdrückt. Durch den von Anfang an unverrückbar feststehenden und dem Zeitmaß nach streng durchgehaltenen, nur durch Betonung modifizierten Grundrhythmus oder genauer das Grundmetron ist sie durchaus relativiert und, abermals wie Impotenz, tendenziell verhöhnt: den Hohn und das Leiden an ihm drückt sie in trüber Zweideutigkeit gleichermaßen aus. Als Clown beginnt das hot-Ich, zu schwächlich, der unproblematisch gesetzten Kollektivnorm zu folgen, unsicher taumelnd gleich manchen Figuren der amerikanischen Filmgroteske wie Harold Lloyd und zuweilen selbst Chaplin. Die entscheidend eingreifende Tendenz des Jazz besteht nun darin, daß dies Subjekt der Schwäche gerade vermöge seiner Schwäche, ja als sollte es für diese belohnt werden, in eben jenes Kollektiv sich einpaßt, das so schwach es machte und dessen Norm seine Schwäche nicht genügen kann. Psychologisch vollbringt der Jazz die Quadratur des Zirkels. Das kontingente Ich ist prinzipiell selbst als Angehöriger der Bürgerklasse dem gesellschaftlichen Gesetz blind preisgegeben. Indem es nun die gesellschaftliche Instanz fürchten lernt und als Kastrationsdrohung – unmittelbar: Impotenzangst – erlebt, identifiziert es sich mit eben der Instanz, die es zu fürchten hat, gehört aber dafür plötzlich selber dazu und darf mittanzen. Der sex appeal des Jazz ist ein Kommando: pariere, dann darfst du auch, und der Traumgedanke, so widerspruchsvoll wie die Wirklichkeit, in der er geträumt wird: wenn ich mich entmannen lasse, bin ich erst potent. Das Verhältnis des durch die hot-Elemente repräsentierten Jazz-Subjekts zur gesellschaftlichen Instanz, dem vorgegebenen metrischen Gesetz, ist material-musikalisch wie sozialpsychologisch ambivalent. Aus Angst fällt es heraus und opponiert; aber die Opposition, als die eines vereinzelten Individuums, das gerade in seiner Vereinzelung als bloß sozial determiniertes sich darstellt, ist Schein. Aus Angst gibt es die Individualität – die Synkope – wieder auf, die selber bloße Angst ist, opfert eine Individualität, die es nicht besitzt, fühlt verstümmelt sich eins mit der verstümmelnden Macht und überträgt diese dergestalt auf sich selber, daß es meint zu »können«. Das herausfallende Ich bleibt ein Stück der totalen Gesellschaft, nur ein zunächst sich verborgenes, und der Jazzvollzug ist nicht sowohl seine dialektische Veränderung und »Aufhebung« im eigentlichen Verstande als vielmehr das starre Ritual der Enthüllung seines Sozialcharakters. Die Züge der Schwäche sind eingezeichnet in den »parodistischen« oder komischen, die allemal den hot-Stellen eignen, ohne daß doch einer deutlich wüßte, was da parodiert wird. Sie stellen aber gleichzeitig noch im Sinne des Excentrics die spielende Überlegenheit des Individuums über die Gesellschaft vor, das gerade vermöge der genauen Kenntnis ihrer Spielregeln es wagen darf, diese nicht strikt innezuhalten. Nur dieser ironische Überschuß ist suspekt am Jazz, und er ist mit dem Haß gegen Quäken und Mißton gemeint; nicht aber die Adaptation der Synkope; nur er entfällt im Faschismus, nicht aber das Modell des rhythmischen Verlaufs. Denn die Spezifikation des Individuums im Jazz war und ist niemals die der andrängenden Produktivkraft, sondern stets nur die der neurotischen Schwäche: wie denn eben auch musikalisch die Grundmodelle des »herausfallenden« hot-Subjekts selber ganz banal und konventionell bleiben. Darum vielleicht mögen unterdrückte Völker für den Jazz besonders qualifiziert sein. Sie machen gewissermaßen den noch nicht hinlänglich verstümmelten Liberalen den Mechanismus der Identifikation mit ihrer eigenen Unterdrückung vor.

Jazz, das Amalgam von Marsch und Salonmusik, ist ein falsches: das eines zerstörten Subjektiven mit einer es produzierenden, vernichtenden und durch Vernichtung objektivierenden Gesellschaftsmacht. Das gilt wie für die Einheit des Pseudofreien und -unmittelbaren mit dem marschhaft kollektiven Grundmetron auch koloristisch: für das subjektiv-expressive Klingen;

für einen subjektiven Laut, der damit sich aufhebt, daß er allemal sich selber als mechanisch kenntlich macht. Von allen Instrumenten bekennt diese Farbe am treuesten die unerträgliche Wurlitzer-Orgel. In ihr kommt das Wesen des Jazzvibratos endgültig an den Tag. Ihm sind die anderen Klangcharakteristika des Jazz: die Dämpferverzerrungen der Bläser, die zirpenden und damit selber vibrierenden Tonwiederholungen der Zupfinstrumente Banjo und Ukulele; auch das Ziehen der Harmonika, funktionell insofern äquivalent, als sie allesamt einen »objektiven« Klang modifizieren, aber doch nur so weit, daß er selber unweigerlich manifest bleibt; vielleicht ironisiert, meist aber das in ihm hilflos sich erprobende Wimmern ironisierend. Der objektive Klang ist mit einem subjektiven Ausdruck fourniert, der ihn nicht beherrschen kann und darum konstitutiv lächerlich-jammervoll wirkt. Die Züge des Komischen, Grotesken, auch Analen, die dem Jazz eignen, lassen darum von den sentimentalen nie sich trennen. Sie charakterisieren eine Subjektivität, die gegen eine Kollektivmacht aufbegehrt, die sie doch selber »ist«; darum erscheint ihr Aufbegehren lächerlich und wird von der Trommel niedergeschlagen wie die Synkope von der Zählzeit. Erst Situationen, denen die Ironie, gleichgültig wogegen, und der Ausdruck der Subjektivität, gleichgültig welcher, suspekt ist, können diesen Klang nicht mehr dulden. Dann tritt an seine Stelle der militärisch edle, teuflisch wohllautende der symphonischen Jazzmärsche, dessen blanke Geschlossenheit nicht einmal dem Schein des Menschlichen mehr seine Lücke läßt. Dann hat der Jazz nach den Polen seines Ursprungs sich aufgespalten, während in seiner Mitte die hot music, zu verfrühter Klassizität verdammt, ihr schmales Spezialisten-Dasein führt. Dann aber auch ist der Jazz nicht mehr zu retten.

1936

Oxforder Nachträge

Jener Titel des Debussyschen Präludiums: ›Général Lavine, excentric‹, scheint programmatisch die Idee des Jazz vorwegzunehmen. Gibt man dem Wort Lavine die deutsche Bedeutung –

für die freilich sonst im Französischen nur avalanche einsteht –, so bezeichnet es jedenfalls das Losbrechende, regellos Stürzende; auch das Beängstigende zugleich; die Lawine aber ist wiederum, als identisch mit der zerstörenden gesellschaftlichen Instanz, ein General; der General zugleich dadurch verspottet, daß man ihm den Namen der Lawine beilegt, so wie etwa zur gleichen Periode, der um 1910, mit den ersten Teddybären und dem Diabolo, der Rang des Konsuls verspottet wird, indem uniformierte Affen »Konsul Peter« heißen. Sie werden Rad fahrend vorgeführt. Das paradoxe Wesen, das als von der Gesellschaft verstümmelt Hohn erntet und als ihr Souverän verherrlicht ist, heißt Excentric. Wenn er am Ende des Präludiums gleichsam im Scheinwerferlicht präsentiert wird, und die Bewegung innehält: dann könnte leicht genug das Modell des Jazz-Subjekts erstellt sein, das später, zwangshaft invariant, das gleiche Tableau wiederholt.

Das eigentlich Entscheidende am Jazz-Subjekt ist, daß es sich, trotz seines individuellen Charakters, überhaupt nicht selbst gehört: daß also die individuellen Züge, mit denen es gegen die soziale Instanz protestiert, in Wahrheit gerade die ihm von jener eingeprägten Male der Verstümmelung sind. In der Angst, in der es sich mit der Gesellschaft identifiziert, enthüllt sich diese reale Identität: das verleiht dem Jazz-Ritual jenen eigentümlich bestätigenden Charakter. Nur weil es real mit dem gesellschaftlichen Prinzip identisch ist, vermag es psychologisch sich mit ihm zu identifizieren und seine eigene Verstümmelung zu genießen.

Jazz und Pogrom gehören zusammen. Zez Confrey, der Autor des kunstgewerblich virtuosen Stückes ›Kitten on the Keys‹, hat ein anderes ›Poor Buttermilk‹ genannt, offenbar als Darstellung eines von der Musik komisch-jämmerlich präsentierten Juden. Das Motiv kommt schon in den ›Bildern einer Ausstellung‹ von Mussorgsky vor. Dem Ineins von sentimentalen und komischen Zügen entspricht revers beim Pogrom die Verhaltensweise des in Grausamkeit umschlagenden Spaßes. Es ist die Gestik dessen, der, von einem jähen und unerträglichen Schmerz ergriffen, zu tanzen beginnt, weil er »nicht mehr auf seinen

Beinen stehen kann«. Sie lebt noch im Achselzucken fort. – Benjamin sagt: im Jazz werden Gesten gezeigt von solchen, die im Pogrom auftreten mögen: von Ungeschickten, die gezwungen sind, geschickt zu sein. – Ich erinnere mich deutlich, daß ich erschrak, als ich das Wort *Jazz* zum ersten Male las. Plausibel wäre, daß es vom deutschen Wort Hatz kommt und die Verfolgung eines Langsameren durch Bluthunde entwirft. Jedenfalls scheint das Schriftbild die gleiche Kastrationsdrohung zu enthalten, die das des Jazzorchesters mit dem aufgesperrten Flügeldeckel darstellt. Am symbolischen Charakter dieses Flügeldeckels ist kein Zweifel. Wann immer in amerikanischen Filmen ein Flügel gezeigt wird, und wäre es bei den intimsten Duetten, ist der Deckel hochgestellt, in offenbarem Widerspruch zu den akustischen Erfordernissen der Situation. In den gleichen Zusammenhang gehört der Name für die letzte Vorform des Jazz: Ragtime. Jazz möchte der festgehaltenen Zeit das gleiche widerfahren lassen wie dem festgehaltenen Leib: zerfetzen. ›Tiger Rag‹. Das »Zerfetzen der Zeit« durch die Synkope ist ambivalent. Es ist zugleich Ausdruck der opponierenden Schein-Subjektivität, die gegen das Maß der Zeit aufbegehrt, und der von der objektiven Instanz vorgezeichneten Regression, die die historische Zeiterfahrung, wie sie der tanzende Leib machen könnte, unterdrückt und den ohnmächtigen Leib im Zeitlosen: im Gewesenen zu halten unternimmt und ihn *selber* verstümmelt.

Zum Verhältnis von Jazz und Salonmusik: wenn das anscheinend freie und ungebundene Jazz-Subjekt aus dem Salon in den Marsch übergeht, so betrifft das nicht bloß den – im Ursprung scheinhaften – Ausdruck seiner Subjektivität, sondern das rhythmische Verhältnis zur Norm selber. Die breaks haben ihre dialektische Vorform im Rubato der Salonmusik. Freilich ihre dialektische. Denn im Rubato erhebt in der Tat Subjektivität, wie scheinhaft auch immer, noch den Anspruch von Kraft. Es besteht wesentlich in der Verlängerung der Noten; gleichsam dem langen Atem, wie er an Sängern gefeiert wird. Beschleunigungen in der Salonmusik sind allemal »elegant«, wie immer auch degradierte Verbeugungen des Ebenbürtigen in der Gesellschaft. Er behält die gewonnene Zeit als Besitz; der Grundrhythmus nimmt sie ihm nicht mehr ab. Die Geste, die den seltenen Fällen eines beschleunigenden Rubatos in der Salonmusik entspräche, wäre die der Dame, die die Schleppe rafft. Das Rubato des Jazz ist immer bloß das Zufrüh der Schwäche. Das Subjekt läuft vorm System ins System davon. Keine gewonnene Zeit bleibt übrig: Atom und Totalität gehen bruchlos ineinander auf. Selbst die Einpassung ins Ganze, die Bestätigung also, hat noch den Charakter der Ohnmacht. Die ergänzenden Rhythmen sind meist kürzere Modelle als die Scheintakte, ein Zweiachtelmodell nach zwei Dreiachtelmodellen etwa, und so nochmals Beschleunigungen; man könnte hier das genaue technische Korrelat für die Deutung suchen, daß die Integration eben durch die Kastration geschieht. Suchte man hier nach der illustrierenden Geste, so wäre an die der Claudette Colbert zu denken, wenn sie in ›It Happened One Night‹ mit einem rätselhaft traurigen Lächeln den Rock hochhebt. Noch wo der Jazz ausbricht, noch wo die Sexualität bejaht scheint, geschieht es mit der Koketterie der Schwäche; die erotisch preisgegebene Frau wird zur ideologischen Verklärung des gesellschaftlich preisgegebenen Menschen.

Hätte das Jazz-Subjekt einen deutschen Namen – und seine Internationalität erlaubt wohl, ihm einen solchen zu geben –: er könnte nicht anders als Peter lauten. Konsul Peter; der arme, ungeschickte Peter; Peter Schlemihl, der schwarze Peter; der Einsame, von den Mädchen Verlassene, Hilflose: gerade er hat seine Funktion so geändert, daß ein Journalist schreiben konnte, jeder Mann mit erotischen Chancen habe heute auf den Namen Peter Anspruch. Die Bohémiens Hille und Altenberg, Ausgestoßene und Lieblinge zugleich, haben als erste das Glück des armen Peter gemacht. Vielleicht liegt das theologische Modell des Petrus zugrunde, auf den Jesus seine Kirche bauen will, obwohl er ihn dreimal verleugnet hat. Heute mögen Millionen von Mädchen in der Intimität ihren Geliebten Peter nennen. Denn alle Männer sind Peter geworden, und einmal enthüllt, scheint es keine Schande mehr: ja mit der Enthüllung wird er rezipiert, und in seiner Andersheit birgt sich der letzte Rest unmittelbarer, inkommensurabler Individualität als Schein. Die Berliner Vorkriegsoperette hat dem auf ihre brutale Weise Ausdruck gegeben, indem ihr verbreitetster Schlager Puppchen hieß: Peter und Jazz-Subjekt in statu pupillari. »Ein jeder nennt mich Puppchen, das macht mir riesig Spaß«: Hohn und Lust am Namen als einer gesellschaftlichen Warenmarke in eins. Der Puppchen ist ein Mann. Wenn es dann heißt: »Puppchen, du bist mein Augenstern, Puppchen, hab dich zum Fressen gern« – ist solche orale Liebe nicht das treue Urbild der Liebe im Jazz, der Integration als Einverleibung und Vernichtung? Die Musik zu Puppchen kam noch aus dem Metropoltheater der Jahrhundertwende. Der Krieg hat sie ausgelöscht. Aber alle spätere leichte Musik hat einzig diesen Text kommentiert.

Die Ausübung der Funktion des Jazz, als einer konstitutiv unbewußten, wird dadurch möglich, daß er gemeinhin nicht in voller Aktualität aufgefaßt wird, sondern als Begleitung zum Tanz oder als Hintergrund zum Gespräch. Er erhebt nicht den Anspruch einer synthetischen Einheit der Apperzeption, wie sie im autonomen Kunstwerk die in ihm enthaltenen partialen Momente vergessen macht. Nicht mit der Objektivierung des Kunstwerks konfrontiert und in einer ganz anderen Schicht hörend als in der, in welcher solche Einheit sich konstituiert, vermag der Hörer sich wohl mit dem partialen Jazz-Subjekt zu identifizieren und er wird es um so vollkommener vermögen, je weniger er »zuhört«. Zwischen dem Hörer und der Identifikation des Subjekts einer Beethovensonate liegt wahrhaft, was die Phrase eine Welt nennt: die des Werkes. Ihr angemessen ist die Aufmerksamkeit, die sich, eben indem sie das Werk aktiv-subjektiv ergreift, zugleich von ihm distanziert. Die unaufmerksame Rezeption von Jazz leistet keine Arbeit an der Musik – und eben darum distanziert sie nicht. Man brauchte nur dem Jazz zuzuhören, und er verlöre seine Macht. Dann identifizierte man nicht sich mit ihm sondern ihn selber. Dem verleiht genauen Ausdruck das Urteil, dem man oft begegnen kann: zum Tanzen sei Jazz höchst angenehm, zum Hören abscheulich. Es enthält freilich auch das falsche Bewußtsein dessen, der träumt, was er nicht zu denken wagt.

Der Stabilisierung der hot music auf einer mittleren kunstgewerblichen Linie entspricht: daß das wirksamste Ferment des ironischen Überschusses des Jazz übers Bestehende, das eigentliche Clown-Element an ihm, die anstoßerregende Verwendung »klassischer« Musik als seines Ausgangsmaterials, während der letzten zehn Jahre mehr stets zurücktrat. Dem Respekt vor den Kulturgütern ist ebenbürtig die Fiktion, daß das Ausgangsmaterial, dessen Kontingenz durch die Wahl klassischer Modelle bekräftigt war, substantiell und für sich bedeutsam – daß das Jazz-Subjekt kein Clown, kaum mehr ein Excentric, sondern ein Held sei. Der schwer greifbare Begriff der swing music, die jedenfalls den melodischen Charakter des »Einfalls« gegenüber der rhythmischen Capriole betont und die nach dem Maß der Zählzeit stets einigermaßen irrationale Triole heranzieht, gehört zusammen mit den wiederholten Deklarationen der deutschen Reichsmusikkammer gegen das Verjazzen klassischer Musik.

Die Sozialfunktion läßt sich vielleicht am genauesten am Verhalten der Tanzenden zur Musik studieren. Sie folgen dem objektiven Rhythmus, ohne je den break »auszutanzen«: und es ist ein Schlüssel zum Erfolg der Mickey Mouse, daß sie allein alle breaks genau ins Visuelle übersetzt. Der Ehrgeiz der Tanzenden gegenüber der Synkope aber ist einzig der, sich nicht irr machen zu lassen. Erreichen sie es, so gewährt es ihnen den Lustgewinn der Identifikation mit der objektiven Instanz zugleich mit dem der Unterdrückung des Jazz-Subjekts. Daß sie dieses selber sind, bleibt so unbewußt wie die rhythmische Gestalt der breaks unverstanden. Mit ihm identifizieren sie sich bloß in der Möglichkeit des sich Irrens oder Stolperns; alle sinnfälligeren Hinweise in der Tanzgestik entfallen immer mehr und werden spezialisierten step dancers, die den hot-Orchestern entsprechen, überlassen. Das ursprünglich improvisatorische Element des Protests wird bloß noch als Anfechtung der Schwäche aufgefaßt.

Zum Interferenzcharakter des Jazz scheint die Zweideutigkeit zu gehören, die der »ausbrechenden« Klangfarbe von Saxophon oder Dämpfertrompete eignet. Es ist die Zweideutigkeit des fingierten Brunstschreis und des parodierten Angstschreis. Angst wird verhöhnt zugleich und als Sinnlichkeit ausgegeben; das sexuelle Nicht-Können bereits in der singulären Figur des break als Können. In dieser historischen Figur erscheint beim Jazz-Subjekt die Ambivalenz von libido und Angst. Faßt die Psychoanalyse Angst als verdrängte libido, so behauptet Jazz dafür, daß der Angstlaut selber der libidinöse sei. Tiger Rag: das stellt den Brunstschrei des Tigers vor und zugleich die Angst, von ihm gefressen oder kastriert zu werden.

Das sozial nicht konformierende Moment des Jazz mag in seiner Zwischengeschlechtlichkeit gelegen sein. Der Verstümmelungs- und Integrationsmechanismus läßt mit der genitalen Sexualität die primären Geschlechtsunterschiede zurücktreten. Während der Klang der Jazzinstrumente dem menschlichen Stimmklang sich annähert, und während zugleich das Flüstern der Jazzsänger dem Timbre der Dämpfertrompete ähnlich wird, verliert er den spezifischen Geschlechtscharakter. Unmöglich, eine Dämpfertrompete als männlich-heroisch zu agnostizieren; unmöglich, den anthropoiden Ton des Saxophons als Stimme einer edlen Jungfrau zu bezeichnen, wie noch Berlioz mit dem immerhin verwandten der Klarinette verfuhr. Schon der reaktionäre Ästhetiker Waltershausen hat in einer Polemik vom bisexuellen Charakter des Saxophons gesprochen. – Die Verstümmelung des genital zentrierten Subjekts, als deren ritualer Vollzug Jazz einsteht, gibt im Augenblick der Regression die Partialtriebe frei. Sie werden freilich durch die falsche Integration sogleich verdrängt und damit erst – in ihrer sozialen Konfiguration – verderblich; die Homosexualität zum verschworenen Kollektiv, Sadismus zum Terror. Aber sie melden sich doch gegen die patriarchale Genitalität an; für einen Augenblick sind sie aufrührerisch. Gerade dies Moment hat die Dialektik des Jazz mit der fortgeschrittensten Kunstmusik gemein. In der ›Glücklichen Hand‹, im ›Wozzeck‹ sind die Partialtriebe von der Musik protokollarisch beim Namen gerufen: das, und nicht ein romantisches Moment von »Espressivo«, bestimmt die expressionistische Phase der neuen Musik. Die Klangfarben aber, in denen sie ernstlich sich anmelden, die fauchenden, grellen, wieder abgeblendeten, die man, mit einer Bezeichnung Schönbergs, solche des »gedämpften Forte« nennen könnte – sie sind die gleichen, die im Jazz als »parodistisch« erscheinen.

Der Funktionswechsel musikalisch-technischer Mittel läßt sich besonders eindringlich studieren an der Annäherung der verschiedenen Spielweisen im Jazz. Mit dem Jazzorchester holt zunächst die Warenmusik Ergebnisse der Kunstmusik – ähnlich wie bei der impressionistischen Harmonik und Koloristik – nach. Das Wagnerische Orchester hatte, im Verfolg der Funktionalisierungstendenz der chromatischen Harmonik, dahin tendiert, die Spielweisen und Klangfarben derart einander anzugleichen, daß sie bruchlos ineinander übergeführt werden können: Komposition wird zur »Kunst des Überganges«. Dem dient sinnfällig das wichtigste Binde-Instrument, das Ventilhorn. Aber die Erfindung des für den Jazz jedenfalls doch recht charakteristischen Saxophons geht auf die gleiche Tendenz zurück. Es sollte zwischen Blech- und Holzblaskörper vermitteln, steht selber zwischen beiden, dem Material nach Blech , der Spielweise nach Holzblasinstrument. Sein »zwischengeschlechtlicher« Charakter hat darin den technischen Grund. Man mag es in Beziehung zu jener Art psychologischer Differenzierung setzen, die, als »dekadent«, für Nietzsche das Auffällige an Wagner war: eine, an der ohnmächtig-sehnsüchtige Männer, Tannhäuser, Tristan, Parsifal, leiden und von der sie erlöst werden; gewiß ist Amfortas ein monumentales Jazz-Subjekt. Die Initiative geht an die Frau über. All diese Tendenzen sind mit dem funktionalisierten Klang vom Jazz der leichten Musik zugeführt. Zugleich aber um ihren Sinn gebracht. Während der Klang kleinster Übergänge und »Beziehungen«, ähnlich wie die im Riemannschen Sinne funktionale Harmonik, bei Wagner die Musik einer »funktionalen« Gesellschaft bringt und ebenso zum Ausdruck der gesellschaftlichen Interdependenz wie des differenzierten, in sich funktionalen Individuums dient, verfolgen die gleichen instrumentalen Mittel, bei freilich harmonisch prinzipiell verschiedenen, nämlich statischen, im Jazz die Tendenz: die Individuen, gegenüber der vorgeordneten Ganzheit, zu beliebig auswechselbaren zu machen und zu entwerten. »Und schließlich ist es ganz egal, ob ich es mach, ob du« – das gilt, wie für den impotenten Liebhaber, den Erben der »siechen« Tristan und Amfortas, so auch für Dämpfertrompete und Saxophon; der Jazzsänger gleicht verdinglicht ihnen sich an; schon äußerlich, nach einer Bemerkung von Haselberg, durch den Gebrauch des Megaphons. Zugleich ist das Moment des »Fortschritts«, das noch die Wagnerische Totalität als ihr zeitliches telos bestimmt, abgeschnitten. Die Totalität reproduziert bloß noch sich selber; sie setzt alle Relationen, um sie sogleich wieder in sich aufzunehmen und in sich festzuhalten. Jazz tritt, wie die Gehtänzer im überfüllten Saal, auf der Stelle; seine Dynamik fängt sich in eben dem Schema auf, das sie produziert. Eben diesen Wechsel hat die »funktionale« Gesellschaft selber durchgemacht. Sie ist aus der »Totalität«, als welche sie Hegel noch erschien, zum »System« geworden im gleichen Augenblick, als die irrationalistische Mode, der der Jazz zugehört, die Systeme verbannte, deren eines der Jazz ist.

1937

Zur Physiognomik Kreneks

Ernst Krenek ist als blutjunger Mensch, ums Jahr 1920, berühmt geworden, zur Zeit der Musikfeste von Donaueschingen und jener Salzburger Veranstaltungen, in denen die Stadt ebenso wie die Internationale Gesellschaft für Neue Musik identifiziert waren mit der Avantgarde. Neben Hindemith war damals Krenek der markanteste Exponent der zweiten radikalen Komponisten-Generation, die auf Schönberg, seine nächste Schule, und auf Strawinsky und Bartók, folgte. Seine Begabung, gestützt auf Interpreten wie Scherchen, Schnabel und Erdmann, eine eruptive, durchaus originale Kraft, lag offen zutage. Ihr aber war, vom ersten Tage an, seit er sich von der Schule freigemacht hatte, etwas Beunruhigendes, Schockierendes und gegen Verständnis Widerspenstiges gesellt, viel mehr als bei Hindemith, dessen wildeste Stücke allein schon vermöge ihrer sicheren instrumentalen Realisierung im Bereich des Faßlichen sich hielten. Heute, da alle neue Musik fatal respektvoll angehört wird und kaum mehr ihrer wohlinformierten Zuhörerschaft das Gleichgewicht raubt, fällt es schwer, sich die Aggression vorzustellen, die von den Werken des jungen Krenek, seinen beiden ersten Symphonien, dem ersten Streichquartett, etwa auch der von Skandal begleiteten Toccata und Chaconne für Klavier, ausging. Die Kasseler Uraufführung der zweiten Symphonie unter Laugs, im Jahre 1923, war von einer Wirkung, die vermutlich nicht zurückstand hinter legendären Uraufführungen vor dem Ersten Krieg, wie der der Bergschen Altenberg-Lieder oder des Sacre du printemps. Der letzte Satz, ein Adagio, endete in dieser Aufführung mit einem über alles tolerierte Maß hinausgehenden Fortissimo, einer dissonanten Akkordfortschreitung der Blechbläser, Gleichnis eines auf die Erde von außen zukommenden, gähnend schwarzen Abgrundes. Solche Panik ging seitdem wohl von keiner Musik mehr aus, übrigens, merkwürdig genug, auch nicht von späteren Wiederholungen der Symphonie. Dabei waren die Stücke Kreneks aus jener Zeit, liest man sie heute wieder, keineswegs übermäßig kompliziert oder, ihrer kompositorischen Zusammensetzung nach, extrem. Gleichwohl erinnere ich mich an ein Notenpaket, das ich damals aus Wien erhielt und in dem sich nebeneinander die frisch erschienenen Partituren der Fünf Sätze für Streichquartett von Anton Webern und das erste Quartett von Krenek befanden. Soviel aufgelöster, differenzierter, meisterlicher, in der Behandlung des Materials fortgeschrittener nun die Webernschen Stücke sich darboten, das vergleichsweise primitivere, freilich vom üblichen motorischen Primitivismus ganz reine Stück Kreneks zeigte einen Aspekt von Modernität – jener Modernität, deren Zwang und Gewalt darin liegt, daß sie nimmt, wo andere geben –, der den um so vieles authentischeren kurzen Stücken Weberns abging.

Man wird Krenek wohl nur dann begreifen, wenn man dies Ferment des Unverständlichen versteht. Dazu hilft vielleicht Benjamins Begriff der Aura. »Die Definition der Aura als ›einmalige Erscheinung einer Ferne, so nah sie sein mag‹, stellt nichts anderes dar als die Formulierung des Kultwertes des Kunstwerks in Kategorien der raum-zeitlichen Wahrnehmung. Ferne ist das Gegenteil von Nähe. Das wesentlich Ferne ist das Unnahbare. In der Tat ist Unnahbarkeit eine Hauptqualität des Kultbildes. Es bleibt seiner Natur nach ›Ferne, so nah es sein mag‹. Die Nähe, die man seiner Materie abzugewinnen vermag, tut der Ferne nicht Abbruch, die es nach seiner Erscheinung bewahrt.«[1] Oder auch: »Die Aura einer Erscheinung erfahren, heißt, sie mit dem Vermögen belehnen, den Blick aufzuschlagen.«[2] Nun ist Musik wohl die auratische Kunst par excellence, und das macht ihre spezifische Schwierigkeit heute aus: musikalischer Zusammenhang kommt überhaupt nur dadurch zustande, daß das einzeln Erscheinende mehr ist als es selber, zum Nicht-Gegenwärtigen, Fernen transzendiert, und solcher Sinnzusam-

1 Walter Benjamin, Schriften, hrsg. von Theodor W. Adorno und Gretel Adorno unter Mitwirkung von Friedrich Podszus, Frankfurt a. M. 1955, S. 398, Anm. 5 (Das Kunstwerk im Zeitalter seiner technischen Reproduzierbarkeit).

2 A. a. O., S. 461 (Über einige Motive bei Baudelaire).

menhang, das Medium musikalischer Logik, bildet unabdingbar wohl etwas wie Atmosphäre um Musik. Die alte romantische These, Musik sei die romantische Kunst schlechthin, verweist darauf. Mag immer jedoch Musik dem nicht entrinnen können, die des jungen Krenek, keineswegs die der anderen sachlichen und neoklassizistischen Autoren, war die erste, die von sich aus die musikalische Aura sprengen wollte, an deren Idee noch die äußersten Werke Schönbergs, Weberns, Bergs festgehalten haben, und die vollends bei den Komponisten des mittleren Fortschritts, auch denen schnöden Tons, nicht einmal in Frage gestellt wurde. Seine frühe Musik sucht, die musikalische Dimension der Ferne in der Musik einzuziehen. Sie schlägt so wenig den Blick auf wie ein Scheinwerfer. Sie verschwebt nicht, ihr läßt nicht sich lauschen, sondern eher bewegt sie wie ein grausames Vehikel auf den Hörer sich zu; zu nahe zum Träumen, zu hart zum Spielen. In ihr will Musik die eigene Atmosphäre durchschlagen; ihr gesamter Gestus ist ein einziges Aufbegehren gegen musikalische Transzendenz. Die magische Wirkung, die sie ausübte, war gerade der Schreck vor jener Entzauberung, vor dem seiner selbst unbewußten Willen, der Musik den letzten Schein eines sinnhaften Gehaltes zu entreißen, der ihr nicht mehr verbürgt ist und der doch sie selber allein zusammenhält. Mit großartiger Unbehilflichkeit wird gegen den Sinn rebelliert um objektiver – negativer – Wahrheit willen. Daher das seitdem verdrängte und nicht wieder erweckte Bedrohliche. Man braucht heute nur die aus verschiedenen opera stammenden Lieder durchzuspielen, die der junge Krenek in einem Heft publizierte und die, was man je unter musikalischer Lyrik dachte, durch kahle Buchstäblichkeit des musikalischen Verlaufs, ohne jeden Rückbezug auf das sinnverleihende Idiom, durchbrechen, um es heute noch zu spüren. Längst ehe die Möglichkeiten der totalen Konstruktion, gar die elektronischen, auch nur absehbar waren, ja gepaart mit einer gewissen chaotischen Irrationalität aus der Sphäre des Dadaismus, haben Kreneks Jugendwerke das technische Kunstwerk geträumt. Durch dessen traumhafte Vorwegnahme, durch ihre ichfremde Abstinenz von allem Ausdruck, haben sie ausgedrückt, woran seitdem alle Musik sich abarbeitet: die universale Verdinglichung, unter deren Bann einzig sie noch gerät und der sie nicht anders opponieren kann, als indem sie sie auf sich nimmt.

Krenek hat all dies blind und taub wie ein geschichtlicher Chronometer registriert. Er hat einem Diktat gehorcht, vielleicht ohne selbst die Sache sinnlich genau sich vorzustellen. Selten war Musik so indifferent gegen den Klang wie seine. Dennoch sind jene musikalischen Meteore nicht vom Himmel gefallen. Als erster der jüngeren Komponisten, in entschiedenem Gegensatz zu Hindemith, hatte er an der Tradition keinen substantiellen Anteil mehr. Das meint selbstverständlich nicht, daß der Wiener keiner gewesen wäre. Aber die Vergangenheit hat ihn nicht mehr, sei's auch polemisch, so geprägt wie alle anderen Exponenten der neuen Musik bis dahin. Vielleicht erklärt sich das aus seiner Lehrzeit. Franz Schreker vermochte fraglos wie wenige, aus seinen Schülern das Spezifische ihrer Anlage herauszuholen und zugleich ihnen kompositorische Manieren beizubringen, eine gewisse Souveränität des Habitus, auch ein gewisses Formniveau. Aber dafür hatte wohl jeglicher seiner Schüler, nach glanzvollem Debut, Opfer zu bringen. Obwohl Schreker selbst einen sehr guten Palestrina-Satz soll geschrieben haben, ging die Ausbildung bei ihm nicht nur auf Kosten gediegener Verfügung über die herkömmlichen Mittel. Sondern er hielt nicht dazu an, die kompositorische peinture ganz verantwortlich durchzuformen: es war eine Fassaden-Pädagogik. Seine Schüler ließ er wie Neophyten auf die Welt los. Bei Krenek, dem begabtesten, wurde daraus jenes produktive Traditionslose; verstärkt durch Verachtung der etwas schwammigen Klangsinnlichkeit seines Lehrers, deren Aura ihm als Sauce begegnete. Ungemein bezeichnend blieb für ihn der Gestus des gegen den Strich Komponierens; ein Zwang, die vom musikalischen Idiom gestifteten Zusammenhänge zu suspendieren. Alban Berg, der ihn sehr gern hatte, aber genau entgegengesetzt reagierte, sagte einmal, wo man bei Krenek eine Sequenz erwarte, gebe es keine, und wo man keine erwarte, komme sie vor. Paradox aber fällt gerade dieser Zug insgeheim in die österreichische Überlieferung: bei Bruckner wäre er vielfach nachzuweisen, als Widerstand der kompositorischen Intention gegen das Gefälle der musikalischen Sprache, das längst schon den Komponisten so unerträglich wurde wie, nach dem Wort in einem Operntext Kreneks, das Triangel im Orchester. Krenek richtig hören, heißt, dies gegen den Strich Komponieren mit den Ohren mitvollziehen, latent gleichsam durchfühlen, was von jener Abruptheit seines Stils, zumal der Phrasierung, negiert wird.

Die Aufgabe, die Krenek, vom Augenblick des Erwachens aus dem Traum des Traumlosen an, sich stellte, war daher keine andere als die, sich selber einzuholen. Die Eruption läßt sich nicht verewigen: die Hand, die nicht länger wie unterm Diktat schreibt, muß sich, und nun mit angespanntester Mühe, die Mittel aneignen. Den Konflikt mit der Tradition austragen, erheischt, diese doch noch in sich hineinzunehmen. Der vielfache Wechsel von dem, was man nach üblichen Begriffen Kreneks Stil nennt, ist alles eher als Ausdruck einer proteischen Natur oder einer, die gesegnet wäre mit dem Leichtsinn des Maskenspiels. Er entspringt im fast verzweifelten Bemühen, solche Elemente der Musik bewußt in die Gewalt zu bekommen, die sonst bewußtlos, als Sprache, vorgegeben sind. Man wird denn auch selbst in den Arbeiten Kreneks, die ihrem Material nach, einer polemisch wiederbelebten Tonalität, mit den Frühwerken nichts zu teilen scheinen, die gleiche innere Zusammensetzung finden. Auch die Tonalität ist da gegen den Strich gebürstet, auch sie verweigert den Sinn des ungestauten Dahinströmens. Schließlich hat er dann, auf sehr eigene Weise, die Zwölftontechnik rezipiert. Sie hatte für ihn die Funktion, den Phantasieraum seiner Jugend wiederherzustellen und zugleich mit einer Konstruktion zu durchdringen, in der die Logik der musikalischen Tradition sich niedergeschlagen hat, obwohl es auch hier immer noch quer zugeht. Die äußerste Erhebung in dieser Phase, vielleicht in Kreneks œuvre insgesamt, ist die große, Techniken des epischen Theaters einbeziehende Oper Karl V., Hauptwerk nicht nach der üblichen Idee des chef d'œuvre, sondern als die am weitesten ausholende Anstrengung, das Inkommensurable, im großen Sinn Absurde mit dem Durchgeformten zu verbinden.

1957/58

Mahagonny

Die Stadt Mahagonny ist eine Darstellung der sozialen Welt, in der wir leben, entworfen aus der Vogelperspektive einer real befreiten Gesellschaft. Kein Symbol für dämonische Geldgier, kein Traum desperater Phantasie, überhaupt nichts, was ein anderes bedeutete, als es selber ist: sondern die exakte Projektion der gegenwärtigen Verhältnisse auf die unberührt weiße Fläche des Zustandes, der werden soll, im Bilde flammender Transparente. Keine klassenlose Gesellschaft wird als positives Maß des verworfenen Gegenwärtigen in Mahagonny offenbar. Sie schimmert kaum zuweilen durch, so undeutlich wie eine Kinoprojektion, die von einer anderen überblendet ward; einer Erkenntnis gemäß, die wohl unter dem Zwang des Kommenden das dunkle Heute mit Lichtkegeln zu zerteilen vermag, nicht aber legitimiert ist, das Zukünftige auszupinseln. Die Macht des Kommenden zeigt sich an vielmehr in der Konstruktion des Gegenwärtigen. Wie in Kafkas Romanen die mittlere bürgerliche Welt absurd und verstellt erscheint, indem sie aus dem geheimen Stande der Erlösung angeschaut wird, so ist in Mahagonny die bürgerliche Welt enthüllt als absurd, gemessen an einer sozialistischen, die sich verschweigt. Ihre Absurdität ist wirklich und nicht symbolisch. Das geltende System mit Ordnung, Recht und Sitte ist durchschaut als Anarchie; wir selber sind in Mahagonny, wo alles erlaubt ist außer dem einen: Kein Geld zu haben. Dies verbindlich vorzustellen, bedarf es der Transzendenz zu einer geschlossenen bürgerlichen Bewußtseinswelt, der die bürgerliche gesellschaftliche Realität für geschlossen gilt. Draußen aber läßt sich nicht stehen: es gibt in Wahrheit, zumindest fürs deutsche Bewußtsein, keinen unkapitalistischen Raum. So muß die Transzendenz paradox im Raum des Bestehenden sich vollziehen. Was dem geraden Blick darin nicht gelingt, erreicht vielleicht der schiefe des Kindes, dem die Hosen des Erwachsenen, zu dem es aufblickt, wie Gebirge erscheinen mit dem fernen Gipfel des Gesichtes. Die schräge infantile Betrachtung, die sich an Indianerbüchern und Seegeschichten nährt, wird zum Mittel der Entzauberung der kapitalistischen Ordnung, deren Höfe sich in Koloradofelder, deren Krisen sich in Hurrikane, deren Machtapparatur sich in parate Revolver verwandeln. In Mahagonny wird Wild-West als das dem Kapitalismus immanente Märchen evident, wie es Kinder in der Aktion des Spieles ergreifen. Die Projektion durchs Medium des kindlichen Auges verändert die Wirklichkeit so weit, bis ihr Grund verständlich wird; verflüchtigt sie jedoch nicht zur Metapher, sondern faßt sie zugleich in ihrer unvermittelten geschichtlichen Konkretion. Die Anarchie der Warenproduktion, die die marxistische Analyse trifft, kommt projiziert als Anarchie der Konsumtion vor, verkürzt bis zum krassen Entsetzen, das die ökonomische Analyse so nicht zeitigen könnte. Die Verdinglichung der zwischenmenschlichen Beziehungen wird ins Bild der Prostitution geschlagen, und was Liebe ist, geht einzig aus den rauchenden Trümmern von Knabenphantasien sexueller Macht hier auf. Der Widersinn des Klassenrechts wird, Kafka sehr ähnlich, an einer Prozeßverhandlung demonstriert, wo der Staatsanwalt als sein eigener Portier die Billette verkauft. Alles ist in eine regelhaft verschobene Optik gebracht, welche die Oberflächengestalt des bürgerlichen Lebens verzerrt zur Grimasse einer Wirklichkeit, die Ideologien sonst verdecken. Aber der Mechanismus der Verschiebung ist nicht der blinde des Traums, sondern läuft präzis nach der Erkenntnis ab, die Wild-West und die Welt des Tauschwerts zusammenzwingt. Es ist die von Gewalt als dem Grunde der gegenwärtigen Ordnung und von der Zweideutigkeit, in der Ordnung und Gewalt gegeneinander stehen. Die Wesen mythischer Gewalt und mythischen Rechts werden in Mahagonny aus den Gesteinsmassen der großen Städte aufgescheucht. Ihr paradoxes Zugleich ist von Brecht benannt. Bei der Gründung der Stadt, der mächtigen Parodie des Staatsvertrags, gibt ihr die Kupplerin Leokadja Begbick ihren infernalischen Segen mit: »Aber dieses ganze Mahagonny ist nur, weil alles so schlecht ist, weil keine Ruhe herrscht und keine Eintracht, und weil es nichts gibt, woran man sich halten kann.« Wenn später der Aufrührer

Jimmy Mahonney, der die latente Anarchie hervortreibt, die ihn samt der Stadt verschlingt, sich an ihr ärgert, geschieht es mit dem gleichen Fluch in umgekehrten Worten: »Ach, mit Eurem ganzen Mahagonny wird nie ein Mensch glücklich werden, weil zuviel Ruhe herrscht und zuviel Eintracht, und weil's zuviel gibt, woran man sich halten kann.« Beide sagen dasselbe: weil es nichts gibt, woran man sich halten kann, weil blinde Natur herrscht, darum gibt es zuviel, woran man sich halten kann, Recht und Sitte; sie sind des gleichen Ursprungs; darum muß Mahagonny untergehen oder die großen Städte, von denen es an einer kometenhellen Stelle heißt: »Wir sind noch drin, wir haben nichts genossen. Wir vergehen rasch, und langsam vergehen sie auch.«

Die Darstellung des Kapitalismus ist genauer die seines Unterganges an der Dialektik der Anarchie, die ihm innewohnt. Diese Dialektik ist nicht nach idealistischem Schema blank entfaltet, sondern hat intermittierende Elemente, die sich nicht in den Prozeß auflösen lassen, wie denn insgesamt die Oper sich der rationalen Auflösung entzieht; die Bilder des herrschenden Unwesens, die sie trifft, werden nach eigener Formel bewegt, um erst am Ende wieder vollends in die soziale Realität einzustürzen, deren Ursprung sie in sich halten. Die intermittierenden Elemente sind zweifacher Art. Einmal spielt die Natur, das amorphe Sein unterhalb der Gesellschaft, herein, kreuzt den sozialen Prozeß, zwingt ihn weiter. Da kommt der Hurrikan, ein Naturereignis, als Kinderschreck auf der Landkarte notiert, und in der Angst vorm Tode findet der Held, jener Jim, »die Gesetze der menschlichen Glückseligkeit«, denen er zum Opfer fällt. Großartig die Wendung, die grotesk die historische Dialektik dem Naturzwang entreißt, der eben noch hineinwirkte: der Hurrikan macht einen Bogen um die Stadt und setzt seinen Weg fort wie die Geschichte den ihren, nachdem sie sich einmal begegnet. Was aber in der Nacht des Hurrikans geschieht, was sprengt und in der wirren Verstrickung der Anarchie über sie hinausdeutet, ist Improvisation; die ungebärdigen Lieder, in denen die Freiheit des Menschen sich meldet; »Wir brauchen keinen Hurrikan, wir brauchen keinen Taifun«, die antinomistische Theologie des »Denn wie man sich bettet, so liegt man«.

So treten quer und verdeckt im Kapitalismus und in seinen Krisen zumal Intentionen der Freiheit auf, und sie sind es allein, in denen ein zukünftiger Zustand sich ankündigt. Ihre Form ist der Rausch. Es hat denn auch die Oper Mahagonny ihr positives Zentrum in der Rauschszene, wo Jim sich und seinen Freunden aus einem Billard und einer Storestange ein Segelschiff baut und nachts im Sturm durch die Südsee nach einem Alaska fährt, das an die Südsee grenzt; dazu singen sie das Seemannslos, den unsterblichen Katastrophenkitsch, Polarlicht ihrer schaukelnden Seekrankheit, und lenken die Segel ihrer Traumfahrt ins besonnte Eisbärenparadies. Richtig ist in der Vision dieser Szene die Verzahnung des Endes angebracht; die Anarchie leidet Schiffbruch an der Improvisation, die aus ihr kommt und die sie übersteigt. Mord und Totschlag und Verführung, die sich in Recht und Gerechtigkeit und Geld bezahlen lassen, werden dem Jim verziehen, nicht aber die Storestange und drei Gläser Whisky, die er nicht bezahlen kann und die sich hier überhaupt nicht bezahlen lassen, weil die Traumfunktion, die sie durch ihn gewannen, in keinem Tauschwert mehr ausdrückbar ist. Dieser Jimmy Mahonney ist ein Subjekt ohne Subjektivität: ein dialektischer Chaplin. Wie er sich langweilt in der geordneten Anarchie, will er seinen Hut aufessen wie Chaplin die Schuhe; das Gesetz der menschlichen Glückseligkeit, daß man alles dürfen darf, befolgt er buchstäblich, bis er sich im Netz verstrickt, das aus Anarchie und Ordnung verworren gewoben ist und dem in Wahrheit die Stadt Mahagonny den Namen der Netzestadt verdankt; vorm Tode ängstigt er sich und möchte den Tag verbieten, daß er nicht sterben muß, aber wie ihm schließlich jenseits aller Kinderbilder von Wildwest als nacktes Emblem dieser Kultur der elektrische Stuhl begegnet, singt er das »Laßt Euch nicht verführen« als offenen Protest der unterworfenen Klasse, der er zuzählt, da er nicht bezahlen kann; die Frau hat er sich gekauft, und zu seiner Bequemlichkeit soll sie keine Wäsche tragen, aber beim Sterben bittet er sie um Verzeihung: »Nimm mir nichts übel«; und ihr schnödes »Warum denn« hat mehr strahlende Versöhnung, als alle Romanciers edler Resignation je zusammen aufbrächten. Er ist kein Held, so wenig wie Mahagonny eine Tragödie ist; er ist ein Bündel von Regungen und Bedeutungen, die sich überschneiden, ein Mensch in der Zerstreutheit seiner Züge. Beileibe kein Revolutionär, aber auch kein rechter Bürger und Wildwestmann sondern ein Fetzen Produktivkraft, der die Anarchie realisiert und aufdeckt und deshalb sterben muß; ein Wesen vielleicht, das überhaupt nicht ganz in soziale Relationen eingeht, aber allesamt erschüttert; mit seinem Tod muß Mahagonny sterben, und wenig Hoffnung bleibt übrig; zwar ist der Hurrikan ausgewichen, aber dafür kommt nun die rettende Aktion zu spät.

Die ästhetische Form der Oper ist die ihrer Konstruktion, und nichts wäre falscher, als wenn man einen Widerspruch zwischen ihrer politischen, auf die Wirklichkeit gerichteten Absicht und einer Verfahrungsweise herauslesen wollte, in der die gleiche Wirklichkeit nicht naturalistisch gespiegelt wird; denn die Veränderung, die die Wirklichkeit darin erfährt, ist eben durch den politischen Willen geboten, das Bestehende zu dechiffrieren. Mit der bloßen Konstatierung des epischen Theaters kommt man bei Mahagonny nicht weit. Es dient der Absicht, anstelle der geschlossenen bürgerlichen Totalität das bruchstückhafte Aneinander von deren Trümmern zu setzen, in den Hohlräumen zwischen den Trümmern das immanente Märchen in Besitz zu nehmen, aus der nächsten Nähe und selbst vermöge der infantilen Goldgräberpassion zu zerstören. Die Form, in der eine zerfallene Realität gebannt wird, ohne daß schon eine bessere gegenwärtig wäre, darf nicht selber den Schein von Totalität annehmen. Zudem: das Moment des Intermittierenden, das die Dialektik von Mahagonny tief bestimmt, ist nur in intermittierender Form durchzusetzen; etwa also in der Moralität des zweiten Aktes, wo nach der Errettung vorm Hurrikan das dunkle Glück der Anarchie an vier allegorischen Bildern bewiesen wird, dem Essen, der Liebe, dem Boxen und dem Saufen; ein Glück, das je und je mit unversöhntem Tode bezahlt werden muß. Aber die intermittierende Form ist nicht die von Reportage, wie in den paragraphenwütigen Stücken des neuen Naturalismus, sondern die der Montage vielmehr; die Trümmer der zerfallenen organischen Wirklichkeit sind konstruktiv verklammert. Beginn und Ende der Konstruktion liegen in der empirischen Realität, dazwischen ist sie autonom, um die Urbilder des Kapitalismus gespannt; schließlich erst wird gezeigt, daß diese Urbilder ganz gegenwärtig sind, und damit das ästhetische Kontinuum definitiv gesprengt. Man kennt den Augenblick bei Wagner, wo der Holländer unter seinem Bilde und aus ihm gleichsam hervortritt. So ist die Logik des Mahagonnyfinales. Wenn im Benares-Song den Zeitungslesern die Erde erzittert, dann ist es mit ihr nach Jimmys Tod zu Ende, und Gott erscheint in Mahagonny, ein zweideutiger Demiurg, dem sie gehorchen bis zum letzten Nein, das ihm aus der Hölle entgegenschallt, in die er sie geschaffen hat und an der nun die demiurgische Macht ihre Grenze hat. Die Frau, die am tiefsten in die Hölle des Naturzusammenhanges gebannt ist, spricht endlich dies Nein aus, und es beginnen die Demonstrationszüge weg vom brennenden Mahagonny, die die Szene tilgen. – Gründlicher indessen als durch alle Montage und alle songspielmäßige Intermittenz wird die bürgerliche Immanenz bedroht durch Sprach- und Phantasieform im einzelnen, die den schrägen und schreckhaften Kinderaspekt erzwingt. Mahagonny ist die erste surrealistische Oper. Die bürgerliche Welt wird als schon abgestorbene im Moment des Grauens präsentiert und demoliert im Skandal, in dem ihre Vergangenheit sich kundtut. Solch ein Schockmoment ist das grundlos beginnende und verschwindende Naturereignis des Hurrikans, solch eines die verschwimmende Vergrößerung der Freßszene des Herrn Schmidt, der eigentlich Jack O'Brien heißt wie vom Captain Marryat und zwei Kälber frißt, an denen er stirbt, worauf ihm ein Kriegerverein das Grablied singt; die photographische Kalkfarbe dieser Szene ist aus Hochzeitsbildern von Henri Rousseau, in ihrem Magnesiumlicht wachsen den Bürgern sichtbar die Astralleiber ihrer unterweltlichen Präexistenz zu. Oder die Szene in der Hier darfst Du-Schenke, »unter einem großen Himmel«, der wie ein Glasdach darüber steht, auf dem die Wolke sanften Wahnsinns hin- und herzieht, der die wilden Männer von Mahagonny träumend nachschauen, ein Bild, das mit der ängstlichen Gewißheit der Erinnerung aufsteigt. Wenn Natur, im Hurrikan, im Zeitungserdbeben allein als Katastrophe erscheint, so darum, weil die naturgebundene blinde bürgerliche Welt, der die Taifune unkalkulabel wie die Krisen zugehören, allein im Schock der Katastrophe erhellt und veränderlich wird. Die surrealistischen Intentionen von Mahagonny werden getragen von der Musik, die von der ersten bis zur letzten Note dem Schock gilt, den die jähe Vergegenwärtigung der verfallenen Bürgerwelt erzeugt. Sie wird erst die glorreich mißverstandene Dreigroschenoper, die als Parergon zwischen dem ersten Mahagonny-Songspiel und der endgültigen Gestalt liegt, an die rechte Stelle rücken und zeigen, wie wenig es in den faßlichen Melodien um arriviertes Amusement und zündende Vitalität geht; daß diese Qualitäten, die ja der Weillschen Musik fraglos zukommen, nur Mittel sind, den Schrecken der erkannten Dämonologie im Bewußtsein der Menschen durchzusetzen. Diese Musik, die außer an wenigen polyphon sich gebärdenden Momenten wie der Einleitung und ein paar Ensemblesätzen mit den primitivsten Mitteln haushält oder vielmehr den abgenutzten, verschabten Hausrat der Bürgerstube auf einen Kinderspielplatz schleift, wo die Kehrseiten der alten Waren als Totemfiguren Entsetzen verbreiten – diese Musik, aus Dreiklängen und falschen Tönen zusammengestoppelt, mit den guten Taktteilen alter Music-hall-songs, die gar nicht gekannt, sondern als Erbgut erinnert werden, festgehämmert, mit dem stinkenden Leim aufgeweichter Opernpotpourris geleimt, diese Musik aus Trümmern der vergangenen Musik ist gänzlich gegenwärtig. Ihr Surrealismus ist von aller neuen Sachlichkeit und Klassizität radikal verschieden. Sie geht nicht darauf aus, die zerstörte bürgerliche Musik zu restituieren, ihre Formen, wie man das heute zu nennen beliebt, »wiederzubeleben« oder das Präteritum durch Rekurs aufs Plusquamperfekt aufzufrischen; sondern ihre Konstruktion, ihre Montage des Toten macht es als tot und scheinhaft evident und zieht aus dem Schrecken, der davon ausgeht, die Kraft zum Manifest. Dieser Kraft entspringt ihr improvisatorischer, wandernder, obdachloser Elan. Wie nur die fortgeschrittenste Musik der materialeigenen Dialektik, die Schönbergs, so fällt diese Zusammenstellung durchschauter Scherben aus dem bürgerlichen Musikraum heraus, und wer in ihr Gemeinschaftserlebnisse wie bei der Jugendbewegung sucht, der wird sich an ihr stoßen müssen, auch wenn er zehnmal alle Songs im Kopf behielte. Darum ist es ihr erlaubt, Dreiklänge zu schreiben, weil sie sich selber die

Dreiklänge nicht glaubt, sondern jeden destruiert durch die Art seines Einsatzes. Innermusikalisch kommt das zutage an einer Metrik, die die Symmetrieverhältnisse, wie sie in den tonalen Akkorden stecken, verbiegt und tilgt, da die Dreiklänge ihre Kraft verloren haben und keine Form mehr bilden können, die vielmehr aus ihnen montiert wird, von außen; dem entspricht auch die Gestalt der Harmonik selber, die das Prinzip der Fortschreitung, der leittönigen Spannung, der Kadenzfunktion kaum mehr kennt, sondern die kleinsten Kommunikationen der Akkorde untereinander, die die späte Chromatik ausmachten, wegläßt, so daß nun die Resultate der Chromatik funktionsfrei stehen bleiben. In alldem geht Mahagonny weit über die Bühnenmusik der Dreigroschenoper hinaus; die Musik dient nicht mehr, sondern herrscht in der durchkomponierten Oper und entfaltet sich nach ihrem infernalischen Maß. Sie hat zugleich ihre Ausweichungen ins Unscheinbare und Wirkliche. Vor allem in der ausdruckslosen, carmenhaft gefangenen und rätselvollen Duettmusik Jimmys und Jennys; im Billardensemble; an der groß gedachten Stelle am Schluß, wo der Alabama-Song mit dem »We've lost our good old mamma« als leiser Cantus firmus erscheint und, im Sinne höchster szenischer Wirkung, durchsichtig wird als Klage der Kreatur über ihre Verlassenheit. Der Alabama-Song ist überhaupt eines der seltsamsten Stücke in Mahagonny, und nirgends eignet der Musik mehr die archaische Kraft der Erinnerung an einmal gewesene, verschollene, in kümmerlichen Melodieschritten wiedererkannte Gesänge wie in diesem Song, dessen stupide Wiederholungen in der Einleitung ihn gleichsam aus dem Reich der Dementia heimbringen. Wenn satanischer Kitsch des neunzehnten Jahrhunderts, Seemannslos und Gebet einer Jungfrau geflissentlich zitiert und paraphrasiert werden, so ist da kein literarischer Witz gewagt, sondern es ist die Grenzlage einer Musik festgestellt, die sich durch jene Region hindurchschlägt, auch ohne sie zu nennen, und die nur an Zäsuren den Namen dessen ausspricht, was keine Macht mehr über sie hat. Ein seltsamer Mahler spielt in die ganze Oper herein, in ihren Märschen, ihrem Ostinato, ihrem trüben Dur-Moll. Mahler gleich nutzt sie die Sprengkraft des Unteren, das Mittlere zu zerschlagen und des Oberen teilhaftig zu werden. Die Bilder, die in ihr gegenwärtig sind, stürmt sie allesamt, doch nicht, um ins Leere weiterzugehen, sondern um die erbeuteten als Fahnen der eigenen Aktion zu erretten.

1930

Zilligs Verlaine-Lieder

Die Harmonielehre Arnold Schönbergs behandelt, außer in einem kurzen Anhang, lediglich die herkömmlichen Mittel. Auch im Unterricht hat er offenbar auf diese sich beschränkt, nur mit sehr fortgeschrittenen Schülern ihre eigenen freien Kompositionen, die den tonalen Vorrat überschritten, durchgearbeitet. Grund solcher Zurückhaltung war sicherlich zunächst das Verantwortungsbewußtsein des Lehrers, das ihm sagt, nur der bringe etwas wahrhaft Produktives und Neues zustande, der das traditionelle Handwerk durchaus studiert hat: erst die zuverlässige Kenntnis alles dessen, was es verlangt, zeitigt das Bedürfnis, seine Schranken zu durchbrechen. Gegenwärtig war ihm auch das Fragwürdige der Unterweisung in neuen Techniken wie der zwölftönigen: sie gestattet nicht jene Allgemeinheit von Vorschriften, in deren Übertragung auf den Einzelfall musikalische Pädagogik nun einmal besteht. Seine Sorge, ob man nicht jene Technik zum Gegenteil dessen machte, als was er sie gefunden hatte, bezieht sich auf denselben Sachverhalt. Aber ein Tieferes spielt herein. Vielleicht zögerte er, durch die Lehre das Verpflichtende der neuen Verfahrungsweise, das überaus zerbrechlich und keine Sammlung drohender Tabus ist, allzusehr zu fixieren. Er mochte an diejenigen seiner Schüler denken, die nicht zum neuen Kompositionsmaterial übergingen, und an die eigene Erfahrung. Je mehr er in Fragen des richtig oder falsch Komponierens sich versenkte, desto deutlicher wurde ihm, daß der eigentliche Gehalt seiner Neuerungen gar nicht so sehr das Material betraf, jene Stileigentümlichkeiten, die jedem einfallen, wenn er den Namen Schönberg hört. Vielmehr kommt es darauf an, was damit geschieht, wozu sie taugen: aufs Komponierte selbst. Die kompositorischen Verfahrungsweisen haben sich fraglos an den Entdeckungen der neuen Mittel, vor allem an der Abschaffung der Begriffe Konsonanz und Dissonanz geschult, dann aber diesen gegenüber wiederum sich verselbständigt. Der reife Schönberg, der der bloßen sinnlichen Erscheinung der Musik immer ferner rückte, die Komposition durch ihre Vereinheitlichung immer mehr vergeistigte, hat denn auch zahlreiche tonale Kompositionen veröffentlicht und in dem Aufsatz ›On revient toujours‹ seine Neigung dazu gerechtfertigt. Es handelte sich keineswegs bloß um Neben- und Gelegenheitswerke sondern auch um Stücke großen Gewichts wie die Zweite Kammersymphonie. Bruchlos übertrug er in ihrem Finale Errungenschaften der Zwölftontechnik, die freigesetzte Polyphonie und ihre Verklammerung mit der Form, zurück auf das ältere Material der sogenannten erweiterten Tonalität, wie er es ein Menschenalter früher, etwa im fis-moll-Quartett, gehandhabt hatte. Am Ende verbirgt jene Neigung Schönbergs ein Moment innerer Ungleichzeitigkeit mit sich selbst, das auch an anderen Komponisten seiner Epoche wie Bartók und Strawinsky sich beobachten läßt. Ihr primäres musikalisches Reagieren war nicht ganz eins mit der radikalen Entwicklung der kompositorischen Mittel, zu denen der Fortschritt ihres Komponierens sie genötigt hatte. Kaum war es nur Ironie, wenn Schönberg von manchen seiner extremen Stücke, wie dem Bläserquintett, behauptete, er habe sie selber noch nicht recht verstanden. Unerschrocken hat er das nicht verleugnet, sondern in den Umkreis des Fortschritts noch hineingerissen, den er im Kompositionsmaterial und vielen seiner Dimensionen vollzogen hatte, ohne doch je die muffige Ausrede sich zunutze zu machen, er sei zu ehrlich zum Modernismus um jeden Preis. Meist maskiert sich in dieser Beteuerung bloß die Wut des Nichtmitgekommenen als moralische Überlegenheit.

Erwägungen solcher Art führen an das Phänomen Winfried Zillig heran. Er hat bei Schönberg gearbeitet und fühlt sich nachdrücklich als dessen Schüler; Schönberg seinerseits betrachtete ihn als den begabtesten derer, die nach Berg und Webern zu ihm kamen. Unter diesen Jüngeren dürfte er, neben Hanns Eisler, als erster die Zwölftontechnik aufgegriffen haben; die Bläserserenade, die ihrer sich bedient, wirkte, als sie vor der Hitlerzeit gespielt wurde, ungemein aggressiv; nicht minder das Erste Streichquartett. Seiner Haltung nach hat er nie woanders sich zu Hause gefühlt als im Bereich dessen, was man mit einem heute überbeanspruchten, aber auch hämisch verlästerten Wort Avantgarde nennt. Die Verdienste des Dirigenten Zillig um die neue Musik, gerade auch um Schönbergs Moses und Aron, können nicht hoch genug eingeschätzt werden. Mit einer Zivilcourage, die mittlerweile nicht mehr von selbst sich versteht, hat er gegen das musikalische Dunkelmännertum sich exponiert. Aber sein ungemein umfangreiches Werk, das ich mir keineswegs zu überblicken zutraue, ist in weitem Maß tonal: nicht nur Arbeiten, die dem Gebrauch dienen, sondern auch autonome, wie zahlreiche Liedkompositionen, unter ihnen der Verlaine-Zyklus. Nicht daß seine Musik neue vieltönige Klänge sich verwehrte; sie begegnen immer wieder darin. Tonal jedoch bleibt die harmonisch-melodische Grundstruktur, durchsetzt mit Chromatik wie beim jungen Schönberg, zugleich mit der Tendenz, die tonartfremden Zusätze als selbständige Stufen zu deuten. Das bestimmt dann auch alle anderen Elemente, insbesondere die Form. Weit ungehemmter breitet sie sich aus als sonst im Umkreis der Schönbergschule denkbar ist; ganze Komplexe werden wiederholt und verschoben. Das Schicksal seiner Musik blieb davon nicht unberührt. 1933 geriet er, wie selbstverständlich, unter das barbarische Verbot der damals so genannten entarteten Musik; nach dem Krieg aber wurde er von vielen derjenigen, denen er selbst sich verbunden fühlte, als allzu zahm vernachlässigt. Erst in jüngster Zeit, nachdem eine größere Zahl seiner Arbeiten gedruckt vorliegt, beginnt dem als Dirigent bekannt Gewordenen auch als Komponisten mehr Gerechtigkeit zu widerfahren.

Zilligs Freude an weit ausgedehnten, die Wiederholung nicht scheuenden Stücken verweist auf ein Eigentümliches seines kompositorischen Naturells. Es veranlaßt, darüber nachzudenken, was ein Cliché wie das vom geborenen Komponisten eigentlich meint. Denn so verkommen derartige Spitzmarken auch sind; so sehr sie auch, gleich allem auf die Sphäre des angeblich Musikantischen Bezogenen, zur Hetze gegen jenes musikalisch Intellektuelle taugen, das der Lieblingsbegriff solcher ist, deren Musikalität nicht ausreicht – etwas steckt auch in solchen Begriffen, das vom ideologischen Mißbrauch abzuheben wäre. Ein geborener Komponist: das ist sicherlich keine Naturqualität, so wie das Wort geboren es anmeldet. Musik ist bis ins Innerste durch Kultur vermittelt, und keiner vermöchte im Ernst zu unterscheiden, wo die absolute Anlage anhebt und wo das, was der Kultur sich verdankt. Wahrscheinlich aber spricht die Regung, die, mit einer Art von Aha-Erlebnis, einen als geborenen Komponisten wahrnimmt, gerade auf sein Verhältnis zur Kultur als einer zweiten Natur an. Solchen Musikern ist die Sprache der Musik, als eine Sprache, selbstverständlich; sie sind tiefer mit dem musikalischen Idiom gesättigt, stimmen tiefer mit ihm überein, als daß sie ihm durchs Individuationsprinzip widerstünden. In Deutschland, wo, wie man oft bemerkt hat, Musikalität mehr im Einzelnen sich konzentriert, als das Kollektiv wie ein Äther zu erfüllen, und wo die gesellschaftliche Entwicklung längst die Volkselemente des Musikalischen überflügelte, die nur gewaltsam und unwahr sich wiederherstellen lassen, ist diese Art von Musikalität überaus selten. Vertraut ist sie von Böhmen wie Dvorák und Smetana her. Zillig, Süddeutscher, Kind der Würzburger Kulturlandschaft, hat etwas davon. Anachronistisch fast sind bei ihm Zwang und Trost der ererbten Musiksprache stärker als der individuelle Wille, der dagegen aufbegehrt, und die wache Kritik, die weiß, daß die vorgegebene musikalische Sprache nicht länger verbürgt ist. Dabei zeugt es für ihn, daß er nirgends folklorisiert, nirgends kollektive Sprache von sich aus sucht oder an sie sich anbiedert. Die moralische Selbstgefälligkeit der Berufung auf Bindungen wäre seiner Sensibilität unerträglich. Aber der kollektive Unterstrom reißt seine Bildung, seine ästhetische Absicht mit sich. Sein Individuellstes, ein lyrisch passives sich Hingeben im Komponieren, ein Moment, das zuweilen jäh an den sonst von Zillig gänzlich verschiedenen Alban Berg mahnt, dürfte mit jenem Idiomatischen eines Wesens sein.

Dies Element nun hat er, wie aus einem Instinkt gegen die Gefahr, die es mit sich führt, der Arbeit und Anstrengung ausgesetzt, welche die Schönbergschule ihm zumutete. An dem, was aus der Spannung hervortrat, hat seine Musik ihren Namen. Gar nicht so sehr ist an die technische Verfügung zu denken, die einer, der soviel Talent hat wie Zillig, in jener Schule mühelos gewann, auch nicht an die ausgeschriebene Hand, die er im jahrzehntelangen Umgang mit der Praxis sich erwarb. Sondern er hat in das Idiom, von dem er nicht loskam, all die Differenziertheit, all den Reichtum der Struktur eingebracht, der bei Schönberg als Erbschaft Brahmsens und des Wiener Klassizismus zu lernen war. Und während die Lyrik Zilligs grob äußerliche Merkmale mit der Romantik teilt, hat er auf seine Weise an Schönberg auch die Erfahrung der Sachlichkeit gemacht, die jenen mit Adolf Loos verband und mit der Kritik an der sprachlichen Floskel, die Karl Kraus übte. In einem gewissen Sinn ist auch das Verfahren Zilligs eines von Reduktion. Man wird dabei nicht an Webern denken dürfen, zu dessen moments musicaux die weiträumigen Gebilde Zilligs den vollkommenen Widerpart abgeben. Zilligs Ökonomie, auch die orchestrale, ist nicht so sehr, wie die Webernsche, in kompositorischer Selbstbesinnung, einem sich Zusammenziehen entsprungen wie im Umgang mit dem Orchester und der dramaturgisch angewandten Musik. Ihm hat sich eingeprägt, wie mit dem geringsten Aufwand an Mitteln die größte Sinnfälligkeit der Wirkung zu erreichen ist. Sonderbar hält auch er haus mit dem unbedingt Notwendigen. Die romantische Fülle, das Schwelgerische ist noch spürbar, aber gewissermaßen eingekocht zur Skizze. Vielfach haben bei ihm die kompositorischen Ereignisse ihre Intensität durch das, was sie weglassen und was doch in ihnen zittert. Der Sprachschatz der Romantik, der sein eigener ist, scheint auf seine nackten Urbilder gebracht, und doch wird niemals archaisiert. Daran: an einer höchst wählerischen, vermutlich durch den geistigen Umgang mit Frankreich und Italien gesteigerten Sparsamkeit inmitten des Differenzierten, hat Zilligs Musik ihren modernen Aspekt. Fortgeschritten sind nicht die Mittel an sich sondern ein eigentümlicher Prozeß der Filtrierung, dem sie unterliegen und der sie verändert, vom Ornamentalen reinigt. Leichtigkeit, Selbstverständlichkeit setzt sich dem Schwulst entgegen. Sie harmoniert genau mit dem passiven, gar nicht so sehr auf Selbstheit pochenden Wesen des Ausdrucksgehalts. Am ehesten könnte man an den späteren Hugo Wolf denken. Das Spanische Liederbuch zeigt Ansätze verwandter Reduktion, zugleich auch etwas von dem süchtigen Ton der Zilligschen

Lyrik. Er gilt der Trauer des sinnlichen Glücks, das, nach dem Vers, auf den Nietzsche die ewige Wiederkehr gründete, Ewigkeit will und doch Vergängnis ist, wo es Glück ist; manchmal taumelnd exaltiert, als ob der Ausdruck erotischen Verfallenseins sich steigern wollte, bis er die eigene Hinfälligkeit übertönt.

Dieser expressive Kern hätte keine vollkommenere literarische Entsprechung finden können als Paul Verlaine. Die sechs Lieder tragen den Titel Ariettes oubliées, nach der Georgeschen Übersetzung Vergessene Weisen; der Text des letzten freilich stammt aus Sagesse. Mir dünken sie von allem, was ich von Zillig kenne, das Spezifischeste, auch das Gelungenste. Entstanden sind sie während des Krieges, zur Zeit des Zusammenbruchs von Frankreich, aus Passion für das Land; der Vergleich der Geliebten mit ihm in ›Birds in the Night‹ wird hintersinnig, Zeugnis des deutschen Widerstands wie des Zwangs während der Jahre des Terrors, ihn unpolitisch zu bekunden. Die Gedichte gehören in jene Periode Verlaines, in der die Forderung nach der Nuance als dem obersten Gesetz der Dichtung in vollkommener Einfachheit, nach Georges Wort, ohne allen Parnassischen Prunk verwirklicht ist. Das Ineins eines volksmäßigen Tons ohne Volkston mit empfindlicher Nervosität ist wie für Zillig geschaffen. Die Georgesche Übertragung gehört nicht nur zu den ganz seltenen Versen, in denen ausländische Lyrik treu und schlackenlos sich spiegelt, sondern zur großen deutschen Dichtung selber. Drei der Gedichte sind auch von Debussy vertont worden, ohne daß Zilligs Kompositionen davon beeinträchtigt würden; weder ähneln sie im mindesten den älteren, noch suchen sie den Gegensatz zu ihnen, sondern folgen frei, unbefangen ihrem Impuls, Impressionismus aus weiter Ferne.

Das *erste* Lied, ›Dies ist die müde Verzückung‹, ist das berühmte ›C'est l'extase‹, mit einer ganz durchsichtigen, zweistimmigen Klavierbegleitung, die doch die Möglichkeit von Flimmern ähnlich in sich enthält wie das gedämpfte Verlainesche Pastell alle Valeurs des Lichts. Vom Zilligschen Ton, einem mit Worten nur schwer zu Treffenden, aber Unverwechselbaren, schmerzhaft Zärtlichen gibt der Schluß des Lieds, der die beiden letzten Zeilen in einem Atem zusammenfaßt, die deutlichste Vorstellung.

Das *zweite* Lied, von Debussy nicht komponiert, nach dem unvergleichlichen Gedicht »Je devine, à travers un murmure, / Le contour subtil des voix anciennes« ist das schönste des Zyklus. In seine Akkordfolgen ist am meisten vom Schönbergisch Kunstvollen eingegangen, kraft der stets variierten harmonischen Ausdeutung der Grundmotive ebenso wie kraft der unaufdringlich unregelmäßigen Metrik. Von der ersten Strophe meint man, es hätte sie nicht einer komponiert, sondern sie wäre potentiell schon dagewesen wie die Kinder im Teich des Storchs, nur gleichsam aufgezeichnet worden; ein Gefühl, das die neue Musik in der autonomen Verfügung über ihr Material opfern mußte und das, verspätet, mit der Melancholie des Zum letzten Mal aufgeht. Nur wer weiß, wie verbraucht die herkömmliche Kadenzbildung ist, und dann das gänzlich Zwingende und Frische der Strophenendung vernimmt, kann das Außerordentliche erkennen, das Zillig unscheinbar vollbrachte. Etwas geht, was nicht mehr geht. Für einen Augenblick wird die unerbittliche Folgerichtigkeit des geschichtlichen Fortgangs der Musik gemildert. Denn in Kunst sind die Notwendigkeiten nicht buchstäblich; die Logik der Entwicklung hat ästhetisch eine Instanz über sich, welche die Vollstreckung verzögert. Die Schönbergschule des Gestaltenreichtums ebenso wie die alle krassen Kontraste scheuende Empfindlichkeit Zilligs erweisen sich in der Fortsetzung. Unverkennbar ähnelt sie einem zweiten Thema, das doch von dem ersten nicht allzu weit sich entfernt und durch das Begleitmotiv mit ihm verschmolzen bleibt. Der Kontrast wird vor allem durch einen häufiger wiederkehrenden, zwielichtig dissonanten Akkord bewirkt. Solche Leitakkorde brauchte Schönberg in seinen ersten Liedern. Von Zillig werden sie als verkürzte Sigel in den tonalen Zusammenhang gestellt. Die dritte Strophe, Reprise der ersten, wandelt diese ab durch die Konsequenzen aus einer metrischen Dehnung. Am Schluß tritt die Singstimme einen Ton höher ein als an der entsprechenden Stelle der ersten Strophe, zu der Interjektion »O«, und deutet aufs diskreteste Ausbruch und Höhepunkt an. Die Tonika h-moll oder -Dur ist während des ganzen Liedes ausgespart oder umschrieben. Noch in den Endakkorden, bis zur Auflösung im allerletzten, wird sie durch die Führung eines der, nach

Wolfischer Weise, beibehaltenen Begleitmotive getrübt. Dennoch ist nirgends Zweifel an der Tonart.

Das *dritte* Lied steigert den süchtigen Grundcharakter ins affektive Allegro, bleibt aber diszipliniert durch den schlanken Klavierklang.

›Green‹ ist das *vierte* Gedicht, »Voici des fruits, des fleurs«, von Debussy komponiert. Bei Zillig wird ein Adagietto daraus, im Fünfachteltakt. Seine Unregelmäßigkeit ahmt, bei der sonst abermals ganz schlichten Prosodie, das Stocken des Herzens nach, das der Geliebten sich darbringt; es birgt die Möglichkeit des rauschenden Augenblicks. Die Stockung ist auf dem vierten Taktteil empfunden. Um diese rhythmische Konzeption kristallisiert sich das gesamte Lied. Aus minimalen Keimen bilden sich darin, nach dem Prinzip der Verkleinerung und Verjüngung, rhythmisch immer reichere Gestalten; die Fünfachtelstruktur greift schließlich über auf die kleinsten Notenwerte der Begleitung.

Das *fünfte*, das Frankreichlied, im Tempo eines Trauermarschs, hat etwas vom stilisierten Nachhall der Militärkapellen, die Le régiment de Sambre et Meuse spielen. Manche Gedichte von Rimbaud haben diesen Ton. In der umkippenden Harmonik, den schief geschnittenen Kadenzen ebenso wie in der Aufnahme von Gestalten der Populärmusik könnte man den Einfluß von Kurt Weill finden. Aber die harmonischen Ausweichungen sind im Sinn des jüngeren Schönberg genau ausharmonisiert, ausgestuft. Trotz der jähen Umbelichtungen wird die Kontinuität des Satzes nirgends gesprengt.

Das *letzte* Lied ist die Bitte des pauvre Lelian um Vergebung, in outriert einfachem akkordischen Satz, doch so, daß aus dem knappen Vorrat der Motive und Harmonien unablässig neue Konstellationen sich bilden. Strophisch gebaut gleich den anderen, ist es nach dem Prinzip stetiger Abweichung gestaltet; wie bei Mahler, der auf Zillig tief eingewirkt hat, ohne daß er je Mahlersche Manieren annähme, geht es immer anders weiter, als das Ohr bei der Wiederkehr derselben Felder erwartet. Dadurch spielt der Charakter ins Verstörte hinüber, so als werde immerzu gelobt, was dann nicht gehalten wird. Vergebens streckt auf dem ominösen Weg der guten Vorsätze die Hand zur Versöhnung sich aus. Die sich selbst übertreibende Schlichtheit des Schlusses, mit dem Doppelschlag, schockiert dann vollends; die Schlußkonvention der Konsonanz dissoniert scharf zur Dissonanz des Gefühls: Innigkeit mit doppeltem Boden.

Das für die Qualität der Lieder Entscheidende: daß ihr Einfaches nicht primitiv sondern Ergebnis von Reduktion sei, ist technisch nachweisbar an der Orchesterfassung. Zillig hat seine Lieder nicht, wie die dämliche Phrase lautet, in ein farbiges Instrumentalgewand gekleidet. Sondern die Instrumentation hat ihren sachgerechten Zweck: das in die sinnliche Erscheinung zurückzurufen, was dem Reduktionsprozeß zum Opfer fiel. Nirgends wird dabei die Substanz der Lieder angetastet. Die Klavierversion ist wie ein Entwurf. Sie sehnt sich nach dem Orchester, aber das Orchester darf sie weder in ihrer Kargheit lassen noch aufschwemmen. Am phantasievollsten ist die Instrumentation des ersten Liedes. Nach der Klavierfassung erstaunt das prima vista komplizierte Partiturbild. Dennoch ist es ohne jeden Zusatz, bloßes Ausinstrumentieren, Realisierung der verschlossenen Struktur, vergleichbar der Instrumentation von Alban Bergs Frühen Liedern. Betrachtet man das Begleitsystem des Klaviers näher, so wird man seiner Doppeldeutigkeit gewahr. Einerseits ist das Begleitsystem harmonisch-akkordisch gedacht, vielfach wechselnd auf dem ersten und vierten Taktteil. Andererseits sind die Figurationen der Harmonie so charakteristisch rhythmisiert, daß sie melodisches Profil annehmen, verwandt dem der Singstimme, aber durch die kleineren Notenwerte von dieser auch wieder unterschieden. Solche Zweideutigkeit hat Zillig mit dem Orchester realisiert, das Schwebende und Unbestimmte selber technisch gefaßt und bestimmt. Die latente Begleitmelodie liegt in der Flöte und dort, wo sie in Sekundschritten zum Vordergrund drängt, in kurzen Ansätzen der Oboe und des Englisch Horns. Die akkordische Interpretation dagegen fällt den geteilten ersten und zweiten Geigen, der Celesta, der Harfe und dem höchst unauffällig mit dem Orchester verschmolzenen Klavier zu. Die Akkordeinsätze markieren dabei die charakteristische Synkopierung, die in der Begleitung versteckt war; geteilte Bratschen und Celli fügen im pianissimo-Flageolett die Grundharmonien hinzu, die Hörner geben das

Klavierpedal. Der Gesamtklang opalisiert und schmückt nichts zum Klingklang auf: er ist aus ihrer eigenen Struktur abgeleitet. Während die Grundfarbe festgehalten ist, genügen kleinste Veränderungen wie der Pizzicato-Einsatz der tiefen Streicher, zusammen mit dem Kontrafagott, ein paar Takte lang ohne Geigen und höhere Holzbläser, als Kontrast, der doch das leise Tönen nicht verläßt.

Aufmerksam gemacht sei, unter all den Finessen der Instrumentation, nur noch auf ganz wenige. Der Marsch ›Birds in the Night‹ imitiert, in der Klavierfassung, das Geräusch der kleinen Trommel. Zilligs wägendes Ohr verschmäht, in der Instrumentation, grob tatsächliche Schlagzeugwirkungen. Wie die Rede von Frankreich in dem Gedicht bloß metaphorisch ist, so auch der Marschklang. Der Schlagzeugeffekt wird uneigentlich gehalten, dem Klavier überlassen, das zuweilen die Harfe unterstützt. Aber untrüglich ist, wie durchweg, vermieden, daß der Klavierklang hervorsticht. – Im letzten Lied bestand für die Instrumentation die gefährliche Versuchung des Posaunenchorals. Zillig umgeht sie, indem er die choralähnlichen Akkorde in die tiefen Streicher verlegt und den Bläserklang, der nun einmal sich aufdrängt, durch Verdopplung in den Hörnern nur eben andeutet. Die Posaune wird, dolce, auf eine unauffällige Mittelstimme verwiesen. Später gehen die Bläserverdopplungen vielfach ans Holz über; die transparente Stelle »von geistiger Begleitschaft« ist orgelhaft nur von Flöte und Klarinette, dann von Oboe und Englisch Horn zur Fundamentstimme der Baßklarinette begleitet. Für das Gelingen der Instrumentation gibt es ein untrügliches Zeichen: daß keinem Takt je das Instrumentierte, in Farbe Umgedachte des Schwarz-Weiß der Klavierfassung anzumerken ist. Das Orchester klingt, als wäre es primär eingefallen, weil die Farben selbst aus dem vermeintlichen Schwarz-Weiß herausgeholt sind.

1961

Reaktion und Fortschritt

Wer heutzutage in Musik von Reaktion entschlossen polemisch redet, dem schlägt vorab der Verdacht entgegen, daß er an Möglichkeit des Fortschrittes glaube dort, wo die großen Kunstwerke in ihrer Unvergleichlichkeit vor jedem derartigen Maßstab geschützt sein sollen. Sinnvoll wird aber von Fortschritt und Reaktion nicht gegenüber den Qualitäten der einzelnen ungleichzeitigen Werke geredet werden können, als ob die Qualität von Werk zu Werk mit der Zeit sei's steige, sei's sich mindere. Es wird, mit der Intention auf Fortschritt, nicht behauptet, daß man heute besser komponieren könne oder dank geschichtlicher Gnade bessere Werke hervorbringe als zur Zeit Beethovens; so wenig man vertreten wird, die gesellschaftlichen Verhältnisse seien im letzten Jahrhundert, obwohl in dessen Verlauf die Prognose der wachsenden Verelendung nicht sich bestätigte, »besser« geworden. Den Schauplatz eines Fortschrittes in Kunst liefern nicht ihre einzelnen Werke sondern ihr Material. Denn dies Material ist nicht, wie die zwölf Halbtöne mit ihren physikalisch vorgezeichneten Obertonverhältnissen, naturhaft unveränderlich und jeder Zeit identisch gegeben. In den Figuren vielmehr, in denen es dem Komponisten begegnet, hat Geschichte sich niedergeschlagen. Und nie findet der Komponist das Material abgelöst von jenen Figuren vor. Das gleiche Obertonverhältnis etwa, das im verminderten Septimakkord – oft ist es bemerkt worden – gemessen am Stande des Materials insgesamt zur Zeit Beethovens als stärkstes Spannungsmoment konnte eingesetzt werden, ist in einem späteren Stande des Materials harmlose Konsonanz und bei Reger bereits zum selber unqualifizierten Modulationsmittel entwertet. Fortschritt heißt nichts anderes als je und je das Material auf der fortgeschrittensten Stufe seiner geschichtlichen Dialektik ergreifen. Diese Dialektik ist aber nun nicht historisch als eine geschlossene zu denken, die zu Häupten des Komponisten sich abspielte, während er ohnmächtig nichts zu tun hätte als, wie auf einer Ballonverfolgung, hinter dem fessellosen Material herzujagen und zu trachten, möglichst prompt die »Forderung der Zeit« zu erfüllen oder, wie man immer noch selbst von ernsthaften Musikern kaum besser hören kann, »den Erfordernissen des zeitgemäßen Formstils Rechnung zu tragen«. Nichts wäre falscher und trügender, als einer Forderung der Zeit genügen zu wollen, die von außen gesehen abstrakt und leer ist und allenfalls zu jenem Mitläufertum verführen kann, dessen billige Konstatierung den Zurückgebliebenen ihr Verdikt erlaubt. Auch als Ersatz für die Forderung der Zeit aufs schöpferische Ingenium sich verlassen, das nach einer prästabilierten Harmonie aus sich hervorbringe, was die Forderung der Zeit sei, hilft nicht weiter. Sondern in die Dialektik des Materials ist die Freiheit des Komponisten miteingeschlossen und im konkreten Werk vollzieht sich die Kommunikation beider in Strenge, meßbar an dessen Stimmigkeit, die darum, so unvergleichlich sie gegen das andere Kunstwerk sein mag, in ihren kleinsten Zellen über Fortschritt und Reaktion ohne Rücksicht aufs andere Werk entscheidet. Bloß in seiner immanenten Stimmigkeit nämlich weist ein Werk als fortgeschritten sich aus. In jedem Werk zeigt das Material konkrete Forderungen an, und die Bewegung, mit der jede neue darin zutage kommt, ist die einzig verpflichtende Gestalt von Geschichte für den Autor. Stimmig aber ist ein Werk, das dieser Forderung vollständig genügt. Im fensterlosen, dichten Werk wird der Autor der Geschichte gewahr; im Anspruch, den das Werk an ihn richtet, und er legitimiert sich als fortgeschritten, wenn er die Stimmigkeit des Werkes realisiert, deren Möglichkeit objektiv im Werke angelegt ist.

Aller Kampf gegen ästhetische Reaktion hat sich also zentral in der immanenten Analyse der Werke zu vollziehen und nicht in vager Beurteilung von deren »Stil«. Dagegen werden Einwände laut, wie sie aller reaktionären Musik von heute geläufig sind und um so lieber gehandhabt werden, je ernster die Absicht der Reaktion. Es sei, heißt es zunächst, in jener Dialektik die Freiheit des Komponisten vergessen, der nicht als bloßer Exekutor materialer Gebote, sondern geradezu als souveräner Former auftrete. Es habe weiter ihm gegenüber die Materialdialektik ihre Grenze in sich selbst am »Ursinn« des Materials, der, ob auch in der Geschichte verzerrt und fast verloren, vom schöpferischen Künstler doch wieder ergriffen und restituiert werden könne. Beiden Einwänden ist wahrhaft angemessen nur an den Sachen selbst zu begegnen mit dem stringenten Aufweis, daß weder der Komponist materialunabhängig schalte, noch das Material seinem Ursinn nach wiederhergestellt werden könne. Bergs in strengsten technischen Kategorien ausgeführte Pfitzner-Polemik hat das Urbild solcher materialgerechten Kritik entworfen. Aber soweit die Reaktion nicht Werke bloß zeitigt, sondern auch in Theorie den geschichtlichen Konstellationen auszuweichen trachtet, läßt sich generell einiges erwidern. Zunächst leugnet eine Auffassung, die Fortschritt und Stimmigkeit des Werkes aneinander bindet, nicht die Freiheit des Komponisten. Sie bezeichnet nur vielmehr, daß der Ort jener Freiheit nicht jenseits der Objektivität des Werkes in den psychischen Akten des Künstlers gelegen sei, mit denen er ans Werk herantritt: in aller Freiheit des Psychischen kann ein Werk seiner materialen Konstitution nach gerade völlig unfrei, blinder Vollzug eines historischen Diktums sein. Um so freier ist ein Autor, je enger der Kontakt, in dem er mit seinem Material steht. Der von außen freiweg darüber schaltet, als fordere er nichts von ihm, verfällt ihm gerade, indem er es auf jener Stufe seiner Geschichtlichkeit hinnimmt, über die die neue materiale Forderung hinausweist, der er sich um seiner vermeintlichen Freiheit willen gerade widersetzt. Der aber dem Werke sich unterwirft und anscheinend nichts unternimmt, als ihm dorthin zu folgen, wohin es ruft, der fügt der geschichtlichen Konstitution des Werkes, wie sie in dessen Frage und Forderung gelegen ist, mit Antwort und Erfüllung ein Neues hinzu, das aus der geschichtlichen Gestalt des Werkes allein nicht folgt, und die Macht, in strenger Antwort die strenge Frage des Werkes aufzuheben, ist die wahre Freiheit des Komponisten. Alle Souveränität, mit der er von außen übers Material gebietet, gleitet übers Werk hin, ohne es zu durchdringen, und prallt von seinen Zentren ab, die unbehelligt bloße Schauplätze vergangener Geschichte bleiben. Erst in der Unterwerfung unters technische Diktat des Werkes lernt es der beherrschte Autor beherrschen.

Nicht anders steht es um die Restitution des »Ursinnes«. Der weitere Umkreis der gegenwärtigen Mittel, in dem sich gleichwie in einem durch Geschichte erschlossenen Horizont der Autor gegenüber der engeren Auswahl von Möglichkeiten bewegt, die er aus der Vergangenheit zitiert, wirkt auf die Mittel ein; deren Sinn, der affektive nicht bloß, sondern vor allem der formkonstruktive, hat sich gewandelt. Gesetzt also, es wolle ein Autor den »Ursinn« gewisser harmonischer Phänomene, wie sie bei Schubert begegnen, wiederherstellen; der Wendung von Dur nach Moll, der kleinen harmonischen Ausweichung bei formanalogen Stellen, des alterierten Akkordes; in der Absicht, all diese bei Schubert wahrhaft sinnvollen Elemente dem »Chaos einer Allerweltschromatik« zu entreißen, in das sie, an ihrer Ursprungsbedeutung gemessen, im neunzehnten Jahrhundert geraten scheinen. Dann ist ein Zweifaches möglich. Einmal nämlich: der Autor glaubt, den »Ursinn« jener Materialien der Vergangenheit im Umkreis der seitdem von Geschichte freigelegten, jenem »Ursinn« bereits entrückten durchzusetzen. Im Umkreis der neueren Mittel aber könnte der »Ursinn« der alten sich nicht behaupten. Entweder es wären die Dreiklangswirkungen, Mollrückungen, Ausweichungen, alterierten Akkorde gegenüber den stärkeren Dissonanzspannungen, der an akkordischen Typen weit reicheren Harmonik machtlos. Dann gingen sie, als Elemente unter anderen, in der Komposition unter und vom angestrebten Ursinn käme nichts zum Vorschein – zu schweigen davon, wie sich nun die älteren Momente zu der neueren Totalität schicken. Oder es würde dieser Ursinn durch die Formkonstruktion – da er in der bloß harmonischen Anlage gar nicht mehr kenntlich werden kann – eigens herausgehoben und akzentuiert. Dann wäre er willkürlich-ideologisch, nicht aus der Formanlage als solcher, sondern absichtsvoll in historischer Reminiszenz eingeführt, bestenfalls ein literarischer Effekt; für jeden Fall würde die Formimmanenz des Gebildes, die zu tilgen jedenfalls nicht Sache eines Autors ist, der, was er vorbringt, à la lettre meint, vor einem solchen harmonischen Ereignis zerfallen. In der Erkenntnis dieses Tatbestandes liegt die tiefste Rechtfertigung jenes musikalischen Stils, den ich nach Analogie mit Tendenzen aus Literatur und Malerei – und nur nach Analogie – den surrealistischen genannt habe; jenes Stils, wie er extrem heute wohl nur von Weill vertreten wird, wie er aber auch in gewissen Tendenzen des besten Strawinsky angelegt ist, der ja so wenig ein Surrealist heißen darf, wie in der Literatur Cocteau, aber doch so starke unterirdische Beziehungen zum Surrealismus hat wie jener und Picasso. Mit der psychologischen Erklärung aus »Ressentiment«, die Krenek im Milhaud-Aufsatz unternahm, dürfte das Phänomen nicht bewältigt sein. Ihm liegt vielmehr die Erkenntnis von der Unwiederherstellbarkeit jenes »Ursinnes« zugrunde, um den die gegenwärtige Verfahrungsweise Kreneks sich müht. Indem das surrealistische Komponieren die verfallenen Mittel nutzt, nutzt es sie als verfallene und gewinnt ihre Form aus dem »scandal«, den die Toten in ihrem plötzlichen Aufspringen unter Lebendigen hervorbringen. Daß die Formimmanenz über dem alten Mittel zerbricht, weiß der surrealistische Komponist – geht aber auf den Untergang jener Formimmanenz selber aus, der in der restaurativen Musik über deren Kopf weg gleichsam ihr bereitet wird. Die organische Formimmanenz freilich vermag auch der Surrealismus nicht zu halten; ob sie sich noch verteidigen läßt, muß insgesamt bezweifelt werden angesichts der Tatsache, daß auch die materialimmanente Dialektik in der Zwölftontechnik mit Konstruktion das organisch-vegetabilische Wesen von Musik in die Gewalt nimmt. Aber konstruktive Einheit jedenfalls vermag die surrealistische Technik zu stiften, stimmig gerade in ihrer erhellten, jäh exponierten Unstimmigkeit, Montage der Trümmer des Gewesenen. Vom wahrhaften »Sinn« der Phänomene, ihrem geschichtlich aktuellen und gegenwärtigen Ausdruck jetzt und hier, würde sie dabei nicht dementiert.

Die andere Möglichkeit restaurativen Verfahrens, seltener gehandhabt wegen des Verdachtes von Kunstgewerbe, der ihr anhaftet, aber in gewissen Produkten des deutschen Neoklassizismus doch deutlich vorgebildet, ist die der Stilkopie: daß auf die Konfrontation mit gegenwärtigen Mitteln völlig verzichtet, das Material in seiner »Reinheit« beschworen wird. Nicht nach Originalität oder Unoriginalität steht dabei die Frage, sondern nach der Möglichkeit überhaupt. Alle Stilkopien aber indizieren sich selber als solche und ihr Stil wird unvermittelt als »Stilisation« kenntlich. Jeder Stilkopie haftet die Aura der Mittel an, aus deren weiterem Bereich sie willkürlich isoliert wurde. Mag selbst dem philologischen Scharfsinn hie und da eine Stilkopie vollständig gelingen – selbst dies ist zu bezweifeln –, ihre Mittel sind allemal in sich so erstorben, daß auch die gelungenste Kopie es nicht vermöchte, zu neuem Leben sie aufzurufen. Der »Ursinn« aller musikalischen Funde haftet unwiederbringlich an ihrem ersten Auftreten. Wenn Schönberg davon sprach, daß Ortruds Ruf »Elsa« oder eine Stelle des Wohltemperierten Klaviers heute auf ihn mit der gleichen Frische wirkten wie am ersten Tage, dann haben sie ihre Frische allein der Macht des Ersten zuzuschreiben, mit der sie plötzlich, einer transparenten Schrift gleich, lesbar und notiert wurden. Was Natur sein mag an jenem Beginnen, empfängt das Siegel der Echtheit allein aus Geschichte. Geschichte geht ein in die Konstellationen der Wahrheit: wer ihrer geschichtslos teilhaft werden will, den schlagen die Sterne mit Verwirrung durch den toten Anblick ihrer sprachlosen Ewigkeit.

Der sprachlosen Ewigkeit die musikalischen Urbilder zu entreißen, ist die wahre Intention des Fortschrittes von Musik. Wie der gesellschaftliche Prozeß nicht an allen seinen einzelnen Fakten oder im Sinne durchgehender »Entwicklung« als Fortschritt zu deuten ist, sondern als Fortschritt der Entmythologisierung, so auch die Genesis von Musik in der Zeit. Mag im gegenwärtigen gesellschaftlichen Zustand ein Werk von der Dignität Beethovens oder gar Bachs radikal ausgeschlossen sein; mag jenen gegenüber der Einzelne heute nichts vermögen – und er vermag in den größten Werken der Epoche mehr als zugestanden wird –: das Material ist heller und freier geworden und den mythischen Bindungen der Zahl, wie sie Obertonreihe und tonale Harmonik beherrschen, für alle Zeit entrissen. Das Bild einer befreiten Musik, einmal so scharf gesichtet, wie es uns geschah, läßt sich wohl in der gegenwärtigen Gesellschaft verdrängen, deren mythischem Grunde es widerstreitet. Aber es läßt sich nicht vergessen und vernichten. Zum »Ursinn« führt der Weg nicht ins archaische Bilderreich, sondern in den Bereich der Bilder, die uns frisch erscheinen: hier dürfte der Begriff der Avantgarde, mit dem man in Deutschland heute nicht gern zu tun hat, seine beste Rechtfertigung finden. Wer aber fürchtet, es werde die Entmythologisierung der Musik, die wachsende Ermächtigung von Bewußtsein im musikalischen Umkreis um den Preis der qualitativen Differenzen und schließlich der Natur selber erkauft und ende im leeren Spiel, dem ist zu entgegnen. Die qualitativen Differenzen in der Musik waren geschrumpft gerade unter der Herrschaft ihres letzten und gewalttätigsten Naturprinzips, des Leittons und der Dominante. Seitdem deren Macht gebrochen, ist auch das »Allerweltschroma« dahin. Die Stufen auskonstruierter Zwölftontechnik stehen in qualitativen Differenzen zueinander, sind von verschiedener Wertigkeit, ohne daß diese Wertigkeit von den Obertonverhältnissen blind diktiert würde. Was endlich die Besorgnis um die Natur anlangt, so erinnert sie von fern an die Bestrebungen, die darauf ausgehen, die gefährdeten Volkstrachten zu erhalten. Was unveränderlich ist an der Natur, mag für sich selber sorgen. An uns ist es, sie zu verändern. Einer Natur aber, die trübe und schwer in sich beharrt und das Licht des erhellenden und erwärmenden Bewußtseins zu scheuen hat, ist füglich zu mißtrauen. In einer Kunst des realen Humanismus wird für sie kein Raum mehr sein.

1930

Schönbergs Bläserquintett

Man hat das Bläserquintett bis heute ausschließlich unter dem Gesichtspunkt der Zwölftontechnik betrachtet. Mit Recht, denn als erstes von Schönbergs großen Werken kristallisiert es die neue Technik rein aus und erweist die Tragfähigkeit ihrer Prinzipien für die Konstitution symphonischer Form nach völliger Drangabe der Tonalität. Tatsächlich findet sich kein Ton in der Partitur, dessen Ort nicht durch jene Technik vorgezeichnet wäre, und es läßt sich verstehen, daß eine Betrachtung, die die Zwölftonstruktur des Werkes vollständig aufgezeigt hat, leicht zu dem Glauben führt, es sei das Quintett, wenigstens als musikalischer Organismus, damit deduziert. Der Glaube aber an die Deduzierbarkeit des Stücks aus seinen Zwölftonreihen wird leicht genug zum feindseligen Argument: wenn jeder Ton des Stücks deduzierbar ist, dann ist auch das ganze Stück deduzierbar. Die liebenswürdigen Konsequenzen liegen auf der Hand und sind so ausgiebig und subaltern gezogen worden, daß sie hier nicht referiert werden mögen.

Statt dessen ist zu fragen: ist das Quintett wirklich deduzierbar? Erschöpft es sich wirklich in seiner Zwölftönigkeit? Was bliebe etwa, nach Abzug aller Zwölftonereignisse, zurück?

Zunächst ließe sich vorbringen: daß die Aufstellung der Zwölftonreihen als solcher, die Bildung von Themen aus ihnen, ihre vertikale Anwendung, die Auswahl der Komplementärtöne selbst bereits eine Phantasieleistung sei, unableitbar ihrem Ursprung nach und einzig musikalischen, niemals mathematischen Gesetzen unterworfen.

Allein daran ist es nicht genug. Von dem genetischen Problem abgesehen, ob die Zwölftonereignisse als solche inspiriert sind oder nicht: die Ordnung des Tonmaterials, die die Zwölftontechnik bedeutet, umfaßt nur einen Bruchteil der musikalischen Relationen, die ein Stück ausmachen. Alles, was zur Rhythmik im weitesten Sinne rechnet: von der Bildung des Einzelmotivs bis zur Architektur der Totalform, ist aus Zwölftonreihen nicht zu konstruieren. Alle thematische Arbeit, soweit der Rhythmus teilhat an ihr, soweit etwa entschieden wird, was zu wiederholen, was zu ändern ist; damit aber auch alle Variation, geht in Zwölftonrelationen nicht auf. Das will nicht sagen, daß jene Schichten der kompositorischen Technik von der Zwölftönigkeit unberührt blieben. Schönberg kennt nicht mehrere voneinander unabhängige Techniken – wer Techniken hat, kann nichts – sondern eine allein, in der kein Verfahren isoliert steht. So weiß er gewiß auch der Zwölftönigkeit alle erdenklichen Wirkungen für Periodisierung und Architektur, für thematische Arbeit und Variierung abzuzwingen, so wie er, als er noch die Tonalität handhabte, stets ihre Mittel tektonisch, thematisch variativ ausnutzte – man denke an die Kammersymphonie –, und es soll nicht vergessen sein, daß Schönbergs Zwölftontechnik gerade in seiner Variationskunst ihren Ursprung hat. Aber es geht nicht an, die musikalische Entelechie, die jedes Werk von Schönberg darstellt, als Summe von Zwölftonereignissen aufzufassen, zwischen denen keine andere Beziehung waltet als ihre Zwölftönigkeit. Gibt man selbst, als Methode der nachzeichnenden Analysis, zu, daß schließlich die Betrachtung der Zwölftonstruktur auch zur Einsicht in thematischen Aufbau und Form der jüngsten Werke führe, so nur, legitimerweise, wenn man dagegen festhält: daß umgekehrt die Analysis ebensogut mit der Verfolgung der thematisch-formalen Verhältnisse, ohne Rücksicht auf die Zwölftönigkeit, anheben kann, um, vielleicht, bei deren Deskription zu enden.

Es wird also behauptet: zum Verständnis des Bläserquintetts seiner musikalischen Art nach genügt das Verständnis seiner thematisch-formalen Anlage ohne Rücksicht auf die Voraussetzung von Zwölftonzusammenhängen. Und weiter: dies thematisch-formale Verständnis befaßt den gleichen Reichtum einzig innermusikalisch determinierter, keinem Schema entspringender Zusammenhänge, wie er jemals nur in einem früheren Werke Schönbergs gefunden werden mochte, und wäre es selbst die Kammersymphonie.

Das Bläserquintett ist eine Sonate; kein Zufall ließ Schönberg für eine Transkription den Namen wählen. Die Rückkehr zur Sonate, obschon in mancher Hinsicht durch die Serenade vorbereitet, könnte befremden; hat doch Schönbergs harmonisch-melodische Revolution die Sonate, als vorgesetztes Schema, gerade eben gesprengt, und die Zerstörung aller symmetrischen Harmonik, die aus seiner Formkritik resultierte, scheint umgekehrt die Konstitution einer Form zu verwehren, die in harmonischen Symmetrieverhältnissen ihren Grund hat. Indessen wird nicht versucht, die verlorene Symmetrie des tonalen Bezugssystems der Sonate willkürlich wieder einzuführen, und auch die Zwölftonreihen, die in der Formarchitektur hin und wieder als Elemente von Symmetrie stehen, sind nicht als Ersatz etwa des tonalen Modulationsschemas geplant; was allein schon daraus erhellt, daß die Reihen als solche niemals in der gleichen Weise dem Ohr kennbar gemacht werden, wie durch die Mittel der Kadenzierung vordem Deutlichkeit der Tonart angestrebt wurde. Es ist also im Quintett die Sonate um ihre harmonische Komponente reduziert: dem entspricht der vollständig lineare Satz, für den, wie in keinem früheren Werke Schönbergs, die Harmonie allemal nur Resultat, niemals Anlaß des thematisch konstruktiven Gefüges ist. Damit ist zugleich die völlig veränderte Bedeutung der Sonatenform im Quintett gesetzt. Die Sonatenstruktur folgt darin aus den thematischen Relationen, der Aufstellung der Themen mit ihren kontrastierenden oder korrespondierenden Charakteren, der Art der Vermittlung zwischen ihnen und ihrer kombinatorischen Durchführung, ihrer Verschiedenheit nicht bloß dem melodischen (Reihen-)Material, sondern auch der Architektur der Themen in sich nach. So etwa bezeichnet es gut den Stil des Quintetts, wenn im ersten Satz das erste Thema als lange, weitgeschwungene Melodie auftritt, motivisch zwar gebunden, aber doch der rhythmischen Totalanlage nach frei, während der Seitensatz aus einem kurzen rhythmisch prägnanten, häufig wiederholten Motiv gebildet wird. Ähnlich war nun zwar Schönberg bei der Einteilung der Expositionskomplexe des d-moll-Quartetts verfahren, und alle tektonisch-thematischen Eigentümlichkeiten des Quintetts mögen in der tonalen Sonate ihren Ursprung haben. Aber ihr Form-Sinn hat sich radikal verwandelt, und jene Wandlung ist es, die die vermeintliche Rückkehr zur Sonate im Quintett wesentlich legitimiert. Während nämlich einstmals jene tektonischen Momente Hilfsmittel waren, zwischen den harmonisch-modulatorischen Tendenzen eines Satzes und der Form, die ihm vorgezeichnet ist, Einheit zu stiften, sind sie mit dem Fortfall jener – expressiven – Tendenzen ins Zentrum der Sonate gerückt. Wie die harmonischen Strebungen ist auch das vorgesetzte Sonatenschema eliminiert. Die gesprengte Sonate wird, zum zweiten Male gleichsam, erzeugt mit der Technik einer vollständigen thematischen Ökonomie. Damit ist sie bis ins Innerste verwandelt. Aus einem Form-Raum, der thematische Inhalte unter sich befaßt, ist sie zum Konstruktionsprinzip geworden, das mit der thematischen Struktur unmittelbar identisch ist. Wenn bei früheren Werken von Schönberg konstatiert werden durfte, daß die Differenz zwischen Einfall und Arbeit fortfiel, so war die Indifferenz zwischen Thema und Form wesentlich durch Modifikationen der Form garantiert: die derart ihrer vorgegebenen Objektivität entrissen, den Erfordernissen des thematisch Einzelnen angenähert wurde, daß sie im thematisch Einzelnen aufging. Im Quintett ist die Sonate selbst vom thematisch konstruktiven Willen gefaßt, die Indifferenz zwischen Sonatenform und Sonatenthema erreicht. Das will nicht heißen, daß hier Adäquation zwischen beiden zum ersten Male gefunden worden sei: bei Beethoven ist sie geleistet. Aber die Sonate hat beim jüngsten Schönberg aufgehört, eine für sich beständige Form zu sein, der die Themen entsprechen. Sie ist untergegangen vielmehr in der thematischen Konstruktion und wird wiedergebracht von ihr. Als Schönberg unter dem Zwang seiner harmonisch-kontrapunktischen Emanzipation die Kritik der Sonate begann, war die Form noch so mächtig, daß in ihr die Verwandlung der Mittel, die die Intention erheischte, sich nicht vollziehen ließ. Die Sonatenform fiel darum. Sie aber hatte, mit der Idee der Durchführung, selbst einen entscheidenden Anstoß zum Bruch mit dem tonalen Bezugssystem geliefert. So konnte es geschehen, daß, nachdem die harmonisch symmetrischen Schranken der Sonate definitiv gefallen waren, die Kritik der Sonate endlich auf sie zurückschlug, in ihr sich erfüllte. Die Kraft der sprengenden Monade reicht aus, die Sonate, die sie zerschlug, aus sich neu zu entlassen. Der Weg Schönbergs ist in einer Spirale zur Sonate zurückgekehrt.

Das erst klärt den Formcharakter des Quintetts ganz auf. Es ist keine Sonate schlechthin, keine nachträgliche Angleichung an ein objektiv verlorenes ontologisches Postulat; es ist statt dessen, wenn man will, eine Sonate über die Sonate, die vollends durchsichtig wurde und deren schwindendes Formwesen in gläserner Reinheit nachkonstruiert ist; und dieser überschauende, definitive, der Zufälligkeit einer im Rahmen geltender Form sich vollziehenden Individuation weit enthobene, allein auf das offenbare Formwesen gerichtete Erkenntnisstand des Quintetts macht seine Schwierigkeit aus; nicht die Zwölftonselektion. Im Quintett ist die Sonate sich selbst evident geworden; darum fürchten die Hörer für das Leben der Sonate. Sie hat aufgehört, als objektives Bestimmungsprinzip oberhalb der musikalischen Einzelereignisse isoliert zu gelten; sie ist hereingezogen in jene. Sie hat zugleich jedoch aufgehört, den musikalischen Einzelereignissen sich anzuschmiegen und nach deren besonderem Sinn sich zu spezifizieren. Ihre Allgemeinheit selber ist zum musikalischen Einzelereignis geworden; kein anderes hat in ihr mehr Platz. Es ist, mit einem Gleichnis aus der Sprache der Philosophie zu reden, als ob im Quintett das transzendentale Schema der Sonate, die Bedingung ihrer Möglichkeit überhaupt, nicht etwa mehr, wie früher, inhaltlich erfüllt, sondern als Inhalt seiner selbst unmittelbar dargestellt wäre. Die Sonate ist ihrem dunklen emotionalen Grunde entrissen, in guter Rationalität erhellt. Wie die Zwölftönigkeit die triebmäßig naturale Harmonik, die mit Leitton und Kadenz operierende Tonalität rational auflöst, so löst die Form des Quintetts den triebmäßigen, der tonalen Harmonik zugeordneten, naturalen Ursprung der Sonate zur wahren Stunde auf. Damit ist die eingangs behauptete Identität des Zwölfton- und des thematischen Konstruktionsprinzips gefunden, ohne daß auf die Zwölftontechnik eigens rekurriert worden wäre.

1928

Verfremdetes Hauptwerk

Zur Missa Solemnis

Neutralisierung der Kultur – das hat den Klang eines philosophischen Begriffs. Er zeigt mehr oder minder allgemeine Reflexion darauf an, daß geistige Gebilde ihre Verbindlichkeit eingebüßt haben, weil sie aus jeder möglichen Beziehung zur gesellschaftlichen Praxis sich lösten und das wurden, was ihnen die Ästhetik nachträglich zugute schreibt, Gegenstände reiner Anschauung, bloßer Kontemplation. Als solche verlieren sie schließlich auch ihren eigenen, den ästhetischen Ernst; mit ihrer Spannung zur Realität zergeht auch ihr künstlerischer Wahrheitsgehalt. Sie werden Kulturgüter, ausgestellt in einem weltlichen Pantheon, in dem das Widersprechende, Werke, die sich gegenseitig totschlagen möchten, falsch-friedlich nebeneinander Raum finden, Kant und Nietzsche, Bismarck und Marx, Clemens Brentano und Büchner. Dies Wachsfigurenkabinett großer Männer bekennt dann schließlich in den ungezählten unbetrachteten Bildern eines jeglichen Museums, in den Klassikerausgaben geizig abgeschlossener Bücherschränke seine Trostlosigkeit ein. So sehr aber das Bewußtsein von all dem mittlerweile sich verbreitet hat, so schwierig ist es, sieht man etwa von der Biographienmode ab, die jeder Königin und jedem Mikrobenjäger eine Nische reserviert, das Phänomen bündig zu bestimmen; denn da ist kein überzähliger Rubens, an dem nicht doch der Kenner die Inkarnate bewundern würde, und kein Hausdichter Cottas, in dem keine unzeitgemäß gelungenen Verse auf die Auferstehung lauerten. Zuweilen jedoch läßt sich ein Werk benennen, an dem die Neutralisierung der Kultur schlagend wird; eines gar, das noch dazu den größten Ruhm genießt, das seinen unbestrittenen Platz im Repertoire hat, während es rätselhaftunverständlich bleibt und, was immer auch es in sich verschließt, der populären Bewunderung, die man ihm zollt, keinerlei Stütze bietet. Ein solches Werk ist kein geringeres als Beethovens Missa

Solemnis. Von ihr im Ernst zu reden, kann nichts anderes heißen, als sie, nach Brechts Ausdruck, zu verfremden; die Aura beziehungsloser Verehrung zu durchbrechen, die sie schützend umgibt, und damit vielleicht etwas beizutragen zu ihrer authentischen Erfahrung jenseits des lähmenden Respekts der Bildungssphäre. Der Versuch dazu bedarf als seines Mediums notwendig der Kritik; Qualitäten, welche das herkömmliche Bewußtsein unbesehen der Missa Solemnis zuschreibt, sind zu prüfen, um vorzubereiten zu einer Erkenntnis ihres Gehalts, die heute freilich erst Aufgabe, ganz gewiß von keinem schon geleistet ist. Dies Bemühen hat nicht den Sinn des debunking, des Herunterreißens approbierter Größe um des Herunterreißens willen. Der desillusionierende Gestus, der von der Prominenz dessen zehrt, wogegen er sich richtet, ist eben damit der Prominenz selber hörig. Sondern Kritik kann, einem Werk solchen Anspruchs gegenüber und angesichts von Beethovens gesamtem œuvre, nichts anderes sein als ein Mittel zur Entfaltung des Werks; die Erfüllung einer Pflicht der Sache gegenüber, nicht die hämische Befriedigung, daß wieder einmal etwas weniger in der Welt zu achten sei. Darauf hinzuweisen ist notwendig, weil die neutralisierte Kultur selber dafür sorgt, daß, während die Gebilde nicht mehr ursprünglich wahrgenommen, sondern bloß noch als sozial bestätigte konsumiert werden, die Namen ihrer Autoren tabu sind. Wut stellt automatisch sich ein, wo die Besinnung über die Sache an die Autorität der Person zu rühren droht.

Dem ist vorweg die Spitze abzubrechen, wenn man sich anschickt, einiges Ketzerische über einen Komponisten der obersten Autorität zu sagen, an Gewalt einzig der Philosophie Hegels vergleichbar und nicht minder groß zu einer Zeit, die seine geschichtlichen Voraussetzungen unwiederbringlich verlor. Beethovens Macht aber, eine von Humanität und Entmythologisierung, fordert gerade von sich aus die Zerstörung mythischer Tabus. Im übrigen sind kritische Überlegungen zur Missa in unterirdischer Tradition unter Musikern recht lebendig. Wie diese stets schon etwa wußten, daß Händel kein Bach, oder daß es um die eigentlich kompositorischen Qualitäten Glucks fragwürdig bestellt ist, während nur die Scheu vor der etablierten öffentlichen Meinung sie schweigen ließ, so wissen sie, daß es mit der Missa Solemnis seine sonderbare Bewandtnis hat. Wenig Eindringendes ist denn auch über die Missa geschrieben worden. Das meiste bescheidet sich bei allgemeinen Bekundungen der Ehrfurcht für ein unsterbliches chef d'œuvre, denen man die Verlegenheit anmerkt, nun wirklich zu sagen, was dessen Größe ausmacht; die Neutralisierung der Missa zum Kulturgut wird gespiegelt, nicht durchbrochen. Am ehesten hat Hermann Kretzschmar, der zu einer Musikhistorikergeneration zählt, welche die Erfahrungen des neunzehnten Jahrhunderts noch nicht verdrängte, über die Missa zu staunen sich gestattet. Seinem Bericht zufolge hinterließen die früheren Aufführungen des Werkes, vor seiner Aufnahme in die offizielle Walhalla, keinen bleibenden Eindruck. Er sieht die Schwierigkeit vor allem in Gloria und Credo und begründet sie mit dem Reichtum kurzer musikalischer Bilder, welche des Hörers bedürften, um zur Einheit gebracht zu werden. Kretzschmar hat damit wenigstens eines der befremdenden Symptome genannt, welche die Missa hervorkehrt; freilich übersehen, wie es mit dem Wesentlichen der Komposition zusammenhängt, und daher auch gemeint, die Verklammerung durch kraftvolle Hauptthemen in den beiden großen Sätzen genüge, der Schwierigkeit Herr zu werden. Das aber ist so wenig der Fall, wie etwa der Hörer die Missa bewältigt, sobald er nur, getreu den großen Beethovenschen Symphoniesätzen, konzentriert in jedem Augenblick das Vorhergehende sich vergegenwärtigt und damit der Entstehung der Einheit aus der Mannigfaltigkeit folgt. Ihre Einheit selber ist von ganz anderem Schlag als die der produktiven Einbildungskraft in Eroica und Neunter Symphonie. Man begeht kaum ein Verbrechen, wenn man daran zweifelt, ob diese Einheit überhaupt ohne weiteres sich verstehen läßt.

Tatsächlich befremdet das historische Schicksal des Werkes. Zu Beethovens Lebzeiten dürfte es nur zweimal aufgeführt worden sein, einmal 1824 in Wien, zusammen mit der Neunten Symphonie, aber unvollständig; dann im selben Jahr vollständig in Petersburg. Bis zu Beginn der sechziger Jahre blieb es bei vereinzelten Wiedergaben; mehr als dreißig Jahre nach dem Tod des Komponisten erst errang es sich seine gegenwärtige

Stellung. Die Schwierigkeiten der Interpretation – es sind vorab solche der Stimmbehandlung, keineswegs, in den meisten Teilen, besondere musikalische Komplexität – reichen kaum hin, das zu erklären; die in vieler Hinsicht weit exponierteren und anspruchsvolleren letzten Quartette haben, im Gegensatz zur Legende, von Beginn angemessene Aufnahme gefunden. Dabei hat Beethoven, in auffallendem Unterschied zu seiner Gepflogenheit, seine Autorität für die Missa unmittelbar eingesetzt. Er bezeichnete sie, als er sie zur Subskription anbot, als l'œuvre le plus accompli, sein gelungenstes Werk, und setzte über das Kyrie die Worte »Von Herzen – möge es zu Herzen gehen«; ein Bekenntnis, wie man es sonst in den gedruckten Ausgaben Beethovens vergebens sucht. Man wird seine Haltung dem eigenen Werk gegenüber weder gering anschlagen dürfen noch sie blind akzeptieren. Der Ton jener Äußerungen ist beschwörend: so als hätte Beethoven etwas von dem Ungreifbaren, Spröden und Rätselvollen der Missa gespürt und versucht, durch die Gewalt seines Willens, wie sie sonst den Duktus seiner Musik selber prägt, sie von außen her denen aufzuzwingen, denen sie selber nicht ebenso sich aufzwingt. Vorstellbar freilich wäre das nicht, enthielte das Werk nicht wahrhaft ein Geheimnis, um dessentwillen Beethoven zu solchem Eingriff in die Geschichte seines Werkes sich legitimiert glaubte. Als es dann aber wirklich, wie man so sagt, sich durchsetzte, half ihm vermutlich schon das mittlerweile unbefragte Prestige des Komponisten. Man würdigte sein sakrales Hauptstück als Schwesterwerk zur Neunten Symphonie, nach dem Schema von des Kaisers neuen Kleidern, ohne zu wagen, Fragen zu äußern, durch die der Fragende bloß noch des Mangels an Tiefe sich bezichtigt hätte.

Einbürgern hätte die Missa schwerlich sich können, wenn sie drastisch, wie etwa der Tristan, durch Schwierigkeit schockiert hätte. Das nun aber ist nicht der Fall. Sieht man von den zuweilen ungewohnten Zumutungen an die Singstimme ab, die sie mit der Neunten Symphonie teilt, so enthält sie wenig, was nicht im Umkreis der überlieferten musikalischen Sprache bliebe. Sehr große Teile sind homophon, und auch die Fugen und Fugati fügen sich durchweg reibungslos dem Generalbaßschema. Die Fortschreitungen der harmonischen Stufen, und damit der Oberflächenzusammenhang, sind kaum je problematisch; die Missa Solemnis ist weit weniger gegen den Strich komponiert als die letzten Quartette und die Diabelli-Variationen. Sie fällt überhaupt nicht unter den Stilbegriff des letzten Beethoven, wie er von jenen Quartetten und Variationen, den fünf späten Sonaten und späten Bagatellenzyklen abgeleitet ist. Eher zeichnet die Missa durch gewisse archaisierende Momente der Harmonik, einen kirchentonalen Einschlag sich aus als durch avancierte Kühnheit nach Art der großen Quartettfuge. Beethoven hat stets nicht bloß die kompositorischen Gattungen weit strenger auseinandergehalten, als man vermutet, sondern in ihnen auch gleichsam zeitlich verschiedene Stadien seines œuvre verkörpert. Sind die Symphonien, trotz oder gerade wegen des reicheren Apparats des Orchesters, in vielem Betracht einfacher als die große Kammermusik, so fällt die Neunte Symphonie aus dem Spätstil geradezu heraus und wendet sich retrospektiv zum klassischen symphonischen Beethoven zurück, ohne die Kanten und Schründe der letzten Quartette. Er hat in seiner Spätzeit nicht, wie man denken möchte, blind dem Diktat des inneren Ohrs gehorcht und dem sinnlichen Aspekt seines Werkes sich zwangshaft entfremdet, sondern souverän über alle Möglichkeiten verfügt, die in der Geschichte seines Komponierens erwachsen waren; die Entsinnlichung war nur eine von ihnen. Die Missa hat einzelne Abruptheiten, das Aussparen von Übergängen, mit den letzten Quartetten gemein; sonst wenig. Insgesamt zeigt sie einen dem vergeistigten Spätstil genau entgegengesetzten, sinnlichen Aspekt, eine Neigung zum Prunkvollen und klanglich Monumentalen, die ihm sonst meist abgeht. Technisch wird dies Moment verkörpert von dem in der Neunten den Augenblicken der Ekstase vorbehaltenen Verfahren, Vokalstimmen durch melodieführendes Blech, vor allem Posaunen, aber auch Hörner, zu verdoppeln. Verwandten Sinnes sind die häufigen lapidaren Oktaven, gekoppelt mit harmonischen Tiefenwirkungen, vom Typus des allbekannten »Die Himmel rühmen des Ewigen Ehre«, entscheidend im »Ihr stürzt nieder« der Neunten Symphonie, später einem wichtigen Ingrediens Bruckners. Sicherlich waren es nicht zum geringsten Teil diese sinnlichen Glanzlichter, ein Hang zum klanglich Überwältigenden, die der Missa ihre

Autorität verschafften und den Hörern übers eigene Unverständnis hinweghalfen.

Die Schwierigkeit ist höherer Art, eine des Gehalts, des Sinnes dieser Musik. Man wird, worum es sich handelt, vielleicht am einfachsten sich vergegenwärtigen, wenn man sich fragt, ob man, als Ununterrichteter, wohl überhaupt die Missa, von vereinzelten Teilen abgesehen, als Werk Beethovens erkennen würde. Spielte man sie solchen vor, die noch nichts daraus gehört haben, und ließe sie den Komponisten raten, man hätte einige Überraschungen zu gewärtigen. So wenig die sogenannte Handschrift eines Komponisten ein zentrales Kriterium ausmacht, so sehr verweist doch ihr Fehlen darauf, daß etwas nicht geheuer sei. Geht man dem nach, indem man sich unter Beethovens anderen Kirchenwerken umschaut, so begegnet man jener Absenz der Beethovenschen Handschrift wieder. Bezeichnend, wie sehr diese anderen in Vergessenheit gerieten, wie schwer es fällt, »Christus am Ölberg« oder die keineswegs frühe C-Dur-Messe op. 86 auch nur aufzutreiben. Die letztere könnte im Gegensatz zur Missa kaum auch nur in einzelnen Stellen oder Wendungen Beethoven zugeschrieben werden. Ihr unbeschreiblich zahmes Kyrie ließe allenfalls einen schwachen Mendelssohn vermuten. Durchweg jedoch eignen ihr Züge, die dann in der weit anspruchsvolleren, geformteren und größer angelegten Missa wiederkehren; Auflösung in oftmals kurze, keineswegs symphonisch integrierte Partien, Mangel an schlagenden thematischen »Einfällen«, wie sie jedes Beethovensche Werk sonst benutzt, und an ausladenden dynamischen Entwicklungen. Die C-Dur-Messe liest sich, als hätte Beethoven schwer den Entschluß gefaßt, in eine ihm wesentlich fremde Gattung sich einzufühlen; als hätte sein Humanismus gegen die Heteronomie des überlieferten liturgischen Textes sich gesträubt und dessen Komposition einer Routine überantwortet, die dem Genius abging. Um ans Rätsel der Missa überhaupt sich heranzutasten, wird man wohl an dies Moment seiner früheren Kirchenmusik sich erinnern müssen. Nun freilich wird es zum Problem, an dem seine Kraft sich abarbeitet; aber es hilft etwas vom beschwörenden Wesen der Missa zu benennen. Es ist nicht zu trennen von der Paradoxie, daß Beethoven überhaupt eine Messe komponierte; verstünde man ganz, warum er es tat, man verstünde wohl auch die Missa.

Üblich ist es, von ihr zu behaupten, sie gehe weit über die traditionelle Messeform hinaus, führe ihr den gesamten Reichtum des säkularen Komponierens zu; noch in dem jüngst von Rudolf Stephan herausgegebenen Musikband des Fischer-Lexikons, der sonst mit vielen Convenus aufräumt, wird dem Stück »außerordentlich kunstreiche thematische Arbeit« nachgerühmt. Soweit von solcher Arbeit in der Missa die Rede sein kann, benutzt sie eine bei Beethoven exzeptionelle Methode kaleidoskopischen Schüttelns und nachträglicher Kombination. Die Motive verändern sich nicht mit dem dynamischen Zug der Komposition – sie hat keinen –, sondern tauchen in wechselnder Belichtung, doch identisch, stets wieder auf. Der Gedanke von der gesprengten Form mag sich allenfalls auf die äußeren Dimensionen beziehen, und an sie wird Beethoven gedacht haben, als er die konzertmäßige Aufführung in Betracht zog. Keineswegs aber bricht die Missa durch subjektive Dynamik aus der vorgeordneten Objektivität des Schemas aus oder erzeugt gar im symphonischen Geist – eben dem thematischer Arbeit – die Totalität aus sich heraus. Vielmehr reißt der konsequente Verzicht auf all das die Missa aus jeder unmittelbaren Verbindung mit Beethovens übriger Produktion, mit Ausnahme eben seiner früheren Kirchenkompositionen. Die innere Zusammensetzung dieser Musik, ihre Fiber, ist von allem, was Beethovens Stil dünkt, radikal verschieden. Sie ist selber archaistisch. Die Form wird nicht durch entwickelnde Variation aus Motivkernen gewonnen, sondern addiert sich aus meist in sich imitatorischen Abschnitten, ähnlich allenfalls wie bei den Niederländern um die Mitte des fünfzehnten Jahrhunderts, von denen es dahinsteht, wie weit Beethoven sie kannte. Die Formorganisation des Ganzen ist nicht die eines Prozesses aus eigener Schwungkraft, nicht dialektisch, sondern will durch Balance der einzelnen Abschnitte der Sätze, schließlich dann durch kontrapunktische Verklammerungen herbeigeführt werden. Danach richten sich alle befremdenden Charakteristika. Daß Beethoven in der Missa auf Beethoventhemen verzichtet – wer könnte wohl etwas aus ihr singend zitieren wie aus irgendeiner seiner Symphonien oder aus dem Fidelio –, schreibt sich vom Ausschluß des Durchführungsprinzips her: nur wo ein aufgestelltes Thema durchgeführt wird, also in seiner Veränderung kennbar sein muß, bedarf es der plastischen Gestalt; ihre Idee war wie der Missa so auch der mittelalterlichen Musik fremd. Man braucht nur das Bachsche Kyrie mit dem Beethovenschen zu vergleichen: in Bachs Fuge eine unvergleichlich einprägsame Melodie, welche die Vorstellung der Menschheit als eines unter schwerster Last gebeugt sich dahinschleppenden Zuges suggeriert; bei Beethoven melodisch kaum profilierte Komplexe, welche die Harmonie nachzeichnen und mit dem Gestus des Monumentalen den Ausdruck vermeiden. Der Vergleich führt auf ein rechtes Paradoxon. Bach, nach der gängigen, wenn auch fragwürdigen Ansicht die objektiv-geschlossene musikalische Welt des Mittelalters noch einmal zusammenfassend, hatte die Fuge wenn nicht geschaffen, so jedenfalls auf ihre reine, authentische Form gebracht. Sie war ebenso sein Produkt, wie er das Produkt ihres Geistes ist. Er stand unmittelbar zu ihr. Daher haben viele seiner Fugenthemen, mit Ausnahme vielleicht der spekulativen Spätwerke, eine Art von Frische und Spontaneität, wie nur nachmals die kantabeln Einfälle der subjektiven Komponisten. Zur geschichtlichen Stunde Beethovens ist jene musikalische Ordnung dahin, deren Abglanz Bach noch die Apriorien seines Komponierens vorgab und damit einen Einklang des musikalischen Subjekts mit den Formen, die etwas wie Naivetät im Schillerschen Sinn gestattete. Für Beethoven ist die Objektivität der musikalischen Formen, mit der die Missa operiert, mittelbar, problematisch, Gegenstand der Reflexion. Der erste Teil seines Kyrie nun nimmt Beethovens eigenen Standpunkt subjektiv-harmonischen Wesens ein; aber indem er sogleich in den Horizont der sakralen Objektivität gerückt wird, empfängt auch er einen vermittelten, von der kompositorischen Spontaneität getrennten Charakter: er wird stilisiert. Darum ist der schlichte harmonische Anfangsteil der Missa weiter weg, weniger beredt als der kontrapunktisch-gelehrte bei Bach. Das gilt erst recht für die eigentlichen Fugen- und Fugatothemen der Missa. Sie haben etwas eigentümlich Zitierendes, nach Modellen Errichtetes; man könnte, analog zu einem in der Antike verbreiteten literarischen Brauch, von kompositorischen Topoi reden, von der Behandlung des musikalischen Augenblicks nach latenten Mustern, an denen der objektive Anspruch sich kräftigen soll. Das wohl ist verantwortlich für das seltsam Ungreifbare, dem primären Vollzug Entzogene, das diesen Fugenthemen eignet und dann auch ihrer Fortspinnung sich mitteilt. Der erste fugierte Teil der Missa, das Christe eleison in h-moll, bietet bereits ein Beispiel dafür und zugleich eines für den archaisierenden Ton.

Überhaupt steht das Werk wie zu aller subjektiven Dynamik so auch zum Ausdruck distanziert. Das Credo eilt gleichsam über das Crucifixus – bei Bach eines der expressiven Hauptstücke – hinweg, wenngleich nicht ohne es durch einen höchst auffallenden Rhythmus zu markieren, und erst bei dem Et sepultus est, also nach dem Ende des Leidens selber, wird, wie im Gedanken an die Hinfälligkeit des Menschenwesens anstatt dessen an die Passion Christi, ein expressiver Schwerpunkt erreicht, ohne daß dem Kontrast des folgenden Et resurrexit jenes Pathos zugemessen wäre, das an der analogen Stelle bei Bach nach dem Äußersten greift. Nur ein Abschnitt, der denn auch der berühmteste des Werkes geworden ist, macht eine Ausnahme, das Benedictus, dessen Hauptmelodie gleichsam die Stilisation suspendiert. Das Präludium dazu ist ein Stück so abgründiger harmonischer Proportionen wie nur die zwanzigste Diabelli-Variation; die Benedictus-Melodie selber aber, die man nicht ohne Grund als Eingebung gerühmt hat, klingt an das Variationsthema des Es-Dur-Quartetts op. 127 an. Das ganze Benedictus gemahnt an jenen Brauch, den man spätmittelalterlichen Künstlern nachsagt: die an ihren Sakramentshäuschen irgendwo ihr eigenes Bild angebracht haben sollen, auf daß sie nicht vergessen würden. Aber selbst das Benedictus bleibt der peinture des Ganzen treu. Es ist abschnittsweise, nach »Intonationen« gegliedert wie die anderen Stücke, und die Polyphonie umschreibt stets bloß als uneigentliche die Akkorde. Das wiederum hängt mit der planvollen thematischen Unverbindlichkeit des Kompositionsverfahrens zusammen: sie erlaubt es, die Themen imitatorisch zu behandeln und doch prinzipiell harmonisch zu denken, wie es dem homophonen Grundbewußtsein Beethovens und seiner Epoche entspricht: das Archaisieren möchte die Grenzen der Beethoven offenen musikalischen Erfahrung respektieren. Die große Ausnahme ist das Et vitam venturi des

Credo, in dem Paul Bekker mit Recht den Kern des Ganzen erblickt hat, eine polyphon voll entfaltete Fuge, in Einzelheiten, zumal harmonischen Wendungen dem Finale der Hammerklaviersonate verwandt und auf große Entwicklung aus; darum melodisch auch ganz explizit und bis ins Extrem von Intensität und Stärke gesteigert; dies Stück wohl das einzige, dem das Epitheton des Sprengenden gebührt, nach Kompliziertheit und für die Ausführung das schwierigste, durch die Unmittelbarkeit der Wirkung aber neben dem Benedictus das leichteste.
Kein Zufall, daß der transzendierende Augenblick der Missa Solemnis sich nicht auf den mystischen Gehalt der Transsubstantiation, sondern auf die Hoffnung ewigen Lebens für die Menschen bezieht. Die Rätselfigur der Missa Solemnis: das ist der Einstand zwischen einer archaistischen, die Beethovenschen Errungenschaften unerbittlich opfernden Verfahrungsweise und einem menschlichen Ton, der gerade der archaischen Mittel zu spotten scheint. Jene Rätselfigur, die Verbindung der Idee des Menschlichen mit finsterer Ausdrucksscheu, läßt vielleicht sich dechiffrieren durch die Annahme, es sei schon in der Missa selber ein Tabu spürbar, das dann ihre Rezeption bezeichnet: eines über der Negativität des Daseins, wie es nur aus Beethovens verzweifeltem Willen zur Rettung abzuleiten wäre. Ausdrucksvoll ist die Missa überall dort, wo sie die Rettung anredet, wo sie buchstäblich beschwört; den Ausdruck schneidet sie meist dort ab, wo Übel und Tod im Messetext ihren Ort haben, und gerade durchs Verschweigen bezeugt sie die heraufdämmernde Übergewalt des Negativen; Verzweiflung durch die Scheu, sie laut werden zu lassen. Das Dona nobis pacem übernimmt gewissermaßen die Last des Crucifixus. Demgemäß werden auch die ausdruckstragenden Mittel zurückgestaut. Ausdruckstragend ist nicht die Dissonanz, oder nur höchst selten, wie im Sanctus vor dem Allegro-Einsatz des Pleni sunt coeli; der Ausdruck heftet sich vielmehr ans Archaische, an kirchentonale Stufenfolgen, den Schauer des Gewesenen, so als wolle das Leiden in Vergängnis gerückt werden: expressiv ist in der Missa nicht das Moderne, sondern das Uralte. Die Idee des Menschlichen behauptet sich in ihr, verwandt dem späten Goethe, nur vermöge krampfhafter, mythischer Verleugnung des mythischen Ab-

grunds. Sie ruft die positive Religion um Hilfe, wie wenn das einsame Subjekt sich nicht mehr zutraute, von sich aus, als reines Menschenwesen, das andrängende Chaos von Naturbeherrschung und aufbegehrender Natur zu beschwichtigen. Zur Erklärung dessen, daß der bis zum äußersten emanzipierte, auf den eigenen Geist gestellte Beethoven zur überlieferten Form sich neigte, reicht der Rekurs auf seine subjektive Frömmigkeit so wenig hin wie umgekehrt die Bildungsphrase, seine Religiosität habe in dem Werk, das sich ja mit eifernder Disziplin dem liturgischen Zweck einordnet, übers Dogma zu einer Art allgemeiner Religiosität sich geweitet, und seine Messe wäre eine für Unitarier. Bekundungen subjektiver Frömmigkeit im Verhältnis zur Christologie jedoch hat das Werk unterdrückt. An der Stelle, wo die Liturgie das »Ich glaube« unverrückbar diktiert, hat Beethoven, nach Steuermanns frappanter Beobachtung, das Gegenteil solcher Gewißheit verraten, indem das Fugenthema das Wort Credo wiederholt, so als müßte der Einsame durch dessen mehrmalige Anrufung sich selbst und den andern beteuern, er glaube auch wirklich. Weder ist die Religiosität der Missa, wenn anders man umstandslos davon sprechen darf, die des im Glauben Geborgenen noch eine Weltreligion so idealistischen Wesens, daß sie zu glauben vom Subjekt nichts verlangte. Ihm geht es, in späterer Sprache ausgedrückt, darum, ob Ontologie, die objektive geistige Ordnung des Seins, überhaupt noch möglich sei; um ihre musikalische Rettung im Stande des Subjektivismus, und der Rückgriff auf die Liturgie soll sie bewirken wie nur beim Kritiker Kant die Anrufung der Ideen Gott, Freiheit und Unsterblichkeit. In seiner ästhetischen Gestalt fragt das Werk, was und wie vom Absoluten ohne Trug sich singen ließe, und darüber ereignet sich jene Schrumpfung, die es entfremdet und der Unverständlichkeit annähert; wohl gar weil die Frage, die es sich stellt, der bündigen Antwort auch musikalisch sich weigert. Das Subjekt in seiner Endlichkeit bleibt verbannt; der objektive Kosmos ist als verpflichtender nicht länger vorzustellen; so balanciert die Missa auf einem Indifferenzpunkt, der dem Nichts sich annähert.

Ihr humanistischer Aspekt ist mit der akkordischen Fülle des Kyrie definiert und reicht bis zur Konstruktion des Schlußstücks, des Agnus Dei, das angelegt ist auf das Dona nobis pacem hin, die Bitte um inneren und äußeren Frieden, wie Beethoven, abermals in deutschen Worten, das Stück überschreibt, das noch einmal expressiv ausbricht nach der von Pauken und Trompeten allegorisch vorgestellten Kriegsdrohung. Schon bei dem Et homo factus est erwärmt sich die Musik wie unter einem Hauch. Das aber sind Ausnahmen: meist zieht sie sich in Stil und Ton trotz aller Stilisierung auf ein Unausgesprochenes, Undefiniertes zurück. Resultante der in ihr einander widersprechenden Kräfte, ist dieser Aspekt wohl dem Verständnis am meisten im Wege. Undynamisch-flächig gedacht, gliedert sich die Missa gleichwohl nicht nach vorklassischen »Terrassen«, sondern verwischt vielfach die Konturen; kurze Einschiebungen münden oft weder ins Ganze noch stehen sie für sich allein, sondern verlassen sich auf ihre Proportion zu anderen Teilen. Der Stil ist dem Geist der Sonate konträr und doch nicht sowohl kirchlich-traditionell als säkular in einer rudimentären, aus der Erinnerung heraufgeholten Kirchensprache. Das Verhältnis zu ihr ist so gebrochen wie das zu Beethovens eigenem Stil, in entfernter Analogie zur Stellung der Achten Symphonie zu Haydn und Mozart. Außer in der Et-vitam-venturi-Fuge sind auch die fugalen Partien nicht genuin polyphon, aber auch kein Takt homophon-melodisch nach Art des neunzehnten Jahrhunderts. Während die Kategorie der Totalität, die bei Beethoven durchaus den Primat innehat, sonst aus der Selbstbewegung der einzelnen Momente resultiert, wird sie in der Missa nur um den Preis einer Art von Nivellierung festgehalten: das allgegenwärtige Stilisierungsprinzip duldet kein wahrhaft Besonderes mehr und schleift die Charaktere ab bis zum Schulmäßigen hin; diese Motive und Themen entraten der Kraft des Namens. Der Mangel dialektischer Kontraste, die durch den bloßen Gegensatz geschlossener Satzteile substituiert sind, schwächt zuweilen dann auch die Totalität. Das zeigt sich besonders an den Satzschlüssen. Weil kein Weg durchmessen, kein Widerstand des Einzelnen überwunden ward, überträgt sich die Spur der Zufälligkeit auf das Ganze selber, und die Sätze, die nicht mehr in einem Ziel terminieren, das der Drang des Besonderen ihnen vorschrieb, enden vielfach matt, hören auf ohne die Verbürgtheit der Konklusion.

All das bewirkt nicht nur, trotz äußerer Kraftentfaltung, ein Gefühl des Mittelbaren, das der liturgischen Bindung wie der kompositorischen Phantasie gleich fern gerückt ist, sondern jenes Enigmatische, das zuweilen, wie in den kurzen Allegro- und Prestostellen des Agnus, das Absurde streift.

Nach all dem könnte es scheinen, als wäre die Missa, charakterisiert in ihren Eigentümlichkeiten, auch erkannt. Aber das Dunkle, als dunkel wahrgenommen, wird noch nicht ohne weiteres hell; verstehen, daß man etwas nicht versteht, ist der erste Schritt zum Verständnis, nicht das Verständnis selber. Die angedeuteten Charakteristika mögen beim Hören sich bestätigen, und die Aufmerksamkeit, die auf sie sich konzentriert, mag desorientiertes Hören verhindern, aber sie allein gestatten es dem Ohr keineswegs, spontan einen musikalischen Sinn der Missa wahrzunehmen, der, wenn überhaupt, gerade in der Abwehr solcher Spontaneität sich konstituiert. Soviel jedenfalls ist ausgemacht, daß ihr Befremdendes nicht vor der bequemen Formel zergeht, es habe der autonome Komponist eine heteronome, seinem Willen und seiner Phantasie entrückte Form gewählt, und die spezifische Entfaltung seiner Musik sei dadurch verhindert worden. Denn offensichtlich hat Beethoven in der Missa nicht, wie es gewiß in der Musikgeschichte zuweilen sich ereignet, neben seinen eigentlichen Werken auch in einer entlegenen Gattung sich zu legitimieren gesucht, ohne daß diese dabei allzusehr belastet worden wäre. Vielmehr zeigt jeder Takt des Werkes ebenso wie die für Beethoven ungewöhnlich lange Dauer des Kompositionsvorgangs die insistenteste Anstrengung. Sie ist aber nicht, wie sonst bei ihm, an die Durchsetzung der subjektiven Intention gewandt, sondern an deren Aussparung. Die Missa Solemnis ist ein Werk des Weglassens, der permanenten Versagung; sie bereits rechnet zu jenen Bemühungen des späteren bürgerlichen Geistes, welche das allgemein Menschliche nicht mehr in der Konkretion besonderer Menschen und Verhältnisse zu denken und zu gestalten hoffen, sondern durch Abstraktion, durchs Wegschneiden des Zufälligen gleichsam, durch das Festhalten an einer Allgemeinheit, die an der Versöhnung mit dem Besonderen irre ward. Die metaphysische

Wahrheit wird in diesem Werk zu einem Residuum ähnlich wie in der Kantischen Philosophie in der inhaltsleeren Reinheit des bloßen Ich denke. Dieser Residualcharakter der Wahrheit, der Verzicht aufs Durchdringen des Besonderen, verurteilt die Missa Solemnis nicht bloß zum Rätselhaften, sondern prägt ihr, in einem obersten Sinn, die Spur von Ohnmacht auf; von Ohnmacht nicht sowohl des mächtigsten Komponisten als eines geschichtlichen Standes des Geistes, der, was er hier zu sagen sich unterfängt, nicht mehr oder noch nicht sagen kann.

Was aber verhielt Beethoven, den unergründlich Reichen, bei dem die Kraft subjektiven Erzeugens bis zur Hybris des Menschen als Schöpfers sich steigerte, zum Gegenteil, zur Selbsteinschränkung? Sicherlich nicht die Psychologie der Person, die gleichzeitig mit der Missa und nach ihr die entgegengesetzte Möglichkeit bis zur äußersten Grenze durchmaß, sondern ein Zwang in der Sache, dem er, widerstrebend genug und doch mit aller Anspannung, gehorchte. Dabei nun stößt man doch auf ein Gemeinsames zwischen der Missa und den letzten Quartetten in ihrer geistigen Zusammensetzung; Gemeinsamkeit dessen, was sie allesamt vermeiden. Der musikalischen Erfahrung des späten Beethoven muß die Einheit von Subjektivität und Objektivität, das Runde des symphonischen Gelingens, die Totalität aus der Bewegung alles Einzelnen, kurz eben das verdächtig geworden sein, was den Werken seiner mittleren Zeit ihr Authentisches verleiht. Er durchschaut die Klassik als Klassizismus. Er lehnt sich auf gegen das Affirmative, unkritisch das Sein Bejahende in der Idee der klassischen Symphonik; jenen Zug, den Georgiades in seiner Arbeit über das Finale der Jupiter-Symphonie festlich nannte. Er muß das Unwahre im höchsten Anspruch der klassizistischen Musik gefühlt haben: daß der Inbegriff der gegensätzlichen Bewegung alles Einzelnen, das in jenem Inbegriff untergeht, Positivität selber sei. An dieser Stelle hat er über den bürgerlichen Geist sich erhoben, dessen musikalisch höchste Manifestation sein eigenes œuvre bildet. Etwas in seinem Ingenium, das Tiefste wohl, weigerte sich, was unversöhnt ist, im Bilde zu versöhnen. Musikalisch dürfte das sich konkretisiert haben in einer dämmernden Empfindlichkeit gegen durchbrochene Arbeit und Durchführungsprinzip. Sie ist verwandt dem Widerwillen, den das entwickelte dichterische Sensorium gerade in Deutschland früh schon angesichts dramatischer Verwicklung und Intrige ergriff; ein erhaben plebejischer, dem Höfischen feindlicher Widerwille, der mit Beethoven erstmals in die deutsche Musik drang. Der Intrige auf dem Theater haftet stets ein Läppisches an. Ihre Betriebsamkeit wirkt wie von oben, vom Autor und seiner Idee her veranstaltet, aber von unten, den dramatischen Personen her, nie ganz motiviert. Die Betriebsamkeit der thematischen Arbeit mag für Beethovens reifes Komponistenohr angeklungen sein an die Machinationen der Höflinge in Schillerstücken, an kostümierte Gattinnen, erbrochene Schatullen und entwendete Briefe. Es ist, das Wort recht verstanden, ein Realistisches in ihm, das sich mit an den Haaren herbeigezogenen Konflikten, manipulierten Antithesen nicht zufrieden gibt, wie sie in allem Klassizismus die Totalität stiften, die übers Einzelne hinweg sich durchsetzen soll, aber in Wahrheit diesem wie mit einem Machtspruch aufgezwungen wird. Male dieser Willkür lassen sich an den entschlossenen Wendungen der Durchführungen, noch in der Neunten Symphonie, aufspüren. Der Wahrheitsanspruch des letzten Beethoven verwirft den Schein jener Identität des Subjektiven und Objektiven, der fast eins ist mit der klassizistischen Idee. Es erfolgt eine Polarisierung. Einheit transzendiert zum Fragmentarischen. In den letzten Quartetten geschieht das durch das schroffe, unvermittelte Nebeneinanderrücken kahler, spruchähnlicher Motive und polyphoner Komplexe. Der Riß zwischen beidem, der sich einbekennt, macht die Unmöglichkeit ästhetischer Harmonie zum ästhetischen Gehalt, das Mißlingen in einem obersten Sinn zum Maß des Gelingens. Auch die Missa opfert auf ihre Weise die Idee der Synthesis, aber nun, indem sie dem Subjekt, das nicht mehr von der Objektivität der Form geborgen ist, aber auch nicht diese aus sich heraus bruchlos hervorbringen kann, gebieterisch den Eingang in die Musik verwehrt. Für ihre menschliche Allgemeinheit ist sie bereit, damit zu zahlen, daß die einzelne Seele schweigt: vielleicht schon sich unterwirft. Das, nicht die Konzession an kirchliche Überlieferung oder der Wille, den Erzherzog Rudolf, seinen Schüler, zu erfreuen, dürfte zur Erklärung der Missa Solemnis geleiten. Aus Freiheit zediert sich das autonome Subjekt, das anders der Objektivität nicht mehr sich mächtig weiß, an die Heteronomie. Pseudomorphose an die entfremdete Form, in eins mit dem Ausdruck von Entfremdung selber, soll leisten, was anders nicht mehr zu leisten wäre. Mit dem gebundenen Stil wird experimentiert, weil die formale bürgerliche Freiheit als Stilisationsprinzip nicht zureicht. Die Komposition kontrolliert unermüdlich, was unter solchem, von außen gesetztem Stilisationsprinzip vom Subjekt eben noch zu füllen, was ihm möglich sei. Rigoroser Kritik verfällt nicht nur jede Regung, die das Prinzip bestritte, sondern auch jede konkretere Fassung der Objektivität selber, die sie zur romantischen Fiktion degradierte, wo sie doch, sei es auch als Skelett, real, tragfähig, scheinlos geraten soll. Diese doppelte Kritik, eine Art permanenter Selektion, zwingt der Missa ihren distanzierten, umrißhaften Charakter auf: er bringt sie trotz des vollen Klangs in so rigorosen Gegensatz zur sinnlichen Erscheinung wie die asketischen letzten Quartette. Das ästhetisch Brüchige der Missa Solemnis, der Verzicht auf sinnfällige Gestaltung zugunsten einer fast kantisch strengen Frage nach dem, was überhaupt noch möglich sei, korrespondiert bei trügend geschlossener Oberfläche den offenen Rissen, welche die Faktur der letzten Quartette hervorkehrt. Die Tendenz zu einem hier selbst noch gebändigten Archaisieren aber teilt die Missa mit dem Spätstil fast aller großen Komponisten von Bach bis Schönberg. Sie haben alle, Exponenten des bürgerlichen Geistes, dessen Grenze erreicht, ohne sie doch je in der bürgerlichen Welt aus eigenem übersteigen zu können; sie alle mußten, am Leiden ihrer Gegenwart, Vergangenes heraufholen als Opfer an die Zukunft. Ob bei Beethoven dies Opfer fruchtete; ob der Inbegriff des Fortgelassenen in der Tat die Chiffre eines erfüllten Kosmos ist, oder ob, wie in den Rekonstruktionsversuchen von Objektivität danach, schon die Missa scheiterte, darüber wäre zu urteilen erst, wenn die geschichtsphilosophische Reflexion über das Gefüge des Werkes eindränge bis in seine innersten kompositorischen Zellen. Daß jedoch heute, nachdem das Durchführungsprinzip geschichtlich bis zu Ende getrieben ward und sich überschlug, die Komposition ohne jeden Gedanken an die Verfahrensweise der Missa zur Schichtung von Abschnitten, zur Artikulation nach »Feldern« sich veranlaßt sieht, ermutigt dazu, Beethovens Beschwörungsformel vom größten seiner Werke doch für mehr zu nehmen als bloß für Beschwörung.

1959

Impromptus

Zweite Folge neu gedruckter musikalischer Aufsätze

Vorwort

Die ›Impromptus‹ setzen die ›Moments musicaux‹ fort. Wie diese enthalten sie einzig Arbeiten, die in die Bücher des Autors, insbesondere die beiden Bände seiner musikalischen Schriften, nicht eingegangen sind. Zeitlich wird noch weiter zurückgegriffen; die Beiträge verteilen sich über 45 Jahre. Das Ältere ist schwer oder gar nicht zugänglich; vom Späteren manches unpubliziert. Unberücksichtigt blieben zahlreiche Texte über Alban Berg. Diese sollen in einer Monographie ihren Stellenwert finden, die der Autor vorbereitet.

Zu einzelnem nur soviel: der Aufsatz über die Mahlerlieder war als Nachwort einer Auswahl geschrieben, die dann nicht zustande kam. Da der Autor in dem Mahlerbuch die Lieder nur peripher erörterte, betrachtet er den Aufsatz als wesentliche Ergänzung. Der ›Dialektische Komponist‹, aus der Schönberg-Festschrift der Universal-Edition von 1934, gehört zu dem Wenigen, was der Autor in den ersten Jahren des Nationalsozialismus zustande brachte; er hält die Abhandlung für die wichtigste Vorstufe zur ›Philosophie der neuen Musik‹ und allem, was an diese sich anschloß. Der Webernaufsatz von 1932 wäre unterm Aspekt dessen zu lesen, was darin vorweggenommen ist und erst zwanzig Jahre später ins allgemeine Bewußtsein drang.

Auch ›Musikalische Diebe, unmusikalische Richter‹ stammt aus dem Jahr 1934. Der Autor empfand die Publikation durch den Feuilletonredakteur des Stuttgarter Neuen Tagblatts, Erich Pfeiffer-Belli, dankbar als Akt oppositioneller Solidarität. Diebe auch nur figürlich zu verteidigen, war in jenen Jahren bereits politisch. Die ›Kleine Häresie‹, mehr als dreißig Jahre jünger, will als differenzierende Antithesis dazu verstanden werden.

Den Nekrolog für Steuermann verfaßte der Autor unmittelbar unter dem Eindruck der Todesnachricht. Wollte endlich ein Verlag das außerordentliche kompositorische Werk des Verstorbenen mit aller Energie pflegen, so wäre das von großer objektiv-musikalischer Relevanz.

Sollte der Autor, aus einigem Abstand, das Gemeinsame des vielfach Verzweigten benennen, er sähe es wohl im Versuch von Selbstreflexion, durch Zähigkeit und Nuancierung jeweils hinauszugelangen über das, was nun einmal für seine Position gilt. In der Position selbst liegt die Nötigung, permanent aus der Reihe zu tanzen, Sand ins Getriebe zu streuen; und es gibt keinen Gedanken, der nicht dem Getriebe ausgesetzt wäre.

Januar 1968

Anmerkungen zum deutschen Musikleben

Verstehe ich Ihre Einladung richtig, so erwarten Sie von mir theoretische Erwägungen über das Verhältnis von Gesellschaft und Musikleben und über das, was diesem gesellschaftlich innewohnt. Nicht betrachte ich es als meine Aufgabe, Ihnen empirische Daten über das Musikleben vorzulegen. Aus der Not mache ich eine Tugend. Gewiß fehlt es nicht an Einzelerhebungen. Doch sind keine sinnvoll organisierten Zusammenfassungen verfügbar, die mit der Theorie verschmolzen werden könnten und diese vorantrieben. Allein an Hand gesicherter Daten, und Übersichten über diese, wären gewisse automatisch wiederholte theoretische Vorstellungen zu überprüfen. Manche davon erscheinen plausibel genug, aber ihr Gegenteil könnte a priori mit kaum geringerer Plausibilität behauptet werden. Als Modell nenne ich die These, es hätten die sogenannten Massenmedien die häusliche Musikpflege zerstört und mit ihr die Basis des traditionellen deutschen Musiklebens. Ebensogut indessen ließe sich konstruieren, daß die Massenmedien, indem sie Musik an früher musikfremde Schichten heranbrachten, musikalisches Bedürfnis und spontane Musikpflege in diesen überhaupt erst weckten. Offenbar ist die Fragestellung in ihrer geläufigen Gestalt zu undifferenziert. Jedenfalls bliebe erst noch zu ermitteln, ob das Erschlaffen des aktiven privaten Musizierens nicht auf gesellschaftliche Strukturveränderungen zurückdeutet, denen zwar die Funktion der Massenmedien sich einfügt, die aber ihrerseits eher diese bestimmen, als daß sie von ihnen bestimmt würden. Wendete man die Techniken der empirischen Sozialforschung an sinnvolle musiksoziologische Probleme, anstatt einfach nach dem Schema thematisch ausgeweiteter Marktforschung zu verfahren, der womöglich das Gesetz der großen Zahl das Maß geistiger Dinge ist, so hätte die theoretische, qualitative Einsicht davon viele Impulse zu erhoffen. Andererseits sucht der übereifrige Empirismus der deutschen Kommunikationsforschung die amerikanische Soziologie zu übertrumpfen, die unterdessen am Allheilmittel der research-Methoden irre ward. In dieser Situation ist das Gelästerte gefordert, Theorie. Der neu erwachende deutsche Anti-Intellektualismus geht einig mit der Tendenz, den nicht aufs Tatsächliche vereidigten und unmittelbar zu verwendenden Gedanken als eitel, nutzlos und gefährlich zu verdächtigen. Um so mehr wird der seiner eigenen Bestimmung nach unabdingbar kritische Gedanke von sich aus, vor allem besonderen Inhalt, zur Kraft des Widerstands.

Nicht allzu lange möchte ich bei der Frage nach Identität und Differenz der gesellschaftlichen Aspekte des deutschen und des internationalen Musiklebens verweilen. Empirisches Material führte wahrscheinlich auch hier zur Revision von Ansichten, die dem kollektiven Narzißmus schmeicheln, wie der von einer Art musikalischen Privilegs der Deutschen. Musikalische Institutionen wie die Chöre sind sicherlich in dem als musikfremd geltenden England nicht geringer entwickelt als hierzulande. Und in Amerika, dem Land der Kulturindustrie par excellence, hat der akkumulierte Reichtum einen Aufschwung dessen, was ich das offizielle Musikleben nenne, bewirkt, gegen den viel einzuwenden ist, der aber zumal die Orchester auf einen technischen Standard brachte, auf den man in Europa nur mit Neid blicken kann; die fähigsten deutschen Dirigenten werden davon angezogen. Unverkennbar auch, daß, wie man so sagt, von unten her in Amerika ein sehr kräftiges und spontanes Interesse an Musik sich regt. Die zeitgenössische avancierte Musik hat auf John Cage und seine Schule aufs intensivste angesprochen. Ihre Konzeption verdankt sich ebenso der Resistenz gegen den Kulturbetrieb des offiziellen Musiklebens drüben wie einer potentiellen Entfesselung der musikalischen Produktivkräfte, der kompositorischen, in Amerika.

Komposition betrachte ich, das sei axiomatisch vorausgeschickt, in Übereinstimmung mit prinzipiellen gesellschaftstheoretischen Erwägungen, als Schlüssel alles dessen, was mit Fug Musikleben heißt. Weltweit ist die Tendenz zur Integration, zur Anähnelung gesellschaftlicher Formen; sie läßt in allen Ländern, auch solchen politisch entgegengesetzter Systeme, sich konstatieren.

Diese Tendenz wirkt in die Musik hinein. Denn sie ist nicht nur Kunst eigenen Wesens, sondern auch gesellschaftliches Faktum. Inmitten des strukturellen Übergangs zur verwalteten Welt wird man insgesamt die Unterschiede zwischen dem Musikleben der einzelnen hochentwickelten Länder des europäisch-amerikanischen Kulturkreises nicht überschätzen dürfen. In ihren ernsten, konsequenten Vertretern konvergiert heute die Komposition international so sehr, wie kaum je seit dem Ende des mittelalterlichen Universalismus und der Entstehung der Nationalstaaten. Selbstverständlich überdauern nach wie vor erhebliche Differenzen; man wird sie in den dem gesellschaftlichen Gesamttrend nach zurückgebliebenen Sektoren aufzusuchen haben. Von deutschen Eigentümlichkeiten nenne ich die Repertoire-Oper selbst in mittleren Städten. Leichtsinnig wäre es, wollte man zur Tagesordnung übergehen über das Potential konkreter und lebendiger musikalischer Erfahrung hinweg, das in den deutschen Opernhäusern oder den Opernabteilungen der Stadttheater überwintert. Unverkennbar jedoch, daß diesem Potential der Oper als Repertoiretheater von innen her anwachsende, symptomatische Schwierigkeiten sich entgegensetzen. Die bekannteste ist der zunehmende Mangel hochqualifizierter, an einen Ort fest gebundener Bühnensänger und Kapellmeister. Der Begriff des Repertoiretheaters zersetzt sich aber, wenn der des Ensembles illusorisch wird, das ein Repertoire von sich aus bestreiten könnte. Nicht minder bestürzen Beobachtungen wie die, daß es nachgerade offenbar unmöglich ist, zeitgenössische Werke von wirklich hohem Rang, selbst wenn sie bei der Premiere ihrem Niveau gemäß herausgebracht wurden, auf jenem Niveau zu halten. Im normalen Probenbetrieb, definiert durch ein Zuwenig an Proben, bröckeln die besten Aufführungen erstaunlich schnell ab; Mangel ist vermutlich auch an Einzelrepetitoren, die fähig und willens wären, dem entgegenzuarbeiten, zu schweigen von der Möglichkeit jener Zeitverschwendung, die künstlerisch die einzige Zeitökonomie wäre. Der Bruch zwischen der ernsthaften zeitgenössischen Produktion und dem offiziellen Musikleben ist nicht allein der zwischen Werk und Publikum: er klafft ebenso zwischen Werk und Darstellung. Umgekehrt erlaubt das stagione-Theater, das immer mehr dort sich durchsetzt, wo an die Oper scheinbar große Anforderungen gestellt werden, nicht jene durchgeformte künstlerische Einheit, die einmal den besten Repertoiretheatern möglich sein mochte; die Leistungen werden zwar momentan hochgeputscht, sind aber so wenig über die Festivalabende hinaus zu konservieren wie die des Repertoiretheaters. Keinesfalls bilden sie jene Art Tradition, welche die deutschen Opernhäuser in hochbürgerlichen Zeiten stifteten, sicherlich eines der wesentlichen Fermente der deutschen Musikkultur vom späteren achtzehnten bis ins zwanzigste Jahrhundert hinein. Konfrontiert man damit, daß das Bedürfnis nach Oper, jedenfalls in gewissen spezifisch bürgerlichen Schichten, unverändert fortbesteht und womöglich zugenommen hat – in manchen Städten ist es schwierig, zu einer Abonnementaufführung Einzelkarten zu erwerben, weil die Häuser ausabonniert sind –, so mag einem etwas vom widerspruchsvollen Wesen des zeitgenössischen Musiklebens insgesamt aufgehen. Gattungen und Musikübungen, die einstweilen von außen her intakt scheinen, also in der Gesellschaft unangefochten ihren Platz behaupten, werden immanent und ihrer Realisierung nach so problematisch, daß bei aller Nachfrage auch ihr gesellschaftlich-institutioneller Zusammenbruch sich absehen läßt.

Das ist wohl ohne Großsprecherei zu verallgemeinern. Das Musikleben befindet sich, trotz seiner Stabilisierung in den Konsumentengewohnheiten nach dem Zweiten Krieg, latent, den künstlerischen Möglichkeiten und schließlich dem Wahrheitsgehalt nach, in einer Krise. Es ist keine andere als die, welche ums Jahr 1930 explodierte, dann in den Jahren des Faschismus erstickt ward und während des Wiederaufbaus in Vergessenheit geriet. Ein Aspekt des Scheinhaften, der Fassade ist daran zu innervieren, der der auferstandenen Kultur – am sinnfälligsten vielleicht der Architektur – durchweg eignet. Gesellschaftlich dürfte darin nicht weniger sich aussprechen, als daß die Antagonismen, welche zum Faschismus und zum Zweiten Krieg trieben, im Inneren der Sozialprozesse fortwesen. Ihre Manifestationen in der Wirtschaft waren lange eingedämmt; in den kulturellen Bereichen, die dem eigenen Begriff nach nicht ebenso sich steuern lassen, gelangten sie ins Offene. Die auferstandene Kultur ist unterminiert. Nicht zuletzt deshalb sind theoretische Besinnungen über das Musikleben abermals fällig. Sie müßten die Risse und Sprünge als Zeichen von Prozessen in der Gesteinstiefe der Gesellschaft deuten. Die Tatsachen, an denen die herrschende Kultur-, Bildungs- und Kommunikationssoziologie ihr Genügen hat, lenken vielfach nur davon ab.

Musik ist verstrickt in die Problematik der gesamten bürgerlichen Gesellschaft. Sie ist vom Warencharakter ergriffen und allem, was er involviert. Ich habe einmal simpel gesagt, das Musikleben sei kein Leben für die Musik: es ist, unmittelbar oder vermittelt, eines für den Profit. Noch was es anders will, wird unweigerlich fast vom Wirtschaftsmechanismus ergriffen. Dem Moment des Spontanen, jetzt und hier Hervorgebrachten, das der Musik, ihrer Erscheinung nach, eignet, widerspricht ihre Verwandlung in Waren vorweg. Zutage kam das längst, etwa in den Albernheiten von Operettentexten wie dem des Walzertraums, wo eine Stehgeigerin, die doch von Noten spielen muß, redet, als fielen ihr die Walzer, die da angeblich die Zuhörer berücken, jetzt und hier ein: der Unsinn ist wie ein Abwehrreflex auf die Verdinglichung der Musik. Freilich weist deren Objektivation, die zwar ihrem immanenten Anspruch des hic et nunc entgegengesetzt ist, jedoch die Konstitution großer Kunstmusik ihrerseits erst ermöglichte, weit hinter die im engeren Sinn bürgerliche Gesellschaft zurück. Klagen über musikalische Kommerzialisierung sind denn auch nicht jünger als jene; aus der Renaissance werden Angriffe auf den damaligen Konzertbetrieb überliefert, die sich lesen, als wären sie im neunzehnten oder zwanzigsten Jahrhundert geschrieben worden. Die altehrwürdige Kritik der musikalischen Kommerzialisierung hat, wie die des Handelskapitals insgesamt, unterdessen reaktionäre Züge angenommen. Noch nach dem Faschismus schreibt man dem kommerziellen Musikbetrieb gern zur Last, woran die tragenden Gesellschaftsstrukturen Schuld haben. Die vertraute Klage wird allen Musikern nahegelegt durch den Zwang der Anpassung ans Gefragte, die meist auf Minderung der immanenten Qualitäten hinausläuft. Jedoch die Kommerzialisierung war ihrerseits auch die Bedingung jener immanenten Qualitäten. Es mag auf einen Zusammenhang verwiesen werden, der, soviel mir bekannt, der Aufmerksamkeit der Musikhistorie wie der Musiksoziologie bislang entging. Die Wendung zum galanten Stil hing, wie öfters hervorgehoben wurde, mit den Ansprüchen einer sich formierenden, bürgerlichen Publikumsschicht zusammen, die in Oper und Konzert unterhalten sein wollte. Die Komponisten wurden erstmals dem anonymen Markt konfrontiert. Ungedeckt durch Zunft oder fürstliche Protektion, mußten sie wittern, was gefragt war, anstatt nach ihnen durchsichtigen orders sich zu richten. Sie mußten sich bis ins Innerste zu Organen des Marktes machen; dadurch drangen dessen Desiderate ins Zentrum ihrer Produktion. Was in diesem Prozeß, etwa Bach gegenüber, an Verflachung sich zutrug, ist unverkennbar. Nicht ebenso jedoch, wenngleich nicht minder wahr: daß kraft solcher Verinnerlichung das Bedürfnis nach Unterhaltung sich umsetzte in eines nach Mannigfaltigkeit des Komponierten, zum Unterschied von der relativ ungebrochenen Einheit des fälschlich so genannten musikalischen Barocks. Eben diese auf Divertissement zielende Abwechslung innerhalb der einzelnen Sätze wurde zur Voraussetzung jener dynamischen Relation von Einheit und Mannigfaltigkeit, die das Gesetz des Wiener Klassizismus darstellt. Sie markiert einen immanenten Fortschritt des Komponierens, der nach zwei Generationen für die Verluste kompensierte, welche die Stilwendung anfangs bedeutete. Die bis heute lebendigen Problemstellungen der Musik haben darin ihren Ursprung. Die üblichen Invektiven gegen das kommerzielle Unwesen in der Musik sind oberflächlich. Sie täuschen darüber, wie sehr Phänomene, die den Kommerz, den Appell an ein bereits als Kundenschaft eingeschätztes Publikum voraussetzen, in kompositorische Qualitäten umzuschlagen vermögen, durch welche die kompositorische Produktivkraft entfesselt und gesteigert wird. Man mag das in Gestalt einer umfassenderen Gesetzmäßigkeit formulieren: gesellschaftliche Zwänge, die anscheinend der Musik äußerlich widerfahren, werden von deren autonomer Logik und dem kompositorischen Ausdrucksbedürfnis absorbiert und verwandelt in künstlerische Notwendigkeit: in Stufen richtigen Bewußtseins.

Wahr bleibt trotzdem auch das Umgekehrte, das Hemmende und Erniedrigende des Warencharakters in der Musik. Unter seiner Herrschaft gerät sie – verzeihen Sie, daß ich nun das

Stichwort ausspreche, das manche von Ihnen befürchten mögen, wenn sie einem Vortrag von mir zuhören – in eine besondere Dialektik. Kategorien wie Abwechslung, Dynamisierung, Originalität, unverwechselbarer Charakter, ständig Neues samt Virtuosität und Effekt sind durch die Verwandlung der Musik in Ware gesellschaftlich gesetzt worden. Da aber – tief übereinstimmend mit dem Wesen der Ware selbst – Musik immer beides war, ein in sich und darum für die Menschen sinnvoll und stimmig Organisiertes, und ein dem Profit zuliebe zu Tauschendes, so haben die Eigenschaften, die der Musik von ihrer Verbürgerlichung zugebracht wurden, in ihr, soweit sie Kunst, nicht bloßes Verkaufsobjekt war, sich verselbständigt, ihrer eigenen Gesetzmäßigkeit nach sich entfaltet. Sie sind dadurch im geschichtlichen Verlauf ebenso in Gegensatz zu der empirischen Nachfrage auf dem Markt getreten, wie sie über dessen Heteronomie, und damit über die bürgerliche Gesellschaft an sich, hinausschossen. Das ist die gesellschaftliche Urgeschichte der Moderne: die steigernde Entwicklung und Veränderung der bürgerlichen Grundkategorien der Kunst bis zur Kündigung des gesellschaftlichen Einverständnisses. Bis heute dauert der Prozeß an und kehrt, in seinen kühnsten Exponenten, sich gegen die traditionellen Grundvoraussetzungen der Musik als einer affirmativen, die Widersprüche zur Harmonie der Welt glättenden Kunst. Inhaltlich-gesellschaftliche Kritik der Tendenzen des »Zurück zu«, die mit der puren Konstatierung von deren Anachronismus nicht sich begnügt, hätte daran anzuknüpfen. Denken, das, wiederum aus gesellschaftlichen Gründen, unfähig ist, die Folgerichtigkeit jener Entwicklung, und die verkappte Wahrheit ihrer Wendung gegen die bestehende Gesellschaft, mitzuvollziehen, betrauert statt dessen die gesellschaftliche Entfremdung der Musik und möchte sie durch heteronome, gleichsam kulturphilosophische Anforderungen zurückschrauben. Notwendig empfiehlt solches befangene Denken Gestalten des Komponierens und Musizierens, deren Sinn untrennbar ist von einem unwiederbringlichen gesellschaftlichen Zustand, einem früh- oder vorbürgerlichen. Leiden unter der Entfremdung kann zur Romantik des Unromantischen, zur Ideologie werden. Die »Zurück-zu«-Bewegungen haben verkannt, daß, in einer nach wie vor antagonistischen und gegen ihr eigenes Wesen verblendeten Gesellschaft, zuzeiten das gesellschaftlich nicht Rezipierte nicht bloß dem objektiven Stand der Gesellschaft adäquat ist, sondern gegen diesen objektiven Stand ausspricht, was ihn enthüllt und über ihn hinausdrängt. Daß heute in der Musik das gesellschaftlich Rezipierte und das um seiner gesellschaftlichen Wahrheit willen Geforderte in unversöhnlichen Gegensatz getreten sind, zeigt die gesamte Unterhaltungsmusik. In ihr triumphiert der Warencharakter, indem er aller autonomen, durchgeformten Gestaltung absagt und den musikalischen Bewußtseinsstand der Hörer zur Ausrede für die vulgärste Immergleichheit mißbraucht.

Die Warengesellschaft hat zu einem Grad sich ausgebreitet und ihr Netz gesponnen, der einer veränderten gesellschaftlichen Struktur gleichkommt. Das scheint im Musikleben sichtbar zu werden. Nicht von der Hand zu weisen der Verdacht, daß die Entrüstung über Kommerzialisierung, insbesondere die angebliche Geldgier und Betriebsamkeit von Star-Interpreten, eher von dem ablenkt, was tatsächlich sich zuträgt: der Ablösung des Marktliberalismus alten Stils durch Dirigismus in der Musik wie überall. Die ökonomische Tendenz könnte sich dort schwerlich so reibungslos durchsetzen, käme ihr nicht das Musikleben spezifisch entgegen. Im allgemeinen redet man – davon nehme ich auch manche meiner eigenen Arbeiten nicht aus – zu undifferenziert vom Warencharakter der Musik. Sicherlich kann man sich Noten kaufen wie irgendwelche Gebrauchsgüter; schon bei Schallplatten ist es nicht ebenso. Reklame wird zum Diktat. Wo der Erwerb von Schallplatten ökonomisch ins Gewicht fällt, in der Unterhaltungsmusik, richtet er sich wesentlich nach Namen und Prestige, wie sie vom Schaugeschäft lanciert werden, unabhängig vom Willen der Käufer, dem man zugleich unablässig schmeichelt. Doch auch beim alten Kern des Musiklebens, dem Konzert und der Oper, war es von je mit der freien Wahl nicht so weit her. Fraglos mieten die Abonnenten zuweilen seit Generationen ihre Sitze ohne viel Rücksicht aufs Programm. Ihre Zustimmung, oder ihre Mißbilligung, sind auf so kärgliche Kundgaben beschränkt wie die bekannte, daß alte Abonnenten ihr kultiviertes Traditionsbewußtsein dadurch unter Beweis zu stellen sich einbilden, daß sie vor den paar modernen Stücken, die sich als Konzessionsschnulzen in die Programme verirren, ostentativ die Flucht ergreifen. Das gepriesene Gesetz von Angebot und Nachfrage hat in der Musik, auch zu bürgerlichen Glanzzeiten, nie so recht geherrscht. Die Massenmedien vollends tendieren bereits technisch, durch ihren bekannten Einbahncharakter, zur Steuerung. Ein Irrtum wäre es freilich, wenn man den zunehmenden Dirigismus des Musiklebens, wie es die kulturpolitische Reaktion gern möchte, dem Monopol einer als intellektuell verdächtigten Minderheit von Elektronikern und Nachtstudioverschwörern zuschriebe, welche die in solchem Zusammenhang regelmäßig zitierten Gelder der Steuerzahler dazu mißbrauchten, einem stöhnenden, aber gleichwohl gesunden Volksempfinden Musik aufzuzwingen, gegen die es sich sträubt. Der Prozentsatz an radikal Modernem ist verschwindend gering: nach der mir vorliegenden Zusammenstellung einer progressiven Rundfunkstation entfallen in ihren Programmen von insgesamt 40 Wochenstunden seriöser Musik nicht mehr als ein bis zwei auf die jüngste, als avantgardistisch klassifizierte Produktion. Daß ihr überhaupt jener Bruchteil an Sendezeit gewährt wird, geht auf eine höchst legitime und vernünftige Erwägung zurück: die Qualität kultureller Produkte und ihr Anrecht darauf, der Öffentlichkeit präsentiert zu werden, ist nicht identisch mit ihrer Beliebtheit, nicht mit der vorhandenen Nachfrage. Nicht entbehrt es der Ironie, daß die Gleichen, die über die Kommerzialisierung als Entartung der Kunst am lautesten wettern, in ihrer Berufung auf die Nachfrage eben jenen Markt als Instanz anrufen, der Kommerzialisierung definiert. Die geschworenen Feinde von Vermassung benutzen, sobald es ihnen genehm ist, den Massengeschmack als Argument. Den musikalischen Dirigismus monieren sie an der verkehrtesten Stelle. Anstatt zu sehen, wie sehr der Massenkonsum nach Quantität und Qualität bedingt wird von der organisatorischen, administrativen, letztlich ökonomischen Zentralisierung des Dargebotenen, werfen sie Dirigismus denen vor, die dem dinghaft erstarrten, manipulativen Musikbetrieb sich widersetzen. Es ist, als wäre die Vorstellung, integre, lediglich um die Sache und den Ausdruck ihrer Erfahrung bemühte Künstler müßten

Märtyrer sein und mit dem Hungertod sich bestrafen lassen, zu dem geworden, was der Jargon der Eigentlichkeit Leitbild nennt, und zwar zu einem Zeitpunkt, da man sonst beflissen versichert, Hunger und Armut seien überwunden. Keine einzelmenschliche Existenz, auch nicht der produktive Künstler, ist unabhängig vom erreichten Lebensstandard der Epoche. Statt dessen erwartet man von dem, der das Glück nicht sich abmarkten läßt, zu erfüllen, was man vor hundertfünfzig Jahren seine menschliche Bestimmung nannte, er müsse dafür zahlen. Das armselige materielle Los gerade so vieler der bedeutendsten Komponisten wird aus dem Schandmal der Unterdrückung des Geistes zum heiligen Naturgesetz umgelogen.

Der Massengeschmack ist durchaus nicht dem Dirigismus entgegengesetzt. Dieser drängt keineswegs den Massen, zumal den Millionen, die erst durchs Radio mit Musik zusammenstoßen, etwas auf. Wohl aber reproduziert er, durch beharrliche Wiederholung und durch Ausschluß dessen, was qualitativ anders wäre, den status quo des musikalischen Bewußtseins und verhärtet ihn. Krassestes Symptom dessen ist die fast unbeschränkte Herrschaft der Tonalität im Gebotenen, während die Entwicklung der musikalischen Produktivkräfte längst die Tonalität gesprengt hat. Je mehr das Musikleben gesteuert wird, desto dinghafter die Beziehung zwischen der Musik und denen, die sie erreicht; anstelle jener Art lebendiger Erfahrung des Musikalischen, die der Begriff strukturellen Hörens meint, tritt eine Perzeption, welche zwar in den ausgefahrenen Geleisen der traditionellen Harmonik mit den Werken mitläuft und sie kulinarisch goutiert, aber mit dem, was auch in älteren Gebilden eigentlich kompositorisch sich zuträgt, der Musik als einem Sinnzusammenhang, wenig oder gar nichts zu tun hat. Für das Musikleben in seiner Breite gilt das Paradoxon, daß, was den Menschen vertraut ist und wovon sie annehmen, daß es ihnen gleiche, ihnen als Produkt verdinglichten Bewußtseins objektiv ganz fremd bleibt, während, was ihnen fremd ist und sie schockiert, objektiv ihnen nah ist, sie selbst betrifft. Sie verdrängen es und verstärken damit unablässig ihr eigenes falsches Bewußtsein auch in der Musik. Je weniger sie wahrhaft konkret erfahren wird – die dazu Unfähigen schimpfen am wackersten über Abstraktheit –, desto mehr erschöpft sie sich in ihrer ideologischen Funktion. Das verdinglichte Verhältnis zur Musik und der unerschütterte, intolerante Kulturglaube verbinden sich. Ich erinnere mich daran, daß mir einmal, als ich über Fragen des strukturellen Hörens und der strukturellen Interpretation sprach, ein Mann mit Brusttönen gegenübertrat. Des Beifalls gewiß, versicherte er, Mozart hätte an dergleichen niemals gedacht. Damit mochte er recht haben: nur verkannte das Organ der gesunden Ansichten, daß Mozart es nicht nötig hatte, weil strukturelles Hören, wie sein Werk bezeugt, ihm gegenwärtig und selbstverständlich war. Wie einer produziert, entbindet keinen anderen, der mit dem Produkt im Ernst sich befaßt, von der Verpflichtung, es zu hören, wie es objektiv in sich gestaltet ist. Als ich freilich den Typus von Mozartverehrung, die sich da gegen das Mozartverständnis etablieren wollte, als einen von Operettenkomponisten identifizierte, irrte ich mich: mein Kontrahent war der pensionierte Direktor eines Operettentheaters, Schulfall musikalischer Halbbildung.

Die Frage, ob Musikleben und musikalische Bildungsinstitutionen tatsächlich musikalische Bildung vermitteln, ist bislang kaum angefaßt worden. Der musikalisch Gebildete und der, welcher sich bloß dafür hält, neigen dazu, Phänomene wie die Beatles, welche, manipuliert oder nicht, die Massen ergreifen, dem Bildungsverfall zuzuschreiben. Anders jedoch als in der bildenden Kunst und in der Dichtung, scheinen in der Musik die bedeutendsten Werke, gleichgültig, welches Prestige sie genießen, nie voll rezipiert worden zu sein. Das weckt Skepsis gegen Anschauungen vom Verfall, die leicht in Kulturpessimismus elitären Schlages ausarten. Nicht, daß er den gegenwärtigen Zustand kritisiert, ist solchem Pessimismus vorzuwerfen, sondern die Verklärung der Vergangenheit. Von Verfall läßt schwer dort sich reden, wo keine vergleichbare Gruppe vorhanden ist, deren Geschmack hätte verfallen sollen. Aber selbst wenn sie auf die als kulturtragend angesehene Schicht sich beschränkte, wäre die Verfallsideologie mindestens ebenso fatal wie die Fortschrittsideologie, über die man in Deutschland die Nase rümpft, ehe man die Wahrheit am Fortschritt nur erfahren hat. Das Musikverständnis sogar gerühmter Eliten in Zeiten, in denen der fable convenu zufolge Produktion und Publikum noch zusammenstimmten, war problematisch. Daß Neuerungen allemal es schwer hatten, auch innerhalb als sachverständig anerkannter Kreise akzeptiert zu werden, ist eine Binsenweisheit: häufig will Sachverständnis sich damit beweisen, daß es im stolzen Besitz des alten Wahren Neuerungen ablehnt. Darüber hinaus jedoch stieß der ästhetische Ernst selber, der Anspruch des geistigen Gehalts der Werke, der durch ihre technische Gestalt vermittelt ist, die gesamte bürgerliche Geschichte hindurch auf Rancune, der in gewissem Sinn retrospektive Bach nicht anders als der reife Wagner oder dann Schönberg. Ein Stück bürgerlicher Anthropologie ist es, den Geist, den man seit seiner Trennung von der körperlichen Arbeit verhimmelt, gleichzeitig, aus schlechtem Gewissen und weil er vom Profitablen abhält, hämisch zu verachten. Geändert hat sich daran vermutlich bloß, daß heute Bildungslosigkeit sich offen deklariert und unter Gebildeten ihre Interessenten und Apologeten findet; früher war sie wohl wirklich der naive Stand der Unmündigen. Der eklatante Mangel an musikalischer Unterscheidungs- und Urteilsfähigkeit beim überwiegenden Teil der Hörer wirft grelles Licht auf die Vergangenheit. Was uns Musikern als Fachleuten Bildungsverfall dünkt, besiegelt, daß es musikalische Bildung, sei es als Gesamtgesellschaftliches, sei es innerhalb der Bildungsschichten, überhaupt nicht gegeben hat. Niemals konnte die Musik ohne Verrat aus ihrer Zunftsphäre ausbrechen. Dafür ist nicht die Zunft verantwortlich. Die Verkrüppelung von Musikalität, die Abtötung von Phantasie und Begierde nach Neuem zugunsten eines statisch Trüben und Primitiven, ist einzig Erscheinung des gesellschaftlichen Mißlingens von Kultur überhaupt. Daher ist keine Korrektur von der Musik her zu erwarten. Würde sie sich, wie man es wohl zuweilen mit moralischem Pharisäismus verlangte, ins Leben zurückbegeben, um von sich aus ihre Distanz zur Gesellschaft herabzusetzen, so beraubte sie sich der eigenen Stimmigkeit und verstärkte womöglich jenen Zustand von Bildungslosigkeit, dem man durch Anbiederung entgegenzuarbeiten glaubt. Die letzten vierzig Jahre haben das unmißverständlich demonstriert. Heutzutage macht die Musikpolitik jenseits des Vorhangs durch den aufgewärmten Appell an Volksverbundenheit die scheinheilig beklagte Entfremdung zur eigenen Sache. Musik wird, wie aller andere Geist, zum Helfer von Arbeitsmoral, zur Ermunterung Gleichgültiger, zum pep talk degradiert. Ob der allbeliebte Satz, Musik sei um der Menschen willen da, metaphysisch sich halten läßt, ist zu bezweifeln; fraglos stellt er in der gegenwärtigen Lage den Sachverhalt auf den Kopf. Gesellschaftlich richtig kann in der Kunst allein das sein, was an sich selbst wahr ist. Was unter dem Vorwand, demütig den Menschen zu dienen, diese Forderung aufweicht, betrügt dadurch die Menschen um das, was ihnen zu geben man vorgaukelt. Auffällig, daß diejenigen, welche auf engagierter Musik theologisch oder politisch insistieren, ihr Vorbild meist in einer suchen, die ihrer eigenen Anschauung zufolge das Gegenteil wollte, nämlich den höheren Ruhm Gottes. Ästhetischer Ernst ist dessen Säkularisierung, nicht die Herrichtung jenes Heiligen zum Gebrauch, das, nach Hölderlins Wort, von nun an nicht mehr sich gebrauchen läßt. Verkoppelt mit dem Dienst am Menschen ist die Forderung von Positivität. Musik wünscht sie als Bringerin von Lebensfreude, als gemeinschaftsbildende Kraft, oder wie immer die Formeln lauten mögen. Sie alle sind pragmatistisch und gliedern damit dem Trend eben der Zivilisation sich ein, den die Lobredner ästhetischer Positivität zu befehden pflegen. Kein Kriterium von Musik ist es, ob sie positiv oder negativ sei, und welche Verhaltensweisen sie in den Menschen fördere – ihr moralischer Effekt ist dubios –, sondern einzig, ob sie Wahrheitsgehalt hat, und ob dieser Wahrheitsgehalt, indem er an ihr erfahren wird, dazu hilft, falsches Bewußtsein zu durchschlagen und den Menschen ein richtigeres zu verschaffen. So nur und in keinem borniert praktizistischen Sinn kann von einer sozialen Funktion der Musik geredet werden. Heute wird sie allein dort erfüllt, wo Musik dem universalen Funktionieren sich weigert, anstatt durch ihr Gehabe den ideologischen Schleier zu verstärken.

Ideologisch ist die empörte Einschätzung vieler Phänomene des zeitgenössischen Musiklebens, wie der angeblichen materiellen Interessiertheit von Hochschulstudenten oder der Gleichgültigkeit junger Musiker gegenüber nicht lukrativen Sparten. Primär werden derlei Gefährdungen der Musikkultur, die ich keineswegs bagatellisiere, nicht bedingt von egoistischer Gesinnung, sondern von dem unerträglichen Abstand zwischen den allgemeinen Erwerbsmöglichkeiten und den traditionell der Musik offenen. Die Nachwuchsprobleme wären wohl dadurch zu lösen, daß dies Gefälle ausgeglichen wird. Während der wirtschaftlichen Hochblüte hätte sich das ohne weiteres bewerkstelligen lassen. Nun auch ein musikalischer Bildungsnotstand sich abzeichnet, dürfte die Förderungspolitik der öffentlichen Hand für musikalische Bildung innerhalb der Gesamtpläne beschnitten werden und dadurch der musikalische Bildungsnotstand sich verschärfen. Daß eine ihrer Aufgaben bewußte Förderung nicht einem objektiv überholten Typus von Jugendmusikschulen und Ähnlichem um seiner lautstarken Propaganda willen das Monopol einräumen sollte, sei en passant erwähnt. Sucht dagegen avancierte Musik nach institutioneller Deckung; organisiert sie sich ihrerseits innerhalb der totalen Organisation, oder wird ihr von dieser die bescheidenste Zuflucht gewährt, so erhebt sich Gezeter. Dem ist drastisch zu erwidern, daß man sich der alles umfangenden verwalteten Welt nicht anders erwehren kann als durch Mittel, die ihr gleichen; eben darin drückt ihre Totalität sich aus. Der Widerstand gegen das genormte Gequäke, mit dem die Welt ohne Einspruch überflutet wird, steht nicht bei dem Künstler, der in eine Waldeinsamkeit sich zurückzieht, die doch, wörtlich und metaphorisch, ohne Unterlaß vom Lärm der Flugzeuge gestört würde. Er muß selbst der Mittel und Techniken der verwalteten Welt sich bedienen, um sie umzufunktionieren, und muß diese Notwendigkeit ins eigene Bewußtsein aufnehmen, anstatt sich terrorisieren zu lassen von denjenigen, die nach Reinheit rufen im Einverständnis mit der Welt, der gegenüber sie Askese empfehlen.

Daß allerdings die Einbeziehung des nicht Konformierenden in das totale System die Drohung dessen enthält, was der Konformismus im Namen von Integration feiert, sei nicht verschwiegen. An dem Widerspruch, daß, was anders ist als der Apparat, dennoch seiner Toleranz und gar seiner aktiven Hilfe bedarf, krankt alles Opponierende. Die Affinität mancher jüngsten Musik zu Tapetenmustern, zu einer gewissen stumpfen Selbstgenügsamkeit, auch zum konsequenzlosen Ulk, ist, wenn nicht unmittelbar vom Dirigismus verursacht, zumindest in fataler Harmonie mit ihm. Wer jedoch den Rang von Kompositionen irgend zu unterscheiden vermag, weiß, daß es anderes gibt. Jener Widerspruch ist keiner des subjektiven Geistes der Avantgardisten, sondern objektiv gesellschaftlichen Wesens. Zu den beliebtesten Tricks der gegenwärtigen Ideologie rechnet es, derlei objektive Widersprüche dem Verhalten oder Denken mißliebiger Einzelner oder Gruppen vorzuwerfen, vor allem solcher, die Widersprüche erkennen. Richtiges Verhalten heute, auch in der Musik, wäre nicht eines, das die zentralen Widersprüche verleugnet und widerspruchsfrei sich gebärdet, sondern eines, das ihnen ins Auge sieht, sie ausdrückt und dadurch hilft, darüber sich zu erheben.

Was der musikalische Dirigismus dem subjektiven musikalischen Bewußtsein antut, kommt einer Liquidation des Geschmacks gleich. Geschmacklosigkeit brüstet sich als Zeitgeist. Für die überwiegende Zahl der Musikkonsumierenden dürfte der Begriff Geschmack gar keinen Sinn mehr haben. Sie lassen einfach nur gelten, wovon sie behaupten, daß es ihnen Spaß bereite. Jeden Hinweis auf die Qualitätsfrage weisen sie von sich als unbilligen Eingriff in die Freiheit ihres Vergnügens. Ihre Verhaltensweise ist aber der Sphäre des Geschmacks gegenüber kein absolut Verschiedenes. Sie läßt diesem nur widerfahren, was er selbst verdient hat; im Begriff des Geschmacks als solchem ist jene Reaktionsform bereits angelegt. Eine geschichtliche Analyse der Kategorie Geschmack wäre fällig. Von jeher dürfte er ein Kompromiß gewesen sein zwischen dem objektiven Anspruch des ästhetischen Gegenstandes und dem subjektiven nach Befriedigung meist vorkünstlerischer Art inmitten der Kunst. Auch Geschmack war a priori widerspruchsvoll. Während sein Begriff an Unterscheidungsfähigkeit, Sinn für Formniveaus erinnerte; während er als Organ für Qualitäten der Sache selbst sich fühlte, wurde dies Organ, sobald man es allein dem erfahrenden Subjekt zuschob und von der Sache abtrennte, zu einem Zufälligen und Willkürlichen. Die Idee des Geschmacks schließt ein, daß sich die objektiven Qualitäten, der Rang musikalischer Kunstwerke unterscheiden, daß über Geschmack sich streiten lasse, eben weil er an einem Objektiven seinen Halt hat; von Anbeginn jedoch wurde dem Begriff des Geschmacks auch das Gegenteil imputiert, daß nämlich, wie es so heißt, über ihn gerade nicht zu streiten sei. Die Kantische Kritik der Urteilskraft hat, ohne dessen ganz sich bewußt zu sein, diesem Widerspruch im Begriff des Geschmacksurteils zum Ausdruck verholfen. Unter den Leistungen der Hegelschen Ästhetik war es vielleicht die größte, daß sie den Widerspruch theoretisch bewältigte, indem sie das ästhetische Urteil an der Einsicht in die Sache selbst anstatt am Beliebigen des sinnlichen Wohlgefallens festmachte; eine Wendung freilich, die in Wahrheit bereits den Begriff des Geschmacks aufhebt. Der Berufung auf diesen haftet etwas Subalternes und Verstocktes an. Zusammenzutragen, was alles gegen Beethoven im Namen geläuterten Geschmacks vorgebracht wurde, lohnte der Mühe: nicht Beethovens wegen, dessen Werk die armseligen Belästigungen abschüttelte, sondern des Geschmacks wegen. Die subjektive Reaktionsfähigkeit, die der Geschmack voraussetzt, ist bei denen, die auf ihn sich zurückziehen, meist unterentwickelt. Subjektive Reaktionsfähigkeit und Objektivität der Sache sind nicht voneinander abgespalten. Beides produziert sich wechselfältig. Was sich als Geschmack fühlt und wer den Geschmack sich selbst als Privileg zuschreibt, repetiert im allgemeinen den geronnenen Normen- und Konventionsschatz seiner Epoche, zumal der Gesellschaftsschicht, mit der er sich identifiziert; wer im Geschmack seine Subjektivität zu hüten meint, hat sie selten überhaupt erlangt. Die Geschmackskategorie dürfte konkret in den Vorstellungen von cour et ville entsprungen sein; es erhellt, daß, nachdem es längst nicht mehr die Art von Gesellschaft und die Art von Stil gibt, auf welche sie zugeschnitten war, Geschmack sich immer mehr aushöhlt und schließlich in leer elitäres Bewußtsein übergeht. Die jüngste kompositorische Entwicklung hat das bestätigt, indem sie – ob mit Glück, ist noch offen – die Geschmacksmomente aus sich und aus dem Produktionsprozeß auszuschalten und durch unmetaphorische, buchstäbliche, hieb- und stichfeste Stimmigkeit nach naturwissenschaftlichem Modell zu ersetzen sucht. Darin wird der qualitative Sprung zwischen der Kunst und der außerästhetischen Realität verkannt; triftig jedoch ist die Innervation, der Geschmack tauge nicht mehr als Kriterium von Musik. Ornamentale, schmückende Kunst war wahlverwandt dem Geschmack als dem Sinn für jenes vermeintlich allein Kunsthafte.

Allerdings macht die Rede von Liquidation des Geschmacks sich einer mit dem Zeitgeist allzu einigen, man könnte sagen: positivistischen Vereinfachung schuldig. Wenn Kategorien des Geschmacks an die zeitgenössische Produktion nicht mehr heranreichen; wenn diese durch ihre Forderungen an sich selbst über den Geschmack hinausgeht, so postuliert das doch den Geschmack als ein darin Aufgehobenes. Ich erinnere zur Erläuterung an das bedeutendste literarische Phänomen der Gegenwart. Die Werke Becketts sind mit Normen des Geschmacks unvereinbar, provozieren und verletzen sie; nicht ein Satz indessen steht bei ihm, der nicht den akkumulierten Geschmack der gesamten neueren Kunst in sich aufgespeichert hätte und seine Substanz durch dessen bestimmte Negation erst empfinge. Brecht, den man in der Diskussion über das zeitgenössische Theater Beckett zu kontrastieren pflegt, war ihm darin keineswegs unähnlich. Ohne Gewaltsamkeit wäre sein Werk als Konsequenz von Geschmack darzustellen, der so empfindlich war, daß schließlich alles Geschmackvolle ihm auf die Nerven fiel. Eine analoge Doppeldeutigkeit wäre bei Schönberg zu konstatieren, lag allerdings nicht in dessen eigener Intention. Sorge wäre dafür zu tragen, daß das musikalische Bewußtsein den Geschmack überflügelt, nicht hinter ihn zurückfällt in die Barbarei. Inmitten der universalen Neigung zur Entkunstung der Kunst ist diese Maxime, so wie einst der Titel des Buches von Adolf Loos lautete, stets noch ins Leere gesprochen.

Erwartet man aktuelle Auskunft über geschmackbildende Institutionen und Funktionen, so wird man der Problematik von Geschmack selbst eingedenk sein müssen; sie hilft erklären, warum es so wenig fruchtet, etwa hohe und große Musik gegen leichte und niedrige zu predigen, während die Differenz beider Bereiche ins Unmäßige sich auswuchs. Der Einspruch gegen die Barbarei inmitten der Kunst ist notwendiger als je; aber der Einspruch klingt seiner bloßen Form nach, als ein der Gesellschaft gegenüber sich Aufplusterndes und Selbstgerechtes, hohl. Der Unterschied zwischen dem, der ein spätes Quartett von

Beethoven noch seinem Wahrheitsgehalt nach versteht, und dem, der daraus pathetisch die Norm herleitet, es müsse verstanden, die Menschen müßten dazu gebracht oder erhoben werden, als ob das unter den gegenwärtigen Bedingungen auch nur möglich wäre – dieser Unterschied ist kaum weniger als der zwischen Wahrheit und Ideologie. Daß man nicht gleichzeitig eine Sache als die höhere erkennen dürfe und doch darauf verzichten müsse, sie zu advozieren, ist ein Einwand nur dem, welcher den Antagonismus von künstlerischer Autonomie und gesellschaftlichem Stand verkennt. Eben nur genannt sei das Problem, ob auf Geschmacksbildung vereidigte Institutionen wie Musikunterricht und Musikkritik noch jenem Geschmack helfen, der vorhanden sein müßte, damit man ihn transzendiert. Dem gleichen Problem findet die geisteswissenschaftliche Lehre an den Universitäten sich gegenüber. In der Musik dürfte es besonders aktuell sein wegen des Trends zur Verpädagogisierung: daß der Bereich des Unterrichts, das Mittel, das seines Zwecks nicht mehr sicher ist, sich selbst zum Zweck wird und am liebsten die gesamte Musik zu seinem Ebenbild umschaffen möchte. Nur auf ein Symptom aus dem Komplex einer musikalischen Bildungskrise darf ich hinweisen, das mir zu belegen scheint, daß die totale Gesellschaft in Fragen der musikalischen Geschmacks- und Urteilsbildung direkt, mit wahrhaft totalitärem Anspruch eindringt. Vor einiger Zeit hatte ich mit Rudolf Stephan, jetzt Ordinarius für Musikwissenschaft an der Freien Universität Berlin, eine Rundfunkdiskussion über Hindemith. Wir beide sprachen scharf kritisch; nicht erstaunlich, daß unser Gespräch als Angriff auf den verstorbenen Komponisten empfunden wurde. Schon zu seinen Lebzeiten hatte ich zunehmende Bedenken gegen sein Werk und, wenn man so sagen darf, dessen kulturphilosophische Tendenz verspürt und öffentlich angemeldet. Die Anhänger Hindemiths hätten auf den Inhalt des Gesprächs replizieren können, und niemand wird bezweifeln, daß wir beide an der gleichen Stelle den Gegnern öffentlich uns gestellt hätten. Dazu kam es nicht. Keine sachliche Replik erfolgte, obwohl man sich ein Protokoll der Diskussion verschafft hatte. Nicht gegen das wurde polemisiert, *was* wir gesagt hatten; wohl aber dagegen, *daß* wir es gesagt hatten; und durch allerhand

Démarchen versucht, es unmöglich zu machen, überhaupt an Hindemith einschneidende, kompositorisch fundierte Kritik zu üben. Ich hörte, daß einige Zeit danach in einem anderen Fall, in dem ich nicht beteiligt war – es handelte sich um Hans Pfitzner und dessen wüsten Nationalismus –, die gleichen Manöver probiert wurden. Anstelle dessen, was man heute mit einem durch Mißbrauch verschandelten Wort Dialog zu nennen pflegt und was dem Geist einer demokratischen Gesellschaft allein anstünde, tritt der blinde Kultus arrivierter Namen. Zum Fetischcharakter in der Musik zählt, daß man Komponisten, deren Gesinnung im Klima der auferstandenen Kultur anheimelt, in heilige Tiere verwandelt. Die Warenmarke Prominenz wird zur Autorität und verhindert die nähere Besinnung darüber, warum eine Komposition, oder ein Komponist, mit Grund gut oder schlecht zu nennen ist. Die Unfähigkeit, stichhaltigen Einwänden zu begegnen, rationalisiert man womöglich als Tugend einer Innerlichkeit, die so tief sei, daß sie sich nicht in der Diskussion zu zerreden brauche. Geistige Insuffizienz bescheinigt man sich als moralische Überlegenheit über die bösen Intellektuellen, unter Mißachtung dessen, daß es nicht um Unterschiede von Menschentypen geht, sondern um die Objektivität der Sache. Ähnlich hat man unterm Vorfaschismus auf Äußerungen Thomas Manns über Richard Wagner reagiert. Sozialcharaktere desselben Schlages verteidigen heute Hindemith oder Pfitzner nicht gegen Einwände, sondern möchten ihnen ein Monopol jenseits der Freiheit zu Einwänden zuspielen. Das läuft auf die Abschaffung von Kritik hinaus, wie man sie im Reich des Hitler anordnete. Gesellschaftlich-kulturelle Restauration schickt sich an, in brutale Gedankenkontrolle umzuschlagen.

Sollte ich all dem gegenüber sagen, was nun eigentlich im Musikleben, ohne Rücksicht auf die gesamtgesellschaftliche Verstrickung, zu tun sei, so könnte ich nur äußerst bescheiden antworten. In Deutschland wäre, um einen Begriff zu verwenden, der oft als verwirklicht unterstellt wird, während er allenfalls ein erst Herzustellendes bezeichnet, das Musikleben zu entideologisieren. Ebenso müßte man die zählebige Illusion abwerfen, von der Musik her seien wesentlich die Beziehungen der Menschen untereinander zu verändern. Nicht zu retten aber ist auch der

Aberglaube daran, der brüchige und noch an seinen obersten Spitzen der von ihm ausgebeuteten Sache unangemessene Betrieb, der sich Kultur dünkt, sei es wirklich. Anstatt der Verklärung dessen, was der Fall ist und die Macht des So- und nicht Andersseins besitzt, wäre Versachlichung im gesamten musikalischen Bereich zu fordern. Niemand wird mich so mißverstehen, als ob ich damit jene Sachlichkeit meinte, die vor vierzig Jahren im Neoklassizismus, in Idiosynkrasie gegen den Ausdruck, in Motorik und maschinenhafter Sturheit sich austobte. All das ist an der eigenen Dürftigkeit, am verlogen-autoritären Gehabe gescheitert und fasziniert heute, außerhalb gewisser Sekten, keinen Menschen mehr. Die alte neue Sachlichkeit war ideologisch im höchsten Maß, befangen in dem Wahn, aus einem seinerseits tief fragwürdigen Ordnungsbedürfnis heraus lasse willentlich etwas wie musikalische Ordnung in jedem Sinn sich beschwören. Unter Versachlichung verstehe ich statt dessen Anstrengungen zu einer adäquaten Beziehung zwischen den Menschen und der Sache, der Musik, die sie hören und spielen, und zwar der differenziertesten und spirituellsten. Der Begriff strukturellen Hörens, die Norm, darauf hinzuarbeiten, daß, was immer spezifisch in musikalischen Gebilden sich zuträgt, in allseitiger Aktualität des Hörens zum Bewußtsein gelange, mag anzeigen, worauf es dabei abgesehen ist. Absichtlich wähle ich den Ausdruck Bewußtsein. Er zielt nicht auf die äußerliche Reflexion, etwa die Fähigkeit, das musikalisch Erfahrene auf seinen theoretischen Begriff zu bringen. Jedoch man sollte Musik nicht länger als eine irrationale Reservatsphäre betrachten. Im Akt des Hörens müßte spontan das Gehörte in seiner Fülle, nach Einheit wie nach Mannigfaltigkeit, gegenwärtig werden. Das Vor-sich-Hindösen, das sich mit Gefühl verwechselt, oder die spielende Betulichkeit, die sich für musikantisch hält, beeinträchtigt die helle Erfahrung der Sache. Daraus ist wohl auch die entscheidende Anweisung für musikalische Interpretation herauszulesen: die objektiv in einer Komposition enthaltenen Momente, soweit sie in einem geschichtlichen Augenblick evident sind, vollständig in die Erscheinung umzusetzen. Die überwältigende Zahl aller musikalischen Aufführungen traditioneller und neuer Musik ist, wie sich bündig zeigen ließe, falsch, auch die der berühmtesten Interpreten. Versachlichung des Musiklebens – man möchte sie dessen Musikalisierung nennen – käme der Schließung des Bruchs zwischen Werk und Hörer, und zwischen Hörer und Moderne, zugute. Das in seiner Nuanciertheit wie seinem Zusammenhang richtig dargestellte und gehörte Werk wäre unmittelbar zugleich das verstandene. Solches Hören kräftigte von selbst die Beziehung zum Neuen. Ihm ist wesentlich, nach außen zur Erscheinung zu bringen, was in der traditionellen Musik subkutan sich verbarg und der Hilfe der Interpretation ebenso wie eines gleichsam interpretierenden Hörens bedurfte. Insofern ist, wenn man will, die neue Musik einfacher als die traditionelle; nur daß deren eingeschliffene Sprache daran hindert zu erkennen, wie wenig sie verstanden wird und nach der Aufführungspraxis des herrschenden Musiklebens gar nicht verstanden werden kann. Die visierte Versachlichung wäre eins mit musikalischer Bildung: in ihr schulte sich das qualitative Unterscheidungsvermögen für Formniveaus, Gestaltenfülle und organisierende Kraft. Umstandslos würden daraus Kriterien der Kompositionen: ihr Rang hängt, vor allem anderen, von jenen Kategorien ab. Der Schein des Pluralismus, der Gleichberechtigung der divergenten und miteinander unversöhnlichen Phänomene, aus denen das Musikleben heute sich addiert, zerginge, sobald strukturelles Hören immanent, ohne Anleihen bei irgendwelchen von außen erborgten Werten, der Qualität der Werke oder ihrer Abwesenheit innewürde. Trifft zu, daß es nur eine Wahrheit gibt, so gibt es nur eine auch in der Musik. Sie besteht aber nicht in einem abstrakt Allgemeinen, sondern enthüllt sich in der Konkretion des Verschiedenen.

Entideologisierung hätte auch vor dem Verhältnis von Musik und Gesellschaft nicht innezuhalten. Sie hätte der gesellschaftlichen Problematik der gegenwärtigen Musik – nämlich ihrer Abhängigkeit von heteronomen Mächten, keineswegs ihrer vielberufenen Asozialität – sich zu stellen. Musik hat, gleich allem Kulturellen, ihre Selbstverständlichkeit, das Unzweifelhafte ihrer raison d'être, eingebüßt. Je mehr die gesellschaftlich integrierte Musik sich zu einem Stück Kitt und Affirmation erniedrigte, je mehr sie Reklame schlechthin wurde, desto fragwürdiger, ob sie in ihren überkommenen Formen nach dem Maß der Wahrheit, das ihren obersten Gebilden innewohnt, überhaupt noch betrieben werden sollte. Ein Äußerstes an Entideologisierung ist die Antwort auf ihre totale Ideologisierung. Daß der objektive Sinn, den musikalische Gebilde bis zur jüngsten Phase, ob sie es wollten oder nicht, bekräftigten, in seiner Wahrheit ungewiß ward, ist der metaphysische Grund dafür. Vielleicht kommt Musik erst dann zu dem Ihren, wenn sie sich als nicht mehr schlechthin notwendig und gerechtfertigt erkennt.

1966

Zu einer imaginären Auswahl von Liedern Gustav Mahlers

Erwin Ratz gewidmet

Als Neunzehnjähriger, vor seiner Lehrzeit bei Schönberg, schrieb Anton von Webern, Mahlers Musik mache »förmlich einen kindlichen Eindruck«, zumal im Vergleich mit Strauss. Aber sie gefalle ihm sehr gut. Webern stand sein ganzes späteres Leben lang zu Mahler, sein bedeutendster Interpret. Der Widerspruch in jenen Äußerungen aber ist der produktive von Gustav Mahlers Liedern. Was Webern als primitiv beanstandete, steht dem nicht fern, was im neunzehnten Jahrhundert unter dem Namen des volkstümlichen Liedes ging und sich verdächtig machte als Versuch der Nachahmung eines unwiederbringlich Verlorenen, das zudem historisch nie so existierte, wie zurückgestaute Sehnsucht es vorgaukelt. So einfach dünkt die Faktur, als hätte Mahler an den kompositorischen Errungenschaften des Richard Strauss der gleichen Jahre keinen Teil. Polyphonie fehlt, viele Einfälle klingen gewohnt, die Harmonik bescheidet meist sich diesseits der Tristanchromatik. Sich zu differenzieren jedoch vermag Musik, auch dem greifbaren kompositorischen Sachverhalt nach, in verborgeneren Dimensionen: in der Binnenstruktur der Melodik, in der Metrik, der Kunst der harmonischen Ausweichung, der Formdisposition. Die unerschöpfte Kraft der Mahlerschen Lieder weist sich darin, daß jene Dimensionen von Differenziertheit mit dem simplen Vokabular sich durchdringen. Eines ist Bedingung des anderen. An Ausweichungen metrischer und harmonischer Art war der frühe Strauss nicht ärmer. Nur wurden sie im unbekümmerten Schwung der Totale gleichgültig. Mahler exponiert die Nuance, die kleinste Differenz vom Schema, vorm Hintergrund des von ihm noch geachteten Idioms. Dadurch wird sie sinnfällig und wesentlich, als hinge vom Wechsel kleiner und großer Terz die Welt ab.

Paradigmatisch dafür ein Stück wie ›Wer hat dies Liedlein erdacht?‹. Es gibt sich in jedem Betracht, auch der heiteren Stimmung nach, überaus harmlos, ein behaglicher Ländler, dreiteilig, mit einem trioartigen Mittelstück und einer Reprise. Die instrumentale Einleitung ist verhältnismäßig lang, zwölf Takte. Eigentlich wären es dreizehn, denn ihr Abschluß überschneidet sich mit dem Einsatz der Singstimme, subtil verschlingen die Hauptabschnitte sich miteinander. Der Einleitung liegt ein drehendes zweitaktiges Motiv zugrunde, rückläufig in sich. Die Konstruktion behandelt es irregulär. Aufgegriffen wird, im zweiten Takt, das Schluß- oder Anfangsglied des Motivs, eintaktig, und sequenziert. Dann wiederholt sich, abermals zweitaktig, einen Ton höher, harmonisch in der Unterdominanzregion, das Anfangsmotiv. Nun indessen folgt nicht wiederum das kurze Schlußglied, sondern das Hauptmotiv wird sogleich kraft seiner durchlaufenden Sechzehntelbewegung zu einem Fünftakter ausgesponnen. Intervallvarianten berühren die Dominanztonart; am Ende moduliert Mahler zur fünften Stufe der Haupttonart zurück. Gleichsam als Coda der Einleitung wird das zweitaktige Schlußglied nachgeholt, diesmal, in Konsequenz der vorausgehenden Figuration, selbst ebenfalls in Sechzehntel aufgelöst. Derart komplex sind die metrischen Eigentümlichkeiten der Einleitung und die mit ihnen ganz verschmolzenen melodischen; dabei von einschmeichelndster Logik. Das hebt die erweiterte Periode hoch über alle Dorfsimpelei, ohne daß doch das Ohr, das arglos dem Fluß sich anvertraut, Rechenschaft davon geben könnte, wieso diese Takte ein Ländler sind und große Musik in eins.

Der erste vokale Hauptteil des Liedes fügt sich aus drei Gedanken: einem, der aus dem Hauptmotiv der Einleitung gebildet ist, dann, nach einer für Mahler sehr charakteristischen und sehr österreichischen Modulation, auf eine für Augenblicke zur Molltonart verselbständigten dritten Stufe, zu den Worten »Da gucket ein fein's, lieb's Mädel heraus«, einem Seitenthema. Durchs Übergewicht der Achtel und der größeren Intervalle unterscheidet es sich hinlänglich vom Hauptmotiv, strebt aber keinen eigentlichen Kontrast an, ein spezifisches Fortsetzungsgebilde, überwiegend in der Unterdominanztonart. Schließlich meldet sich, wieder in der Haupttonart, eine Art Schlußgruppe, welche auf die Bewegung des Fünftakters der Einleitung zurückgreift und unmerklich coda-artig sich verdichtet. – Der Mittelteil des Ganzen ist ein deutliches Ländlertrio, wie ein Geschenk, in der nach Dur versetzten Tonart der Mediante, reich und zärtlich modulierend. Seinen modulatorischen Gesamtzug trägt es weiter in die Überleitung zur Reprise des Hauptteils. Sie ist das Erstaunlichste: zu den Worten »Wer hat denn dies schön' schöne Liedlein erdacht« beginnt sie mit dem dritten, dem Schlußgedanken des Hauptteils. Dicht anschließend, von »Es haben's drei Gäns' übers Wasser gebracht«, eine mit Umkehrungen und Varianten arbeitende Wiederholung des zweiten Gedankens. Allmählich findet die Reprise, bei ostinater Ausnutzung des Hauptmotivs, in den Anfang zurück, endend mit der erweiterten Codabewegung aus der Exposition. Mit anderen Worten, in dem Lied, komponiert in den frühen neunziger Jahren, ist, unter der Ländlerhülle, aus dem Impuls unschematischen Variierens eine krebsgängige Architektur entwickelt; nicht bestimmt von Reihenkalkül oder aufgewärmten niederländischen Künsten, sondern Realisierung des sich um sich selbst Drehens in der Zelle des Hauptmotivs; Konstruktion als gänzlich Organisches. Was den Kindlichen kindlich sich anhört, nimmt Strukturprobleme vorweg, die erst siebzig Jahre danach offenbar wurden; das entbindet von jeder Rede über die Aktualität der Mahlerschen Lieder. Worauf hingewiesen ward, ist bloß das Sinnfälligste; die detaillierte Analyse könnte dartun, daß jene Strukturmomente nicht dem willkürlichen Bedürfnis nach Abwechslung entspringen. Sie genügen den ausgehörten Bedürfnissen des kompositorischen Verlaufs.

In solcher technischen Differenziertheit erscheint der Gehalt: gebrochene Objektivität. Sie resultiert aus der Haltung des Singenden, des kompositorischen Subjekts in diesen Liedern: nicht der zufälligen Person Mahlers sondern des geistig musikalischen Ichs, auf dem sie beruhen und das in ihnen Stellung bezieht. Aus ihnen spricht es nicht lyrisch unmittelbar, sondern die meisten sind erzählend, episch wie Mahlers symphonische Formen. Dennoch wohnt ihnen latent inne, daß Musik so wenig mehr recht erzählen kann wie Worte von Geschehenem: die Unmöglichkeit der Ballade. Daher der Gestus des Als ob sich erzählen ließe, Ironie wie im großen Roman, ein Standort, welcher der eingeschliffenen Kategorien objektiv und subjektiv spottet. Mahlers Lieder stehen, wie bekannt, im engsten Zusammenhang zur Symphonik, nicht nur dem motivisch-thematischen Inhalt nach, vielmehr bis in die Grundschicht der Komposition hinein. Sie sind wahrhaft das Bindeglied zwischen der objektiven, das bloße Individuum zugleich hinter sich zurücklassenden und es mitfühlend errettenden Idee der Symphonie und dem subjektiven Impuls, den mit solcher Objektivität zu versöhnen alle Arbeit und Anstrengung Mahlers meint. Dabei bedient er sich jener Spuren eines umfangenden, vorgegebenen Formkanons, der ihm noch gegenwärtig, von dem er seit der böhmischen Kindheit durchtränkt war, des Marsches und des Ländlers vor anderen. Aber das musikalische Ich, das da erzählt, zuweilen die Figuren der Gedichte direkt reden heißt, ist das moderne, ohne kollektiven Trug sich sondernde, autonom durchgebildete. Unablässig verhält es sich, in rein musikalischen Wirkungen, zum Berichteten, legt seine Intentionen den Topoi ein. Das Verhältnis von Abweichungen und Idiom definiert den Kosmos von Mahler. Das kompositorische Subjekt, das an die Sache sich entäußert, ohne doch in dieser positiv aufgehoben zu sein, offenbart sich, indem es die Sprache schattiert, nicht sich naiv und selbstherrlich setzt. Es bekennt die Objektivität, in der es eben noch sich birgt, schwermütig als Fiktion; darum wohl nannte Mahler die Wunderhornlieder ursprünglich Humoresken, obwohl manche todtraurig sind. Bloß mittelbar identifiziert es sich mit den musicae personae, all den hilflos schluchzenden Opfern, von denen die Volksliedtexte und die volksliedähnlichen handeln. Wo immer das traditionelle Idiom zerrüttet wird, blickt das Antlitz des Komponisten hindurch, das um die anderen leidet, denen es gleicht; so fern dem archaistischen Vertrauen in eine ewige Formenwelt der Musik wie einer Art von Lyrik, die in Mahler erstmals irreward am Recht, überhaupt noch Ich zu sagen. Keiner wird die Lieder gut singen, der diese Gebrochenheit nicht fände, die Wechselwirkung zwischen dem Idiom und dem, was davon absticht.

Quantitativ ist das Mahlersche Liedwerk nicht umfangreich; gerade seine Verdichtung macht eine Auswahl schwer. Nichts wäre aus Zyklen herauszuschneiden, den Gesellenliedern, den Kindertotenliedern. Den Klavierliedern gebührte der Vorrang, stammten sie nicht alle aus Mahlers früher Jugend; Entscheidendes fehlt noch in ihnen. Klavierfassungen von Orchesterliedern freilich erregen vorweg Bedenken. Diese sind zu zerstreuen, auch wenn die Äußerung nicht authentisch sein sollte, derzufolge Mahler nur deshalb Orchesterlieder schrieb, weil man unter Umständen auf einen musikalischen Kapellmeister, nie auf einen musikalischen Begleiter hoffen dürfe. Auffällig, daß er die Bezeichnung Klavierauszug vermeidet; er hat die Wunderhornlieder ausdrücklich auch als solche »für eine Singstimme mit Klavierbegleitung« drucken lassen. Offenbar wollte er den Versionen, die er selbst herstellte, nicht ihr eigenes Recht entziehen. Dem entspricht die Sache. Das Zweidimensionale, oft Tiefelose von Mahlers früherem Orchesterklang schickt sich nicht schlecht zum Klavier. So kunstreich einfach die Instrumentalfassungen sind – ihre Kunst beschränkt sich aufs Realisieren. Strukturelle Momente werden ausinstrumentiert. Weder wirkt die Instrumentalfarbe als selbständiger Parameter, noch dehnt sich das Volumen, von wenigen Ausnahmen wie der Revelge oder dem letzten Kindertotenlied abgesehen, symphonisch aus. Zugunsten reiner Stimmen und durchhörbarer Akkorde ist auf jegliches Füllende verzichtet. Das kommt der Klavierfassung entgegen; mag sie karger sein, sie entstellt oder verletzt nicht; ganz wenige Stellen nur wird man finden, die sich transkribiert anhören. Gegenüber der üblichen Unterscheidung von Klavier- und Orchesterlied entwerfen Mahlers Lieder die Idee eines Dritten, eines musikalischen Niemandslandes, nicht diesseits der bestimmten Klangmaterialien sondern über ihnen wie das Geisterreich, von dem ihrer so viele etwas vermelden. – Wenigstens die typischen Grundcharaktere der Mahlerschen Liederwelt wären zu zeigen, selbst wenn deswegen, um nicht den des Ländlers zu verdoppeln, ein Gebilde beseeltester Anmut wie das Rheinlegendchen fortbliebe.

Gegen ›Ich ging mit Lust durch einen grünen Wald‹, original für Klavier und Stimme gesetzt, könnte jeder Schulfuchser die üblichen Einwände herleiern: die Harmonie komme nicht recht vom Fleck, der Mittelsatz sei banal erfunden. Vorm unwiderstehlichen Ausdruck müßten solche Einwände sich schämen; das Vage, Unausgesprochene der Konzeption, das einem das Herz zusammenschnürt, bedingt von sich aus eine Harmonisierung, die mehr pendelt, als sich fortbewegt. Hier mag man beobachten, wie kleinste Modifikationen, die Unterlegung eines Orgelpunkts der Tonika dort, wo erst eine fünfte Stufe komponiert ist; oder der Wechsel zwischen f und fis in einem Nebenseptimakkord bei analogen Stellen; oder der in der letzten Strophe hinzugefügte Doppelschlag beim Eintritt der sechsten Stufe, inmitten des nach außen ganz Schlichten, zu Sigeln von unabsehbarer Tragweite werden. Das Lied hat etwas von Bildern aus Bilderbüchern, über die das Kind hastig hinwegblättert, weil es vor ihnen Angst hat, und die es doch immer wieder aufschlägt, um selig vor ihnen zu weinen. Konzentrat alles Verheißenen und Versagten eines ganzen Lebens, fast unerträglich nah an der leibhaften Erfahrung. – ›Heute marschieren wir‹, abermals ein Klavierlied, Rondo aus einem Guß, enthält gleichwohl die Mahlerschen Ingredienzien wie ein Gewürzschrank, die gekaufte Keckheit, das Schwanken zwischen Sentimentalität und Parodie, das Klägliche. Entlegene Tonarten stoßen zwischen den Strophen schroff aufeinander, sind aber im Sinn auskomponierter neapolitanischer Sexten kadenzhaft verbunden. Die Schlußpointe des »Aus«, der Interjektion, die den letzten Satz verneint, daß es noch nicht aus sei, explodiert im Witz bedrohlich. – ›Ablösung im Sommer‹ ist trotz der Klavierbegleitung Modell für den Zusammenhang von Lied und Symphonik, das Kernstück aus dem Scherzo der viel späteren Dritten Symphonie, ein antezipiertes Meisterstück, längst ehe Mahler ein Meister war, dabei voller Widerstände gegen die herkömmliche Korrektheit, mit quintigen Verschiebungen und verbotenen verminderten Dreiklängen. Ein dicht gewobenes und webendes Maggiore läßt für Momente den unheroischen Märchenwald Mahlers aufglänzen. Die letzten Takte identifizieren sich schon mit den wie unter einem Bann stampfenden Tieren, Groteske aus Allmenschlichkeit.

Bei dem Wunderhorngesang ›Der Schildwache Nachtlied‹ könnte man darüber rechten, ob die Strophen des Soldaten nicht doch für ein Klavierlied allzu kompakt, orchestral gedacht seien.

Nicht zu entbehren wäre das Lied wegen der Strophe des Mädchens, einer der inspiriertesten Stellen Mahlers. Die archaische Unregelmäßigkeit der Volksliedmetrik, wie sie aus dem Prinzen Eugen noch geläufig ist, vermählt sich einer Freiheit der Reaktionsweise, welche die achttaktige Periode bereits überholt. Wahrhaft beispiellos kühne und süße Harmonisierung wird motiviert von einem unauffälligen Durchgangsakkord. Durch mehrfache Vorhaltsbildung erreicht Mahler die komplexesten, chromatisch durchsetzten Klänge, ohne die Volksliedstilisierung zu verletzen. Das hat den Mordent von Rieslingtrauben; auf österreichisch werden sie ›schmeckert‹ genannt. Mit ausschwingenden Kurven rechtfertigt die Melodie, was in der Vertikale sich zuträgt. Die letzte unaufgelöst verklingende Strophe vereinfacht das Ausschweifende über einem langen Orgelpunkt, melancholisch und leuchtend in eins. – ›Wer hat dies Liedlein erdacht‹ repräsentiert die Mahlerschen Gesangsländler; bei allen kompositorischen Künsten hinter den Kulissen ist es eines der Gebilde, die, ähnlich dem Andante der Zweiten Symphonie, zu Mahler verführen, Widerlegung all der Vorurteile, welche seinen spontanen Einfallsreichtum bezweifeln. – ›Wo die schönen Trompeten blasen‹ ist vom Typus der von einer Geisterstimme gesungenen Lieder. Schmerzlichste Vorhaltakzente werden zu Leitharmonien, welche die Form verklammern. Ihre Struktur schafft der Kontrast traumhafter Bruchstücke von Militärsignalen zu einer trioartig kantablen, wiederkehrenden Dreivierteimelodie. Der Schluß sammelt das Ganze ein zu einem Abgesang, in dem die Quintessenz von Mahlers Musiksprache selber redet.

Die ›Sieben Lieder aus letzter Zeit‹ fallen selbstverständlich nicht in diese, sondern sind zur Zeit der Vierten und Fünften Symphonie komponiert. Trotzdem läßt wenigstens bei manchen für die eingebürgerte Bezeichnung einiges sich sagen. Sie – fast sie allein – sind subjektive Lyrik im vorherrschenden Sinn, allerdings, in der Not des Ausdrucks, schon so reduziert wie erst wieder Partien des Lieds von der Erde; dem Satz nach bloß hingetupft, dem Klavier zugänglich. In der eigensinnigen Liebe des mittleren Mahler zu Rückert mag man etwas von jener retrospektiven Begierde des Rettens spüren, wie Karl Kraus sie hegte aus Verzweiflung am allzu sagbaren Wort. ›Ich atmet' einen linden Duft‹ kehrt exemplarisch einen Zug hervor, der das gesamte Liedschaffen Mahlers auch technisch weit über das seiner Epoche hebt: die motivisch-thematische Synthesis von Singstimme und Begleitung. Beide Medien amalgamieren sich schlackenlos zu einem Extrem von Zartheit, darin das Intensivste Zuflucht findet. Angesiedelt am Rande des Verstummens, mahnt das Lied, bei strikt tonalen Verhältnissen, an den Gestus Weberns. Über harmonische Abgründe hinweg spannt sich das melodische Band; indem es zurückfindet, werden sie der Form integriert, gleichwie versöhnt. Das langsame Zeitmaß ist auf punktierte Halbe zu beziehen; nicht auf Viertel. Keinesfalls darf die Klavierfassung so langsam vorgetragen werden, wie es in der orchestralen möglich, wenngleich ebenfalls falsch ist. – ›Liebst du um Schönheit‹ führt an die Grenze des Dokuments nach Art der Tagebuchblätter des Lieds von der Erde; der Mollakzent auf »Jugend«, der erstickte letzte Ton, der keine Lösung mehr findet, sprengen unwillentlich bereits, mitten im gängigen Idiom, das in sich ruhende ästhetische Gebilde.

Die Interpretation der Lieder ist, ihrer Einfachheit zum Trotz und ihretwegen, überaus schwierig. Einerseits muß die Einfachheit auch die des Gesangs sein, die von einem, der vor sich hinsingt. Keine artifizielle Instanz zwischen der leibhaften Stimme und der als Instrument darf kennbar werden, nichts das Singen einer Sängerin heraufbeschwören. Andererseits ist ein Äußerstes an Expression zu suchen, jede Regung ins Phänomen zu rücken. Hüten muß man sich, angesichts der Assoziation altertümlicher Formen, vorm Unfug erschlichener Objektivität. Neobarock verschandelte alles. In einem hin, oder darüber hin zu musizieren, wäre grundfalsch; forderte Mahler in dem Orchesterlied vom Irdischen Leben einmal etwas dergleichen, so war das die Ausnahme, die erst recht die Regel gänzlich freien, artikulierten Vortrags bestätigt; dieser gerade vertritt, worin die Lieder dem Naturwüchsigen sich neigen. Der hübsche Begriff des Rubato obligato, den Erwin Stein prägte, gebührt Mahlers Liedern vor anderer Musik. Der Strophenbau soll nicht zu unabgesetztem Weitermachen verleiten, sondern die Strophen sind nachdrücklich zu phrasieren; ihre absichtsvoll unverbindliche Behandlung bei Mahler, ihre kunstvolle Vagheit, stellvertretend für eine nicht vorhandene mündliche Überlieferung, ist kompositorisches Darstellungsmittel, dem die Wiedergabe sich anzuschmiegen hätte. Fürchtete man nicht vergröbernd mißverstanden zu werden, so wäre zu sagen, in keinem dieser Lieder dürfte ein Viertel dem anderen gleichen; Mahlers agogische Bezeichnungen, Widerpart alles Volksliedhistorismus, stützen das; sie wären spontan fortzusetzen bis ins Unbezeichnete hinein. Ist etwas genuin österreichisch bei Mahler, dann der seiner Musik immanente Vortrag. Der Phrasierung kann kaum genug Aufmerksamkeit gewidmet werden, unter ständiger Rücksicht auf den Formsinn; je relevanter die formalen Einschnitte, desto deutlicher die Zäsuren; erlangt jedoch ein Gebilde aus sich heraus Schwung, so müssen sie sich verkleinern. Nichts ist zu rasch zu nehmen, noch mitten in der Bewegung ein Zögerndes durchzufühlen; im Langsamen jedoch ist wiederum nicht zu schleppen, der Impuls des dirigierenden Komponisten aufs Ganze darf im Vortrag nicht erlahmen. Das Ländliche dieser Lieder hat etwas von Schwere, nie ganz entfesselt; aber die Schwere ist leicht. Im allgemeinen werden, wie Mahler einmal bemerkte, die bewegten Lieder zu rasch, die ruhigen zu langsam genommen, Zwischenstufen des Tempos vernachlässigt; die Proportionen sind mit der Versenkung des Schriftgelehrten zu bedenken. Unterschieden werden muß zwischen Charakter und realem Tempo. Schreibt Mahler »keck« über ein Lied, so bedeutet das nicht ohne weiteres, daß es schnell zu singen sei. Der kecke Ausdruck bedarf zuweilen dessen, daß man sich Zeit läßt. Kontraste wie die zwischen Strophen des Knaben und des Mädchens, oder von Hauptteil und Trio sind so klarzulegen wie nur möglich. Ein Ideal, von dem freilich kaum ein Interpret heute etwas ahnt, wäre es, durch Verfügung über die Timbres der Stimmgebung den Formverlauf zu modellieren. In der Singstimme muß die Harmonie sich widerspiegeln, vor allem in den Rückertliedern. Die Tanz- und Marschformen engen nicht ein. Sie setzen einen Bezugsraum, in dem die Nuance ohne Angst gedeihen darf. Maxime richtiger Interpretation der Lieder: aussingen, ausspielen.

1964

Der dialektische Komponist

Der Widerstand gegen Schönberg hat seinen sichtbarsten Grund darin, daß jedes Werk aus seiner Hand und gewiß jede Phase in der Geschichte seiner Musik vor neue Rätselschriften stellte, die mit der Kenntnis des Bisherigen, auch seiner eigenen je vorausgehenden Produktion, sich nicht meistern ließen. Hier war es die Übergewalt des Apparates, die schockierte, dort die Kargheit, die erschreckte; hier die Fülle der harmonischen Beziehungen, die mitzuvollziehen der Gewöhnung des Ohrs unmöglich dünkte, dort der Abgrund zwischen selbstmächtigen, kahl bedeutenden Klängen, den man nicht überspringen konnte; hier verwirrte der unergründliche Reichtum des Kontrapunkts, dort zerschlug drohende Einfachheit die schmückende harmonische Polyphonie der Spätromantik; hier war es die Sprengkraft des Ausdrucks, die in den Angstvisionen der ›Erwartung‹ und der ›Glücklichen Hand‹ allen schönen Schein mit unmittelbarer Wahrheit durchbrach, dort die metallene Distanz der Zwölftonstücke, die weithin menschlichem Ausdruck sich verwehrte und damit alle bloße menschliche Einfühlung von sich fortscheuchte. Was dergestalt zwischen den Extremen spielte, blieb schwierig nicht wegen der technischen Neuerungen; die wurden von anderen rasch genug aufgenommen, imitiert, behend auch in harmlose Zusammenhänge umgefälscht, so daß sie schließlich sogar im befremdenden Urbild als sinnvoll offenbar zu werden vermöchten. Schwierig ist vielmehr die Bewegung zwischen den Extremen selber. Denn wie sie keine sichere Mitte dem Genuß verstattet, so versagt sie sich radikal jenen Kategorien, mit denen Geistesgeschichte, wie fortgeschritten sie sich auch gebärden mag, allemal in der Mannigfaltigkeit der Werke eines Künstlers Einheit banal zu stiften unternimmt: der Entwicklung und des Organischen. So zwangvoll ein Werk Schönbergs dem anderen folgt, so wenig entwächst eines dem anderen. Nicht in kleinsten Übergängen treten sie auseinander hervor, sondern im Umschlag: nicht umsonst hat er ein wahrhaft prototypisches Orchesterstück ›Peripetie‹ genannt. Niemals entfaltet sich bei Schönberg ein Keim zur Blüte. Modelle – oft Vokalkompositionen – werden erstellt, nach ihnen dann die großen Instrumentalstücke ausgeführt; die Fragen aber, die deren Material hinterläßt, so wie es aus der Komposition hervorgeht, sind kaum je in geruhigem Fortschritt beantwortet, sondern mit Katastrophen: die Antwort vernichtet die Frage und das Material, aus dem sie hervorging, und setzt wahrhaft neue Musik. Nicht die ungewohnten Klänge, nein, der Rhythmus der Extreme, die Katastrophenluft hat die Angst vor Schönberg gezeitigt. Dieser Rhythmus beherrscht nicht bloß abstrakt die Geschichte des Schönbergschen œuvres. Er wohnt fast jedem seiner Stücke bis in die verborgensten kompositorischen Zellen inne. Schon die Lieder op. 6 spinnen nicht, wolfisch, ein Motiv sequenzierend und vermittelnd fort. Sie fügen sich bis ins kleinste aus Kontrasten, die nur mit der Kraft des Extrems sich zur Form integrieren, um dann freilich, Schönbergs Geheimnis, im Ganzen als zutiefst identisch sich zu erweisen. Die paar einleitenden Klaviertakte der ›Lockung‹ könnten heute, angesichts des Gesamtwerks, als Monade gelten, die das Ganze zwischen Ausbruch und starrem Einhalten jäh vorstellt; Schönbergs Stil sowohl wie die Bewegung, die darin von einem Werk zum anderen vollzogen wird.

Die entschlossenen Feinde haben darum früher und besser gewußt als jene Freunde, die sich beeilten, ihn in die Entwicklungsgeschichte einzuordnen, dabei die erstaunliche Entdeckung des Zusammenhangs der Frühwerke mit Wagner machten und ihn später wiederum als überholte Station auf einem historischen Prozeß loszuwerden hofften, dessen Weltgeist sich in Jöde verkörpert, wofür sie dann freilich nicht bloß Schönbergs spezifisches Wesen aus dem so souverän kommandierten Blickfeld verloren, sondern in ihm gerade auch des Geschichtlichen sich begaben, das mit Schönberg sich durchsetzt. Da hat es der alte Riemann mit seiner haßerfüllten Formel von der »Sucht, Unerhörtes zu leisten«, immerhin besser getroffen. Sein Haß reflektiert wenigstens etwas von der gründlichen Veränderung

des musikalischen Bewußtseins durch Schönberg, die die anderen entwicklungsgeschichtlich verleugnen, um ihr zu entgehen. Wenn Riemann freilich seinen Schock psychologisch mit der »Sucht, Unerhörtes zu leisten«, wegzuerklären dachte, so hat er damit gerade Schönbergs Zentrum verfehlt. Es geht bei Schönberg nicht um Willkür und Belieben eines subjektiv-ungebundenen Künstlers, so etwa, wie man ihn einmal als »Expressionisten« abzustempeln suchte. Es geht aber auch genauso wenig um die Arbeit eines blinden Handwerkers, der rechnend seinem Stoff folgt, ohne selber mehr spontan in ihn einzugreifen. Was vielmehr Schönberg in Wahrheit charakterisiert; was als Ursprung seiner Stilgeschichte wie seiner Techniken verstanden werden muß; woraus allein vielleicht ernsthafte Einsicht geraten kann, ist eine prinzipielle und geschichtlich höchst exemplarische Veränderung der Verhaltensweise des Komponisten zu seinem Material. Er gebärdet sich nicht mehr als dessen Schöpfer und gehorcht ebensowenig dessen vorgegebener Regel. »Höchste Strenge ist zugleich höchste Freiheit« – der Satz Georges, des Dichters, den Schönbergs Musik im produktivsten Widerspruch durchdrang, gewinnt als Inschrift seiner Werke einen Sinn, der ihn weit hinausreißt aus der klassizistischen Ästhetik, der er vielleicht entstammt, und wird zum Programm jener neuen Verhaltensweise des Komponisten, die heute bereits die Musik veränderte und morgen Veränderung in ihrem Verhältnis zur Gesellschaft bewirken mag.
Dieser Sinn darf aber dialektisch heißen. Der Widerspruch von Strenge und Freiheit hebt sich bei Schönberg auf nicht mehr im Wunder der Gestalt. Er wird zur Produktivkraft; das Werk wendet ihn nicht zur Harmonie, sondern beschwört stets und stets wieder sein Bild in grausam durchfurchten Zügen zur Dauer: »Stückwerk wie alles« hat der Meister in ein Widmungsexemplar seiner Chorstücke geschrieben. Denn es ist – um abermals eine seiner Formeln anzuwenden – kein Widerspruch der »Gesinnung«, der bloßen Subjektivität, die da zwischen Form und Ausdruck schwankte, bis sie beide subjektiv-vermittelnd zur Versöhnung brächte. Es ist ein Widerspruch für die Erkenntnis, die er, besseren Wissens als je ein Künstler vor ihm, der Gesinnung als Korrektiv setzte; Widerspruch nicht im Künstler, sondern zwischen der Kraft in ihm und der des Gegebenen, das

er vorfindet; wenn man es mit philosophischen Worten sagen darf, zwischen Subjekt und Objekt. Subjekt und Objekt – kompositorische Intention und kompositorisches Material – bedeuten da nicht zwei starre und auseinanderfallende Weisen von Sein, zwischen denen auszugleichen wäre. Sondern sie erzeugen sich wechselfältig, so wie sie selber erzeugt sind: geschichtlich. Der Autor naht dem Werk wie Oedipus der Sphinx, als einer, der Rätsel zu lösen hat. Wohin treibt diese Harmonie, fragt er und spürt dem »Triebleben der Klänge« nach; was ist Schmuck und was ist in der Sache gelegen – und beseitigt Ornamente und Symmetrien, die, zu dieser Harmonie und diesem Kontrapunkt, von der Sache sich lösten; wie läßt der Bruch von Exposition und variierender Durchführung, sinnlos nach dem Zerfall der tonalen Einheit der Sonate, sich beseitigen, wie das nach der Emanzipation falsche Übergewicht eines Tons über den anderen in der harmonisch-melodischen Struktur; wie das Auseinanderfallen von Horizontale und Vertikale – und entwickelt, als knappe, genaue Antwort, die Zwölftontechnik. Ja oft könnte es scheinen, als habe das alte »Schöpfertum« des Künstlers sich ganz in jene Antworten, in winzige, zugesetzte Züge konzentriert, mit welchen immanente Forderungen des Materials erfüllt werden. Aber die produktive Gewalt dieser Antworten offenbart sich daran, daß in ihrem Licht die Frage selber zerfällt und verschwindet. Die enträtselte Sphinx stürzt in den Abgrund des Gewesenen. Die Kammersymphonie hatte – im Gegensatz etwa zu Reger – die Tonalität mit äußerster Härte auskonstruiert, anstatt sie aufzuweichen. Die Mittel aber, mit denen das geschah, Nebentonalitäten, Quarten und Ganztonreihen, die wie Klammern das letzte E-Dur zusammenzwingen, sind von solcher Macht, daß sie nicht darum versammelt bleiben, sondern frei werden; nach diesem E-Dur gibt es darum nicht mehr Chromatik und Dominanz-Tonalität, sondern die tonalitätsfreie harmonische Welt. In den Bühnenwerken fegt der Ausdruck die letzte auswendige Symmetrie fort: der schrankenlose Klang aber, den er entbindet, stellt sich, bereits im ›Pierrot‹, selber der Konstruktion; und im Rückblick dann vermag immer wieder das analytische Auge die gewonnene Lösung in der Gestalt der Frage selber vorzufinden.

Umgekehrt, das »Material«, das er abstößt, indem er ihm gehorcht, ist kein statisches und invariantes Naturmaterial. Untrüglich sicher hat Schönberg schon vor dem Krieg dem »Rückwärts zur Natur« Debussys, der an den Vorrang der einfachen Obertonverhältnisse glaubte, in der Harmonielehre die Formel »Vorwärts zur Natur« entgegengehalten: einer wesentlich geschichtlichen Natur, deren urgeschichtliches An sich verstellt ist und die anders ihr Recht nicht anzumelden vermag als in den Ansprüchen, die sie als Kompositionsmaterial, damit aber eben als historisches Material, an den Komponisten richtet. Die Fragen und Unstimmigkeiten, an denen er sich zu messen hat, sind allesamt nichts anderes denn die Male des gleichen historischen Prozesses, als dessen Vollstrecker er ihnen begegnet. Wenn ihnen, gegenüber der kompositorischen Subjektivität, überhaupt der Charakter eines Objektiven zugeschrieben wird, so darum, weil ihnen, ohne Bewußtsein und oftmals geheim genug, die gesellschaftliche Instanz innewohnt, mit der sich auseinanderzusetzen die unabdingbare Aufgabe des Komponisten bleibt gerade in jenen Bezirken von Strenge und Freiheit, wo der oberflächliche Blick sie am letzten vermutet. Es wird einmal zu den wichtigsten Aufgaben einer gewissenhaften Interpretation Schönbergs rechnen, entgegen all den lächerlichen Phrasen vom einsamen Artisten, Konstrukteur und Intellektuellen die ganz reale gesellschaftliche Bedeutung aufzuweisen, die jeder kompositorische Zug seiner Hand treuer durchsetzt als jene soziologischen Musiken, die, um der gegenwärtigen Gesellschaft zu dienen, die Geister vergangener zitieren und die zukünftige Wirklichkeit darüber vergessen.

Es wäre einzuwenden: daß das dialektische Verhältnis von Künstler und Material in Wahrheit gelte, seit überhaupt das Kunstmaterial den Menschen gegenüber dinghafte Selbständigkeit gewonnen habe. Das bleibt unbestritten. Aber es ist das schlechthin Neue, daß diese Dialektik in Schönberg ihr Hegelsches »Selbstbewußtsein« oder lieber ihren ermeßbaren und genauen Schauplatz gewonnen hat: die musikalische Technologie. Im Licht der Erkenntnis, die seine Musik realisiert, läßt über die wechselfältige Produktion von Subjekt und Objekt nach richtig und falsch sich urteilen. Keine Regung der Phantasie, kein Anspruch des Gegebenen, der nicht sein entscheidbares technisches Korrelat gewonnen hätte. Indem aber im Umkreis technischer Stimmigkeit Subjekt und Objekt derart konfrontiert, gerade in ihrer Verschränkung der Kontrolle unterworfen sind, hat ihre Dialektik selber gleichsam aus ihrem blinden Naturstande sich gelöst und ist praktikabel geworden: die höchste Strenge, nämlich die lückenlose der Technik, enthüllt sich in letzter Instanz tatsächlich als höchste Freiheit, nämlich als die zur Verfügung des Menschen über seine Musik, die einmal mythisch begann, zur Versöhnung sich sänftigte, als Gestalt ihm sich gegenübersetzte und endlich ihm zugehört kraft einer Verhaltensweise, die sie in Besitz nimmt, indem sie völlig ihr zugehört. Nach Schönberg wird die Geschichte von Musik nicht Schicksal mehr sein, sondern menschlichem Bewußtsein unterstehen. Nicht einem mathematischen sachfremden Zahlenspiel, wie die es behaupten, die da die Zwölftontechnik ins Pythagoreische zurückdatieren möchten, ohne zu hören, daß jede ihrer Reihenregeln einzig technologischen Forderungen des wachen Ohrs und der exakten Phantasie ihr Dasein verdankt. Sondern einem Bewußtsein, das sich selber verändert mit der Wirklichkeit, von der es sich abhängig weiß, und in die es gleichwohl eingreift. Dem Abgrund des Unbewußten, dem von Traum und Trieb hat dies Bewußtsein sich entrungen, an seinem Stoff als Flamme sich genährt, bis sie als Licht eines wahren Tages alle Konturen der Musik verwandelte: das ist ihr größtes Gelingen zwischen den Extremen, nicht Spiel mehr, sondern Wahrheit selber. Dies Gelingen rückt den Namen Schönbergs, des größten lebenden Musikers, in die Landschaft dessen, der dem Traum von Freiheit zuerst den bewußten Ton fand: Beethoven.

1934

Anton von Webern

Im Gespräch sagte Alban Berg einmal, die Zeit Anton Weberns sei erst in hundert Jahren gekommen; dann werde man seine Musik spielen, wie man heute Gedichte von Novalis und Hölderlin lese. Nichts könnte genauer die Art Weberns als die extreme von Lyrik charakterisieren, welche von ihrer Prägung derart in sich verschlossen wird, daß sie erst in der Zeit und nicht im bloßen Augenblick des Erklingens sich entfaltet. Nichts aber könnte auch schärfer die Situation bezeichnen, in der Weberns Werk heute sich befindet: gegenwärtig zugleich und der Entfaltung in der Zeit bedürftig. Die Isoliertheit seiner Musik ist weder Schicksal bloßer Vereinzelung und privater Selbstgenügsamkeit, noch ist sie durch Aufklärung und Hörgewohnheit beliebig korrigierbar. Vielmehr: weil mehr als jegliche andere Kunst extreme Lyrik der Zeit bedarf, sich zu erschließen, darum tritt sie allemal notwendig als unzeitig auf; dicht gehüllt in die Keimblätter von Fremdheit und Unverständlichkeit, die das zu frühe Licht von ihr fernhalten, um ihr inwendiges Wachstum nicht zu gefährden. Man kann getrost sich vorstellen, wie Hölderlins späte Hymnen vor den Zeitgenossen sich zurückzogen. So zieht Weberns Musik vor uns sich zurück; sie sticht in die Hand, die zu eilig danach tastet. Ich weiß, wie Deutungsversuche, die ich vordem unternahm, von ihr abprallten. Man muß ihr mit der gleichen Behutsamkeit nahen, mit der sie sich selber schützt. Kaum wird mehr zu ihrem Wachstum – und das Wachstum einer Kunst ist nichts anderes als das Verständnis, das in der Zeit ihr erwächst – beizutragen sein, als sie fleißig dem Hören anzuvertrauen und die Hülle zu lockern; die Mißdeutungen zu benennen, denen sie notwendig verfällt, weil sie zum Schutze ihrer Entfaltung sie selber hervorruft.

Von drei solchen Mißdeutungen darf ich reden. Sie mögen die der Unselbständigkeit, der destruktiven Zerrissenheit und der monologisch überfeinerten, spätromantischen Einsamkeit heißen. Die drei Einwände umstellen Weberns Musik, halten den Hörer fern von ihm, wiederholen sich mit der leeren Hartnäckigkeit der bannenden Formel; und alle drei halten der Erkenntnis nicht stand.

Der erste, der der Unselbständigkeit, gilt dem Verhältnis Weberns zu Schönberg. Dem Auge, das in der Breite des gegenwärtigen Musiklebens die Partiturbilder von Strawinsky und Bartók, von Hindemith und Krenek sinnfällig unterschieden erblickt, dünken die Partiturbilder Schönbergs und Weberns ähnlich, in manchen Phasen, wie der von Schönbergs kleinen Klavierstücken oder den Herzgewächsen und der Webernschen Opera etwa von fünf bis zehn verwechselbar geradezu; ebenso musikalische Diktion, Klang und Harmonik beim unmittelbaren Hören. Daß darum der Schüler Webern der Unselbständigkeit gegenüber dem Meister Schönberg bezichtigt wird, versteht sich. Er erscheint als einer, der eifernd und im kleinen Konsequenzen zieht, während der Große von Entwurf zu Entwurf weiterschreitet. Aber im Begriff der Konsequenz, der hier auftritt und überall, wo man Webern hochmütig den Respekt bewilligt, ist zugleich der Maßstab der Unterscheidung angelegt. Zunächst verwehrt er es, die verschiedenen kompositorischen Stile von heute gleichsam räumlich nebeneinander zu stellen und nur den Komponisten Selbständigkeit zuzubilligen, die einen »eigenen Stil« besitzen wie andere Protagonisten. Denn Schönbergs Stil ist keine bloße individuelle Verfahrungsweise, sondern ein Zusammenhang kompositorischer, technisch ermeßlicher Forderungen, die den zur Konsequenz – also zur selbständigen Ausbildung eines Stils, wie er als Muster bei Schönberg selber angelegt ist – zwingen, der einmal das Material handhabt, das ihm geschichtlich von Schönberg gegeben ward. Jede Selbständigkeit des Stils im faßbaren Oberflächenverstande wird sich im Sinn solcher Forderung technischer Konsequenz nicht mehr als solche, sondern vielmehr als Willkür und technisch erweislicher Fehler darstellen. Darum ist im Schönbergschen Bereich der Selbständigkeit nicht mehr mit so derben Kriterien nachzufragen, wie sie die anderen Komponisten der Zeit voneinander fernhalten. Dem Blick aber, der sich nicht mit dem rohen Umriß begnügt, sondern der Gefügtheit des Werkes in sich selber nachgeht, wird eine andere und bessere Selbständigkeit sich eröffnen, als die der einseitigen und konsequenzlosen Ausbildung isolierter kompositorischer Mittel es wäre. Nun steht gewiß Webern auch bei genauerer Sicht Schönberg näher als irgendein anderer. Aber näher eben durch Konsequenz: dadurch daß er strenger als alle anderen, unerbittlicher gegen das Gewesene zumal, dem nachgeht, was an Problem und Forderung hier aufsteigt. Zugleich aber ist es Konsequenz auch gerade, die ihn von Schönberg sondert. Während dieser – so etwa darf das Verhältnis umschrieben werden – in jedem Werk einen Zusammenhang von Problemen auskristallisiert, die im folgenden Werk zugleich gelöst und aufgehoben werden, so daß jedes Werk Schönbergs einen Gegenschlag gegen das vorhergehende und die Formulierung eines gänzlich neuen musikalischen Problemzusammenhanges bedeutet, treibt Webern Zug um Zug, und ohne Umbruch ins Neue, das Bild einer Musik heraus, wie sie bereits im tonalitätsfreien Ausgangsmaterial Schönbergs für Webern als Idee angelegt war. Bei ihm ist Konsequenz in der Realisierung dieses Bildes das gleiche, was bei anderen Entwicklung heißt. Webern kennt Entwicklung bloß als Entfaltung einer unverrückt gegenwärtigen, im Beginn gesetzten und bewußten Idee, nicht in Problem und Gehalt selbst. Ziel seiner Musik ist einzig und unausweichlich der lyrische Augenblick, in dem die Zeit sich drängt und verschwindet: darum ist sie entwicklungslos, im Gang von Werk zu Werk nicht anders als im Einzelwerk. Der losgelöste, unverstellte, rein kreatürliche Laut: das ist die Idee seiner Musik, und ihre Konsequenz will nichts anderes, als bis zu ihm hinabdringen und alle Form versinken lassen in ihm, unterm Zwang seines eigenen Formgesetzes. Nicht umsonst teilen sich in seiner Setzweise die instrumentalen Phrasen unterm Gebot des unerbittlich differenzierenden Gehörs solange, bis von Instrument zu Instrument nichts übrig bleibt als der einzelne Ton. Subtilität und konstruktive Gewalt seiner Musik dienen bloß dazu, die kreatürliche Ursprungsmacht des bloßen Lautes, des einzelnen Tones wiederherzustellen. Erst wenn er verhallt – »verlöschend« ist eine seiner liebsten Vortragsbezeichnungen –, findet die Kreatur, ihres Machtanspruches entkleidet, ihren Trost als vergehende.

Darum ist Georg Trakl der wahrhaft gemäße Dichter Weberns und in den Trakl-Liedern hat er seinen Gegenstand gefunden. Dies ist der tiefe und fruchtbare Widerspruch Weberns: die äußerste Kunst der kompositorischen Technik, das wachste kritische Bewußtsein, die bewußteste Formdisziplin dienen allein dazu, die Musik aller vorgegebenen Regel, aller willkürlich-geistgesetzten Bindung, aller Architektur und Symmetrie zu berauben, bis sie wahrhaft klingt wie der Gesang einer gefangenen Amsel. Bei ihm will nicht Natur sich vergeistigen – am Ende seines Weges wird der Geist selber als kreatürlich, als Natur offenbar. Aber erst am Ende des Weges und nicht im Rückgriff aufs Vergangene. Dann antwortet ihm Trost: »Strahlender Arme Erbarmen / umfängt ein brechendes Herz.«

Es ist damit bereits dem zweiten Einwand begegnet, dem der destruktiven Zerrissenheit. Er kehrt sich gegen die Kürze der Webernschen Stücke ebenso wie gegen ihre Struktur. Gern wird die Kürze der Kurzatmigkeit gleichgesetzt. Aber wie Weberns op. 1, die Passacaglia, die Fähigkeit ausholender Gestaltung erweist, so bewährt sie sich auch im Inneren der Miniaturen, in welchen später bis hinauf zur Symphonie seine Musik sich ausspricht. Der Weg zum reinen Ton, zum Laut durchs Geäst der vielfältigsten musikalischen Sprache wird geleitet vom Ausdruck. Subjektive Beseeltheit durchdringt seine Musik gänzlich und verwehrt jede musikalische Konstellation, die nicht in Beseeltheit sich löste. »Ein Glück durch ein einziges Aufatmen auszudrücken«: das hat Schönberg als Intention von Weberns Musik bezeichnet, und sein Ausspruch wäre zu ergänzen damit, daß nur im Aufatmen, nicht aber in ihrer tektonischen, innerzeitlichen Geformtheit Musik Glück, und mehr noch als Glück: Trauer ausdrücken könne. Der Ausdruck zieht die Musik zur Geste zusammen und staut sie im Ton, bis der nun ausdruckslos, als reiner Laut übrig bleibt. Das ist das Schema der Webernschen Verfahrungsweise und der Grund seiner Kürze zugleich. Seine Form aber ist bloß noch der Widerstand, den Musik sich setzt, um an ihm sich zu verkleinern, zu verschwinden: nie vermöchte sie anders als im gefügten Körper der Form zum beseelten Atem sich zu wandeln. Sie kennt keine Zeit in sich und keine zeitliche Vermittlung, keinen Übergang; sie ist gleichsam simultan und erst in die Zeit transponiert; sie komponiert sich darum technisch nie in Entwicklungen, nie kennt sie Wiederholungen und nie deren Korrelat, das wiederholbare Thema. Sie fügt sich aus Kontrasten wie eine Landschaft oder wie das ungebundene Lied eines Vogels. Die Aufgabe, die sie dem Ohr stellt, ist nicht, Entwicklungen zu verfolgen oder die Wiederkehr des Gleichen zu erkennen, sondern über den Abgrund des Schweigens hinweg die Laute zur Einheit zu binden, in welcher sie erst, als Laute, ihren wahren Ausdruck gewinnen. Nur nach dem Maßstab einer dynamischen Musik erscheint sie zerrissen, dem sie nicht untersteht. Sie steigert nicht: im Wechsel von Atmen und eingehaltenem Atem entwirft sie das Bild des Lebendigen.

An der Stelle, wo Schönberg das Gleichnis des Atmens für Weberns Musik findet, fügt er hinzu: nur wo Wehleidigkeit fehle, sei solche Konzentration möglich. Weberns Ausdruck liegt in der Gebärde des Verstummens, nicht im Reden; auch Trauer verschmäht bei ihm den Trost vertrauender Mitteilung. Das allein sollte genügen, ihn vor dem Vorwurf spätromantischer Artistik und privater Ausdruckssprache zu verteidigen. Denn der Private drückt sich aus, indem er redet; der Ausdruck des Verlöschens aber kommt der Natur zu. Nirgends ließe sich für Weberns Ausdruck ein psychologisches Korrelat finden: eine Seelenregung, die ausgedrückt wäre. Sondern das Laut Werden, das klangliche Erscheinen selber ist der Ausdruck: das kreatürliche Wesen drückt sich aus, indem es den Laut findet. Wollte man selbst den Weg, der in solchen Ausdruck mündet, als den einsamer Subjektivität betrachten: es wäre leichtsinnig, was an solchem Weg liegt, als private Subjektivität abzufertigen. Man hat mir als »logischen Widerspruch« vorgeworfen, daß ich »vom Kollektiv« spreche, »und gleichzeitig die Kluft zwischen dem, was ich leidenschaftlich« propagiere, »und dem, was der Gemeinschaft wert zu sein vermag, wissentlich« übersehe. Aber der Widerspruch ist kein logischer, sondern ein realer in den Sachen. Wenn anders Musik die Spur zukünftiger Gemeinschaft in sich enthält, deren Gesetze in ihren eigenen vorweg erscheinen, dann ist die Gemeinschaft, so wie sie heute ist, nicht die Instanz, über sie zu entscheiden. Der Künstler dient aber der kommenden Gemeinschaft, indem er nach den Forderungen seines Gegenstandes den Entwurf des Zukünftigen hervortreibt, der in den Forderungen des Gegenstandes enthalten ist. Darum kann es leicht geschehen, daß einer, der ohne Rücksicht, also heut und hier einsam am Material arbeitet, einer wahren Kollektivität besser dient als einer, der dem Anspruch des gerade Bestehenden sich unterwirft und darüber, trotz kollektiven Scheins, die gesellschaftliche Forderung vergißt, wie sie an ihrem eigentlichen ästhetischen Ort, nämlich dem Werk und seinen Problemen, an ihn ergeht. Für die Möglichkeit einsamer Kollektivität von Musik gibt Webern das äußerste und überzeugende Beispiel. Überzeugend, weil im Gehorsam unter die technischen Forderungen, ohne nur auf die Gesellschaft hinzublicken, seine Musik selber eine zweite Einfachheit aus sich produziert. Soweit bei ihm von Entwicklung die Rede sein kann, ist es die Entwicklung solcher Einfachheit. Schon im op. 12 hat er es vermocht, den Text eines Volkslieds ohne romantische Attitude zu komponieren. Die Auflösung des musikalischen Materials in fortschreitender Differenzierung läßt dessen Elemente sichtbar werden: im bloßen Ton neigt Musik sich in ihren Ursprung. Indem der Kontrapunkt so dicht sich schürzt, daß er bloß noch die Töne gegeneinander tupft, endet er als Kontrapunkt: im ersten Satz der Symphonie mit seinen kanonischen Verschlingungen treten deren isolierte Töne zum Melos zusammen. Er übernimmt Schönbergs Zwölftontechnik, indem er die Reihen derart in kleinste Untergestalten teilt, bis Modelle von sechs oder gar bloß drei Tönen der ganzen Reihe zugrunde liegen, so daß noch in der reichsten Kompositionsweise der bloße Ton arm und bedeutend hervortritt. Damit macht die geistigste Durchdringung des Materials so primitive Ereignisse möglich wie die starren Wiederholungen der fünften Variation aus dem zweiten Satz der Symphonie. Der Klang der Harfe aber, die in stets anderer Folge ihre vier ergänzenden Töne zu den acht beharrlichen der Streicher gibt, verwandelt hier sich ins uralte Herdengeläut: den letzten beseelten Ton in den Bergen.

1932

Ad vocem Hindemith

Eine Dokumentation

Präludium

Am 26. März 1964 wurde im Hessischen Rundfunk ein Gespräch zwischen Rudolf Stephan und dem Autor aufgenommen, gesendet am 16. November desselben Jahres. Das Gespräch war weniger ein Disput als ein erster Versuch zur Exposition kritischer Gedanken, in denen die beiden Redner übereinstimmten; der Autor hatte es angeregt und übernimmt die Verantwortung. Das ist hervorzuheben, weil die praktischen Folgen der sogleich angekurbelten Entrüstung weniger er als Stephan, damals noch Privatdozent in Göttingen, zu tragen hatte. Ein halb unterirdisches Gemunkel wurde vernehmbar; es wäre bedrohlich gewesen, könnte man bereits wieder wegen Intellektualismus ins Konzentrationslager gesperrt werden. Ärgernis erregte offenbar Kritik an dem deutschen musicus laureatus als solche, nicht der spezifische Inhalt des Gesagten. Hinzu kam, daß Hindemith Ehrendoktor der Fakultät war, der der Autor angehört. Diesem war das nicht bekannt; als man Hindemith jene Würde verlieh, lebte der emigrierte Autor noch in den Vereinigten Staaten. An der Frankfurter Universität hätte er, als Protest gegen die Hindemith-Ideologie, mit Nein votieren müssen; zur Ehrenpromotion ist Einstimmigkeit erforderlich. Keinesfalls hätte er im Radio vorsichtiger gesprochen. Soll der Begriff des Professors überhaupt noch einen besseren Sinn haben als nur den institutionellen, so erheischt er unbedingte Unabhängigkeit des Urteils auch in der Öffentlichkeit, ohne Rücksicht auf vorwaltende Gruppenmeinung.

Da das Radiogespräch einzig kritische Punkte berühren, nicht die Kritik voll begründen konnte, scheint es dem Autor angezeigt, eine chronologische Dokumentation seiner Anschauungen über Hindemith vorzulegen. Sonst pflegt er das jeweils ihm erreichbare Resultat dessen zu geben, was er denkt, nicht den Prozeß, der es dahin brachte. So möchte er es generell auch weiter halten. Doch kann er sich nicht verhehlen, daß manche seiner Leser die Resultate appropriieren, ohne den meist selbstkritischen Prozeß mitzuvollziehen: Dogmatismus ist leicht die Folge. Dem möchte er ein wenig entgegenarbeiten, indem er an den zeitlich voneinander entfernten Texten verschiedene Stufen der begrifflichen Bewegung sichtbar werden läßt, zu der ein bestimmter Gegenstand ihn nötigt. Was in seinem Urteil über Hindemith sich änderte, reagiert zugleich auf dessen eigene Entwicklung; freilich ergreift es auch die Einschätzung von dessen früheren Arbeiten. Erst die Dokumentation verdeutlicht den Wust, mit dem der Autor in seiner Jugend fertig zu werden hatte; auch die Erfahrung, welche das Gespräch mit Stephan motivierte. Ebenso bezeugt sie, daß er stets schon immanent-musikalische Erwägungen mit ästhetischen und soziologischen verband, obwohl es ihm erst nach langen Jahren gelang, das Verhältnis dieser Momente einigermaßen zu artikulieren. Der erste Aufsatz stammt aus der frühesten Jugend des Autors, noch vor seiner Lehrzeit bei Alban Berg; der zweite, von 1926, spürt bereits, wohin es mit Hindemith ging.

Näherer Kontakt mit Hindemith stellte 1920 sich her, als das Rebnerquartett, dessen Bratschist jener war, sechs ziemlich kindische Quartettstücke des Autors diesem privat vorspielte. Dann sah er Hindemith häufiger, in der Frankfurter Musikalienhandlung Bernhard Firnberg, die zu jener Zeit etwas von einem Musikercafé hatte, und in Hindemiths Wohnung in der Leerbachstraße, meist gemeinsam mit Reinhold Merten. Korrepetitor an der Frankfurter Oper, übte dieser auf Hindemith starken Einfluß aus; auch den Autor beeindruckte er sehr als Inkarnation radikal neuer Sachlichkeit. Der Autor zeigte weiter gelegentlich seine kompositorischen Versuche Hindemith, der ihn klug und freundlich beriet. Er erinnert sich an dessen ermutigende Reaktion auf ein 1921 geschriebenes viersätziges Streichquartett, das er allerdings ebenfalls bald ad acta legte. Hindemiths Kritik an dem Aufsatz über ihn sah der Autor als berechtigt ein. Streitigkeiten oder ein Bruch fanden nie statt; auch eigentliche Freundschaft entwickelte sich nicht. Einmal, im Firnbergschen Laden, wurde über Schönberg gesprochen, und Hindemith sagte abwertend, das sei jüdische Musik. Darauf zog der Autor seine Fühlhörner ein; einfache Loyalität verlangt indessen, zu betonen, daß Hindemith später mit seiner halbjüdischen Frau, der Tochter des unvergessenen Dirigenten Ludwig Rottenberg, aus dem Reich des Hitler auswanderte. Noch einmal war der Autor mit Hindemith ausgiebig auf dem Kasseler Musikfest 1923 zusammen. Ihm prägte sich ein, wie dieser dort über den zweiten Akt von Schrekers ›Fernem Klang‹ spottete: was hätte man dazu für eine schöne Bordellmusik schreiben können. Solche unkonventionellen Äußerungen imponierten dem Autor. In Kassel traf er Hindemith wohl das letzte Mal; jedenfalls kann er sich an kein Gespräch nach seiner Wiener Zeit mehr besinnen. Er weiß auch nicht, ob Hindemith, nach dem Zweiten Krieg, seine theoretischen Arbeiten las und wie er darüber dachte. Längst vorher waren die Gegensätze so schroff geworden, daß man sich unmöglich hätte verständigen können.

Der dokumentarischen Treue zuliebe sind die Aufsätze unverändert abgedruckt, bloß offensichtliche Druckfehler korrigiert. Auch Wiederholungen blieben stehen. Der Autor hat der Versuchung zu bessern selbst dort widerstanden, wo ihm, wie in den ersten drei Aufsätzen, heute manches unerträglich ist; vielfach findet er durch unzulängliche Durchführung die Intentionen vorbelastet, die er festhielt und denen er, wie er hofft, später besser gewachsen war. Der als Abschnitt III erscheinende Aufsatz – in der ›Frankfurter Zeitung‹ hieß er, wie nachmals die Polemik gegen die Jugendmusikbewegung, ›Kritik des Musikanten‹ – behandelte nicht unmittelbar Hindemith, der darin erwähnt wird. Der Sache nach war er wesentlich gemeint; die Arbeit entwirft erstmals prinzipiell die Position des Autors gegen den Neoklassizismus.

1967

I

Der nunmehr Sechsundzwanzigjährige, Schüler von Bernhard Sekles und Arnold Mendelssohn, kam von Brahms her und der Kammermusik. Selbst ein Geiger von Profil, ist er im Streichersatz beheimatet und darum näher am Farbsinnlichen auch des

Orchesters als die vielen klavieristisch Hörenden. Ein Streichquartett in C-Dur brachte ihm Auszeichnung, ein sauber gemachtes Stück akademischer Haltung. Mit neunzehn Jahren war er Konzertmeister an der Frankfurter Oper. Eine Sinfonietta, durch des Christian Morgenstern Galgenlustigkeit programmatisch noch mitbestimmt, hat in kollernden Holzbläserpartien schon Züge des böswilligen, fatalen Humors, der später aus seinen Partituren hüpft. In Liedern erobert er sich das Strauss-Orchester. Er macht den Krieg mit, die Erschütterung schmeißt ihm das Eigentliche seiner Begabung an den Kopf. Im Streichquartett op. 10 und den Sonaten op. 11[1] vollzieht sich die Wandlung, menschlich, in der Faktur. Die zeitgenössische Musik wirkt auf ihn ein, Bartók vor allem, mehr als Schönberg, dessen tragische Bewußtheit der Jüngling dreist beiseite schiebt. Die Außerdeutschen treten in sein Blickfeld; er sucht das Voraussetzungslose und meint es in der barbarischen Geste zu finden, ohne zu wissen, daß die Westler und radikalen Russen verdammt spät sind. Er weiß überhaupt sehr wenig, aber spät ist er nicht. Er gerät an die Erben Debussys, die in ihren brutalen Rhythmen das gepflegte Klanggut des Franzosen auffressen. Er verliebt sich in Strawinsky, studiert Casella, Lord Berners. In der Oper ›Mörder Hoffnung der Frauen‹ (op. 12)[2] spukt noch der Tristan, aber in der Klaviersuite ›Aus einer Nacht‹ fliegen die Fetzen – nicht lauter gute –, und Foxtrott und Fuge werden aufeinandergestülpt. Das ist zwar noch von außen her gemacht und bleibt literarisch, pour épater le bourgeois. Doch die neuen Tänze haben es ihm ernstlich angetan, und als er den Rag von Strawinsky aufschnappte und all die Tanzmusik des um den Chester-Verlag gruppierten Kreises, fand er nur den eigenen Weg schon vorbegangen, lief nicht aus romantischer Laune ein paar dekadenten Snobs nach. Er ist nicht der Mann, der mit amüsanten Experimenten in kleiner Münze sich ausgibt. Schon in dem Streichquartett C-Dur op. 16[3] ist von Stiltasten und Verblüffen nichts mehr zu spüren. Er hat eine strenge Formzucht wiedergewonnen, baut weitgespannte, sehr polyphone Sätze,

1 Erschienen bei B. Schott, Mainz.
2 Erschienen bei B. Schott, Mainz.
3 Erschienen bei B. Schott, Mainz.

zieht sachlich die Konsequenzen aus der neuen Harmonik, läßt alles wilde Gestikulieren bleiben und hat im Adagio wieder seine volle Wärme und spröde Innigkeit. Zwar im Finale tobt er in Quinten und Taktwechsel sich aus, aber der Krampf ist gewichen, er hat Abstand zu sich und schallendes Lachen. Dies Werk brachte ihm auf dem Kammermusikfest in Donaueschingen 1921 den ersten großen Sieg. Bald darauf folgte die Stuttgarter Uraufführung von ›Mörder Hoffnung der Frauen‹ und dem ›Nusch-Nuschi‹, op. 20[4]. Auf diese beiden Opern wird in Frankfurt noch ›Sancta Susanna‹, op. 21[5] gegeben werden.

Literarisch genommen sind die Texte keine Ehre. Kokoschkas Strindbergiade die stammelnde Auch-Äußerung eines starken Malers, Franz Bleis ›Nusch-Nuschi‹ eine immerhin lustige und gescheite Zote, August Stramms ›Sancta Susanna‹ eine peinliche Privatangelegenheit aus Fräulein Juliens Welt. Man mag auch einwenden, die Musik meine sexuelle Impotenz ebenso wenig wie das Lendentuch des Heilandbildes, da beide Gegenstände zu sehr rationell umgrenzt seien, als daß sich aus ihnen die irrationale Weite musikalischer Hintergründe gewinnen ließe. Doch hat dies Paul Hindemith, dem alle Musikdramatik und dingliche Symbolik über ist, immerhin selbst gewußt. Auch hat er diese Opern weder für die kleinen Mädchen, noch gegen die Geheimräte geschrieben. Seine Musik ist gar nicht erotisch – wenn anders man unter erotischer Musik solche versteht, die ihrer klangsinnlichen Art nach den Hörenden nicht in seiner menschlichen Totalität sondern in seiner bloßen psychophysischen Geschlechtlichkeit betrifft; der die Geschlechterspannung nicht stofflichen Ausgangsgrund der Formung, sondern letztes Ziel ausmacht. Zwar wagt es seine Musik wieder zu tanzen; aber mehr die Lust am Außenweltlichen, Seienden tanzt aus ihr als der Geschlechtstrieb, und selbst im lüsternen Jappen des Nusch-Nuschi klingt die Spielfreude eines, der sich die verwegensten, fremdesten Dinge unterjocht und schließlich über sich und sein Joch und die ganze Affäre weglacht, weil er Demut genug hat, die schwere Tiefe der Welt wichtiger zu nehmen als

4 Erschienen bei B. Schott, Mainz.
5 Erschienen bei B. Schott, Mainz.

sein bißchen Ich. Diese Selbstlosigkeit ist die Wurzel von Hindemiths Humor, nur manchmal schlägt sie um in eine gebundene, fragende Schwermut. – Was ihn aber zu expressionistischen Phalloskulten zog, war dies: daß er nirgends sonst Dichtungen fand, die so sehr musikalisch bestimmt sind, so fern von der Dialektik der Begriffe oder der rational durchgestalteten Bilder. Die poetische Not wird ihm zur musikalischen Tugend. Wie aus den Keimzellen dumpfer und triebmäßiger Sexualität der nur pflanzenhaft lyrische Organismus jener Undramen herausquillt, so dehnen sich pflanzlich, lediglich dem eigenen Triebwillen folgend, Hindemiths Musiken empor. Nur daß die Stellungen zur Form und damit die ästhetischen Anrechte beider verschieden sind. Denn während die expressionistische Dramatik die Nichtform proklamiert und damit die Wurzeln aller Kunst und ihrer selbst antastet, gewinnt er gerade aus der Triebmäßigkeit des Vorwurfs seine Formelemente. Eine Symphonisierung der Oper setzt ein, anders jedoch als die Wagnersche; die Oper wird als große musikalische Form konzipiert. Die psychologische Leitmotivik verschwindet; dafür entwickelt sich in dem angedeuteten triebmäßigen Sinn aus thematischen Urzellen der ganze Bau. Schon die ›Mörder‹-Partitur war von solch einem Urthema – einer im Umfang einer kleinen Terz diatonisch auf- und absteigenden Tonreihe – beherrscht, hatte aber mancherlei Kontrastthemen in das symphonische Gewebe hereingezogen. In ›Sancta Susanna‹ finden sich die letzten Konsequenzen dieser Formungsweise gezogen. Denn hier wird aus *einem* Thema alles, was musikalisch überhaupt geschieht, herausentwickelt; einem Thema, dessen emotionale Kraft nicht einem Individuum, nicht einer Stimmung, sondern schlechthin dem irrationalen Grundgeschehen dieser Oper gilt. Es ist bewundernswert, wie Hindemith hier, in dem reifsten seiner Bühnenwerke, zugleich thematisches Drängen des Orchesterstroms und weitbogige Gesangsmelodien, Schwüle der Frühlingsnacht und Wucht der Katastrophe aus dieser einen, zu sinnlich-plastischer Konkretheit geronnenen Grundkraft gewinnt, die ihm unter den Händen zum Symbol des Triebhaften überhaupt geriet. – Das Problem der Form, das hier im Mittelpunkt steht, wirkt auch in den folgenden Instrumentalkompositionen Hindemiths nach. Homophone Elemente fordern daneben ihr musikantisches Recht. Im Vierten Streichquartett op. 22, einem Stück wesentlich einfacherer Faktur, wendet sich Hindemith von der Sonatenform ab. Gleich der erste Satz bringt eine erstaunlich sichere Synthese von Fugato und dreiteiliger Liedform; auch schweifende Rondoformen und freie Bildungen über durchgeführtem Klangdessin treten auf. Er erkennt wohl, daß hierdurch die strenge Einheit des Quartettstils gefährdet ist, und gibt diese Einheit auf, indem er das Werk fünfsätzig anlegt und suitenhaft offen läßt. Damit rückt er es auf die Ebene des Spielerischen, gibt ihm den Reiz der Einmaligkeit und übt kluge Selbstbescheidung. – In seinem jüngsten Werk, der ›Kammermusik Nr. 1‹ (op. 24) ist ebenfalls das Sonatenprinzip durchbrochen, jedoch die Formeinheit strenger gewahrt; das Orchester klingt abenteuerlich.

Es liegt gegen einen Mann, der so vieles und vielerlei schreibt, der Verdacht der Extensität, des psychisch allzuleichten Produzierens nahe. Sicherlich hat er nicht Gleichwertiges geschaffen, ist Verführungen erlegen, ist nicht frei von Artismus und manchen Ressentiments. Auch fällt es schwer, ihn auf eine Formel zu bringen. Er ist nicht, was man so einen Musikanten nennt, er ist auch nicht im übertechnischen Sinne problembewußt, seine Art ist mehr komplex als kompliziert. Dennoch und vielleicht deshalb ist er eine ganz spezifische Gestalt. Er hat Dumpfheit und Mutterwitz enger Wurzelnähe, er hat Elan und Unbedingtheit der Zielsetzung. Es schwebt ihm etwas vor wie eine neue impassibilité – Maschinenkunst, sagt er mit einem fragwürdigen Ausdruck des George Grosz. Aber es steckt in diesem Willen ein Kern tiefen Künstlertums. Er bezieht sich zuinnerst auf das Verhältnis zur Realität, einer Realität, die in der Musik mehr und mehr an Würde und Eigengesetzlichkeit verlor; sei es, daß sie wie bei Brahms im Abgrund der subjektiven Innerlichkeit versank; sei es, daß sie wie bei Strauss in ihrer Stofflichkeit, losgelöst vom Ich, durch psychologische Analogien dargestellt, sei es, daß sie wie bei Debussy als bloßer Reflex des Ichs gefaßt ward. Bei ihm aber kündet sich das Bestreben an, die Realität als gültige Komponente in den Bewußtseinszusammenhang hereinzuarbeiten. Dies ist der Sinn seiner Demut, seines wirbelnden

Lachens, seines jähen Erschreckens, dies zieht ihn zu Trieb und Tanz; dies auch stellt seine Menschlichkeit in die geistige Bewegung unserer Zeit.

1922

II

Hindemiths neuen Ton, den archaisch-klassizistischen, angemessen zu begreifen, muß man die Entwicklung überdenken, die an der Musik des Dreißigjährigen sich vollzog. Die Fragen, auf deren bewußte Antwort sie heute drängt, erwuchsen ihm längst schon, beunruhigender stets, aus der Komponierpraxis. Als sein Trieb, aufs Auswendige gerichtet, sich erhitzte am widerstandslos in der Zeit ablaufenden Tempo der Maschine, dem Gleichnis zivilisierten Lebens, das sich selbst nur entrollt; als sein Selbst schwermütig sich dämmte an den Betonwällen entleerter Objektivität, traf die Technisierung seine Technik zumal. Entscheidend akzentuierte sich ihm Metrik und Rhythmik; folgerecht vergleichgültigte sich melodische Plastik und harmonische Kontrolle. Formprobleme gar rückten kaum fordernd in sein Problemfeld, sei es, daß er Formen fertig hinnahm, souveränen Respektes, allein mit der Schärfe seiner sicheren Koloristik neu sie beleuchtend; sei es, daß er drastische Lösungen leichthin vom Tage sich zuspielen ließ; sei es endlich, in den besten Werken, daß er sich in einer lyrischen Sphäre hielt, die ganz ihm unterworfen, von der allgemeinen Formproblematik dicht isoliert scheint. Das Quartett op. 16, die erste Kammermusik, die ›Junge Magd‹ etwa repräsentieren typisch klar, wie sicher der Name musikantischen Wesens die sprengenden Forderungen bannte, ohne der Aktualität sichtbar sich zu begeben. Jene Forderungen indessen gelten gleichwohl; Geschichte zwingt, sie zu erkennen. Wenn die private Zufälligkeit des Komponierens selbst objektiven geschichtlichen Charakters, ihre geschichtliche Konstitution durchsichtig ist, so reicht sie gewiß nicht hin, blind vor der Macht der Situation sich zu behüten, die ihren schmalen Raum erst prägte. Zwar mag der Komponist die Totalanlage seiner Gebilde der Dialektik zu entheben trachten, die zwischen seiner

Natur und der Erkenntnis in Geschichte hart waltet. Dann aber überfällt sie ihn im technischen Detail und verwirrt inwendig den Plan, dessen Umriß kraft geschichtsloser Natürlichkeit unerschüttert bleiben sollte.

Die mechanische Objektivität verstand Hindemith als Garantin seines Musikantentums. In ihr durfte der vitale Drang elementarisch sich selber setzen, ohne einsam zu verfallen; durfte zugleich der aktuellen Realität adäquat sich glauben. Vorab nutzte sie als Mittel die *Metrik*, eine Metrik der Wiederholung, der getreuen durch chromatische Sequenzen oder der steigernd gedrängten. Metrische Wiederholung rückte das melismatisch Einzelne in blanken Zusammenhang; die lyrische Konsequenz des Melos schnitt sie ab, dessen bloße Individualität zu überwinden, und bar aller konstruktiven Mühen, wie im Tanz, zulänglich gegliedert auch, fügte die Musik sich zu großen Sätzen. Nicht stimmig jedoch ging das Kleine in diese über. Die immanente Harmonik der Themen, oftmals die Motivzellen sogar, widerstrebte der geläufigen Zuordnung; zu einmalig-expressiv klangen die Akkorde, um sich beliebig stufenweise transponieren und wiederholen zu lassen, in andere Richtung zielte die motorische Energie der Einfälle, als die Symmetrie zu wirken ihr gestattete; nirgends vermochte die vorgesetzte Objektivität die subjektive Spannung verbindlich zu fassen. Der Schein der Lösungen wurde mit ihnen bereits offenbar.

Als Hindemith die Gefahr seines Beginnens erfuhr – vor Jahren schon übrigens wies Adolf Weißmann auf die Unzulänglichkeit der Wiederholungsmetrik hin, die doch zugleich dem Komponisten leichten Erfolg brachte –, blieb ihm nicht die Freiheit, zum technischen Grunde der Inhomogenität von Ganzem und Teil, zur motivischen Gestalt selber, zurückzukehren und ihrer konstruktiven Kraft ins Ungewisse zu folgen. Nicht allein hatte seine gesamtmusikalische Attitude längst zu deutlich sich verfestigt, eine radikale Wendung zu gestatten. Seine originäre Intention vielmehr war solcher Wendung entgegen. Notwendig hätte die Wendung das Bild natürlichen Lebens verstört, das Hindemiths Musik bietet. Das bedenkenlose Musizieren wäre von der technischen Reflexion durchkreuzt, spirituell gebrochen worden und allerdings: es hätte diese Brechung ertragen müssen.

Zu unbestätigt aber wieder ist es dazu heute bei sich selber und darum bei Hindemith zum ideologischen Zentrum erstarrt, das Kritik von sich fern hält, auch da es in Widerspruch geriet mit der eigenen Konkretion. Ästhetisch abgelöst, kulturpolitisch zugleich fixiert hat sich der Objektivismus, der auf die Wiederholungsmetrik sich stützt. Sein innerkompositionelles Korrelat zerfiel; die Antiromantik ist romantisch geworden. Im Sprung zwischen Ideologie und Konkretion zeichnet sich faßlich genug die Not einer Gesinnung ab, die, Gesinnung bloß, eine ästhetische Objektivität meint, die real mit ihr nicht gemeint ist. Wenn Auswege ihr sich versperren, macht sie sich konsequent zur Tugend. In polemischer Strenge verlangt Hindemith von sich eilig maschinelle Objektivität; ihr widerstreitet der Ursprung des konkreten Werkes, das er ihr unterstellt. Was anders könnte der bündigem Verfahren geneigte Komponist beginnen, als den Konflikt der Postulate schlichten im Schein einer Versöhnung aus besserer, bestätigter Objektivität, hoffend, es möchte ihr Licht dem Einzelnen den jeweils gemäßen Ort erhellen? Hindemith strebt einer Formapriorität zu, die objektiv sein soll, vorgegeben, ohne tötende Wiederholung zu erheischen, ohne aber auch die organisch-natürliche Lebendigkeit des musikantischen Vollzuges zu gefährden.

Im Quartett op. 22, dem Fugato zumal, und in den Marienliedern, deren Textwahl nicht mehr zufällig wirkt wie vor drei Jahren, kündigte die Änderung sich an. Im Quartett op. 32[1] ist sie manifest. Überaus bezeichnend der Bau des ersten Satzes, der sich als Synthese von Doppelfugato und Sonate versucht. Das erste Fugatothema ist weit ausgesponnen; es gliedert sich in ein prägnantes Motiv und eine langatmige, deutlich nun parodistische Sequenzgruppe und wird in einiger Freiheit durchgeführt. Das zweite, wenig plastische hat Seitensatzcharakter; der geschickt eingeleitete Kombinationsteil steht für die Sonatendurchführung, die – notengetreue – Repetition des Eröffnungsabschnittes der ersten Fugatogruppe für die Reprise. Das fugale Prinzip will die Wiederholung der Motive regeln, anstatt daß die Wiederholung als Rezept fungierte; die Wiederholung, deren Hindemith doch nicht ganz entraten mag um des musi-

1 Erschienen bei B. Schott, Mainz.

kantischen Programmes willen. Zugleich aber herrscht die Fuge *literarisch*: der Glanz ihrer Bezogenheit, der entschwand, wird zitiert, und die historische Erinnerung an die vergangene Macht will den Widerspruch beschwichtigen, der zwischen Thema und Ganzem hier auch fortbesteht. Er wird evident am Rekurs auf die Sonate: die ortsbestimmende Gewalt der Fuge bewährt sich nicht so, daß die Themen in ihr ruhten, die Themen drängen aus ihr heraus und möchten die Form von sich aus bilden, wozu es ihnen – den Fugenthemen – an Expansionsfähigkeit wiederum gebricht. Die Problematik der früheren Werke hat sich gewandelt; getilgt wurde sie nicht. – Im zweiten Satz spricht erstmals bei Hindemith die Rezeption Bachs unmittelbar sich aus; die Absicht leidet an melodischer Schwäche. Der anschließende ›Kleine Marsch‹ zählt zu den gelungensten Virtuosenstücken, die Hindemiths kecker Griff aus den Möglichkeiten des Streicherklangs heraushob. Die Passacaglia dann, geistig und thematisch verwandt dem ersten Satz, nähert sich überraschend, doch verständlich der Busoni-Schule; instrumentale Kenntnis schützt sie rechtzeitig vor Gelahrtheit.

Entschlossener noch hat das Streichtrio op. 34[2] den neuen Ton. Die einleitende Toccata wandelt ein nicht sehr gewähltes Thema im stählernen Rasen des perpetuum mobile ab; wahrhaft eines perpetuum mobile, dessen Bewegung aus dem Nichts anhebt und drei Instrumente tosen macht wie großes Orchester. Der langsame Satz kopiert mit archaistischer Härte, des harmonisch Leeren froh, den Bachischen Triostil; die absichtliche Dürftigkeit freilich läßt mit dem kargen Maß der Fülle sich nicht verwechseln. Das Genre-Intermezzo, hier dem Pizzicato abgezwungen, ist dem kleinen Marsch des Quartetts ebenbürtig; dagegen liegt die Finalfuge in jedem Betracht unter Hindemiths Niveau; ihre Korrektur hat der Autor in anderen Werken längst vollbracht.

Extrem in der archaischen Gebärde ist die ›Kleine Kantate nach romantischen Texten für Sopran, Oboe, Bratsche und Violoncello‹ ›Die Serenaden‹ op. 35[3]. Extrem zwar, doch eben nur in der Gebärde, nicht in der Absicht des Formens wie die Streicher-

2 Erschienen bei B. Schott, Mainz.
3 Erschienen bei B. Schott, Mainz.

werke. Während jene romantisch sind, nennt diese sich bloß romantisch; was dort gewichtig beschworen ward, dient hier als Rahmen gelegentlichen Maskenspiels. Keine erhebliche Musik ereignet sich in diesem Rahmen: doch flüchtige Anmut, flüchtige Trauer, eine Lyrik ausgesparter Gefühle, deren prätentionsloser Leichtigkeit man willig folgt.

Die ›Kammermusik Nr. 2‹ (Klavierkonzert) op. 36, Nr. 1[4] mußte bereits bei der Uraufführung einigermaßen enttäuschen; die Noten, die Hindemiths bestes Teil, das sinnliche Realisierungsvermögen, zuweilen eher verstecken als enthüllen, stellen das Werk nicht günstiger dar. Das Fünfachtelmotiv des ersten Satzes hat nicht Konsistenz genug, eine längere Musik allein zu tragen, und der matte vierte Satz mit dem obligaten Fugato will einmal zum Ende nicht taugen. Bleiben, als Gewinn, die Mittelstücke; das Adagio, das etwas vom anderen Hindemith mitteilt, dem dunkleren, gebundenen, der sich stets fast verschweigt; der bewegtere Abschnitt hat eine entlegene Fremdheit der Farbe. Das ›Kleine Potpourri‹ erhält sich lausbübisch entzückend. Aber der durchweg imitatorische, zweistimmige Klaviersatz, der das Instrument vom rudimentären Zauber akkordischen Pedalklangs säubern soll, gibt doch zu wenig Kontraste her, um konzertant zu bleiben; kann als orchestraler Farbwert gelegentlich nur gelten und tendiert merkbar zur klassizistischen Spieldose.

Das klassizistische Ende entwächst dem klassizistischen Ursprung: der frei gesetzten Objektivität, der die geschichtliche Wahrheit nicht entspricht und deshalb nicht das subjektive Konkrete, über das sie sich erstreckt. Die Werke aus Hindemiths klassizistischer Epoche treten mit dem Anspruch auf, in den Formen zu spielen, und spielen tatsächlich mit den Formen bloß. Darum nur hat er die Wahl zwischen gegebenen Formen, weil keine Form ihm – so wenig wie einem anderen – gegeben ist. An dies Ungemäße im Verhältnis einzig ästhetischer Realität und realer Leistung des Ästhetischen mußte Kritik rühren. Es liegt ihr fern, Hindemith nach dem Maß seiner Absicht zu messen; was ihm im Bereich der Absicht mißlingt, läßt sie selbst mißlingen. Daß er von sich aus, in ihren Grenzen, untrüglich ihr nachkommt; daß sein Naturell im Schein der vielfältigen

4 Erschienen bei B. Schott, Mainz.

Vermummung spielend sich behauptet, wie es sie verlangt – dies eigentlich versteht sich von selbst.

1926

III

Seit geraumer Zeit ist die Rede von Musikantentum und Musizierfreudigkeit als Kompliment in die kritische Phraseologie eingegangen. Der Clichégebrauch weckt Mißtrauen und das Wort selber. Denn es widerspricht den realen gesellschaftlichen Verhältnissen, unter denen heute Musik gemacht wird, ebensowohl wie der Sprachgeschichte, die, in Übereinstimmung mit der gesellschaftlichen, nicht mehr den Musikanten, sondern den Musiker kennt. Der Musikant, der da einmal umherzog, verhielt sich unmittelbar zu denen, die ihm zuhörten: er ›spielte ihnen auf‹; was er begann, hatte Gebrauchswert, sei es, daß er dem Tanz diente, sei es, daß er die Leute aufheitern wollte; was er brachte, war an die Unmittelbarkeit des Gebrauchs gebunden, noch nicht zur Form geronnen, unablösbar vom Augenblick des Erklingens; lagen bestimmte Melodien zugrunde, so schaltete mit ihnen Freiheit der Improvisation; die improvisierende Geschicklichkeit in der Handhabung der Instrumente galt mehr als die Frage nach der Gestalt dessen, was geboten ward, weil eine objektive Gestalt der musizierten Musik noch nicht existierte. So wenigstens will es dem romantischen Blick erscheinen, der aus einer von Dingen und Waren gründlich verstellten Umwelt in die offenere und sinnvollere Vergangenheit entweichen möchte, gleichgültig, ob sie nun bestand oder nicht. Vom Musikanten und Spielmann hat die Romantik gesprochen; bei Eichendorff ist er geradenwegs der, welcher sich den Normen des erstarrten Lebens nicht einfügt, sondern als Vagant das Gedächtnis an die verlorene geschöpfliche Freiheit wachhält. Es kennzeichnet tief die Unstimmigkeit und Unsicherheit des neusachlichen Betriebes von heutzutage, daß er einen seiner wirksamsten musikalischen Begriffe ungebrochen eben dem romantischen Denken entleiht, das man zu bekämpfen vorgibt und dem man wider Willen doch unterworfen bleibt, indem man aus Geschichte in trügerische Natur ausbricht. Es gibt keine Musikanten heute. Selbst wer den Lumpenproletarier so nennt, der mit der Drehorgel von Hof zu Hof geht, stilisiert ihn, um sich der Einsicht in Jammer und Not seines Lebens zu entziehen; die Unmittelbarkeit jener letzten Musikanten liegt nicht oberhalb, sondern unterhalb der bürgerlichen Ordnung; nicht er geht über sie hinaus, sondern sie hat ihn aus sich ausgeschlossen, und einzig dialektisch, im Umschlag, könnte er auf echte Unmittelbarkeit deuten. Sonst aber sind die Musiker gründlich seßhaft geworden und bleiben es auch dann, wenn sie in den Ferien mit geschmückten Lauten die Sommerfrischenwälder durchstreifen. Jonny spielt in Wahrheit nicht auf; Whiteman konzertiert, und es wird dazu getanzt; Gebrauchswert hat Musik nur, wo sie dazu dienen soll, andere Leute wieder zu lehren, Musik zu machen, im Unterricht; die Musik, die schließlich dabei herauskommt, hat wieder keinen Gebrauchswert und stellt somit auch den pädagogischen Wert in Frage; insgesamt aber ist Musik als Ware tauschbar geworden gegen abstrakte Einheiten, die ihrem Gebrauch gänzlich fern liegen: gegen Geld; sie ist darum dinglich und objektiv und Gestalt bei sich selber – womit sie, wohlverstanden, gegen die primitive Unmittelbarkeit nicht verlor, sondern gewann –; und ihr Warencharakter läßt sich nicht isoliert, also von der Musik aus korrigieren, sondern seine Veränderung hätte die Veränderung des gesamten gesellschaftlich-ökonomischen Produktionsprozesses zur Voraussetzung. Der Raum zur improvisatorischen Freiheit, schon beim Jazz dürftig genug, ist in der ernsten Musik gänzlich verschwunden; sie kennt keine bessere Forderung als die nach strenger Realisierung ihres Notentextes; die Handhabung der Instrumente steht einzig noch im Dienste solcher Realisierung, und es bleibt den Musikanten nichts anderes übrig, als improvisatorische Freiheit und instrumentale Virtousität im Notentext selbst festzulegen, »auszukomponieren« – wodurch die intendierte Unmittelbarkeit zurückgenommen wird und allein als kunstgewerbliches Ornament ihre Wirkung tut, als das Schlimmste, was man dem neusachlichen Programm antun kann. Das neue Musikantentum, widerspruchsvoll im Ursprung, gerät durch jeden Zug seiner Verfahrungsweise in Konflikt mit dem, was ihm selber möglich ist.

Dagegen wäre bequem einzuwenden: der Ausdruck Musikant könne fallen, es handle sich um eine Wandlung der musikalischen Gesinnung; anstelle des ungehemmten oder, wie man es wohl zu nennen beliebt, »überspitzten« Subjektivismus trete eine Kunst, die nicht mehr dem Ausdruck des einzelnen diene, sondern objektiv verbindlich sei; geprägt bei sich selber, den anderen verständlich; die Arbeitsteilung, die den Musiker vom Publikum trenne, werde widerrufen, Leid und Schwermut der Person abgeworfen und gesunde Kollektivität melde sich an. All das ist fragwürdig. Der Ausdruck kann nicht fallen; Namen lassen sich nicht nach Belieben auswechseln, sondern in ihnen liegt die geschichtliche Figur des Erscheinenden beschlossen; woher die neuen Bindungen der Musik, bei gleichbleibenden gesellschaftlichen Verhältnissen, stammen sollen, ist unklar, es sei denn, man mache die bestehenden Mächte als solche zu Gottheiten und rede der für sich sinnleeren Kollektivität ein, ihre Kollektivität sei ihr Sinn; die Preisgabe der Arbeitsteilung wird, heute und hier, durch einen Dilettantismus erkauft, der die Musik qualitativ verschlechtert, einerlei ob sie subjektiv oder objektiv ist; vor allem aber: mit der Gesinnung ist es nun und nimmer getan und am wenigsten für eine Musiktheorie, die anstelle des subjektiven Ausdrucks, auf dessen Seite ja alle Gesinnung gehört, die Verbindlichkeit des Erklingenden selber rücken möchte. Mit der Beschimpfung des »Intellektualismus«, der weder als Einzelerscheinung unabhängig von seinen gesellschaftlichen Bedingungen zu bekämpfen noch am Ende gar bekämpfenswert ist, wird so wenig getan wie mit der geflissentlichen Bekundung der eigenen Naivetät, die die Naivetät Lügen straft. Will das neue Musikantenideal sich ausweisen, so muß es innermusikalischen Kriterien standhalten; es muß sich zeigen, daß im Namen des Musikanten bessere, handwerklich gefügtere, stimmigere und reichere Musik zustande kommt als im Namen der Subjektivität, die mit ihrer selbstherrlichen Kundgabe die Ruhe des Gebildes in sich selbst verstört haben soll und die – das freilich ist vorab gründlich zuzugestehen – verfiel.

So schwer es hält, eine allgemeine Charakteristik der Musikantenmusik zu geben – denn sie erwächst ja nicht, wie sie es beansprucht, in einer homogenen Gemeinschaft, sondern in der differenziertesten Umwelt und zeigt sich so vielgestaltig wie die Umwelt selber –: einiges läßt sich immerhin sagen. Zunächst: die Musikantenmusik steht in einem besonderen Verhältnis zu der Zeit, in der sie abläuft. Die Zeit ist ihr nicht die Form, in der das musikalische Wesen in Erscheinung tritt und sich objektiviert, sondern sie setzt der bei sich selber ziellosen Musik ihre einzige Aufgabe, wenn man will ihren »Inhalt«: die Musik soll die leer ablaufende, ängstigende Zeit »füllen«. Darin nähert sich die Musikantenmusik der unteren Gebrauchs-: der Amüsiermusik an; mit dem Unterschied, daß diese falsche, unechte Inhalte in der Zeit exponiert, während jene in der Zeit allein sich selber setzt. Darin zeigt der lediglich fiktive Gebrauch sich an; für Menschen wird die Zeit ausgefüllt, aber nichts ist da, was sie ihnen füllte und sie erreichte. – Andererseits dankt Musik, die auf Ausfüllung der Zeit aus ist, der Zeit selber gar nichts: alle die reicheren, gliedernden Zeitrelationen, die ehemals die Form von Musik bildeten, fehlen, der bloße Ablauf ist allein übrig und organisiert roh und primitiv die Form. Die »Motorik«, die der Musiziermusik eignet, ist der technische Ausdruck dafür. Und der Ausdruck technischer Problematik zugleich. Denn das Ausgangsmaterial der Musiziermusik ist selber geschichtlich bereits so differenziert, daß es der primitiven Handhabung sich nicht einordnen will. Die Unmöglichkeit, mit einem harmonisch und melodisch freizügigen Material in Sequenzen zu operieren, wie es die Musiziermusik anfänglich liebte, ist früh erkannt worden. Aber auch eine sorgfältiger gearbeitete Ornamentik gerät nicht. Sie setzt allemal eine gewisse Beharrlichkeit und Unabänderlichkeit des Grundmaterials voraus, die nicht mehr besteht. Gerade diese Voraussetzung bewirkt Brüche. Durch die bloße Zeitfüllung, die Motorik, die keinen Augenblick den rhythmischen Atem anhalten läßt, um nur ja die Zeit zu übertäuben, ist gerade das thematisch Einzelne ausgeschliffen und banalisiert: entweder als grobschlächtiges, rhythmisches Modell oder als konturloser Kontrapunkt. Solches Material, das nicht anders sein kann, wenn die zeitfüllende Bewegung überhaupt möglich sein soll, ist aber zugleich am letzten fähig, so beliebig und unverändert sich wiederholen, so unplastisch-kontrapunktisch sich weitertreiben zu lassen, wie gerade das Bewegungsideal es erheischt. Die Musikanten-Motorik geht davon aus, daß rhythmisch-melodisch aufgelöste und durchgeformte motivische Einzelkomplexe sich nicht beliebig wiederholen, nicht in durchlaufender Bewegung aneinanderfügen lassen, worauf es notwendig einer Musik ankommt, die die Zeit füllen will. Aber die zufälligen, sei's banalen, sei's unplastischen Modelle, die die Musikanten statt dessen zur Zeitfüllung aufstellen, sind nicht wert, wiederholt oder weitergetrieben zu werden; ihre Fortführung bewirkt eben jenen Leerlauf, der die Zeitfüllung als Trug charakterisiert; Leerlauf nicht derart, wie die Musikanten es beanspruchen, als Abwesenheit subjektiv-expressiver Ausdrucksgehalte, sondern Leerlauf im technisch-kompositorischen Verstand; Abwesenheit aller Gliederung in der Zeit, es sei denn daß man die gröbsten Außendispositionen so nennen wollte; Fortfall jeder dialektisch-kontrastierenden Möglichkeit der Komposition, die die Zeit meistern könnte. Kompositionstechnisch gesehen ist der Neoklassizismus nichts als der Versuch, diese Schwierigkeiten zu bewältigen durch Rekurs auf alte Vorbilder, in denen noch nicht jener Bruch von Einzelnem und Ganzem waltet, der die Musikanten, oder die Wissenderen unter ihnen, quält. Ein vergeblicher Versuch. Denn im Rahmen der Tonalität haben, als elementare Erscheinungen, Modelle von der gleichen rhythmischen Einfachheit noch Kraft, während sie in der neuen Musikantenmusik primitiv und banal erscheinen, weil sie nicht mehr als Urphänomene in einem vorgegebenen musikalischen Raum verstanden werden können, sondern einem harmonischen und intervallmäßigen Material, das von den einfachen Obertonverhältnissen weit sich entfernte, höchst unangemessen sind. Es ist darum von Strawinsky nur konsequent, wenn er auch auf dies Material verzichtet und bei Stilkopien landet, die in dissonanter Willkür und literarischer Dämonie, nicht aber in der musikalischen Gestalt selber von den Vorbildern sich scheiden. Über dem Kopf der Musikanten vollzieht sich als ihr Gericht eine sonderbare Dialektik: was mit der Absicht frischer Naivetät begann, endet alexandrinisch. Andere, denen Strawinskys Schicksal erspart bleibt, danken es nicht einem Mehr an ursprünglicher Substanz – keiner von ihnen hat größere Naturfülle des Talents als Strawinsky –, sondern bloß

geringerer handwerklicher Konsequenz. Der dürften aber gerade die nicht ausweichen, die das Eigenrecht des Handwerks wiederherstellen wollten.
Am besten ist es ihnen fraglos in der Behandlung des Instrumentalen gelungen. Die Musikantenmusik hat der kompositorischen Technik eines wiedergegeben: den Kontakt mit den instrumentalen Spielweisen. Die Schablone jener neudeutschen Klangphantasie, die nur den fertigen Klang, nicht aber dessen Produktion mehr beherrscht und damit den Klang in all seinem Glanze erstarren läßt, hat sie aufgelockert, indem sie beharrlich den Instrumenten nachhörte, was sie spielen möchten. Strawinskys Befreiung des Schlagzeugs, Hindemiths Bläseraktionen bezeichnen wahrhaft einen Durchbruch, und es ist kein Zufall, daß gerade hier die Kritik des Jüngstvergangenen der Musiziermusik am drastischsten geriet; der »Duettkitsch« aus ›Neues vom Tage‹ besiegelt das Schicksal des neudeutschen Orchesters und Strawinskys Fee zitiert das Begrabene phosphoreszierend. Freilich, auch hier liegen die Grenzen nahe genug. Weil nämlich die Instrumente auch der Musikanten einzig an die Realisierung des Textes gewandt werden, ist ihre spielfrohe Autonomie Schein; sie sind nicht für sich selber oder zum Aufspielen da, sondern um motivische und thematische Ereignisse darzustellen. Umgekehrt aber gebärden diese Ereignisse sich so, als ob sie bloße Vorwände für die Instrumente wären, mit ihren Spielweisen zu paradieren; als brauchte die Komposition nur Stimmen zu produzieren, die jeweils von diesem Instrument und keinem anderen technisch ausgeführt werden können. So entsteht, jedenfalls bei den spezifisch konzertanten Musiziermusiken, ein Quid pro quo zwischen Komposition und Instrumentation, in dem die Nichtigkeit des musikalischen Gehaltes sich verbirgt. Positiv gewandt: gleich der thematischen und konstruktiven wird auch die Klang-Phantasie getilgt und durch eine Klang-Erfahrung ersetzt, die sich selber genügt, ohne je über sich hinauszugreifen und in frischer Anschauung Neues zu produzieren. Daß das aber auch bei genauester Kenntnis der instrumentalen Charaktere und in strengster Kommunikation mit dem kompositorischen Gefüge möglich ist, läßt sich an Schönbergs jüngsten Partituren, dem Widerpart allen Musikan-

tentums, erkennen. Die ganze Sphäre der Klangkombination, der eigentliche Ort von Klangphantasie, ist in der Musiziermusik ausgelassen. Die Fiktion der Unmittelbarkeit des Spiels hemmt die Gestaltung des Gespielten.

Die soziologische Problematik der Musiziermusik ist nicht der freischwebenden Reflexion vorbehalten, sondern kommt an den konkretesten technischen Fragen zutage: an der Unmöglichkeit, sie mit Musikantenmitteln zu lösen. Das ideologische Programm des Musikantentums, die Forderung nach jener unbeschwerten Naivetät, die die Musik widerstandslos auf ihre Zeit losläßt, sagt musikalisch: daß eben jene technischen Kriterien von Anbeginn der Musiziermusik ferngehalten werden sollen, denen sie nicht genügen kann. Diese Kriterien aber werden von den Fragen selber aufgerufen, die die Musiziermusik stellt und unbeantwortet läßt. Ideologie ist die programmatische Naivetät noch darüber hinaus. In der Wirklichkeit, in der wir leben, kommt es nicht darauf an, naturhaft fröhlich in den Tag hinein zu leben, wie die Musikanten in die Zeit hinein musizieren: die Wirklichkeit muß durchschaut werden. Das soll, zu ihrem Teil, die Musiziermusik verhindern: sie ordnet sich der allgemeinen kulturellen Reaktion ein. Genauer ließe sie sich vielleicht als Ersatz für den Folklorismus in den hochrationalisierten, industriellen Ländern ansehen. Die Musikanten wollen in der rationalisierten Gesellschaft Enklaven bilden, die der Macht der ratio in dumpfe Natürlichkeit ausweichen; andererseits den blinden Rationalisierungsprozeß selber, als »Tempo der Zeit«, für naturwüchsig-mythisch ausgeben und verherrlichen. Sie wollen den Menschen die gute ratio nehmen und die schlechte im Bestehenden als Natur einreden. Wo die Erde nicht mehr ausreicht, Reaktion zu begründen, soll dafür eine allgemeine, schlichte Menschlichkeit herhalten, die sich am bloßen Klingen freut, das jenseits der Geschichte liege. Aber dies geschichtslose Klingen klingt falsch und überholt. Was die Musikanten der radikalen neuen Musik vorwerfen, gilt vorab für sie selber: sie produzieren abstrakt: anstelle der spezifischen Gestalt tritt der Entwurf eines musikalischen Überhaupt der Natur, der kein konkret verbindliches Bild aus sich entläßt; daher die fatale Ähnlichkeit, die die Musiziermusiken allemal miteinander haben und die sich mit

Mozarts bestätigten Typen nicht verwechseln läßt. Der Formkanon, der zerbrach und den die Musikanten von sich aus nicht aufrufen können, wird durchs leere, im Material unverbindliche Schema ersetzt. Gehalte, die fehlen, usurpieren die Objektivität jener, die verloren gingen. Inhumanität und Brutalität sind das Ende: Bewußtsein, das erhellt und formt, wird verdrängt von blinder und undurchschauter Rationalität, die die Menschen einzig noch unterdrückt.

1932

IV

Es gibt nichts Harmloses mehr. Der Versuch, eine Kompositionslehre zu schreiben, die sinnvolle Regeln für die gegenwärtige Praxis aufstellt; die sich weder dabei bescheidet, bloß zu registrieren, was heute etwa an kompositorischen Mitteln verwandt wird, noch die überholten Gesetze der Schuldisziplinen von Harmonie und Kontrapunkt weiter zu konservieren, scheint gesellschaftlich neutral. Aber die Neutralität selber ist ein Politikum. Hindemith nennt seine Schrift preziös-biedermännisch ›Unterweisung im Tonsatz‹. Er stellt die Versunkenheit des Handwerkers zur Schau, der seine guten Stücke fertigt, nicht achtend der bösen Zeitläufte. Die schlichte Weltferne ist ein Trick und eine Ausflucht. Sie wird bestraft, indem sie allenthalben in den Bann dessen gerät, womit sie nichts zu schaffen haben möchte.

Hindemiths unzeitiges Handwerkerideal produziert den Kultus einer Geschicklichkeit, deren Naivetät bloß noch in der unbefangenen Mitteilung ihrer selbst und nicht in ihrer traditionellen Substanz besteht. Die alten Meister sind keß geworden: »Die Geschicklichkeit kann nie groß genug sein, der gewaltigste Könner wird immer noch hinzulernen können.« (25) Nur auf die Zugehörigkeit zur Zunft wird strikt gehalten. Zum Begriff der Geschicklichkeit gesellt sich der des Fachmanns: »Was bei freigebigster Zubilligung persönlicher Eigenheiten dem Verständnis des Fachmanns nicht mehr zugänglich ist, kann unmöglich dem einfältigen Hörer überzeugender erscheinen.« (16) Dabei ist er doch selber einfältig genug, der Meister, »der die naturgegebenen Untergründe seiner Arbeit erschaut oder mindestens erfühlt«. (16) So schreibt heute die Kulturopposition in Deutschland. Für ihre Wortkunst gilt wie für Hindemiths Tonsatz, »daß eine leichte Handhabung dieser Gebilde gewährleistet wird«. (121) Der neugotische Fachmann möchte »die kühnsten harmonischen Spannungen und Verstrebungen herstellen, ohne sich auf die unsichere Arbeitsweise ständigen hörenden Ausprobierens der Klänge verlassen zu müssen«. (137) Er ist ein ästhetischer Verwaltungstechniker. Sein ordo ist die Routine. Es kommt ihm schließlich doch darauf an zu klassifizieren: »Das Ergebnis der Klangbestimmung nach der hier angegebenen Methode ist eine Phänomenologie aller Akkorde. Es gibt keine Zusammenstellung von Intervallen, die nicht in eine der Abteilungen des Systems paßte. Zusammenklänge, die ein Theorielehrer nur in Alpträumen analysiert, die ein Kontrapunktlehrbuch, das etwas auf sich hält, nicht auf seinen Seiten duldet, können nun leicht erklärt werden.« (120) Er legt ein Ordnungsschema aller anbetroffenen Zusammenklänge an. Erklärt wird gar nichts; allenfalls ein Abstammungszertifikat beigefügt.

Erklärt wird gar nichts – außer wo es nichts zu erklären gibt. Der »gläubige Musikus« (72) verwandelt sich in einen wütenden Rationalisten, sobald er es mit Akkorden oder auch bloß Intervallen zu tun hat, in denen historische Erfahrungen sich niedergeschlagen haben: die die Spur des geschichtlichen Schmerzes tragen. Sie müssen um jeden Preis aus reinen Gesetzen bewiesen werden, selbst wenn sie gesellschaftlich längst so sich verhärtet haben, daß sie als zweite Natur der Bemühung der ersten gar nicht bedürfen. Mehr als ein Viertel des Buches, »der Werkstoff« zubenannt, befaßt sich damit, die zwölf Töne der chromatischen Skala aus der Obertonreihe hervorzuspinnen. Natürlich stimmt es nicht mit der Natur; mit der »Zerstörung der Oktavreinheit« (43) durch ausschließlichen Gebrauch reiner Intervalle wird Hindemith so wenig fertig wie alle seine Vorgänger. Er ist aber ein zu treuer Werkmann, um die Rationalisierung der physikalischen Töne durch die temperierte Stimmung als bewußten Eingriff in ein Naturmaterial zu erkennen, das historisch zur Hemmung der musikalischen Produktion geworden war. Wenn es schon mit dem Werkstoff nicht seine Richtigkeit hat, dann immer noch lieber unangemessene Physik als Einsichten, die die Vorstellung des »Werkstoffs« selber gefährden könnten. Offenbar ist bereits Max Weber subversiv geworden.

Was nun die temperierte Skala selber anlangt, so ist Hindemith beileibe kein Pelasger, sondern ein gemäßigt Moderner. Die hämische Skepsis gegen den »Fortschrittsglauben« ist wohl verträglich mit der Akzeptierung jeden Fortschritts, der im Rahmen des Bestehenden sich hält. Die temperierte Skala wird zunächst so rigoros kritisiert, als ob für die zarten Ohren des Fachmanns nicht bloß die Enharmonik des Tristan sondern eigentlich schon das Beethovensche Orchester unerträglich falsch klingen müßte. Aber er ist viel zu vernünftig, all das etwa zu verbieten. Als Korrektur ist ihm das Chorsingen recht, wie es wohl von der bündischen Jugend praktiziert wurde. Verboten ist heute die bündische Jugend.

Hindemiths Toleranz gegen den vergangenen Fortschritt tut jedoch seinem Eifer keinen Abtrag, eine natürliche »Rangliste der Tonverwandtschaften« (72) auszuarbeiten. Sie stellt die Vermittlung dar zwischen den »großartigsten Naturerscheinungen; einfach und überwältigend wie der Regen, das Eis, der Wind« (39) und der Kochkunst. Die Intervalle und Akkorde werden abgeschmeckt, als kämen sie aus dem Gewürzschrank. Neuere heißen »überpfeffert«. Manche sollen, an sich, schwächer und andere stärker sein: »Der Quintschritt g^1–c^1 hat stärkere harmonische Wirkung als der Quartschritt e^1–a^1, dessen Klangwert ist wiederum größer als der des Terzschrittes c^1–e^1 oder des Sekundschrittes a^1–g^1.« (100) Was stark heißt, bleibt ungewiß: es kann ebenso gut bedeuten, daß das von Hindemith errechnete Intervall in seiner Tabelle einen früheren und darum besseren Platz einnimmt als das schwache, wie daß es auffälliger sich präsentiert – worüber nicht generell sondern nur in bestimmtem Zusammenhang zu entscheiden wäre. Die Rangliste bemächtigt sich auch der Akkorde. Dabei ist geradeswegs von »wertvoll« die Rede. Es wird jede, nach Hindemiths Auffassung, dezidierte und eindeutige harmonische Wirkung stillschweigend als die bessere aufgeführt, als ob nicht im Kunstwerk Wirkungen der Suspension solche des blanken Fortgangs immerhin überwögen. Die Akkordrangliste läßt sich an wie eine Ästhetik der Malerei, die »schönen« Farben vor »häßlichen« unter Absehung vom Bilde den Vorrang geben wollte. Der Komponist des aggressiven Nusch-Nuschi und der blasphemischen Sancta Susanna, zum Anwalt des »gesunden Empfindens« (39) geläutert, unterweist: »In der Komposition kann der Dreiklang oder seine unmittelbaren Erweiterungen nur auf kurze Zeit vermieden werden, wenn den Zuhörer nicht vollkommene Verwirrung erfassen soll.« (39) Den Komponisten hat sie längst erfaßt; sonst würde er nicht Thesen proklamieren, die er mit seinen besseren Stücken selber verhöhnt hat. Der Grund der Verwirrung ist technisch bestimmbar. Hindemith sieht, daß die Regeln der Harmonielehre, die die Akkorde »funktional«, nämlich nach ihrem Stellenwert in der Kadenz und deren Erweiterungen, einschätzen, mit der kompositorischen Praxis nicht mehr übereinstimmen. Er ist darum sogar bereit, Begriffe wie Konsonanz und Dissonanz preiszugeben. Aber er versucht eine Rettung jener überholten Normen, indem er sie von jeglichem Zusammenhang emanzipiert und an die isolierten harmonischen Einzelereignisse heftet. Wenn jedoch nicht die Stellung in der Kadenz über Richtig und Falsch eines Akkords entscheidet, dann sträubt sich noch viel mehr der einzelne Akkord gegen die Werthierarchie. Sehr wohl läßt sich in jeder Komposition über die Richtigkeit oder Falschheit ihrer Momente entscheiden, doch nach keinem anderen Maßstab als dem des bestimmten und einmaligen Zusammenhangs, zu welchem jene Elemente in der Komposition zusammentreten. In diesem erscheinen die einzelnen Momente als historische und nicht als Naturprodukte. Hindemith korrigiert einige harmonische Beispiele mit umständlichem Aufgebot eigens von ihm »errechneter«, übrigens ziemlich triviale Kompositionserfahrungen widerspiegelnder Begriffe wie »harmonisches Gefälle« und »Sekundgang«. Die von ihm bezeichneten Fehler wären einfacher zu bestimmen als Vermischungen von Akkorden historisch verschiedenen Wesens. Ein Dreiklang in einer Folge vieltöniger Akkorde klingt in der Tat falsch. Die Praxis der gemäßigten Moderne, der Hindemith die Ideologie liefert, besteht aber gerade darin, der verleumdeten Atonalität und Zwölftontechnik die Zähne auszubrechen, indem die über weite Strecken freizügige Musik mit Dreiklängen durchsetzt wird, den Hörern zum Halt und der Musik zum Schaden. Falsch klingt die gemäßigte Moderne selber.

Der Versuch einer Harmonielehre, die das heute verfügbare Material nach generellen Regeln normiert, ist widersinnig. Es gibt eine eigene Kunst der Instrumentation erst seit hundert Jahren. Daß keine normative »Instrumentationslehre« ausgebildet wurde, sondern bloß deskriptive Instrumentenkunde, hat seinen guten Grund: die Entdeckung der instrumentalen Dimension fällt in eine Epoche, die der Musik allein noch die konkrete Logik der Bewegung des einzelnen Werkes und nicht länger das abstrakte Schema verstattet. Was aber der Instrumentation recht ist, ist billig für die progressiven harmonischen Tendenzen. Nicht zufällig beschränkt sich gerade Schönbergs Harmonielehre auf das traditionale Akkordmaterial: sie verwendet es bloß pädagogisch, um ein Bewußtsein zu bilden, das seiner selbst mächtig ist und darum endlich jeden Schemas entraten kann. Von dieser historischen Tendenz legt Hindemiths Buch wider Willen Zeugnis ab, indem es sich dazu bescheidet, jene Ordnungsschemata anzulegen. Reaktionär wird es in dem Augenblick, in dem es die Ordnungsschemata als Normen ausgibt. Seine Verbote sind Fesseln der musikalischen Produktivkraft: durch armselige Hilfskonstruktionen wird eine an der Konvention orientierte, beschränkte Komponiererfahrung zur Ontologie aufgeplustert. Nichts soll vorkommen, was nicht schon da war: was nicht sich begnügt, das Bestehende bloß zu reproduzieren. Spekuliert wird auf ein regressives Bewußtsein, das nur noch den Wunsch kennt, aus der Verantwortung des selber Erkennens entlassen zu werden, und das die unerhellten und praktischen Anordnungen der Verwaltungsinstanz als objektiv verbindlich befolgt. Es ist die Objektivität des Führerprinzips: freiheitsfeindlich und selber dabei unverbindlich.

Die Rangliste der Intervalle und Akkorde steht im Dienst einer Elite, mag diese immer so schäbig sein wie die ewigen Dreiklänge. Von den Intervallen wird gesagt: »Der Tritonus bildet mit keinem anderen Intervall ein Paar, er steht rechts der Intervallpaare allein als Gegenstück zur Oktave, welche an der linken Flanke der Reihe den abgesonderten Eckplatz innehat. Sie als das vornehmste, edelste Intervall mischt sich nicht unter die Menge; der entfernteste Verwandte, der Sonderling, der halbechte Tritonus bleibt den Paaren fern wie Loki den Göttern.« (96 f.) Auch die verwaltungstechnische Akkordtabelle dient höheren Zwecken: »Die Untergruppe III in der Gruppe A umfaßt Akkorde mit beliebiger Tonanzahl, die durch Sekunden und Septimen erweitert werden. Sie sind ein grobes und wenig edles Geschlecht ... In der Untergruppe IV findet sich ein seltsames Gelichter überspitzter, buntgefärbter, unfeiner Klänge.« (118) Offenbar handelt es sich dort um Proletarier, hier um Intellektuelle. Mit ihrer Diffamierung wird die alte Harmonielehre durch die Hintertür wieder eingelassen. Von Dissonanzen will der Theoretiker Hindemith noch weniger wissen als der Praktiker. Er ist positiv. An seinem ›Marienleben‹ hat er etwas gelernt: »Daß das Werk zur Ehre des höchsten Wesens geschaffen wird und darum auch seiner Unterstützung sicher ist, spüren wir bei vielen Komponisten, selten aber so eindringlich wie bei Bach, dem das ›Jesu iuva‹ in seinen Partituren keine leere Formel war.« (27) Wenn heute die Unterstützung nicht mehr so sicher ist, so mag das mit den leeren Formeln mancher Partituren zusammenhängen.

Man muß schon selber organisieren. »Unser Unternehmen arbeitet anders. Es hat eine ungleich größere Anzahl von Werkmännern zur Verfügung, deren Arbeit für das Ganze von unterschiedlichstem Werte ist. Vom Spezialarbeiter allerhöchster Leistungsfähigkeit bis zum Nichtskönner, vom fleißigsten Mann bis zum Faulenzer haben wir Leute aller Leistungsgrade zur Verfügung. Man kann also an jeden Platz einen mit einschlägigen Kenntnissen ausgerüsteten Mann stellen, der seine Aufträge schneller, besser und zuverlässiger erledigen wird, als ein durch seine Vielseitigkeit behinderter Arbeiter; andererseits ist es unnötig, an untergeordnete, aber gleichwohl unentbehrliche Arbeiten, wo die andernorts unverwendbaren Nichtswisser und Faulenzer noch gut aufgebraucht werden können, die Kräfte hochwertiger Könner zu verschwenden.« (122) Leitsätze aus dem Prospekt einer Kathedralen A.-G., deren Werkleute vom freiwilligen Arbeitsdienst überwiesen werden.

Der Unternehmer klagt in freilich anderem Zusammenhang:

»Die Revolution kam zu früh.« (65) Sie kommt zu spät. Sonst wäre der Prospekt nicht geschrieben worden.

1939

V

Vorausschicken möchte ich, daß ich zwar früher viele Kritiken schrieb, mich aber nie als Kritiker von Beruf gefühlt habe. Was aus meiner Arbeit unter jene Kategorie fällt, verdankte sich eher dem Zusammentreffen von philosophisch-theoretischem und praktisch-musikalischem Interesse, als daß es jenen richterlichen Anspruch erhoben hätte, den Kritik anmelden muß, sobald sie als die Form, die sie fraglos ist, voll autonom wird. Zum Unterschied davon wollte ich in meinen Kritiken Erfahrungen ausdrücken und mit diesen mich verständigen; stets hatten sie etwas Experimentelles. Darum ist es mir nicht so leicht, ein Beispiel zu finden, das mich Pater peccavi mit gutem Gewissen zu sagen nötigt, als wenn ich meinem hohen Verstand schlicht getraut hätte.

Aber ich entsinne mich doch an eines. Es liegt freilich vierzig Jahre zurück; ein Aufsatz über Paul Hindemith[1], den ich 1922 in den längst verschollenen ›Neuen Blättern für Kunst und Literatur‹ in Frankfurt publizierte. Kaum etwas ist mir mehr recht daran; brächte mir heute einer meiner Schüler ein Erzeugnis solcher Art, er hätte wohl nichts zu lachen. Der Aufsatz, vermutlich einer der ersten, der über den Komponisten geschrieben ward, ist eine Mischung aus versierter Keßheit und provinziellem, wohlweisem Muff, von der ich mir heute nicht mehr vorstellen kann, daß ich sie jemals über die Feder brachte; wenn meine Erinnerung mich nicht trügt, hat ihn Hindemith, mit Recht, nicht gemocht. Offenbar muß man von geistigen Verhaltensweisen, von denen man einmal energisch sich abstößt und gegen die dann das polemische Pathos sich richtet, ein Stück in sich selber haben, um sie verabscheuen zu lernen. Unter den Motiven meiner späteren Sachen, soweit ich sie gelten lasse, fehlt auch nicht die Scham über das, was ich, bloß dem Anschein

1 Vgl. I, Text, S. 212 ff.

nach frühreif, als Neunzehnjähriger in diesem Aufsatz und manchem anderen anstellte. Panischer Schrecken befiel mich, als vor einiger Zeit ein freundlicher Mann auf die Idee verfiel, einen noch früheren Essay von mir wieder abzudrucken.

Am meisten stört mich an dem Hindemith-Aufsatz, daß er Unvereinbares: ungebrochene Begeisterung für ein eruptives Talent, vages Unbehagen daran und den Gestus souveräner Verfügung, bedenkenlos miteinander verbindet. Ich merkte schon in den Jugendarbeiten Hindemiths, die noch radikal sich gebärdeten, daß irgend etwas nicht stimmte, daß dem umstürzlerischen Auftrumpfen nicht ganz zu vertrauen sei. Aber ich war dem nicht gewachsen, was ich spürte. Als Bedenken meldete ich gegen Hindemith nach Bourgeoisweise an, er wolle épater le bourgeois, warf ihm gar seine skandalösen Texte vor. Nicht erkannte ich hinter jenen Stücken, was die Psychoanalyse den ödipalen Charakter nennt, eine Art von verbogenem Protest gegen die väterliche Autorität. Dicht hinter dem wilden Gebaren lauert Identifikation mit dem, wogegen aufbegehrt wird; der Exzeß proklamiert gleichsam selber schon die Notwendigkeit von Maß und Ordnung, daß endlich so etwas aufhöre; das Chaos ist auf die eigene Diffamierung eingerichtet. Hindemith hat denn auch, nachdem ein Kritiker ihm mit dem ethischen Zeigefinger bedeutete, Verinnerlichung sei an der Zeit, auf diese prompt sich umgestellt und die kunstgewerblichen Mariengedichte Rilkes komponiert; seitdem war bereits über jene Art Klärung entschieden, deren Opfer schließlich noch die dissonanten Reste aus dem Marienleben wurden. Als dessen erste Fassung erschien, gingen mir die Ohren auf. Was jedoch Hindemith vorher komponierte, hatte mich sehr beeindruckt; beirrt wurde ich nur durch eine abfällige Bemerkung über Schönberg, über dessen Rang ich schon zu jener Zeit mich nicht täuschte. Es war dies, als ich noch bei Sekles studierte, der auch Hindemiths Lehrer gewesen war; also ehe ich nach Wien zu Alban Berg ging. Der subjektive Grund meiner Torheit war einfach Mangel an Metier. Noch verstand ich nicht, welcher Zwang zur Durchbildung, zum Verzicht auf blanke Oberflächenzusammenhänge von den neuen Mitteln ausgehen, wie entgegengesetzt sie dem eigenen Sinn nach der im Grunde traditionalistischen Musikanschauung Hindemiths sind. Mit Worten wie polyphon verfuhr ich ungemein freigebig, ohne zu sehen, daß, trotz aller Stimmreibungen, etwa das berühmte Donaueschinger C-Dur-Quartett Hindemiths in Wahrheit ein motorisch-homophones Stück ist. Anstatt die kompositorischen Probleme seines Werkes verbindlich in kompositorischen Begriffen zu formulieren, begnügte ich mich mit der vagen Impression. Was seine bestimmbaren technischen Gründe hat, setzte ich umstandslos aufs Konto des bloßen künstlerischen Naturells, des vielberufenen Hindemithschen Draufgängertums. Triftig hatte ich dem nichts entgegenzustellen. Die Zufälligkeit bloßen Geschmacks war die Ursache meiner schwankenden Zustimmung zu einer Kunst, die ich doch zugleich als dem konträr empfand, was ich mir unter richtiger Musik vorstellte. Die peinliche Verve jenes Aufsatzes rührte wohl daher, daß ich jene Ambivalenz übertäuben und mich selbst im Glauben bestärken wollte. Das Beste am frühen Hindemith, das auch mich insgeheim lockte, war das Unbotmäßige, zynisch Antikonformistische, und darüber glaubte ich altklug absprechen zu sollen; was ich krampfhaft an ihm lobte, waren dafür eben jene Eigenschaften seiner Musik, die mir gar nicht so viel später verdächtig wurden. Aber ich hätte sie nicht gepriesen, hätte nicht meine verstohlene Liebe der ›Jungen Magd‹, dem provokanten ›Nusch-Nuschi‹ und der Oper nach einem sehr exponierten Text von Stramm gegolten; gern wüßte ich, ob Hindemith heute noch Aufführungen der Bleischen Burleske und der ›Sancta Susanna‹ gestattet. Eine gewisse Klobigkeit, Undurchbrochenheit jener Musik mißfiel mir freilich vom ersten Tag an, auch der allzu realistische Habitus des Orchesterpraktikers; aber ich war zu schwach, der öffentlichen Meinung zu widerstehen, die lautete, eben das sei gesund und das Kühnere krank. Erst die Wiener Schule hat mich auch theoretisch von den herrschenden musikalischen Clichés kuriert; in dem Hindemith-Aufsatz kommt das Wort musikantisch positiv vor. Daß mich die Begabung faszinierte, war, in der Zeit von deren jähem Aufstieg und angesichts von Hindemiths schlagender Fähigkeit, kein großes Verdienst. Aber während ich dem modernen Talent Tribut zollte, schwamm ich doch mit dem Strom und rühmte an ihm das Unmoderne. Dies Element selbst hatte ich wohl richtig wahrgenommen, und seine Entwicklung hat es bestätigt, aber zugleich durch die absinkende Qualität meine Zustimmung widerlegt. Die modernen Momente an Hindemith indessen, die ich wenigstens durch den ungebührlich forschen Ton meines Aufsatzes nachahmen wollte, hat er im übertragenen und buchstäblichen Sinn ausgemerzt, aus der Sancta Susanna die Nobilissima Visione gemacht.

Mit derlei Erinnerungen würde ich die Öffentlichkeit nicht belästigen, wäre nicht einiges vielleicht über meinen privaten Fall hinaus Instruktive daran zu lernen; es mag Kritiker geben, die in Amt und Würden nicht viel anders sich benehmen als ich in meiner pubertären Stilübung. Hinter dem eifernden Nachweis aber, in wie vielen Stücken die Kritiker allezeit sich irrten, steht meist nur der Aberglaube an jenes angeblich Schöpferische, das vor der bösen intellektuellen Reflexion den Vorrang habe. Das erzeugte Wagners denunziatorische Erfindung Beckmessers und kulminierte im nationalsozialistischen Verbot von Kunstkritik. Das uneingestandene Maß solcher Gesinnung ist der Erfolg. Man hat die Wahl, was antipathischer ist: die Besserwisserei des Kritikers mit unveräußerlichen Maßstäben aus der Rumpelkammer, oder der Eifer, das geistig nochmals zu rechtfertigen, was ohnehin öffentlich obenauf schwimmt. Hinter der nachträglichen Empörung über den bornierten Kritiker verbirgt sich vielfach das Bestreben, es mit den stärkeren Bataillonen zu halten. Wagner hat Hanslick der Lächerlichkeit überantwortet, ohne dabei, im Bild von Beckmessers Diebstahl, auch nur die armseligsten Spießervorstellungen von geistigem Eigentum zu verschmähen; aber die Schrift ›Vom musikalisch Schönen‹ ist keineswegs bloß das Manifest des engstirnigen Formalisten, der Hanslick gewiß auch war. Sie hat, gegen den Strom der zur Programmusik herabgesunkenen Romantik, jenes Moment immanenter musikalischer Logik festgehalten, das dann schließlich aus der geschichtlichen Bewegung der Expression selbst zwingend wieder hervortrat. Der Prozeß zwischen Wagner und Hanslick ist nicht so entschieden, wie es Wagner gepaßt hätte, freilich auch nicht so gegen ihn, wie viele im Zeitalter des integralen Konstruktivismus denken mögen. Sondern es prägt in ihrem Konflikt exemplarisch ein Spannungsverhältnis sich aus, in dem Musik selber ihr Leben hat.

Was ich damals an Hindemith frevelte, indem ich für ihn sprach, war allerdings das Gegenteil von Beckmesserei. Gesündigt habe ich durch den Mangel an kritischer Perspektive. Aber etwas läßt sich für meinen Irrtum sagen, und am Ende genau das, was an kritischen Irrtümern überhaupt Fruchtbares zu entdecken wäre. Mit dem Hindemith jener Jahre, in dem auch ein Dadaist steckte, einer, den es ekelte, mit der Kultur mitzuspielen, hätte alles auch ganz anders gehen können, so wie Strawinsky, jahrelang sein Vorbild, kein Neoklassizist hätte werden müssen, als er den ›Renard‹ und die ›Histoire du soldat‹ schrieb. Es fiele nicht schwer, in den besten Arbeiten Hindemiths jener Jahre zu zeigen, was nur hätte weiter getrieben zu werden brauchen, um eine über die expressionistische Generation hinaus radikale Musik zu stiften, anstatt der akademischen Brücken, die er nach rückwärts schlug. Die Idee von Kritik aber – ihre Aufgabe und wohl ihre einzige Legitimation – ist, an künstlerischen Phänomenen ihrer Potentiale gewahr zu werden; was sie bloß sind, als das zu vernehmen, was sie sein könnten. Das Unrecht, das Kritik, positiv oder negativ, zuweilen dem antut, was das Werk als Tatbestand, jetzt und hier, ist, wird zum Recht, wofern es jenem Potential zum Sprechen verhilft, das in der aktuellen Leistung sich verbirgt. Der künstlerischen Erfahrung ist es wesentlich, offen zu sein für das, was von Grund auf anders ist als die eigene Form des Reagierens, und oft ist dies Widerstrebende die Möglichkeit von etwas, das noch nicht war und ans Licht will. Das Schiefe und Forcierte meines aus Unerfahrenheit allzu geschickten Aufsatzes hatte seine Ursache im Drang zu solcher Erweiterung, und deshalb schäme ich mich doch nicht nur dessen, wessen ich mich zu schämen habe.

1962

Postludium

Nach Paul Hindemiths Tod ist es das einzig Angemessene, zu fragen, was mit ihm zu Lebzeiten geschah. Ehre widerfährt ihm allein dadurch, nicht durch Einbalsamierung im deutschen Pantheon, wie sie nur Hindemiths fatale Wendung zum Offiziellen ratifiziert, Hohn dessen, was er in der musikalischen Moderne nach 1918 bedeutete. Die Größe der Begabung, ursprünglich und eruptiv, war außerordentlich. Bis zum Ende vielleicht hoben seine Kompositionen sich souverän von der Menge des gleichzeitig Geschriebenen ab. Die eindringliche Knappheit der ›Jungen Magd‹ und des überaus originellen Zyklus ›Des Todes Tod‹ dürfte sich behaupten; die drei frühen Operneinakter wären zumindest der Probe wert. Weniges hat musikalisch die Physiognomik der Entstehungsjahre so authentisch ausgeprägt wie seine besten Arbeiten vor 1923, auch wenn das Fragwürdige der reifen Werke Momente in den Jugendwerken belastet. Etwas ist passiert; Hindemiths eingeborene Nüchternheit muß es gespürt haben. Anders wäre die sich überschlagende Positivität der Manifestationen seines Alters kaum zu erklären: sie sind reaktiv, Akte der Selbstbetäubung.

Der Autor, niemals unparteiisch in Kunstdingen, macht sich kein Verdienst daraus, daß er, nach Naturell und musikalischer Bildung der Hindemith schroff entgegengesetzten Wiener Schule zugehörig, es früher merkte als andere. Schließlich, beim Staatsbegräbnis der ›Harmonie der Welt‹, haben alle es gemerkt. Deren affirmative Ideologie, die um die Wahrheit des Verherrlichten unbekümmerte Verherrlichung eines Weltbilds, das zu demontieren wesentlicher Inhalt der Geschichte der Naturwissenschaften seit Kepler war, reimt sich auf die Gesinnung des längst Konservativen, der nun zum krassen Reaktionär wurde und in einer berühmt gewordenen Rede gegen die heute moderne Musik die gleiche ominöse Metaphorik aufbot, welche die kulturellen Kampfbünde wider ihn und seine Kameraden benutzten, als das ›Nusch-Nuschi‹ und ›Sancta Susanna‹ Skandal verursachten: die vom Brunnenvergifter. Der Praktiker hat denn auch, soweit sein beträchtlicher Einfluß reichte, nach Kräften gegen die wahrhaft nicht ungebührlichen organisatorischen Möglichkeiten agiert, die von der öffentlichen Hand der jüngsten Musik gewährt werden.

Was am jungen Hindemith revolutionär wirkte, läßt sich am besten mit dem französischen Wort rudesse sagen. Seinen Sachen eignete eine gewisse Schnödheit in Ton und Habitus, ohne Scheu vorm Brutalen, wenig beirrt von Liebe zum Detail. Frühe

Stücke aus dem Kreis der Pariser Six, vor allem von Milhaud und Poulenc, kannten Ähnliches, und selbstverständlich der Strawinsky der Ragtimes und des Concertinos für Streichquartett; Hindemith brachte dies Ferment der deutschen Musik zu. Solche Musik zeigte der Kultur die kalte Schulter; das faszinierte daran über das antiromantische Programm hinaus. Von Anbeginn jedoch steckt auch ein Entgegengesetztes darin. Der Gestus war der ostentativen Aufmuckens; keine ins Ganze eingreifende Veränderung. Wurde bei Schönberg der Umschlag gerade dadurch gezeitigt, daß er die Tradition so schwer und verbindlich nahm, bis sie über den Forderungen, die er aus ihr herauslas, zersprang, so hat Hindemith die Tradition, die ihm, dem Orchestergeiger und vorzüglichen Kammermusiker, keineswegs fremd war, rebellisch beiseite geschoben, aber gelassen, wie sie ist; er war nicht der einzige, an dem sie dafür sich rächte. Zur Autorität stand er ambivalent wie einer, der die Faust ballt, unbewußt erfüllt von der Begierde, so zu werden wie der Vater. Hindemith war es, der einer Totenmaske Beethovens den Schnurrbart anmalte[1]. Schon in seiner ungebärdigen Periode zog es den Ambivalenten zur Autorität im Ideal der Rekonstruktion einer wie einst die Tonalität allgemein verbindlichen Musiksprache. Die Unvereinbarkeit dieses Ideals mit den emanzipatorischen Momenten seiner eigenen Arbeit focht ihn nicht an. Nicht weniger enthielt Hindemiths zupackende Art das autoritäre Potential. Wer sich künstlerisch als ein Kerl geriert, schlägt sich, ohne es zu wissen, auf die Seite jenes Urgesunden, das dann meist dazu herhält, den Intellekt zu verdächtigen und dem geschichtlich Fälligen sich zu sperren. Einen solchen Naturbegriff hat tatsächlich später der Theoretiker Hindemith gelehrt, in Invarianten, unveränderlichen Gesetzen gedacht und, nach verbreiteter Sitte, die Besinnung auf Gesellschaftliches von sich ferngehalten. Das psychologische Geheimnis des Revoluzzers ist Strafbedürfnis. In Hindemiths Inflationsmusiken, der Klaviersuite 1922 und dem Donaueschinger Foxtrottfinale ist das »So kann es nicht weiter gehen« gleichsam mitkomponiert. Der

1 Vgl. Theodor W. Adorno, Einleitung in die Musiksoziologie, 2. Aufl., Hamburg 1968, S. 123 [jetzt auch: Gesammelte Schriften, Bd. 14, 2. Aufl., Frankfurt a. M. 1980, S. 301].

barbarische Weltlauf hat dafür gesorgt, daß die von Hindemith so genannte »barbarische Pracht«, unschädlich wie Kostümfeste, nicht weiterging.

Allzu gut vertrug sich sein Habitus mit jener Innerlichkeit deutscher Art, die selten des Angedrehten ermangelt, genährt von Sehnsucht nach vorkapitalistischem, emsig sturem Gewerbefleiß. Dieser hatte von Anbeginn im down to earth der Hindemithschen Sachlichkeit seine Sätte, längst ehe er ihm sich verschrieb; stets hat er mit zuhandenem Zeug komponiert. Von der Versunkenheit in der Werkstatt ist nur ein Schritt zu der in sich selbst. Stilgemäß hat man zuzeiten Hindemiths Musik als existentiell gerühmt, ohne an den Bäumen des lucus a non lucendo sich zu stoßen. Der Handwerker, der im Lande bleibt und sich redlich nährt, paßt tendenziell sich an gleich dem Komponisten, der erst der Innerlichkeit eine Grimasse schneidet und sie dann verhimmelt. Hindemiths spätere Formel von der Musik nach Maß ist als Maxime von Anpassung so anachronistisch wie zeitgemäß. In ihrem Geist hat Hindemith den gespenstischen Auftrag erfüllt, für einen Potentaten die Trauermusik zu schreiben. Allseitige Verfügbarkeit entsprach tiefer Unsicherheit in dem, was zu tun sei. Vor mehr als fünfzig Jahren urteilte Ernst Bloch: »Reger, ein leeres gefährliches Können und eine Lüge dazu. Er weiß nicht recht, ungebildet wie er schon ist, ob er Walzer oder Passacaglien schreiben soll, ob er die Toteninsel oder den hundertsten Psalm zu vertonen hat. So sehen Ton und Sprache nicht aus, wenn man morgens an ihrer Quelle sitzt. Wie leer bleibt alles, wenn sich Reger, die unbachischste aller nur denkbaren Erscheinungen, auch nur gläubig gibt, weil der geborene Anlehner und Variationenkünstler gerade formal in diesem Geleise läuft. Er ist nichts, er hat nichts als eine Fingerfertigkeit höherer Ordnung, und das Empörende daran bleibt, daß er doch nicht nur nichts ist, ein Quell der beständigen fruchtlosen Irritierung.«[2] Das könnte auf Hindemith gemünzt sein, der nach Kokoschka und Stramm, Trakl und Jazz, Marienleben und Brecht, E. T. A. Hoffmann und dem Berliner Cabaret-Texter Marcellus Schiffer, Benn, Hölderlin, Mallarmé, Thornton Wilder, Gott weiß was nicht allem griff. Wie Reger

2 Ernst Bloch, Geist der Utopie, Frankfurt a. M. 1964, S. 89.

hat er Bildungsgüter angehortet, anstatt geistige Kontinuität zu erlangen. Tatsächlich bewegte er sich weg von Strawinsky, zu Reger hin. Ohne Leitbilder hielt er es offenbar nicht aus, aber er war zu konformistisch geworden, um selbst als Neoklassizist ins maskenhafte Extrem zu gehen; den Strawinskyschen Pfiff hat er zurückgepfiffen. An Reger mahnt nicht nur der Duktus, sondern auch das geistig Beziehungslose und Zufällige. Bedingt ist es von der Konzeption von Musik als einem Dauerzustand, so als ob man noch Stück auf Stück häufen könnte wie der unselige Telemann. Eine gewisse Gleichgültigkeit gegen das spezifisch geprägte Thema, die Bereitschaft, wie auf Abruf aus indifferentem Material Musik zu machen; die Abwesenheit von spezifischen Unterschieden der Gestalten innerhalb der Werke, und zwischen der Faktur des einen und anderen ist regerisch. Nur in der Zeit der Freundschaft mit dem geistig dezidierten Merten sprach durch Hindemith etwas Entschiedenes und Kritisches sich aus; bald durchmusterte er wie Strauss die Kultur.

Nahe liegt, was aus ihm wurde, mit seinem Sozialcharakter zu erklären, dem kleinbürgerlichen. Oft ist der aufmuckende Gestus der von Menschen, die eine Kulturschicht brüskieren, aus der sie sich ausgeschlossen fühlen und der sie doch zugehören möchten. Die Resultante ist die Haltung des erlaubten Aufstands. Protestierende dieses Typus wissen insgeheim sich der Deckung durchs Kollektiv sicher; sie werden, sobald sie arriviert sind, von den raubautzigen Manieren – das Wort künstlerisch verstanden – ablassen. Paul Bekker, der gescheiteste Musikkritiker im Deutschland zwischen den beiden Kriegen, bemerkte, dem Sinn nach, gelegentlich, Hindemith hätte ein rechter Philister werden können, wenn er weniger Talent gehabt hätte. Aber das Philiströse verband sich seinem Talent und war am Ende stärker, bis zur Zerstörung des besseren Potentials. Nachdem Hindemith Grünewald als den schlichten herzinnigen deutschen Meister Mathis veropert hatte, war kein Halten mehr. Daß die Spekulation, die wahrscheinlich mitspielte, dem Realisten Hindemith mißlang, sagt wenig; nie konnte ein Künstler oder ein Denkender es den Faschisten schlecht genug machen, sie verlangten das Letzte. Hindemith steigerte sich aus Rancune in die Naivetät hinein, mit der er unreflektiert begonnen hatte. Als einer der ersten verkörperte er in der Musik, wofür später die Sozialpsychologie das Wort Konkretismus fand. Sich nicht erheben, drunten bleiben, die Praxis hartgesottener Anpassung wurde sich selbst zur Tugend, durchtränkt mit Rachsucht gegen das, was es anders will. Bekker hat, über den frühen Hindemith, hellhörig gesagt, er verstände nicht einfach kompositorisch mit den Instrumenten umzugehen – mit erstaunlicher Fertigkeit hat er ungezählte spielen gelernt –, sondern verwandle in jeder Arbeit sich selbst in ein Instrument. Das hat sein Großartiges: Hindemith gewann in Deutschland kraft genauester Kenntnis der Spielweisen jene Leibnähe zum spezifischen Klangelement, die vor ihm den westlichen Schulen vorbehalten war. Aber der Preis dafür war Instrumentalismus, zunehmender Ersatz von Zwecken durch Mittel. Masochistisch wird die Fesselung der eigenen Produktivkraft genossen und, nicht unähnlich der musikalischen Jugendbewegung, die Hindemith vorübergehend belieferte, ins Höhere umgebogen.

Trotz all dem langt die sozialpsychologische Erklärung, post festum bequem, allein nicht zu. Nicht wenige Musiker stammten aus dem Kleinbürgertum und entwickelten jenen Sozialcharakter nicht: der generöse Ravel, der intransigente Schönberg. Der Hindemiths harmoniert mit einem objektiv musikalischen Sachverhalt, dem vor dem privaten Aspekt der Vorrang gebührt. Sein Ausgangsmaterial war antagonistisch. Bekker bemerkte, die Themen, an deren traditionellen Begriff Hindemith nicht rührte, seien keineswegs atonal geschnitten. Die eigentümlich getrübte Harmonisierung jedoch und die Führung der Stimmen, übrigens keineswegs so polyphon, wie sie zunächst wirkt, kosteten die rücksichtslose Dissonanz aus, die den aggressiven Effekt bewirkte. Die Harmonik verschaffte sich den Schein des Folgerechten durch plumpe Mittel wie Ostinati und parallele, chromatische Fortschreitungen von Akkorden in Gegenbewegung; streng ausgehört war sie nicht. Solche Unstimmigkeiten konnten Hindemith nicht verborgen bleiben. Zwei Möglichkeiten waren ihm offen: entweder seinen Satz radikal, auf Kosten der glatten Fassade, der abschnurrenden Bewegung, der sinnfälligen Überzeugungskraft, für die solche Qualitäten sorgten, auseinanderzunehmen und durchzukneten, oder in jenes Ältere zurückzukriechen, das in seinen Experimenten mitschwamm. Die erste Möglichkeit war blockiert durch all das, was in Hindemiths Werk bereits sich angesammelt hatte, als er der Alternative gewahr werden mochte. Er mußte bangen um jene Naivetät, in der er seine Stärke fühlte und die der Erfolg honorierte. Das Idol einer allgemein verbindlichen Musiksprache hätte er opfern müssen. Hinter der Rauheit versteckte sich Angst. Hindemith zuckte vorm Risiko zurück, seiner strategischen Vorteile sich zu begeben; darin Strauss wahlverwandt, der ebenfalls als Draufgänger seinen Ruhm erwarb. Sein Sachverständnis indessen konnte das Brüchige, vielfach grob Zusammengehauene der Jugendwerke dauernd nicht ertragen, das einzig von der Sicherheit des klanglich Erscheinenden verdeckt war. Ihm blieb kaum etwas anderes übrig als Reaktion. Sie verstrickte ihn in die Bauernfrage nach der gefressenen Kröte: wozu der Aufstand, wenn alles doch beim Alten bleiben soll? Die Ironie ist, daß Hindemith, als er glaubte, über eine zuverlässige Methode zu verfügen, im Vertrauen auf deren Arbeit ersparende Unfehlbarkeit die Details so wenig strikt durchbildete wie in den Stücken, die er dann expurgierte. In einer Partitur wie der Nobilissima Visione sind die Allerweltseinfälle nicht zu verkennen, auch nicht harmonische Unverbindlichkeit, oft eine Schwäche der akkordischen Fortschreitungen, die seine eigenen theoretischen Ansichten, insbesondere die vom »Stufengang«, Lügen straft. Während sein Moderantismus ihm nicht verschaffte, was er wohl davon sich erhoffte, beraubte er ihn jenes Schwungs, den er vor lähmender Reflexion zu beschirmen dachte. Er schwenkte ein in Akademismus.

Das ganze Rätsel ist damit nicht gelöst. Die Sprache der Musik, in Hindemiths Periode unabhängiger von der menschlichen als Dichtung und Malerei, gestattet größere Distanz zum Geist und zu seinem spezifischen Inhalt; Hegels Ästhetik hat das, nicht eben musikfreundlich, verbucht. Der höchste Fall derart losgelöster, buchstäblich absoluter Musik war Mozart. Er hätte indessen seine Größe nicht, läge nicht auf seinen obersten Augenblicken ein Abglanz von Humanität. Menschlichkeit des vom menschlichen Dasein wie aus Einspruch sich Entfernenden war Mozarts Unvergleichliches. Pure, im bedeutenden Sinn unmenschliche Musikalität durchherrschte Hindemith. Seine einzige und allgegenwärtige Sprache war Musik, zu ihr wurde alles in seinen Händen. Das umschreibt das Außerordentliche der Anlage und das Verhängnis. Absolut gesetzt, hatte seine Musikalität sich spezialistenhaft abgespalten von der Kraft der Subjektivität. Diese verkümmerte. Ihrer bedarf aber jenes Ansichsein der Musik, in dem Subjektivität glücklich erlischt. Musik wurde ihm zur arbeitsteilig blinden Leistung des Experten. Ihre Emanzipation vom Geist, den sie als sachfremd-romantisch anschwärzt, geschieht als billiger Triumph über das Moment, dessen der auftrumpfende Fachmann ermangelt. Was ihm fehlt, kompensiert er vergebens durch krampfhafte Weltanschauung und apologetische Hilfshypothesen. In das scheinbar vom Dasein gereinigte, nach philosophischer Sprache ontologische Musikideal mischt ein Pedestres sich ein. Was ein Äußerstes sein könnte, das Ausdruckslose, sinkt ab ins Musikantische, Musik als absolute Sprache wird zur Normalsprache. Das utopische Moment und seine negative Gestalt, der Ausdruck von Leiden, wird ihr durch verfügende Gewalt ausgetrieben. Sie etabliert sich als bloß Seiendes in zweiter Potenz und trumpft als solches auf.

Hindemith ist das eindringlichste Exempel der Schwierigkeit des Komponierens heute. Begabung allein reicht nicht mehr aus. Die Selbstverständlichkeit künstlerischen Reagierens, durch welche Begabung definiert wird, ist nicht länger vorgegeben. Auf nichts gestellt als auf sich, beginnt Begabung zu torkeln, klammert sich fest ans ihr Auswendige und erstarrt. Wodurch sie mehr zu werden vermag als bloß Begabung, das hat sich zusammengezogen in ihre Fähigkeit zur Selbstreflexion. Die ist unmittelbar eins mit der Kraft des Widerstands. Sie fehlte Hindemith, ganz so, wie seine Stücke ohne Widerstand abrollen, unablässiges Werden, in dem nichts wird. Er war der kompositorische Prototyp eines mittlerweile weltweit verbreiteten gesellschaftlichen Phänomens, der ohnmächtigen Pseudoaktivität.

1968

Glosse über Sibelius

Wer in der deutschen oder österreichischen Musiksphäre aufgewachsen ist, dem sagt der Name Sibelius nicht viel. Wenn er ihn nicht geographisch mit Sinding, phonetisch mit Delius verwechselt, so ist er ihm gegenwärtig als Autor der Valse triste, eines harmlosen Salonstücks, oder es sind ihm im Konzert einmal Füllnummern wie die Okeaniden und der Schwan von Tuonela begegnet – kürzere Programmusiken von etwas vager Physiognomie, auf die sich zu besinnen schwer fällt.
Kommt man nach England oder gar nach Amerika, so beginnt der Name ins Ungemessene zu wachsen. Er wird so häufig genannt wie der einer Automarke. Radio und Konzert hallen von den Tönen aus Finnland wider. Toscaninis Programme sind Sibelius offen. Es erscheinen lange Essays, gespickt mit Notenbeispielen, in denen er als der bedeutendste Komponist der Gegenwart, als echter Symphoniker, als überzeitlich Unmoderner und schlechterdings als eine Art Beethoven gepriesen wird. Es gibt eine Sibeliusgesellschaft, die seinem Ruhm dient und sich damit befaßt, Grammophonaufnahmen seines œuvres an den Mann zu bringen.
Man wird neugierig und hört sich einige der Hauptwerke, etwa die vierte und fünfte Symphonie an. Zuvor studiert man die Partituren. Sie sehen dürftig und böotisch aus, und man meint, das Geheimnis könne sich nur dem leibhaften Hören erschließen. Aber der Klang ändert nichts am Bild.
Das sieht so aus: es werden, als »Themen«, irgendwelche völlig unplastischen und trivialen Tonfolgen aufgestellt, meistens nicht einmal ausharmonisiert, sondern unisono mit Orgelpunkten, liegenden Harmonien und was sonst nur die fünf Notenlinien hergeben, um logischen akkordischen Fortgang zu vermeiden. Diesen Tonfolgen widerfährt sehr früh ein Unglück, etwa wie einem Säugling, der vom Tisch herunterfällt und sich das Rück-

grat verletzt. Sie können nicht richtig gehen. Sie bleiben stecken. An einem unvorgesehenen Punkt bricht die rhythmische Bewegung ab: der Fortgang wird unverständlich. Dann kehren die simplen Tonfolgen wieder; verschoben und verbogen, ohne doch von der Stelle zu kommen. Diese Teile gelten den Apologeten für beethovenisch: aus dem Unbedeutenden, Nichtigen eine Welt schaffen. Aber sie ist derer würdig, in der wir leben: roh zugleich und mysteriös, abgegriffen und widerspruchsvoll, altbekannt und undurchsichtig. Wieder sagen die Apologeten, das eben bezeuge die Inkommensurabilität des formschaffenden Meisters, der keine Schablonen gelten lasse. Aber man glaubt dem die inkommensurablen Formen nicht, der offensichtlich keinen vierstimmigen Satz auszumessen vermag: man glaubt dem nicht die Überlegenheit über die Schule, der mit schülerhaftem Stoff operiert, nur daß er ihn nicht nach der Regel zu handhaben weiß. Es ist die Originalität der Hilflosigkeit: vom Schlag jener Amateure, die fürchten, Kompositionsstunden zu nehmen, um nicht ihr Eigentümliches zu verlieren, das selbst nichts ist als der desorganisierte Rückstand dessen, was vor ihnen war.

Über Sibelius als Komponisten wären so wenig Worte zu verlieren wie über solche Amateure. Er mag sich um die musikalische Kolonisierung seines Heimatlandes erhebliche Verdienste erworben haben. Man kann sich gut vorstellen, daß er nach seinen deutschen Kompositionsstudien dorthin mit berechtigten Inferioritätsgefühlen zurückkam, wohl bewußt der Tatsache, daß ihm weder einen Choral auszusetzen, noch einen ordentlichen Kontrapunkt zu schreiben vergönnt war; daß er sich ins Land der tausend Seen vergrub, um vor den kritischen Augen seiner Schulmeister geborgen zu sein. Wahrscheinlich war keiner erstaunter als er zu entdecken, daß sein Versagen als Gelingen, sein Nicht-Können als Müssen gedeutet wurde. Schließlich hat er es wohl selbst geglaubt und brütet nun jahrelang über der achten Symphonie, als ob es die Neunte wäre.

Von Interesse ist die Wirkung. Wie ist es möglich, daß ein Autor Weltruhm und eine wie immer auch manipulierte Klassizität erlangt, der nicht bloß hinter dem technischen Standard der Zeit völlig zurückgeblieben ist – denn das wird ihm gerade als Verdienst angerechnet –, sondern der dem eigenen Standard keineswegs gewachsen sich zeigt und von den herkömmlichen Mitteln, vom Baumaterial bis zur großen Konstruktion, unsicheren, ja stümperhaften Gebrauch macht? Der Erfolg von Sibelius ist ein Störungssymptom des musikalischen Bewußtseins. Das Erdbeben, das in den Dissonanzen der großen neuen Musik seinen Ausdruck fand, hat die altmodische kleine nicht verschont. Sie ist rissig und schief geworden. Aber während man vor den Dissonanzen flüchtet, hat man bei den falschen Dreiklängen Zuflucht gesucht. Die falschen Dreiklänge: Strawinsky hat sie auskomponiert. Er hat durch hinzugesetzte falsche Noten demonstriert, wie falsch die richtigen geworden sind. Bei Sibelius klingen schon die reinen falsch. Er ist ein Strawinsky wider Willen. Nur hat er weniger Talent.

Davon wollen seine Anhänger nichts wissen. Ihr Lied hört auf den Refrain: »'s ist alles Natur, 's ist alles Natur.« Der große Pan, je nach Bedarf auch Blut und Boden, stellt prompt sich ein. Das Triviale gilt fürs Ursprüngliche, das Unartikulierte für den Laut der bewußtlosen Schöpfung.

Kategorien solcher Art weichen der Kritik aus. Daß die Naturstimmung ans ehrfürchtige Schweigen gebunden sei, ist die herrschende Überzeugung. Aber wenn der Begriff der Naturstimmung schon in der Realität nicht unbefragt passieren dürfte, dann gewiß nicht in Kunstwerken. Symphonien sind keine tausend Seen: auch wenn sie tausend Löcher haben.

Für die Darstellung von Naturstimmungen hat die Musik einen technischen Kanon ausgebildet: den des Impressionismus. Im Gefolge der französischen Malerei des neunzehnten Jahrhunderts hat Debussy Verfahrungsweisen entwickelt, den Ausdruck und das Ausdruckslose, die Belichtung und die Schattierung, das Bunte und das Verdämmernde der sichtbaren Welt in Klängen zu bergen, hinter denen das poetische Wort zurückbleibt. Diese Verfahrungsweisen sind Sibelius fremd. Car nous voulons la Nuance encor – das klingt wie Hohn auf das stumpfe, steife und zufällige Orchesterkolorit. Es ist keine Musik en plein air. Sie spielt in einer unordentlichen Schulstube, wo während der Pause die Halbwüchsigen ihre Genialität unter Beweis stellen, indem sie die Tintenfässer ausgießen. Keine Palette: alles nur Tinte.

Auch daraus wird ihm ein Verdienst gemacht. Nordische Tiefe soll sich zwar einerseits mit der bewußtlosen Natur intim einlassen, andererseits aber nicht frivol an deren Reizen freuen. Es ist eine verkniffene Promiskuität im Dunkeln. Die Askese der Impotenz wird als Selbstzucht des Schöpfers zelebriert. Wenn er es mit der Natur hat, dann bloß innerlich. Sein Reich ist nicht von dieser Welt. Es ist das der Emotionen. Ist man einmal bei diesen angelangt, so ist man jeglicher weiteren Rechenschaft enthoben. Läßt sich der Inhalt der Emotionen so wenig bestimmen wie ihr Grund in den musikalischen Ereignissen selber, so gilt das als Index ihrer Tiefe.

Er ist es nicht. Die Emotionen sind bestimmbar. Freilich nicht, wie es ihnen passen könnte, nach ihrem metaphysischen und existentiellen Gehalt. Den haben sie so wenig wie die Sibelius'schen Partituren. Aber nach dem, was in den Partituren sie auslöst. Es ist die Konfiguration des Banalen und des Absurden. Alles Einzelne klingt alltäglich und vertraut. Die Motive sind Bruchstücke aus dem kurrenten Material der Tonalität. Man hat sie so oft schon gehört, daß man sie zu verstehen meint. Aber sie sind in einen sinnlosen Zusammenhang gebracht: wie wenn man die Worte Tankstelle, Lunch, Tod, Greta, Pflugschar mit Verben und Partikeln wahllos zusammenkoppelt. Ein unverständliches Ganzes aus den trivialsten Details produziert das Trugbild des Abgründigen. Man freut sich, daß man immerzu verstehen kann, und freut sich mit gutem Gewissen, indem man merkt, daß man eigentlich nichts versteht. Oder: das vollkommene Nichtverstehen, das die Signatur des gegenwärtigen musikalischen Bewußtseins ausmacht, hat seine Ideologie am Schein der Verständlichkeit, den die Sibelius'schen Vokabeln hervorbringen.

In den Widerständen gegen die vorgeschrittene neue Musik, in dem hämischen Haß, mit dem man sie diffamiert, tönt nicht bloß die herkömmliche und allgemeine Aversion gegen das Neue, sondern die spezifische Ahnung, daß die alten Mittel nicht mehr ausreichen. Nicht daß sie »erschöpft« wären: mathematisch lassen gewiß die tonalen Akkorde noch ungezählte neue Kombinationen zu. Aber sie sind scheinhaft und unecht geworden: sie dienen zur Verklärung einer Welt, an der nichts mehr zu verklären ist, und keine Musik hat mehr den Anspruch, geschrieben zu werden, die nicht den kritischen Angriff aufs Bestehende bis in die innersten Zellen ihres technischen Verfahrens vortrüge. Dieser Ahnung hofft man durch Sibelius auszuweichen. Das ist das Geheimnis seines Erfolgs. Die Absurdität, die die wahrhaft depravierten Mittel der traditionell-nachromantischen Musik in seinen Werken durch unzulängliche Handhabung annehmen, scheint sie aus ihrem Verfall herauszuheben. Daß man fundamental altmodisch und dennoch ganz neu komponieren könne: das ist der Triumph, den der Konformismus im Angesicht von Sibelius anstimmt. Sein Erfolg ist äquivalent der Sehnsucht, daß die Welt von ihren Nöten und Widersprüchen geheilt, »erneuert« werden könne und man doch behalte, was man besitzt. Was es mit solchen Erneuerungswünschen und ebenso was es mit der Sibelius'schen Originalität auf sich habe, das jedoch kommt zutage durch deren Sinnlosigkeit. Sie ist keine bloß technische: so wenig ein sinnleerer Satz bloß »technisch« sinnleer ist. Sie klingt absurd, weil der Versuch, mit den alten und verfallenen Mitteln Neues auszusprechen, selber absurd ist. Ausgesprochen wird überhaupt nichts.

Es ist, als ob bei dem bodenständigen Finnen alle die Einwände ihr Recht fänden, welche die Reaktion gegen den musikalischen Kulturbolschewismus geprägt hat. Wenn Reaktionäre sich vorstellen, daß die neue Musik ihr Dasein der mangelnden Verfügung über das Material der alten verdanke, dann trifft das auf keinen anderen zu als auf Sibelius, der sich ans Alte hält. Seine Musik ist in gewissem Sinn die einzig »zersetzende« aus diesen Tagen. Aber nicht im Sinn der Destruktion des schlechten Bestehenden, sondern dem der Calibanischen Zerstörung aller musikalischen Resultate der Naturbeherrschung, die sich die Menschheit teuer genug im Umgang mit der temperierten Skala erworben hat. Wenn Sibelius gut ist, dann sind die Maßstäbe der musikalischen Qualität als des Beziehungsreichtums, der Artikulation, der Einheit in der Mannigfaltigkeit, der Vielfalt im Einen hinfällig, die von Bach bis Schönberg perennieren. All das wird von Sibelius an eine Natur verraten, die keine ist, sondern die schäbige Photographie der elterlichen Wohnung. Zu seinem Teile trägt er in der Kunstmusik zum großen Verschleiß bei, in dem ihn doch die industrialisierte leichte spielend überbietet. Aber solche Destruktion maskiert sich in seinen Symphonien als Schöpfung. Ihre Wirkung ist gefährlich.

1938

Schwierigkeiten

I. Beim Komponieren

1934 hat Brecht einen Text unter dem Titel ›Fünf Schwierigkeiten beim Schreiben der Wahrheit‹ verfaßt. Ich handle gegen meine Gewohnheit, nicht an anderer Leute Titel mich anzuhängen, obwohl ich nicht die Schwierigkeiten, die dem Komponieren heute im Wege stehen, zu zählen vermöchte. Vermutlich aber sind diejenigen, auf die Brecht in seinem berühmt gewordenen Aufsatz hingewiesen hat, nicht nur die des Schriftstellers sondern auch die des Musikers: das Ausarten sogenannter kultureller Produktion in Ideologie. Er hat eine Erfahrung getroffen, die nicht auf ein einzelnes Medium sich beschränkt: daß es mit aller Kunst heute eine bestürzende Bewandtnis hat; daß man den Boden unter sich zittern fühlt, nicht mehr naiv in seinem Medium so sich ergehen kann wie einer allerdings fragwürdigen Legende zufolge in glücklicheren Zeiten die Künstler sich sollen verhalten haben. Die ideologischen Momente jedoch, die sich in den verschiedenen Künsten niederschlagen, sind keineswegs nur stofflicher Art, sondern reichen bis in die ästhetische Zusammensetzung der Sache selbst. Das dürfte einigermaßen rechtfertigen, das Brechtsche Thema unabhängig von ihm in der Musik durchzuführen. Selbstverständlich stellen die Fragen hier sich wesentlich verschieden von der Literatur. Musik ist nicht gegenständlich und nicht begrifflich; dadurch entfallen manche handfesten ideologischen Bezüge. In diesen erschöpft Geistiges sich überhaupt nicht; nicht darin, daß es irgendwelche gesellschaftlichen Interessen vertritt, unabhängig von der eigenen Wahrheit oder Legitimität. Sonst wäre die Theorie nicht möglich, mit der auch Brecht sich identifizierte. Geistiges, Kunst wie der Gedanke, hat eine immanente Gesetzlichkeit, die ihrerseits zum Wahrheitsgehalt in bestimmter Beziehung steht. Überdies ist die Situation gegenüber der vor dreißig Jahren, als Brecht jenen Text verfaßte, grundsätzlich verändert. Die politischen Chancen, die er als unmittelbar gegenwärtig oder bevorstehend ansah und an denen er alles maß, existieren so nicht mehr. Der politische Bereich, der ihm Wahrheit zu verbürgen schien, der des Ostens, ist selbst unterdessen gründlich mit Ideologischem verfilzt. Dort nimmt man, wie man weiß, den ursprünglich kritisch gemeinten Ideologiebegriff als positiven Anspruch, so wie wenn alles Geistige, auch die Theorie, doch schließlich nur Beherrschungsmittel wäre. Von der Brechtschen Konzeption halte ich nur so viel fest, daß wie das Schreiben so auch das Komponieren mit objektiven Schwierigkeiten verbunden ist, wie man sie kaum zuvor kannte; daß diese Schwierigkeiten wesentlich mit der Stellung der Kunst in der Gesellschaft zu tun haben und daß man sie nicht dadurch wegräumen kann, daß man sich nicht um sie kümmert.

An eine Stelle des Brechtschen Textes möchte ich immerhin unmittelbar anknüpfen. Die Rede ist von naiven Künstlern und Intellektuellen. Von diesen sagt er: »Unbeirrbar durch die Mächtigen, aber auch durch die Schreie der Vergewaltigten nicht beirrt, pinseln sie ihre Bilder. Das Unsinnige ihrer Handlungsweise erzeugt in ihnen selber einen ›tiefen‹ Pessimismus, den sie zu guten Preisen verkaufen und der eigentlich eher für andere angesichts dieser Meister und dieser Verkäufe berechtigt wäre. Dabei ist es nicht einmal leicht zu erkennen, daß ihre Wahrheiten solche über Stühle oder den Regen sind, sie klingen für gewöhnlich ganz anders, so wie Wahrheiten über wichtige Dinge. Denn die künstlerische Gestaltung besteht ja gerade darin, einer Sache Wichtigkeit zu verleihen. Erst bei genauem Hinsehen erkennt man, daß sie nur sagen: ›Ein Stuhl ist ein Stuhl‹ und: ›Niemand kann etwas dagegen machen, daß der Regen nach unten fällt.‹« Etwas von diesen sardonisch gemeinten Sätzen, mit denen Brecht versucht, Künstler und Intellektuelle zu denunzieren, die nicht unmittelbar politisch engagiert sind, gilt auch für die Musik. Wenn wir Musiker uns unbeirrt intransigent verhalten oder, wie Brecht hämisch sagt, wenn wir unsere Kompositionen »pinseln«, wie wenn nichts geschehen wäre, dann droht die Musik gleichgültig zu werden. Die Trauer und Sinnlosigkeit noch, die sie ausdrückt, ist in Gefahr, konsequenzlos, selber zu einer Art von Ornament zu werden, so wie Brecht in jenen

Sätzen es prophezeit. Allerdings ist für den impliziten Optimismus, der hinter seiner Kritik an jenem Aspekt steht, keinerlei Grund. Der Künstler hat so wenig Anlaß, der Welt gegenüber optimistisch zu sein, wie der Weltzustand einen solchen Optimismus rechtfertigt. Wendet man die Bosheit Brechts gegen ihn selbst, so steckt ein Stück Konformismus gerade darin, daß er sich über den Pessimismus lustig macht. Mit den negativen werden die kritischen Aspekte schon so zugehängt wie in der offiziellen Ideologie des sowjetischen Machtbereichs. Ist etwas Ideologie, dann der offizielle Optimismus, der Kultus von Positivität. Kunst allein, die dem Dunklen und Drohenden standhält, hat überhaupt irgendeine Aussicht, die Wahrheit zu sagen. Suchte sie aber, Musik zumal, wie Brecht es in jenen Thesen vom Schreibenden erwartete, einzugreifen, so findet sie sich blockiert. Eingreifen kann Musik als solche nicht unmittelbar. Selbst wenn man sie zum Zweck des Haranguierens einspannt, bleibt die Wirkung ungewiß. Nicht umsonst hängt sie sich dann an irgendwelche politischen Texte an. Ich halte es für keinen Zufall, daß gewisse Kompositionen des verstorbenen hochbegabten Hanns Eisler, vor mehr als dreißig Jahren geschrieben, die äußerst intensiv und bedacht aggressiver politischer Propaganda, auch durch ihren Ton und ihren Charakter, dienten – daß diese Kompositionen, soviel mir bekannt, auch im Ostbereich nicht mehr aufgeführt werden. Vermutlich würden sie drüben dem Verdikt des zersetzenden Kulturbolschewismus verfallen.

Dagegen gilt der Satz, daß die meisten Bilder nur sagen, ein Stuhl ist ein Stuhl und: der Regen fällt nach unten, auch für die meiste Musik. Soweit Musik unreflektiert betrieben wird, soweit ihre Schwierigkeiten nicht selber von ihr als Voraussetzung erkannt und in sie aufgenommen werden, artet sie aus in die bloße Wiederholung von bereits hundertmal Gesagtem, in eine Art Tautologie der Welt, die überdies eine Aura um die Dinge legt, höchstenfalls das Traurige als Unabänderliches und womöglich als ein So-sein-Sollendes bestätigt. In diesem Sinn kann man auch von Musik sagen, sie werde vom anwachsenden Ideologiecharakter angesteckt. Die Möglichkeit, den Schwierigkeiten dadurch sich zu entziehen, daß man sich aufs Bewährte verläßt und weitermacht, entfällt.

Ich könnte mir denken, daß manche unter Ihnen einwerfen: wenn das mit dem Komponieren eine so furchtbar prekäre und schwierige Sache ist, daß du dich eigens hier hinstellen mußt, um uns einen Vortrag darüber zu halten, die Hände über dem Kopf zusammenschlägst und ausrufst: Gott, ist das schwierig, ist das schwierig – warum laßt ihr euch dann auf all das ein, warum bleibt ihr nicht im Lande und nähret euch redlich und macht mehr oder minder Musik nach den anerkannten Mustern, an denen viele von uns ja noch ihre Freude haben? Dies triviale Argument ist immerhin so ernst zu nehmen, daß man es nicht mit der vagen Gebärde: wer so denkt, der ist hinter der Zeit zurückgeblieben, abtun darf. Darum möchte ich wenigstens andeuten, warum Versuche, in der traditionellen Sprache der Musik weiterzureden, mit Ohnmacht geschlagen sind. Ich erinnere an Jean Sibelius. Er wollte etwas dergleichen. Nirgends ging er über den Rahmen der bestehenden, der traditionellen tonalen Mittel hinaus. Trotzdem hat er, soviel muß man konzedieren, so etwas wie Individualstil gefunden. Aber Individualstil an sich ist noch kein Segen oder Verdienst: man muß zusehen, was darin sich realisiert. Nebenbei bemerkt, darf man Kunstwerke überhaupt nie von ihrem sogenannten Stil aus beurteilen, sondern immer und ausschließlich nur nach dem, was sie in sich selbst, wie man in England sagen würde, on their own merit, auskristallisieren. In einem erweislichen, unter Musikern jedenfalls zu demonstrierenden technischen Sinne jedoch sind alle Werke von Sibelius so brüchig geraten, so unzulänglich, daß sein Versuch genau als das zu betrachten ist, was man sonst nur allzu gern der modernen Musik ankreidet, als negativ verlaufenes Experiment. Man sollte sich freimachen von der Auffassung, es handele sich bei der neuen Musik um das, was ihre Gegner Modesache oder was die Wilden unter ihnen Zwangsjacke nennen – daß die Komponisten sich an das anpaßten, was gerade up-to-date ist, oder, wie die Lieblingsphrase lautet, daß sie bloße Mitläufer seien. Die Unmöglichkeit, musikalisch innerhalb der Tradition noch sich zu bewegen, ist objektiv vorgezeichnet. Sie gründet nicht im Mangel an Begabungen, die mit den traditionellen Mitteln recht umgehen können; auffallend freilich, daß Komponisten, die heute noch traditionalistisch komponieren, es im allgemeinen nicht einmal nach dem Maßstab der Tradition mehr richtig vermögen, sondern dort auf Schritt und Tritt versagen. Die traditionellen Mittel, vor allem auch die Formen des Zusammenhangs, die sie bilden, werden berührt, verändert von den später erschlossenen Mitteln und Formen der musikalischen Gestaltung. Jeder Dreiklang, den heute ein Komponist noch verwendet, klingt bereits wie die Negation der unterdessen freigesetzten Dissonanzen. Er hat nicht mehr die Unmittelbarkeit, die er einmal hatte und die durch seinen heutigen Gebrauch behauptet wird, sondern ist ein geschichtlich Vermitteltes. Sein eigenes Gegenteil steckt darin. Indem dies Gegenteil, diese Negation sich verschweigt, wird jeder solche Dreiklang, jede traditionalistische Wendung zur affirmativen, krampfhaft bejahenden Lüge gleich der Rede von der heilen Welt, die in anderen Kulturbereichen gang und gäbe ist. Es gibt keinen wiederherzustellenden Ursinn in der Musik. Vor ungefähr dreißig Jahren hat Ernst Krenek nach wilden atonalen Ausbrüchen versucht, wieder tonal zu schreiben. Seine Theorie war, der Tonalität wohne jener Ursinn inne, den es wiederherzustellen gälte. Krenek hat – eine große ästhetisch-moralische Leistung – die Unmöglichkeit dieses Versuchs eingesehen und nach einigen Jahren leidenschaftlicher Anstrengung darauf verzichtet; hat abermals bei den radikalen Intentionen angeknüpft, die er in seiner ersten kompositorischen Periode verfolgte. Die Erklärung solcher Phänomene ist wohl, daß auch die tonalen Mittel, die er zuzeiten als natürliche Urgegebenheit betrachtete und wiederherstellen wollte, gar keine solche Urgegebenheit sind, sondern selber ein geschichtlich Entsprungenes, Entstandenes, Gewordenes und damit auch Vergängliches.

Die mit der traditionellen Musiksprache verbundenen Verfahrungsweisen sind retrospektiv durch die danach entdeckten problematisch geworden, nämlich schematisch. Man hört durchs Neuere einst verborgene Schwächen des Älteren, sehr vieles klingt schablonenhaft, das es zu seiner Zeit nicht war. Bereits der in diesen Dingen sehr alerte Richard Wagner hat das registriert. Respektlos, aber aufrichtig formulierte er, daß er bei manchen Stücken von Mozart das Klappern des Geschirrs auf dem Tisch vernähme: Tafelmusik, auch wo sie gar nicht als solche gedacht ist. Nach dem Schema konnte man sich richten, solange es als solches nicht hervortrat, solange es noch eins war mit den selbstverständlichen Voraussetzungen des Komponierens. Hat aber das Komponieren, und das Verhältnis der Komponisten zu den Schemata, seine Unschuld verloren, so treten jene nicht nur kahl und störend hervor, sondern führen allenthalben zu Unstimmigkeiten, widersprechen den unterdessen emanzipierten Momenten. Selbst Richard Strauss ist, etwa von der Alpensymphonie und der Frau ohne Schatten an, im vermeintlich Eigenen, dem sogenannten Personalstil, daran gescheitert, daß er von den objektiven Tendenzen der Musik seiner Zeit keine Notiz mehr nahm. Wer sich dem Älteren nur aus Verzweiflung an den Schwierigkeiten des Neuen verschreibt, der wird nicht getröstet, sondern Opfer seiner hilflosen Sehnsucht nach einer besseren Zeit, die am Ende es nicht einmal gewesen ist.

Andererseits sollte man reaktionäre Einwände nicht apologetisch abfertigen, sondern das Maß an Richtigem aus ihnen lernen, das sie so oft vor dem mittleren kulturellen Fortschrittsliberalismus voraushaben. Die objektive Entwicklung des musikalischen Materials und der musikalischen Verfahrungsweisen – man könnte sagen: der Stand der technischen Produktivkräfte der Musik – ist fraglos der Entwicklung der subjektiven Produktivkräfte, also der Reaktionsform der Komponisten selbst, entlaufen. Die Erfindung vieler technischer Prinzipien und Systeme der letzten vierzig Jahre wäre aus einiger Distanz zu verstehen als Versuch, die Disproportion zwischen dem objektiven Stand der Musik und dem, was ich lax subjektive Musikalität nennen möchte, auszugleichen. Dabei spielt etwas ganz Ähnliches sich ab wie gesamtgesellschaftlich, wo ja ebenfalls zwischen der Entfaltung der technischen Produktivkräfte und den menschlichen Reaktionsweisen, den Fähigkeiten, diese Techniken zu benutzen, zu kontrollieren und sinnvoll anzuwenden, krasse Mißverhältnisse sich hergestellt haben. Daß die Menschen auf der einen Seite den Weltraum erobern, auf der anderen in aberwitzigem Maß psychologisch sich zurückbilden, infantil werden, ist der krasseste Ausdruck dieses Sachverhalts. Er reicht jedoch auch in die Kunstübung, bis in ihre subtilsten Details, hinein. Schon in der zu Unrecht Klassiker der Moderne genannten Generation von Schönberg, Strawinsky, Bartók gab es Komponisten, die der eigenen Reaktionsweise nach ihren Innovationen nicht gewachsen waren und deshalb irgend sich selbst bremsten. Ich nenne eine der größten und integersten Begabungen: Béla Bartók. Jeder Gedanke, daß er sich dem Markt angepaßt oder daß er dem Publikum zuliebe Wasser in seinen Wein getan habe, scheidet aus. Bartók sagte mir einmal in einem Rundfunkgespräch, das wir für den städtischen Sender in New York führten, er könne von der Tonalität nicht loskommen; das sei bei einem Künstler, der wie er in der Volksmusik wurzele, selbstverständlich. Sie mögen mir glauben, daß Bartók, der aus Protest gegen den Faschismus in die Emigration und in die Armut gegangen war, von keiner Blut- und Bodenideologie sich anstecken ließ. Aber er hatte offenbar unter einem Zwang von Herkommen und Tradition, der sich schließlich doch als stärker erwies denn seine eigentliche produktiv-musikalische Leistung, den Kontakt verloren mit dem, was er in seinen kühnsten Werken, etwa den beiden Sonaten für Violine und Klavier, gewagt hatte. Der Sachverhalt ist allgemeiner. Auch Richard Strauss, der sich rühmte, er sei in der Elektra bis an die Grenze der Tonalität gegangen, äußerte trotzdem später, die Tonalität sei ein Naturgesetz, das man im Prinzip nicht verletzen dürfe. Sogar von Richard Wagner schon wird ein Ausspruch überliefert, er habe im Tristan einmalige Extravaganzen begangen, die weder zu wiederholen noch von anderen nachzuahmen seien. Dieser Bruch zwischen dem, wohin das Unbewußte die Komponisten treibt, und der Sprache, in der sie entsprungen sind, datiert demnach mindestens hundert Jahre zurück. Jüngst hat er sich trostlos in der Selbstzurücknahme Hindemiths dokumentiert, der seine besten Arbeiten entweder nicht mehr anerkannte oder in ganz gemäßigtem Sinn umschrieb, wie unter Zensur. Selbst bei dem kühnsten und konsequentesten Komponisten der Periode, bei Schönberg, sind wenigstens Symptome jenes Bruchs zu beobachten. Immer wieder hat er mit dem Material der Tonalität gespielt, keineswegs nur Nebenwerke tonal geschrieben, sondern noch in seiner Spätzeit so bedeutende wie die Zweite Kammersymphonie oder das Kol Nidre. In einer Arbeit, die den Titel

›On revient toujours‹, nämlich à ses premiers amours, führt, hat er das theoretisch zu rechtfertigen versucht, quasi zugestanden, daß es ihn eigentlich zu dem zurückziehe, wovon er selbst abstieß.

Heute nun ist die Diskrepanz zwischen dem subjektiven Stand des Komponierens und der durch Stichworte wie integrales Komponieren und Elektronik bezeichneten technischen Entwicklung maßlos angewachsen. Kompositorisches Subjekt und kompositorische Objektivität klaffen auseinander. Das führt oft nun zum Entgegengesetzten als bei der vorigen Generation. Komponisten kapitulieren häufig vor den Mitteln, mit denen sie umgehen müssen, ohne mit ihnen noch wirklich zu komponieren. Die erste Schwierigkeit wäre demnach die, überhaupt in eine angemessene Relation zum Stand der Technik zu gelangen: entweder indem die Komponisten diese nach dem Stand ihres eigenen Bewußtseins verwenden und formen oder indem sie ihre Selbstkritik so weit treiben, daß sie jenen Stand erreichen. Wie das zu machen sei, dafür gibt es keine generellen Anweisungen. Ich nenne nur die Schwierigkeit, um die Besinnung darauf zu lenken, anstatt daß man sie verdrängt. Natürlich ist das viel leichter gesagt als getan. Die Technik hat Eigengewicht; jeder Versuch, sie mit der subjektiven Erfahrung zu verschmelzen, droht sie zu verwässern. Alle Komponisten, die etwas taugen, wirklich alle, hat denn auch angesichts der Schwierigkeit tiefe Unsicherheit befallen. Vielleicht wäre die Antwort darauf, daß Sicherheit gar kein Ideal sei. Möglicherweise gibt solche Unsicherheit bessere Voraussetzungen legitimer Kunst ab als ein Sekuritätsgefühl, das von der äußeren und inneren Wirklichkeit durch nichts verbürgt wird.

Brecht hat unter den Schwierigkeiten beim Schreiben der Wahrheit von der Kunst geredet, die Wahrheit praktikabel zu machen, als Waffe sie quasi unter die Menschen zu bringen. Wollte man das minder politisch und minder illusionär ausdrücken, so trifft der Satz musikalisch das Phänomen, daß es etwas wie einen gesichert vorgezeichneten Raum des Komponierens nicht mehr gibt, in dem Musik ihren Ort hätte. Was Paul Valéry vor vielen Jahren über die Skulptur schrieb, die durch den Verlust ihrer Beziehung zur Architektur obdachlos, problematisch geworden sei, gilt wörtlich und übertragen auch für die Musik. Das wärmt keineswegs den Schwindel von der Unverständlichkeit der Moderne auf. Ich meine ein Tieferes, die Stellung von Musik überhaupt in der gegenwärtigen Gesellschaft, die ihres Geistes zum objektiven der Epoche. Die chaotische Situation etwa des zeitgenössischen Konzerts im offiziellen Musikleben, wo ein Musikstück aufgeführt wird, ohne daß irgendwer, nicht Komponist, nicht Dirigent, nicht Veranstalter, recht wüßte, wohin es gehört, warum es gerade hier mit diesen anderen Stücken zusammen gespielt wird, was es eigentlich für die Zuhörer soll – diese chaotische, museale Situation des Konzertbetriebs ist dafür der sinnfälligste Ausdruck. Die Anonymität des Konzerts, sein anarchisches Element, ist nicht etwa die Bürgschaft von Freiheit, sondern setzt das Kunstwerk ins Leere und ins Zufällige. Die Funktionslosigkeit teilt sich dem Kunstwerk mit als Bewußtsein eines Chaotischen und als Desorientiertheit. Das hat nichts damit zu tun, daß die Musik einen heteronomen praktischen Zweck zu erfüllen hätte, eine Gemeinde begeistern oder disziplinieren oder etwas dergleichen leisten – zu ihrem Glück hat Musik der Zweckbeziehungen sich entledigt. Erschüttert vielmehr ist die Adäquanz zwischen der Musik und ihrem sozialen Ort. Ungewiß ist geworden, was sie der Erfahrung der Menschen, denen sie exponiert wird, bedeutet. Umgekehrt kann die Musik jene Erfahrung der Menschen gar nicht mehr in sich selbst aufnehmen. Sagte ich, dem Komponieren schwanke der Boden unter den Füßen, so ist das wohl die Erklärung dafür. Der Satz von Voltaire: »Où il n'y a pas le vrai besoin il n'y a pas le vrai plaisir« gilt sicherlich auch für die Kunst. Wo eine Sache kein objektives gesellschaftliches Bedürfnis in sich selbst hat – damit meine ich: nicht ein Äußerliches befriedigt, sondern es in sich reflektiert –, wird die Sache auch in sich ausgehöhlt. Das, was die Gegner der neuen Musik mit Vorliebe ihren experimentellen Charakter nennen, ist weithin die Anstrengung, mit dieser Situation des Ausgehöhltseins fertig zu werden, indem man die Situation des zitternden Bodens sich zueignet, womöglich gerade sie durchs Kunstwerk zu objektivieren trachtet.

Gestatten Sie mir, ein paar Worte über jenen Begriff des Experimentellen zu sagen, der manche von Ihnen bei so vielem an neuer und neuester Musik beunruhigen wird. Oberflächlich wäre es, das Experimentelle für das Unsichere zu halten, das in die Luft gebaut wird und morgen zugrunde gehen kann, und das Nichtexperimentelle für das Gesicherte. Gerade was *nicht* experimentiert, was so weitermacht, als ob es noch ginge, was weiter so komponiert, als ob die alten Voraussetzungen noch sicher wären, ist mit apodiktischer Gewißheit zum Untergang und zum Vergessen-Werden bestimmt. Der Experimentator hat immer noch mehr Chancen, zu dauern und übrigzubleiben, als der Mann, der sich vorm Experiment hütet und sich benimmt wie ein Sparer, der in einer Inflation sein Vermögen in mündelsicheren Papieren anlegt, die dann unweigerlich entwertet werden. Allerdings ist das nicht umkehrbar. Das Experimentelle ist nicht automatisch in der Wahrheit, sondern kann genausogut mißlingen; sonst hätte der Begriff des Experiments überhaupt keinen vernünftigen Sinn. Unleugbar diskontieren viele sogenannte Experimente schon in sich selber die Möglichkeit ihres Mißlingens, treten von vornherein so auf, als glaubten sie sich nicht ganz, gäben die Partie verloren vor dem ersten Zug. Experiment im legitimen Sinn heißt nichts anderes als die ihrer selbst bewußte Kraft des Widerstands von Kunst gegen das konventionell von außen, vom Einverständnis ihr Aufgezwungene[1]. Die Folgerung daraus wäre, daß man nicht etwa Naturschutzparks für das Experimentelle im Musikleben anlegen sollte und das übrige der traditionellen Musik wie stets überlassen, sondern beidem wären die gleichen organisatorischen Bedingungen zuzugestehen, damit nicht tatsächlich die moderne radikale Musik zu jener Spezialität herabsinkt, die dann ihre Feinde denunzieren.

Immanent musikalisch nun stellt der Mangel eines vorgegebenen und umfassenden gesellschaftlichen Raums sich dar als Verlust objektiv vorgegebener musikalischer *Sprache*. Die paradoxe Schwierigkeit aller Musik heute ist, daß eine jede, die geschrie-

1 Angesichts jüngster Entwicklungen mag das qualifiziert werden. Spezifisch experimentell werden neuerdings vielfach kompositorische Verfahren genannt, deren eigene Resultate, das Komponierte, nicht im Kompositionsprozeß selbst, auch nicht in der Vorstellung des Komponisten, sich absehen lassen.

ben wird, unterm Zwang steht, ihre eigene Sprache sich erst zu schaffen, während Sprache als ein seinem Begriff nach auch jenseits und außerhalb der Komposition Stehendes, als ein sie Tragendes, nicht aus dem puren Willen des Einzelnen sich schaffen läßt. Die Paradoxie definiert konkret die Schwierigkeit, mit der man es zu tun hat. Ich habe schon vor vielen Jahren in der ›Philosophie der neuen Musik‹ das Phänomen zu fassen versucht, indem ich eine Parabel von Kafka anzog, in der er von einem Theaterdirektor redet, der nicht nur sein Ensemble zu lenken und seine Kulissen selbst zu malen hat, sondern der bereits seine Schauspieler zeugen muß, damit sie dereinst so spielen und so sich verhalten, wie er es konzipierte. Diese Kafkasche Parabel ist mittlerweile als objektive Voraussetzung allen Komponierens offenbar geworden.

Nicht fehlten Versuche, mit dieser Schwierigkeit fertig zu werden, indem man Musik wieder an ihren gesellschaftlichen Ort stellen wollte. Sie sind allesamt mißlungen; es ist an der Zeit, dies Mißlingen rückhaltlos, illusionslos einzugestehen. Daß von allen in Betracht kommenden Komponisten nur noch die radikalsten musikalischen Möglichkeiten gehandhabt werden; daß es wahrscheinlich keinen im Ernst begabten Komponisten mehr gibt, der der ominösen gemäßigten Moderne sich verschriebe, hängt damit zusammen. Ich nenne als Beleg für jenes Mißlingen den gesamten Bereich der Sing- und Spielbewegung, der Jugendmusik, aber auch das, was auf der offiziellen Linie des Ostblocks geschieht. Nicht steht es bei der Kunst, sich ihren gesellschaftlichen Ort zu verschaffen. Sie findet sich in der Struktur der gesellschaftlichen Wirklichkeit, vermag aber nicht von sich aus etwas Wesentliches über sie. Kunst setzte bis zur Schwelle der Gegenwart voraus, was bei Hegel das Substantielle heißt, objektive Gleichsinnigkeit. Die Struktur einer Gesellschaft muß auch jetzt noch, sei's auch überaus gespannt, verbindbar sein mit dem Bewußten und Unbewußten der Komponisten. Beethoven hat sich nicht an die Ideologie des vielzitierten aufsteigenden Bürgertums der Zeit von 1789 oder 1800 angepaßt, sondern war selber von dessen Geist. Daher sein unüberbotenes Gelingen, obwohl bereits zu seiner Zeit dies Gelingen, die innere Übereinstimmung mit der Gesellschaft, keineswegs ohne weiteres mit der äußeren Rezeption zusammenfiel. Wo aber die innere Gleichsinnigkeit fehlt und mit Machtanspruch oder Entschluß hergestellt wird, da wird bloße Anpassung des Komponisten, also ein Heteronomes, daraus. Das geht dann regelmäßig auf Kosten der musikalischen Qualität, des Ranges der Musik. Diese versimpelt. Indem sie einem Stand der Menschen zu Willen ist, der mit ihrer eigenen Entwicklung nicht Schritt hielt, verschreibt sie sich zugleich den regressiven Tendenzen der Gesellschaft, der immer weiter fortschreitenden Liquidation des Individuums in einer Welt, die kraft der Zusammenballung stets größerer Machtkomplexe zur totalen Verwaltung übergeht. Alles, was in der Musik sich selbst Gemeinschaftsethos zuschreibt, neigt zu totalitären Gesellschaftsformen. Die Schwierigkeiten des Komponierens sind zu meistern nicht durchs Hinschielen auf einen sozialen Raum, wie auch Brecht noch verfuhr, sondern wenn überhaupt, dann nur von der Sache aus: indem man die Kompositionen selber so verbindlich prägt, daß sie dadurch eine Objektivität empfangen, die schließlich doch auch gesellschaftlichen Sinnes wäre. Ohne dies wie immer auch problematische Vertrauen läßt keine Note mehr sich schreiben.

Aber die Schwierigkeiten sind dadurch nicht behoben. Jene generelle Einsicht ist ein Rahmen, orientiert die Komponisten einigermaßen, aber Trost bringt sie keineswegs. Es ist ebenso schwierig, rein vom Individuum aus, das da unbefangen komponiert, Objektivität der Sache zu erlangen, wie es schlecht und unwahr wäre, das Verpflichtende von außen her sich aufzuerlegen. Man ist in einer desperaten Lage; besser, sie zu analysieren, als ihr durch verstockte Naivetät auszuweichen. Das einzige, wovon Künstler heute überhaupt ausgehen können, ist ihre subjektive Reaktionsfähigkeit. Denn in einem höheren Sinn musikalisch sein ist eben keine bloß subjektive Eigenschaft, sondern gerade das Vermögen, etwas von den objektiven Nötigungen der Musik zu innervieren, in denen schließlich auch die sozialen stecken. Das ist der vernünftige Grund jenes Vertrauens, von dem ich sprach. Sagen wir von einem Menschen, er sei musikalisch, so denken wir nicht nur an eine quasi naturwüchsige und nicht weiter zu verfolgende Anlage, sondern an seine Fähigkeit, die Objektivität von Musik, ihren Strukturzusammenhang wahrzunehmen. Noch im vergeistigten Begriff von Musikalität ist das aufbewahrt. Aber eben diese Reaktionsfähigkeit des Subjekts wurde problematisch. Das Individuum ist kein rein Ansichseiendes, sondern immer auch vermittelt, immer auch ein Stück gesellschaftlichen Scheins, kein Letztes. Die Tendenz der Zeit vollends hat das Ich so geschwächt, daß es der eigenen Reaktionen vielfach kaum mehr ganz mächtig ist. Leicht verbirgt sich heute gerade in den Brüchen zwischen subjektiv musikalischen Reaktionen und objektivem technologischen Stand nur die Schwäche des Subjekts. Der Komponist, der tönt: ich bin kein Snob, ich mache diese Moden nicht mit, ich verlasse mich auf meinen eigenen Instinkt und tue das, was ich will und kann, und nichts anderes – dieser Komponist wird im allgemeinen wahrscheinlich kein Snob sein, wenn anders es ein Verdienst ist, keiner zu sein, aber statt dessen einfach die Rückstände der Konventionen von anno dazumal reproduzieren und für seine eigene Stimme halten, was nur dreifach gebrochenes Echo ist.

Betrachtet man die musikalische Gesamtentwicklung etwa seit 1920 unter dem Gesichtspunkt, den ich hier nenne, so sind die ernst zu nehmenden Entwicklungen fast ausschließlich Anstrengungen, aus der Gestalt der musikalischen Objektivität, also aus Material, Idiom und Technik, Verfahrungsweisen zu entwickeln, welche das Subjekt, das es von sich aus allein sich nicht mehr zutraut, weil es gebeugt und erdrückt wird von all jenen Schwierigkeiten, *entlasten*. Mir scheint die musikalische Geschichte der letzten vierzig Jahre weitgehend eine Geschichte musikalischer Entlastungsversuche. Erlauben Sie mir, daß ich Ihnen das kurz verdeutliche.

Der Begriff der Entlastung, wie ihn manche Sprecher ebenso der musikalischen Jugendbewegung, etwa Wilhelm Ehmann, wie auch manche Zwölftonmusiker in Amerika in aller Unschuld sich zu eigen gemacht haben und wie ihn prinzipiell und mit großem Nachdruck Arnold Gehlen positiv in seiner anthropologischen Soziologie benutzt, ist mit der Idee des durchgebildeten Kunstwerks nicht vereinbar, auf welche jene Techniken andererseits allesamt hinauslaufen. Das Nachlassen der Anstrengung, das Entlasten, bedeutet immer ein Übergewicht von Totem, nicht durchs Subjekt Hindurchgegangenem, äußerlich

Dinghaftem und schließlich Kunstfremdem. Dennoch haben die Entlastungsversuche ihren triftigen Grund: eben daß die Schwierigkeiten des Komponierens aus reiner Freiheit, aus einer sozusagen allseitigen Aktualität des Gehörs kaum mehr zu bewältigen sind. Das war möglich offenbar nur während der kurzen Periode der Explosion, während der heroischen Periode der neuen Musik, wie sie die mittleren Werke Schönbergs von den Klavierstücken op. 11 bis zu den Liedern op. 22 und die gleichzeitigen Gebilde des jungen Webern und des jungen Alban Berg umfaßt. Klassiker der Moderne sind diese drei Komponisten bloß deshalb, weil sie damals keine Klassiker waren: weil sie ohne von außen gesetzte Spielregeln rein mit der kompositorischen Reaktionsform, mit der Art ihrer unmittelbaren Imagination, auskamen. Das wäre bis in die Entstehung mancher Werke dieser Phase hinein zu verfolgen. Schönberg hat sein kühnstes und avanciertestes Werk, das Monodrama Erwartung, in vierzehn Tagen, offensichtlich wie in einer Art von Trance, komponiert, gar nicht so unähnlich wie die automatischen Niederschriften der Surrealisten später gemeint waren; wirklich kraft einer Explosion des Unbewußten. Der außerordentlich raschen Entstehung solcher Werke entspricht die Kürze der Phase, in der so komponiert wurde. Danach trat bei Schönberg eine sehr lange, siebenjährige Schaffenspause ein. Auf Ähnliches weist bei Berg zurück, daß das Quantum dessen, was er produzierte, so gering blieb. Kaum je hat es einen bedeutenden Komponisten solchen Ranges gegeben, der so wenig Werke hinterließ wie er. Schon vom Wozzeck an hat er ihnen keine Opuszahlen mehr hinzugefügt, weil er sich, wie er mir einmal sagte, genierte, daß die Opuszahlen des über Vierzigjährigen immer noch so niedrig waren. Bei Webern sprechen die Miniaturformate für Analoges. Er konnte offenbar die maßlose innere Anspannung ohne Entlastung nur dadurch ertragen, daß er darauf verzichtete, große Zeitstrecken musikalisch zu artikulieren, während die Sehnsucht nach langer auskomponierter Zeit ihn sein ganzes Leben nicht losließ. Selbst Schönberg hat es beim rein spontanen, nicht entlasteten, rein auf sich selbst gestellten Komponieren nicht geduldet. Dabei mag ebenso mitspielen, daß die beispiellose Spontaneität solcher Werke auf die Dauer nicht sich konservieren läßt, wie auch, daß sein kritisches Bewußtsein auf eine Reihe von Inkonsequenzen und Unstimmigkeiten in den frei entstandenen Werken stieß, die kritisch zu berichtigen ihm anders nicht möglich dünkte als durch einen gewissen Rationalisierungsprozeß. Unter dem letzteren Aspekt sollte man sich einmal die vier Klavierstücke meines Freundes René Leibowitz ansehen, die eine solche Rationalisierung auf das Muster der bis auf das letzte noch nicht zwölftönigen Stücke op. 23 von Schönberg anwenden. Sie transponieren gleichsam die Ideen dieser Stücke in die Zwölftontechnik; ein denkwürdiger Versuch. Man kann daran sowohl den Fortschritt durch das Entlastungssystem konstatieren, die größere Stimmigkeit, Bruchlosigkeit, wie auch den Preis, der dafür zu zahlen war, den Verlust der Unmittelbarkeit jener mittleren Werke Schönbergs. Tatsächlich war das erste große Entlastungsphänomen der neuen Musik die Zwölftontechnik. Mein jüngst verstorbener Lehrer Eduard Steuermann hat das einmal sehr einfach ausgedrückt in dem Satz: das Reihenverfahren solle helfen, das zu leisten, was das Ohr nicht in jedem Augenblick vollbringen könne. Der Übergang dazu trug sich früh in den heroischen Zeiten der freien Atonalität zu. Webern berichtete, er habe bei den Bagatellen op. 9, einem seiner bedeutendsten und gelungensten Werke, sich die Töne notiert, die in diesen ganz kurzen Stücken schon dran waren, um sie zu vermeiden und an ihrer Stelle noch unbenutzte zu verwenden, also Tonwiederholungen auszuweichen. Das geschah etwa 1909, impliziert aber bereits die Idee, wenn auch nicht die systematische Entfaltung der Zwölftontechnik, einfach aus der naiven Praxis des Komponisten heraus. Fast unmöglich, allgemein zu sagen, wo die immanente Leistung des Ohrs aufhört und wo die auswendige Entlastung beginnt: wer wagte es, dem Komponisten Webern jene unschuldige Liste schon benutzter Noten zu verübeln? Aber man muß etwas wie ein Schwellenphänomen, einen Umschlag von Quantität in Qualität annehmen: daß die Notwendigkeit solcher Rationalisierung sich plötzlich entfremdet, daß sie dem Komponisten und seinem Gehör äußerlich gegenübertritt. Dann wird der Musik mit Gewalt Ordnung auferlegt, die Ordnung folgt nicht mehr rein aus den musikalischen Ereignissen. Indem sie diese rationalisiert, in denen sie doch zugleich entspringt, wird sie zugleich auch ihnen angetan. Kein Zufall, daß in der Frühzeit der Zwölftontechnik so viele ältere Formen bemüht wurden, trotz ihrer offenbaren Inkongruenz mit dem atonalen Tonmaterial, und daß auch bis in die Mikrostruktur hinein, etwa durch Verwendung von Sequenzen, festgehaltenen rhythmischen Mustern und ähnlichem, soviel damals wieder heraufkam, was mit Grund eben noch verbannt war.

Man kann die nach Schönbergs Tod so vehement einsetzende serielle Entwicklung als Kritik an jenen Inkonsequenzen interpretieren. Das serielle Prinzip bedeutet, unterm Aspekt der Zwölftontechnik, daß alles ins Komponierte, durch die Zwölftönigkeit Präformierte heterogen Hineinragende, von der Zwölftontechnik Unabhängige, alle materialen und strukturellen Spuren des alten tonalen Idioms beseitigt werden. Stockhausen hat das schlagend und frappant so formuliert, daß musiksprachlich Schönberg trotz aller Neuerungen eigentlich noch tonal sei. Die serielle Schule wollte das Zwölftonprinzip als eine gleichsam nur partielle Neuordnung des Materials radikalisieren, auf alle musikalischen Dimensionen ausdehnen, zur Totalität erheben. Schlechterdings alles soll determiniert sein, auch die bei Schönberg noch freien Dimensionen der Rhythmik, der Metrik, der Klangfarbe und der Gesamtform. Die seriellen Komponisten gingen dabei aus von der These, daß, weil alle musikalischen Phänomene, auch Tonhöhen und Klangfarben, in letzter Instanz ihrer akustischen Gesetzlichkeit nach Zeitverhältnisse sind, sie allesamt sich auch kompositorisch auf ein Gemeinsames, einen Generalnenner Zeit, müßten reduzieren lassen. Aus einem gegebenen, möglichst knappen Urmaterial der jeweiligen Serie müßte alles, jede Note, jede Pause, Länge, Höhe, Farbe, streng folgen. Offen mag bleiben, ob die Gleichung tatsächlich aufgeht; ob man die objektiv physikalische Zeit, nach Schwingungszahlen und Obertonverhältnissen, mit der wesentlich subjektiv vermittelten musikalischen Zeit, dem Gefühl musikalischer Dauer, einfach identifizieren kann. Die seriellen Komponisten sind auf dies Problem längst gestoßen; die Fortgeschrittensten unter ihnen, Boulez und Stockhausen, arbeiten daran mit großer Intensität sich ab. Mehr beschäftigt mich die Idee totaler Determination als solche. Sie liegt insofern bereits in der Zwölftontechnik, als in ihr nicht sich einsehen läßt, warum diese und jene Dimension streng determiniert sein soll und andere nicht. Danach darf man wohl sagen, daß von den Seriellen nicht Mathematisierungen der Musik willkürlich ausgeheckt wurden, sondern eine Entwicklung besiegelt, die Max Weber in der Musiksoziologie als Gesamttendenz der neueren musikalischen Geschichte bestimmte: der fortschreitenden Rationalisierung der Musik. Sie hätte in der integralen Konstruktion sich vollendet. Folgte tatsächlich aus einem gegebenen Grundmaterial schlechterdings alles Weitere, so wäre das die höchste Entlastung des Komponisten, die sich denken läßt. Er brauchte dann nur noch dem zu gehorchen, was in seiner Serie steckt, und wäre aller Sorgen enthoben.

Aber dabei ist einem nicht wohl zumute. Die schon in der Zwölftontechnik bemerkbare Verdinglichung, die Entmächtigung des lebendigen, hörenden Vollzugs als des eigentlichen Konstituens von Musik steigert sich bis zur Drohung, jeglichen Sinnzusammenhang zu zerstören. Ich erinnere mich eines jungen Komponisten, der mir, vielleicht schon vor vierzehn Jahren, in Darmstadt eine Komposition brachte, die sich mir als der tollste Galimathias darstellte. Man konnte nicht oben und unten, vorn und hinten, Konsequenz und Setzung – keinerlei faßliche Artikulation des Phänomens – darin unterscheiden. Als ich ihn fragte, wie alles miteinander zusammenhinge, was der musikalische Sinn einer Phrase sei, wo sie ende und anfange, und was dergleichen elementare Strukturmomente mehr sind, demonstrierte mir der junge Mann, soundsoviel Seiten später stünde eine Pause, die einer hier befindlichen einzelnen Note entspreche, und was dergleichen mehr ist. Er hatte das Ganze wahrhaft, wie die spießbürgerlichen Feinde es sich vorstellen, auf ein Rechenexempel reduziert, das sogar stimmen mochte – es war mir zu langweilig, es nachzurechnen –, das aber in einen irgend erkennbaren und überzeugenden musikalischen Zusammenhang schlechterdings nicht mehr sich umsetzte. Das Subjekt, auf welches die Musik mangels eines sozialen Raumes zurückgeworfen ist und das durch all diese Veranstaltungen entlastet werden sollte, wird nicht nur entlastet, sondern virtuell ausgemerzt.

Damit aber auch die Kontrollen, die es übt und welche die musikalische Objektivität mitkonstituieren. Wäre im Ernst nur noch auszukomponieren, was in solch einer Reihe drinsteckt, so könnte man – der Witz ist so wohlfeil wie die Sache – mit Hilfe eines elektronischen Computers besser komponieren, als indem man einen Komponisten bemüht. Die Hilfe für diesen geht ihm an den Kragen. Er wird einer Gesetzlichkeit unterworfen, die ihm fremd und die kaum von ihm einzuholen ist. Die daraus resultierende Musik aber wird zu einem Tauben und Leeren. Es tritt buchstäblich ein, was ich vor Jahren als Altern der neuen Musik prognostizierte. Damals waren mir manche meiner Kranichsteiner Kameraden böse; heute darf ich sagen, daß jedenfalls die besten in der Diagnose mit mir in weitem Maß einig sind.

In diese Situation des Seriellen platzte John Cage herein; sie erklärt die außerordentliche Wirkung, die er übte. Sein Zufallsprinzip, das, was Ihnen allen unter dem Namen Aleatorik geläufig ist, möchte aus dem totalen Determinismus, aus dem integralen, obligaten Musikideal der seriellen Schule, ausbrechen. Auf ihn, den Amerikaner, übte es nicht denselben Zwang aus, drängte sich ihm nicht mit der gleichen historischen Notwendigkeit auf wie den Musikern der europäischen Tradition, die im Zusammenhang des obligaten Stils, des Gesamtzugs der Rationalisierung von Musik, stehen. Aber auch das von Cage lancierte Zufallsprinzip blieb so ichfremd wie sein scheinbares Gegenteil, das serielle; auch es gehört unter die Kategorie der Entlastung des geschwächten Ichs. Der reine Zufall bricht zwar die sture ausweglose Notwendigkeit, aber ist dem lebendigen Gehör so äußerlich wie diese. Cage hat einmal sehr folgerecht formuliert, wenn man Webern höre, so höre man immer nur Webern, aber man wolle in Wahrheit nicht ihn hören, sondern den Ton. Damit verficht er ebenso eine fast physikalistische, dinghafte Objektivität, wie die der seriellen Musik es war. Das erklärt, nebenbei, auch die Tatsache, daß so viele serielle Komponisten reibungslos zum Zufallsprinzip übergingen. Der ebenso scharfsinnige wie wahrhaft originale und bedeutende ungarische Komponist György Ligeti hat mit Recht darauf aufmerksam gemacht, daß im Effekt die Extreme der absoluten Determination und des absoluten Zufalls zusammenfallen. Statistische Allgemeinheit wird zum ichfremden Gesetz der Komposition. Gewiß erschöpft die absolute Zufälligkeit bei Cage und seiner Schule sich nicht darin. Sie hat polemischen Sinn; nähert sich den dadaistischen und surrealistischen Aktionen von einst. Aber ihre happenings haben, im Einklang mit der politischen Lage, keinen politisch demolierenden Inhalt mehr und nehmen dadurch leicht etwas sektiererisch Séancenhaftes an: während alle glauben, sie hätten einem Ungeheuerlichen beigewohnt, geschieht gar nichts, kein Geist erscheint. Es ist das nicht zu überschätzende Verdienst von Cage, an der sich überschlagenden musikalischen Logik, am blinden Ideal vollkommener Naturbeherrschung in der Musik irre gemacht zu haben; schwerlich unbeeinflußt vom action painting. Was er selbst in seinen radikalen Werken bietet, ist jedoch vom naturbeherrschenden Stil keineswegs so verschieden, wie man es dem Programm nach vermuten möchte, wenngleich von seinen besten Stücken, wie dem Klavierkonzert, immer noch ein außerordentlicher Schock ausgeht, der sich gegen alle Neutralisierung hartnäckig sträubt; kaum ein anderer Komponist der Zeit hat das erreicht. Die ernsteste Schwierigkeit aber ist, daß es trotz allem kein Zurück gibt. Suchte man gegenüber Zwölftontechnik, seriellem Prinzip und Aleatorik einfach subjektive Freiheit, also freie Atonalität im Sinn der Erwartung von Schönberg, wiederaufzunehmen, so verfiele man notwendig fast der Reaktion.

Gegen die Entlastungstechniken wäre das Ideal dessen zu halten, was Heinz-Klaus Metzger das A-Serielle nannte und wofür ich den Ausdruck informelle Musik vorschlug. Eingedenk der Unmöglichkeit, das sogenannte Positive irgendwo auszupinseln, verzichte ich darauf, das im einzelnen zu beschreiben, zumal Sie ja, wenn es Sie interessiert, meine Vorstellungen darüber aus der Arbeit ›Vers une musique informelle‹ erfahren können, die sich am Schluß von ›Quasi una fantasia‹ findet. Wohl aber nenne ich wenigstens Modelle der Schwierigkeiten, die auch dem Ideal des Informellen entgegenstehen. In den fortgeschrittensten und hellhörigsten Kompositionen heute klafft eine Diskrepanz zwischen den aneinandergefügten, gleichsam geschichteten Blöcken, die oft in sich erstaunlich durchgebildet sind, und der Gesamtstruktur; so als ob von den unerhört artikulierten Details zu der ebenso großartig durchkonstruierten Totalität keine Vermittlung führte, als ob beides zwar nach Konstruktionsprinzipien verbunden wäre, als ob diese Konstruktionsprinzipien jedoch im lebendig Erscheinenden nicht sich zu realisieren vermöchten. Vermittlung fehlt im banalen wie im strengen Sinn. Im banalen: es mangelt an Bindegliedern zwischen den Einzelklängen, in die sich alles zusammenzieht. Im strengen: die Ereignisse wollen nicht in sich über sich hinaus, die Struktur bleibt ihnen gegenüber weitgehend abstrakt. Integration wird bis jetzt vielfach zur Verarmung. Konstatieren läßt sich bei außerordentlichem Anwachsen der kompositorischen Mittel eine Art Rückschritt zur Homophonie. Es werden, wie ich das mit einem Ausdruck von Boulez nannte, Blöcke addiert, nicht Linien gezogen. Kaum bilden sich harmonische Spannungen, kaum komplementäre Harmonien, kaum monodische oder gar polyphonische Linienzüge. Diese Schrumpfung ist außer allem Verhältnis zum kompositorischen Aufwand an Mitteln und Konstruktion. Damit mag zusammenhängen, was man jene Präponderanz des Drum und Dran, des Extra-Musikalischen in der jüngsten Musik nennen kann, auf die Schnebel als auf eines der charakteristischsten Phänomene der Entwicklung hinwies. Es ist, als wolle die Musik durch Lärm, durch bruitistische Effekte, dann durch optische, zumal mimische Mittel etwas von dem wettmachen, was ihr einstweilen an immanenter Entfaltung versperrt ist. Jene Aktionen aber haben vielfach etwas Zielloses. Dada wird zum l'art pour l'art, und das ist mit der Idee von Dada schwer zu vereinen. Häufig formiert sich eine Musik, die eigentlich nirgendwohin möchte. Entgegnet wird, vor allem von Elektronikern, es gelte, Materialien bereitzustellen. Sagte ich einmal, elektronische Kompositionen klängen wie Webern auf einer Wurlitzer-Orgel, so ist das fraglos überholt. Auf der anderen Seite aber ist stets noch einige Primitivität der Resultate im Verhältnis zur technischen Anstrengung unverkennbar. Man kann wohl überhaupt nur schwer Mittel unabhängig vom Zweck, von der Qualität des mit ihnen Komponierten ausbilden. Wenigstens ein Symptom möchte ich erwähnen, das mir neuerdings auffiel und das vielleicht ebenfalls mit dem Komplex der

Schwierigkeiten etwas zu tun hat: das Phänomen der Impulshemmung; daß Musik permanent sich regt, sich entwickeln will, aber wie unter einem Bann immer wieder abbricht. Ob dieser Bann den ausdrückt, in dem wir leben, oder ob auch er Symptom von Ich-Schwäche oder kompositorischem Unvermögen ist, darüber möchte ich nicht urteilen.

Ich wollte all das nur bewußtmachen; nichts prophezeien oder postulieren. Musik heute sieht sich in einer Alternative, der zwischen dem Fetischismus des Materials und der Verfahrungsweise hier, losgelassener Zufälligkeit dort. Mir fiel ein Satz von Christian Dietrich Grabbe ein, der mich einmal sehr beeindruckte: »Denn nichts als nur Verzweiflung kann uns retten.« Alles liegt bei der Spontaneität, das heißt der unwillkürlichen Reaktion des kompositorischen Ohrs, quand même. Nimmt man aber das Komponieren todernst, so muß man schließlich fragen, ob es nicht insgesamt heute ideologisch wird. Man muß deshalb unmetaphorisch und ohne den Trost, so könne es nicht bleiben, die Möglichkeit des Verstummens ins Auge fassen. Was Beckett in seinen Dramen und vor allem in seinen Romanen ausdrückt, die manchmal rauschen wie Musik, das hat seine Wahrheit für die Musik selbst. Vielleicht ist nur noch eine möglich, die an diesem Äußersten, am eigenen Verstummen, sich mißt.

1964

II. In der Auffassung neuer Musik

Für H. H. Stuckenschmidt zum 65. Geburtstag

In dem Kapitel ›Anweisungen zum Hören neuer Musik‹ aus dem Buch ›Der getreue Korrepetitor‹ hatte ich mich, der praktisch-musikalischen Absicht zuliebe, wesentlich auf rein technische Sachverhalte beschränkt, welche Schwierigkeiten in der Auffassung neuer Musik verursachen. Demgegenüber hatte ich den soziologischen Aspekt zurücktreten lassen. Fraglos ist er vom innermusikalischen, wie ich im Gegensatz zu manchen heute virulenten musiksoziologischen Tendenzen betonen möchte, nicht zu trennen. Spezifisch musikalische Probleme sind nicht zu umgehen, wofern nicht Musiksoziologie sich auf die Ermittlung subjektiver Reaktionen ohne Rücksicht aufs Objekt einengen will. Gleichwohl hat der soziale Aspekt auch ein Moment von Selbständigkeit. Einerseits bietet die Gesellschaft den Rahmen für alle Musik und musikalische Übung. Wer über Rezeption redet, ohne die Gesamtstruktur mitzudenken, in welche die Musik samt der Möglichkeit oder Unmöglichkeit ihrer Rezeption fällt, dächte in schlechtem Sinn abstrakt. Auf der anderen Seite reichen gesellschaftliche Sachverhalte tief in die scheinbar rein musikalischen Hörschwierigkeiten hinein. Ich erinnere nur, als an ein Allgemeines, das der Rezeption neuer Musik entgegensteht, an das, was ich in anderem Zusammenhang sozialisierte Halbbildung[1] genannt habe, die der Verwaltung von Geist und seiner Verwandlung in Kulturgut entspricht. Sie ist von vornherein der Möglichkeit des Verständnisses einer Kunst, die jenen Mechanismen nicht sich einfügen will, gar ihnen widersteht, entgegen. Ginge man einzig auf die technischen Hörfragen ein, so setzte man stillschweigend wenigstens das Potential einer Beziehung zwischen den Hörern und der neuen Musik, und den Willen dazu, voraus. Dies der technologischen Analyse Selbstverständliche ist aber im gesellschaftlichen Verhältnis zwischen Publikum und energisch fortgeschrittener Musik überaus problematisch. Kierkegaard sprach von ästhetischem Ernst. Vielleicht war der Ausdruck selber schon reaktiv: vielleicht mußte man, solange es etwas dergleichen gab, gar nicht darüber reden, sondern betrachtete die Kunst, je ernster es einem damit war, als Spielerei, während die Interessenten der Unterhaltungsmusik mit Weltanschauung und womöglich mit Riesmans Theorie vom außengeleiteten Menschen apologetisch aufwarten. Jedenfalls weisen ästhetischer Ernst und die gar nicht erst heute vorwaltende Disposition zur Zerstreuung auseinander. Diese bildet nachgerade ein Apriori von Unansprechbarkeit, ehe es zum konkreten Konflikt des Hörens mit dem lebendigen Phänomen neuer Musik überhaupt nur kommt.

Die Erklärungen der Disproportion zwischen ihr und dem Verständnis sind einstweilen unbefriedigend. Dabei begreife ich

1 Vgl. Theodor W. Adorno, Theorie der Halbbildung, in: Max Horkheimer und Th. W. Adorno, Sociologica II, Frankfurt a. M. 1962, S. 168 ff. [jetzt auch: Gesammelte Schriften, Bd. 8, 2. Aufl., Frankfurt a. M. 1980, S. 93 ff.].

eigene frühere Arbeiten zu demselben Gegenstand ein, wie jene, die ich unter dem Titel ›Warum ist die neue Kunst so schwer verständlich?‹ vor 1933 in der Essener Theaterzeitschrift ›Der Scheinwerfer‹ publizierte. Meist fällt da das Stichwort Entfremdung. Man assoziiert dazu, daß etwa von der Mitte des neunzehnten Jahrhunderts an die fortschreitende Autonomie der Kunst diese von den Menschen immer weiter entfernt habe; den Sprung, der in der Lyrik zwischen Heine und Baudelaire liegt. Er durchherrscht auch die Musik; meist gilt der Tristan als sein Augenblick. Die These, unterdessen schon zum Cliché geworden, benutzt zur Erklärung des Sachverhalts dessen Konstatierung. Zieht man von dem Argument Beiwerk und Bildungsballast ab, so bleibt übrig, die Menschen seien der neuen Musik entfremdet, weil sie ihr entfremdet sind. Über diese sterile Art, die Frage zu behandeln, möchte ich versuchen, andeutend ein wenig hinauszugelangen. Fraglos hat zuzeiten, den groben Zügen nach, und in einigermaßen geschlossenen Schichten, Angemessenheit zwischen Hörern und Musik existiert. Freilich war sie in den bedeutendsten Fällen seit Bach wohl keineswegs so selbstverständlich, wie die romantische Rückphantasie es ausmalt. Solche, die glauben, gesellschaftlich zu denken, wenn sie die moderne Musik ihres ungeselligen Wesens wegen verdammen, sollte es zum Innehalten zwingen, daß auf den obersten Erhebungen auch der musikalischen Geschichte nicht selige Adäquanz herrschte. Jedenfalls darf man ohne Verwegenheit sagen, die Angemessenheit zwischen Gehörtem und Hörer habe sich beschränkt auf die Ära der Tonalität, und zwar in deren vorwiegend diatonischer Gestalt. Bei der höchst artifiziellen Beschaffenheit der Kirchentonarten und der nicht minder artifiziellen spätmittelalterlichen Polyphonie ist in der Musik vorm Generalbaßzeitalter, soweit sie irgend durch lebendig mitvollziehendes Hören vorzustellen ist, die Adäquanz höchst ungewiß. Das Ideal, Musik solle oder müsse allgemein verstanden werden, vielfach als unproblematisch unterstellt, hat selbst seinen historisch-sozialen Index. Es ist demokratisch; schwerlich war es unterm Feudalismus in Kraft. Damals stand, was man im Sinne des Platon und des Augustin die disziplinäre Funktion der Musik nennen könnte, gegenüber universalem Verständnis oder angeblichem Genuß im Vordergrund. Musik wurde denn auch charakteristischerweise als eine Art Geheimwissenschaft betrachtet; nicht Partituren, nur Stimmen wurden überliefert, vermutlich, um die misera plebs von der Alchimistenküche des Kontrapunkts fernzuhalten. Nach dem Tristan nun geriet das temporäre und prekäre Einverständnis abermals ins Schwanken.

Kein Zweifel, manches wird und wurde nachgeholt. Unmerklich langsam werden auch Werke aus der Zeit nach der Kündigung des Einverständnisses rezipiert. Aber diese Rezeption ist nicht zu überschätzen. Es macht erheblichen Unterschied, ob man Werke einfach deshalb, weil sie fünfzig, sechzig, siebzig Jahre alt sind, duldet, oder ob sie wirklich verstanden werden. Nach einer Aufführung der Ersten Kammersymphonie von Schönberg wird es heute keinen Skandal mehr geben. Unterdessen ist das Publikum an ganz anderes gewöhnt, und in dem Stück finden sich immerhin zahlreiche Partien und Elemente, welche die Schocks mildern. Dennoch ist anzunehmen, das seinem Gewebe nach außerordentlich schwierige Werk werde heute genauso wenig strikt verstanden, »durchgehört« wie in den Jahren vor 1910, als es geschrieben ward. Eine wirklich eingehende Studie über die Rezeption bereits der reifen Werke Wagners wäre an der Zeit und ergiebig. Wahrscheinlich zeigte sie, daß an Wagner einerseits gewisse Epiphänomene, zuweilen solche, die mit seinem eigenen Ideal in Widerspruch stehen, andererseits der ideologische Gestus des Ganzen kapiert wurden, viel weniger aber das Komponierte selbst in seinem Zusammenhang. Erinnert sei an einen Sachverhalt, den Richard Strauss in seiner Bearbeitung der Berlioz'schen Instrumentationslehre mit Hinblick auf Wagner erwähnte, und der auf Strauss selbst in noch höherem Maß zutrifft. Dieser spricht von der al fresco-Behandlung des Orchesters im Feuerzauber der Walküre. Solche Komplexe sind bereits darauf angelegt, nicht mit derselben Präzision in jeglichem ihrer Töne wahrgenommen zu werden wie vor-Wagnersche Musik, sondern gleichwie aus einiger Entfernung. Eine gewisse Vagheit der Perzeption ist vorausgesetzt, ja mitkomponiert; das Niedergeschriebene und das wirklich wahrgenommene Phänomen stimmen keineswegs miteinander überein. Nahe liegt eine soziologische Spekulation, die Benjamin analog für Baudelaire anstellte: daß die Musik seit jenem Sprung nach der Mitte des neunzehnten Jahrhunderts, soweit sie zur Moderne zählt, bereits an Hörer sich wende, die gar nicht so genau aufmerken und, dürfte man extrapolieren, infolgedessen auch gar nicht so genau verstehen. Geschichtliche Veränderungen im Akt des Verstehens wären demnach vom kompositorischen Verfahren selber giriert worden.

Mit der Ära der Tonalität meinte ich die der Dur-Moll-Tonalität, wie sie seit dem beginnenden siebzehnten Jahrhundert sich durchsetzte. Daß in ihrer Zone das traditionelle Verständnis statthat, oder wenigstens das, was sich selber Verständnis dünkt, wirft im Rückblick Fragen auf. Die Musikwissenschaft weiß oder mutmaßt unterdessen, daß die Dur-Moll-Tonalität, die der Vorherrschaft der ionischen und der äolischen Kirchentonart entspricht, in der Volksmusik weit älter ist als ihre offizielle Approbation durch die neuzeitliche Generalbaßmusik seit dem ausgehenden sechzehnten Jahrhundert. Danach wäre das Dur-Moll-Gefühl viel länger lebendig, als der Fortschritt des musikalischen Materials glauben macht; das wirkliche Gehör mochte niemals so sehr nach den Kirchentonarten sich richten wie nach Dur und Moll. Im musikalisch Vorbewußten und im kollektiven Unbewußten scheint die Tonalität, obzwar auch ihrerseits historisches Produkt, so etwas wie zweite Natur geworden zu sein. Das dürfte ihre eminente Resistenzkraft im Bewußtsein der Hörer gegenüber der Auffassung von Gebilden erklären, die ihrerseits doch ganz konsequent und notwendig aus der immanenten Entwicklung der Tonalität als Musiksprache folgten.

Um sich die Schwierigkeiten in der Auffassung neuer Musik zu vergegenwärtigen, muß man sich die Frage e contrario vorlegen: woher jene Resistenzfähigkeit der Tonalität als einer musikalischen Sprache rührt. Zunächst wird man wohl daran denken müssen, daß die Tonalität in weitem Maß das Resultat eines unwillkürlichen, nicht gesteuerten Entwicklungsprozesses war. Dabei kann man sich schwer des Gedankens an die Prinzipien bürgerlicher Geldwirtschaft entschlagen, die ebenfalls, nach Max Webers Nachweis in ›Wirtschaft und Gesellschaft‹, aus der immanenten Gesetzlichkeit der vorbürgerlichen, feudalen Gesellschaft, der Rechnungslegung des Patrimonialsystems entstanden. Leicht wird in der Apologetik der neuen Musik vergessen, daß Tonalität kein bloß gesetztes Tonsystem ist, sondern recht genau den Begriff des objektiven Geistes erfüllte. Sie vermittelte zwischen einer mehr oder minder spontan von den Menschen, wenn man so sagen darf, gesprochenen, unmittelbaren Musiksprache und Normen, die innerhalb dieser Sprache sich auskristallisiert hatten. Jenes Gleichgewicht von Sprache und Norm nun ist durch die neue Musik, etwa seit den ersten Werken konsequenter Atonalität, aufgehoben worden. Weder duldet sie mehr sprachähnliche Gesetzmäßigkeit, noch gleicht sie dem, wie vorkünstlerisch, kindlich gleichsam die meisten Menschen hören. Auch die gesprochene und die literarisch-objektive Wortsprache sind auseinandergetreten; nur ist der Bruch in der Musik weit radikaler. Der Unterschied zwischen der Tonalität und dem emanzipierten Material von heute: dem der zwölf gleichberechtigten temperierten Halbtöne – Viertel- und Sechsteltonsysteme mögen außer Betracht bleiben –, ist nicht der oberflächliche zwischen dem einen System, dem einen Ordnungsschema und einem anderen, sondern der zwischen einer sedimentierten Sprache hier und dort einem durch den bewußten Willen des emanzipierten Bewußtseins hindurchgegangenen Verfahren.

Die Kündigung des kollektiven Einverständnisses in der neuen Musik ist selbst ein wesentliches Moment des neuen, obgleich seinerseits im Bewegungsgesetz der traditionellen entsprungenen Materials. Ihr Gestus möchte, um nicht dem Gefälle der vorgegebenen Sprache sich zu überantworten, sich der Sprachmomente überhaupt entledigen und den Zusammenhang rein von sich aus, einzig den Forderungen des konkreten Werkes gemäß konstruieren. Dazu kam es aus sozialen Gründen: die traditionelle, vorgegebene, idiomatische Sprache stieß zusammen mit der individuellen Differenzierung der Musik, in der der Differenzierungsprozeß der bürgerlichen Gesellschaft sich manifestiert. Das Moment des Gemeinsamen innerhalb der tonalen Sprache hat sich mehr und mehr zu einem der Vergleichbarkeit von allem mit allem entwickelt, zu Nivellierung und Konvention. Einfachstes Zeichen dessen ist, daß die Hauptakkorde des tonalen Systems an ungezählten Stellen sich einsetzen lassen, als Äquivalenzform gleichsam, als immer Identisches für immer

Verschiedenes, ohne daß sie dabei in sich selbst hätten modifiziert werden müssen. Dies Vergleichbare des Musiksprachlichen hat sich zunehmend dem Warencharakter als sein Vehikel dargeboten, wenn nicht, wie ich argwöhne, in der Vergleichbarkeit und Austauschbarkeit tonaler Spielmarken von Anbeginn schon das gleiche Prinzip wie in dem Warendenken der bürgerlichen Epoche sollte am Werk gewesen sein. Allmählich jedenfalls hat der Warencharakter die gesamte Sprache der Musik überzogen. Das wurde unerträglich; was einmal Sprache war an Musik, zum Geklapper. Die Romantik hat das unbeirrt empfunden. Die üblichen Invektiven gegen romantischen Individualismus und Subjektivismus bereiten im allgemeinen bloß eine hochtönende Ideologie für jenes erstarrte und mechanische Wesen, gegen das die Menschen aufbegehrten, solange die Idee der Freiheit ihnen irgend noch substantiell war. Was am Protest gegen die Herrschaft der Tonalität im Namen der Freiheit des Ausdrucks individualistisch schien, ist in Wahrheit selbst gesellschaftlicher Protest, gerichtet gegen die Verschacherung der musikalischen Sprache an den Profit, gegen ihre Herabwürdigung zur Ideologie.

Nicht erst Cocteau hat darauf hingewiesen, daß die Entwicklung der neuen Malerei seit dem Impressionismus nur im Verhältnis zur Photographie zu begreifen sei. Malerei wird zu dem an optischer Gestaltung, was der photographischen Technik sich entzieht, und zugleich zum Widerstand gegen die Verwandlung der Welt in ihren photographischen Abklatsch, die heute sich vollendet. Analog ist das Verhältnis der Kunstmusik zur leichten Musik geartet, zu der ich, wie Pierre Boulez, ausdrücklich den Jazz hinzurechne, der ganz schief angesetzt wird, wenn man ihn, wie es in Deutschland beliebt ist, mit avantgardistischen Tendenzen zusammenwirft. Die leichte Musik dehnt ins Unmäßige sich aus, und die Kulturindustrie saugt immer mehr von den sogenannten hohen Kulturgütern in sich hinein, mit und ohne Bearbeitung und Verjazzung; allein schon die unendliche Wiederholung der als klassisch abgestempelten und mit Warenmarken wie »The Emperor« versehenen Standardwerke verwandelt sie in Schlager. Bei vieler spätromantischer, vorgeblich ernster Musik ist der Übergang zur leichten ohnehin fließend; ich habe versucht, das am Fall Tschaikowsky darzutun. Vor fünfzig Jahren war Franz Schreker noch modern; damals bezeichnete ihn Paul Bekker als den eigentlichen Exponenten der Moderne in der Oper. Viele seiner klanglichen Errungenschaften, die damals die Musiker faszinierten, sind mittlerweile in die U-Musik herabgesunken.

Je weiter jedoch der Unterhaltungsbereich sich ausdehnt, je mehr Musik und musikalische Elemente angetastet werden, desto nachdrücklicher ist objektiv das Bedürfnis der Komponisten nach Unverschandeltem. Man muß einer Paradoxie sich bewußt werden: gerade was als intellektuell beschimpft wird, meint das noch nicht vom rationalisierten Betrieb Zugerichtete, das, was noch nicht die Fingerabdrücke der universalen Kommunikation trägt. Nicht so sehr also ist die mittlerweile überanstrengte Entfremdung der Grund der Schwerverständlichkeit von moderner Musik, sondern eher, daß sie, um bei dem allgemeinen Geblök nicht mitzuspielen, selbst Widerhaken gegen die Hörer kehrt, die üblichen Vorstellungen von Unmittelbarkeit und Natürlichkeit desavouiert. Der Ekel vorm Banalen im Namen des Geschmacks war schon immer künstlerisch produktiv; nie allein Ästhetizismus, stets auch Statthalter der Moral in der Kunst. Unterdessen aber beschränkt sich solcher Ekel nicht mehr auf einzelne anstößige Wendungen und Tonverbindungen, sondern schlug über aufs gesamte verschlissene Tonmaterial.

Für den Kern einer Erklärung der Schwerverständlichkeit neuer Musik indessen halte ich die Resistenzkraft der Tonalität. Man müßte begreifen, *wodurch* sie zur zweiten Natur geworden ist. Ihre Sprachähnlichkeit allein reicht zum Verständnis nicht aus. Zu rekurrieren ist auf die Funktion, welche die Tonalität so lange erfüllte, die eines gewissen Ausgleichs zwischen dem Allgemeinen und Besonderen in der Musik. August Halm, dessen œuvre heute fast verschollen ist, dürfte als erster das Problem von Allgemeinem und Besonderem in der Musik ausdrücklich aufgeworfen haben. Während die Tonalität so wie die gesprochene Sprache über allgemeine Formeln vom Einzelklang und der Intervallfolge bis hinauf zur Großarchitektur verfügte, bot sie schmiegsam in der Kombination dieser Elemente dem Besonderen, will sagen: der charakteristischen Einzelprägung und dem individuellen Ausdruck, Raum. Zwar hatte Tonalität im Sinn einer objektiven Sprache alles Erscheinende vororganisiert, ähnlich wie die Wortsprachen; gleichzeitig aber enthielt sie ungezählte Möglichkeiten von Kombinationen und vor allem die, sich mit Ausdruck zu sättigen, so daß in jenes Allgemeine das Besondere eingehen konnte, ja vielfach vom Allgemeinen gezeitigt wurde. Diese Fähigkeit hat bereits Nietzsche nicht mehr als selbstverständlich erfahren. Er vertrat die übrigens kaum haltbare Ansicht, die Fähigkeit der Musik zum Ausdruck des Besonderen sei lediglich Sache von Konvention. Den Charakter des objektiven Geistes an der Tonalität nahm er zu leicht, unterschätzte ihre Substantialität; erstaunlich bei einem so durchaus tonal über Musik Denkenden, wie er es war. Die Kehrseite jener Art Objektivität in der tonalen Musik ist ein Moment, das vielleicht den entscheidenden Anlaß bot zu der Kritik, die schließlich die neue Musik dazu führte, den contrat social zu kündigen. Mein Freund Rudolf Kolisch hat in einer in Deutschland viel zu wenig bekannten amerikanischen Arbeit die Grundcharaktere herausgearbeitet, denen Typen der Beethovenschen Tempi entsprechen. Er gelangte dabei zu einer gleichsam zählbaren Menge solcher Grundcharaktere und Grundtempi. Im ersten Augenblick schockiert der Befund; scheint dem ungeheuren Werk Beethovens gegenüber ein wenig mechanistisch-mathematisierend. Dreht man aber den Spieß um; versteht man Kolischs Einsicht als potentiell kritisch, so wird man finden, daß die große tonale Musik tatsächlich Züge eines Puzzlespiels hat. Die Sätze der größten Komponisten basieren auf einer endlichen Anzahl von Topoi, von mehr oder minder rigiden Elementen, aus denen sie zusammengefügt werden. Das für den Wiener Klassizismus zentrale Moment des Organischen, sich Entwickelnden erweist sich angesichts dieser Topoi weithin als Kunst des Scheins: die Musik stellt sich dar, als ob das eine aus dem anderen sich entwickelte, ohne daß eine solche Entwicklung buchstäblich stattfände. Der mechanische Aspekt wird von der kompositorischen Kunst überspielt, ist aber unvergleichlich viel stärker, als dem Kulturglauben lieb sein kann. Er ist ebenso mit dem Geist der Naturwissenschaften wie mit dem bürgerlichen tief verwandt. Ganz ähnlich haben auch die großen philosophischen Systeme von Platon an mit einiger Naivetät immer wieder solcher mechanischen Mittel sich bedient, gegen die das Pathos des Geistes, das bei ihnen vorwaltet, hätte revoltieren sollen. Das Unbehagen an solchem kaleidoskopisch, mechanisch aus Elementen Zusammengesetzten trieb zu einer Musik, die davon frei sein wollte. Das bürgerliche Bewußtsein dagegen denkt immer daran, aus einem Minimum von Elementen möglichst viel zusammenzusetzen, nach dem Muster der Arbeitsprozesse seit der Manufakturperiode. An diese Prozedur heftet sich hartnäckige, wenn auch uneingestandene Lust: die der regressiven Wiederholung. Die sich selbst überlebende Tonalität sorgt innerhalb der bürgerlichen Kunst für sie; so wenig revoltierte diese dagegen, wie das Bürgertum in Wahrheit revolutionär war. Insofern hält die neue Musik tatsächlich Gericht über die traditionelle.

Gleichwohl war es der Vorzug des tonalen Idioms – das freilich an keinem anderen sich zu messen brauchte –, daß es auf seiner Höhe, von Bach bis zur früheren Romantik, nicht nur als Schema das Besondere umfing, sondern, wie an Beethoven zu zeigen wäre, das Besondere forderte, ja die Gestalt des Besonderen aus sich heraus produzierte. Über Jahrhunderte hin haben die spezifischen Regungen und Einzelimpulse, die sogenannten Einfälle, von sich aus durch die Tonalität vorgeformt, gleichsam deren Organisationsprinzipien verlangt. Ohne irgend zu verharmlosen, muß man sich vergegenwärtigen, welcher Sprung durch die neue Musik geschah, nicht nur um ihrer qualitativen Andersheit willen, sondern vor allem kraft dessen, was sie an der Tonalität verlor. Nur wer das nicht zuschminkt, versteht, in welchem Sinn die moderne Musik radikal ist, und warum die Menschen so heftig gegen sie sich sträuben. Die vielhundertjährige Funktion der Tonalität wird nicht mehr ohne weiteres erfüllt, sondern ist, wenn das überhaupt gelingen kann, jeweils erst herzustellen. Darin liegt der Hauptgrund für den Schock. In dieser Zone zwischen innermusikalischen und gesellschaftlichen Gründen zu trennen, wäre oberflächlich und äußerlich: die musikalischen Strukturprobleme, das Verhältnis von Allgemeinem und Besonderem in der Musik, sind ihrer selbst unbewußte Manifestationen gesellschaftlicher Tiefenprozesse. Allgemeines und Besonderes sind nicht aus Willkür wieder zusammenzubringen; auch nicht die Tonalität, wie man zuzeiten wähnte, wiederherstellbar. Sie bezahlt durch ihren Untergang die eigene Schuld, das Repressive, der individuellen Regung Gewalt Antuende. Worum es sich handelt, kann man wohl am einfachsten daran sich vergegenwärtigen, daß gerade die großen tonalen Komponisten, Bach, Mozart, Beethoven, ein Verlangen nach der Dissonanz hegten, das stets wieder durchschlägt, aber durch den Generalbaß in Schranken gehalten ist.

Die Hauptschwierigkeit in der Rezeption neuer Musik wäre demnach, daß jener Ausgleich – Schönberg sprach von Homöostase; er war, indem er sie als Ideal akzeptierte, durchaus traditioneller Komponist – durch die Materialordnung nicht mehr automatisch besorgt wird. Die moderne Musik kennt keine prästabilierte Harmonie zwischen Allgemeinem und Besonderem und darf sie um ihrer Wahrheit willen nicht kennen. Das Allgemeine ist offen, entschematisiert, aber problematisch, immer erst zu finden, von der Formulierung der Einzelregung bis hinauf zur Konstruktion des Ganzen. Es hat sich gezeigt, daß diese Konstellation das Besondere, in den spontanen Anfängen der neuen Musik von ungeheuer Kraft, mit fortschreitender Entwicklung in Mitleidenschaft gezogen hat; ich erinnere an die einfache Beobachtung, daß die wirkliche, konkrete Durchbildung der Details in total integrierter Musik hinter der Durchbildung der Details in der freien Atonalität oder auch der späten Tonalität zurücksteht. Damit hängt jene Krise des Einfalls zusammen, auf die Eduard Steuermann sowohl wie Ernst Krenek hingewiesen haben. Wie im Hellenismus, nach dem Verfall der griechischen Polis, das emanzipierte Individuum nicht an Kraft zunahm, sondern zusammenschrumpfte, immer geringeren Raum für seine Realisierung fand und schließlich auf das Ideal reduziert wurde, verborgen zu leben, so ergeht es offenbar in der Musik. Das Chaotische, das die meisten Menschen an ihr schreckt, ist dadurch bedingt, daß die prästabilierte Harmonie des Allgemeinen und Besonderen zerfiel. Das wahrnehmende Gehör, geeicht auf jene Harmonie, fühlt sich überfordert, wenn es von sich aus die spezifischen Prozesse der einzelnen Komposition nachvollziehen soll, in denen das Verhältnis des Allgemeinen und Besonderen jeweils artikuliert wird.

Hier nun spielt das gesellschaftliche Moment in die innere Zusammensetzung der Musik flagrant hinein. Die Tonalität war nicht umsonst die musikalische Sprache des bürgerlichen Zeitalters. Die Harmonie von Besonderem und Allgemeinem entsprach dem klassisch-liberalen Modell der Gesellschaft. Wie in jenem, setzte hinter den Kulissen als invisible hand die Totalität vermöge der Einzelspontaneitäten und über ihnen sich durch. Der universale Spannungsausgleich, den sie bewirkte, sollte am Ende die Rechnung, den Saldo, aufgehen lassen. Homöostase, Gleichgewicht und die aufgehende Bilanz von Soll und Haben sind unmittelbar dasselbe. Der Realität war dies Modell nie adäquat, sondern weitgehend Ideologie. Es hat so sich entfaltet, daß es immer weniger sich aus sich heraus genügen konnte, und verlangte nach Eingriffen. Ebenso könnte man die Geschichte der neuen Musik als eine von Interventionen des kritischen und planenden Willens in das scheinbar autarkische Getriebe der Tonalität auffassen. Seit es diese nicht mehr gibt, gibt es ästhetischen Interventionismus in der Musik, mit all den Schwierigkeiten und Disproportionalitäten, die solche permanente Intervention notwendig mit sich führt. Je mehr Intervention und Planung, desto mehr wird das alte Modell ausgehöhlt, oder zum puren Vorwand. Das Allgemeine der Tonalität, das in keiner durchsichtigen Beziehung zum Besonderen mehr steht, büßt alle Substantialität ein und wird zur hemmenden Konvention. So empfanden schon seit mehr als einem Jahrhundert die Komponisten die klassische Kadenzformel von vierter, fünfter und erster Stufe.

Die Idee des Spannungsausgleichs, der Harmonie im künstlerischen Sinn, wird immer ideologischer, je weniger die Realität durchs Allgemeine dem Einzelnen mehr gewährt, was dem Einzelnen versprochen ist und was der Einzelne selber verspricht. In einer Gesamtverfassung, in der es gänzlich dubios wurde, ob sie überhaupt noch einen Sinn hat, ist ein künstlerisches Verfahren, das, wie immer auch indirekt, das Ganze doch als ein Sinnvolles vorstellt und verklärt, nicht mehr zu ertragen. Wie in einem Spiegelreflex jedoch wird statt dessen den Menschen, die der Entzauberung ausgesetzt sind, diese selber verhaßt. Ästhetische Bindungen sind Lüge, weil die realen zur Lüge geworden sind. Darin ist wohl die tiefste Motivation für die Kündigung des kollektiven Einverständnisses zu suchen. Gedacht sei einer Erfahrung, die hier ihre Rolle spielt und auf die bereits Schönberg stieß: die des musikalisch Dummen, wie er es etwa an den Verdischen Sequenzen hervorhob, voll Widerwillen dagegen, daß man einen musikalischen Gedanken, der schon einmal gesagt ist, zwei-, drei- und wie vielmal wiederholt. Dies Dumme ist nichts anderes als das verdinglichte Bewußtsein, das musikalisch plätschernd über die realen gesellschaftlichen Widersprüche hinwegtäuscht. Der Satz Schönbergs, Kunst solle nicht schmücken, sondern wahr sein, übereinstimmend mit Adolf Loos, war kein naturalistisches Programm; vielmehr klagt er, recht verstanden, das verdinglichte Bewußtsein an. Die Weigerung, neue Musik aufzufassen, ist dessen ihrer selbst unbewußte und desto zähere Verteidigung. Seine gesellschaftliche Verhärtung wird als die Ewigkeit des Natürlichen verkannt. Eben die realen Widersprüche, über welche die gegenwärtige Gesellschaft nicht hinausblickt, stauen deren eigenes Bewußtsein auf die vermeintlich seligen Zeiten der Tonalität zurück. Dies falsche Bewußtsein wird eingeübt von der Kulturindustrie, welche die einmal erstarrte bürgerliche Imagerie stillstellt, gefrieren läßt. Was in der Kunst Stimme der Gesellschaft wäre, ist eben darum der Gesellschaft anathema; nicht der letzte Grund der Schwierigkeit beim Hören neuer Musik.

Aufmerksam machen möchte ich in diesem Kontext auf einen Tatbestand, der weder in seiner gesellschaftlichen noch seiner ästhetischen Relevanz recht gesehen wurde, aber bei Gelegenheit einer Diskussion in Frankfurt jüngst kraß hervortrat. Die Widerstände gegen die neue Musik konzentrieren sich besonders in der Oper. Sie ist im allgemeinen bei Menschen beliebt, die zwar an Bildung teilhaben möchten, aber den Ansprüchen, die von jener an sie ergehen, denen aktiven geistigen Mitvollzugs, ausweichen und bei der passiven Rezeption des Immergleichen es sich wohl sein lassen. Die Oper ist Ort und Heimstätte von Kulturkonsumenten und deshalb Hort des Widerstandes gegen neue Musik. Der Begriff einer »modernen Oper« birgt unlösbare Widersprüche. Die Idee der Oper derart, wie sie vom Publikum goutiert wird, ist mit den Mitteln der neuen Musik unvereinbar.

Der revolutionäre Schönberg hat denn auch mit den beiden Einaktern ›Erwartung‹ und ›Glückliche Hand‹ jenes Ideal der Oper gekündigt; ebenso, wenngleich in grundverschiedener, weniger schroffer Weise, Strawinsky mit dem ›Renard‹ und der ›Histoire du soldat‹. Gerade im Bereich des Theaters ist die neue Musik dazu gedrängt, mit sogenannten experimentellen Veranstaltungen aufs engste sich zu verbinden.

Die Schwierigkeiten in der Auffassung neuer Musik sind einmal die von Nichtverstehen im strikten Sinn, bedingt durch den Mangel an gängigen Kommunikationsformeln, aber auch den einer sei's noch so illusionären musikalischen Logik, die der diskursiven analog wäre. Wohl hat solche Logik auch in der traditionellen Musik nie so streng gewaltet, wie das Idiom sie vortäuscht; aber selbst ihren Schein sagt die neue Musik auf. Dafür ist diese in ihren authentischen Produkten buchstäblich, nicht länger metaphorisch, weit logischer organisiert als die traditionelle. Doch eben solche rücksichtslos logische Organisation in sich selbst verletzt das vorgeblich entspannte und in Wahrheit zerstreute Bewußtsein der Hörer. Die neuen Gebilde provozieren, obwohl sie heute selten mehr Skandale auslösen, immer noch, übers bloße Unverständnis hinaus, aggressive Affekte als Antwort auf die Aggression, die sie selbst ausüben. Rechtsradikale politische Gruppen verunglimpfen durchweg die moderne Musik. Sie steht in all ihren technischen Zügen: Dissonanz, zerklüfteten Intervallen, offener Form, dem üblichen, geistig-ideologischen Harmoniebegriff entgegen, mahnend an eben das, worüber der von Herbert Marcuse so genannte affirmative Charakter der Kultur betrügt. Die Wut deswegen gliedert einem Umfassenderen sich ein, dem sozialpsychologischen Syndrom der autoritätsgebundenen Persönlichkeit. Diese haßt das Abweichende an sich, vor allem besonderen Inhalt: alles soll gleichgemacht werden. Neue Musik jedoch ist die absolute Abweichung. Als solche wirft sie das Problem auf, daß sie, ohne alle Relation zu dem, wovon abgewichen wird, kaum wahrhaft aufgefaßt werden kann. Aber wie immer es sich damit verhalte: bei der Wut, von der ich spreche, geht es nicht so sehr um Auflehnung gegen bestimmte Inhalte oder Strukturen, wie um eine all dem vorausgehende Reaktionsform: die Abwehr des Fremden. Je weniger der Inhalt sich greifen läßt, je weniger er mit der gewohnten Erfahrung übereinstimmt, desto stärker wird derart reagiert. Die geschworenen Feinde der neuen Musik pflegen die zu sein, die nichts von ihr verstehen. Sie verletzt nicht, wie manche avancierte Literatur, bestimmte Tabus, sondern das apriorische Einverständnis mit der Welt; daher ist die Abwehr weltweit.

Einige Worte über das spezifisch Soziale der Rezeption mögen gesagt sein. Man spricht viel von dem Schwinden einer Schicht von genuinen Kennern. Was daran zutreffen mag, ist nicht quantitativ zu nehmen. Absolut, also wenn man sie zählen könnte und würde, gibt es wahrscheinlich heute mehr Kenner als früher, einfach wegen der angestiegenen Bevölkerungszahl. Abgenommen jedoch dürfte die Zahl der Kenner im Verhältnis nicht nur zur Gesamtbevölkerung haben, sondern in dem zu jenen, die überhaupt ins Wirkungsfeld von Musik hineingerissen, von Musik erreicht werden. Das, im Verein mit gesamtgesellschaftlichen Strukturveränderungen, bewirkt eine Verschiebung im Verhalten zur Musik, zunächst zur neuen, dann auch zur älteren. Genannt sei die wunderliche Rolle des Begriffs des Klassischen, wie sie in der allgegenwärtigen Einteilung Klassik und Unterhaltung sich widerspiegelt. Nach Ansicht Ungezählter hat nicht die moderne Musik die traditionelle abgelöst, sondern die U-Musik die ernste. Offensichtlich hat die Autorität der musikkennenden Schicht abgenommen. Diese ist, nach dem Ausdruck von Habermas, zur Trägerin der Ideologie einer wirklich oder vermeintlich absinkenden Elite geworden, stilisiert sich zumindest als solche. Kultur, die der Barbarei zu widerstehen sich einbildet, hilft dieser vielfach durch reaktionäre Gesinnung. Als ich vor dreißig Jahren den Begriff einer Regression des Hörens einführte, meinte ich nicht, wie Herr Wiora mir unterstellte, obwohl ich ausdrücklich das Gegenteil schrieb, einen allgemeinen Rückschritt des Hörens, sondern das Hören Regredierter, überwertig Angepaßter, bei denen die Ichbildung mißlang, und die Kunstwerke gar nicht autonom verstehen, sondern in kollektiver Identifikation. Regression des Hörens heißt nicht, es sei zurückgefallen gegenüber einem einst höheren Standard. Vielmehr verschob sich das Gesamtverhältnis der adäquat Hö-

renden zu den inadäquat Hörenden. Die Typen, die heute kollektiv das musikalische Bewußtsein beherrschen, sind regressiv im sozialpsychologischen Sinn. In Deutschland hat daran die musikalische Jugendbewegung erhebliche Mitschuld. Sie hat durch Verpädagogisieren, bei aufrechterhaltenem Schein der Beschäftigung mit ernster Musik, die Ansprüche herabgemindert, hat einen Vorrang des Mitmachens vorm Hören, im Grunde des Publikums vor der Sache selbst etabliert, und damit schließlich das Publikum um das betrogen, was ihm Ehre antäte. Vor allem ist das Verständnis der großen Kammermusik von Haydn bis Webern verfallen. Die Fähigkeit, Kammermusik zu hören, ist aber eine der wichtigsten Voraussetzungen fürs Verständnis neuer Musik. An ihr kann man die konzentrierte Raschheit des Reagierens lernen, das Mitspringen auch zu Auseinanderliegendem, das sie verlangt. Einthematische, terrassendynamische, motorische Musik verhindert das. Die qualitative Unterscheidungsfähigkeit geht zurück. Das Problem der Verpädagogisierung ist allgemein, auch der Pädagogik vertraut; dieser Gesinnung ist es wichtiger, wie man etwas an die Menschen heranbringt, wer für Kommunikation und Popularisierung sorgt, als was da an die Menschen herangebracht werden soll; immer wieder kann man der überwertigen und zwangshaften Sorge darum begegnen.
Ich erwähnte die Abnahme der Konzentrationsfähigkeit. Damit ist ein Nervenpunkt berührt. Weil die neue, hochqualifizierte Musik in all ihren Ereignissen spezifischer und artikulierter ist, kann man in ihr nicht mitschwimmen, sie erheischt *mehr* an Konzentration, wenigstens prima facie, als die traditionelle, die man zwar auch nicht verstand, bei der man es aber nicht merkte, während man es bei der modernen zu merken glaubt. Andererseits ist aus vielen Gründen – die vielberufene Reizüberflutung ist nur einer von ihnen – die Konzentrationsfähigkeit fraglos im Abnehmen. Die Musik selbst und die anthropologische Struktur ihrer Hörer entwickeln sich auseinander. Neue Musik insgesamt postuliert – als Bewußtsein von Spannung – Erfahrung, die Dimension von Glück und Leiden, die Fähigkeit zum Extrem, zum nicht bereits Vorgeformten, gleichsam um zu erretten, was die Apparatur der verwalteten Welt zerstört. Die Hörer aber sind, als sozial Präformierte, jener Erfahrung kaum

mehr fähig. Die neue Musik spricht zugleich für sie und über sie hinweg. Allein der Begriff des Ernstes, der sie charakterisiert, ist dem allmächtigen Verdrängungsmechanismus suspekt. Ernst wird als Angriff, Schock empfunden und deshalb als sein Gegenteil, als Spaß registriert. In diesem Betracht dürfte heute in der Wahrnehmung bedeutender älterer und neuer Musik schon gar kein Unterschied mehr sein. Nur ist die ältere in Europa durch Prestige gedeckt und erlaubt durch ihre idiomatischen Züge, daß man innerlich mitplappert, während in der neuen der Ernst, das nicht Mitspielen nackt sich hervorwagt. Das macht sie strengen Sinnes zum Erben dessen, was man einmal klassisch nannte.

In der Forderung nach Konzentration vergeht sich die neue Musik an einem ideologischen Hauptstück der herrschenden Musikkultur, der Irrationalität der Musik, die rein ans Gefühl appelliere. Die Unterscheidung von Gefühl und Intellekt, in der Psychologie längst zum alten Eisen geworfen, überlebt zäh im Vulgärgebrauch. Die gängigen Begriffe intellektueller und gefühlsbetonter Musik sind eine Fassade, die niedergerissen werden muß. Was intellektuell genannt wird, ist meist nur das, was die Arbeit und Anstrengung des Gehörs, was Kraft der Aufmerksamkeit und des Gedächtnisses, was eigentlich Liebe verlangt, also Gefühl; und was so Gefühl heißt, ist meist nur Reflex einer passiven Verhaltensweise, die Musik als Reiz goutiert, ohne zu ihr, dem konkret Gehörten, überhaupt eine spezifische, wenn man will: naive Beziehung zu haben. Bei der traditionellen Musik ging es scheinbar noch ohne jene Anstrengung ab; bei der neuen ist man ohne sie völlig desorientiert. In ihren bedeutenden Produkten widerstrebt sie dem Rückstand der Gefühlsideologie, die ohnehin von je das Komplement des bürgerlichen Rationalismus war. Sie mobilisiert den Anti-Intellektualismus, den die Gesellschaft allerorten ausbrütet und der heute fröhliche Urständ feiert. Verwandt damit sind gewisse offizielle Ermunterungen, zum Volkslied zurückzukehren; ihr nationalistischer Einschlag ist unverkennbar. Solchen Tendenzen widersteht die Jugend, auch und gerade die langhaarige, mit allem Grund. Nur gerät sie dabei leicht selber in den Verblendungszusammenhang, weil das, was sie musikalisch gegen das establishment mobilisiert, nichts als der Abhub der Warenkultur ist, aus der sie hinaus möchte.

Die Anstrengung, deren die Auffassung neuer Musik bedarf, ist keine des abstrakten Wissens, keine etwa der Kenntnis irgendwelcher Systeme, Theoreme, gar mathematischer Verfahrungsweisen. Sie ist wesentlich Phantasie, das, was Kierkegaard das spekulative Ohr nannte. Prototyp genuiner Erfahrung neuer Musik ist die Fähigkeit, Divergentes zusammenzuhören, in wahrhaft Mannigfaltigem mitvollziehend Einheit zu stiften. Nicht umsonst ist die Moderne aus der Emanzipation der Vielheit selbständiger Stimmen, der entfesselten Polyphonie hervorgegangen. Gerade Phantasie aber zählt zu den anthropologischen Zügen, die gegenüber sozial honorierten Fähigkeiten wie Anpassung, geschicktem Nachgeben und Funktionieren verkümmern. Zu vermuten ist, daß durch die neue Musik die Menschen sich beschämt fühlen, betrachtet als etwas, was sie nicht sind und wovon sie doch fühlen, sie müßten es sein. Während viele Komponisten, gemäß der allgemeinen geistigen Desorientiertheit, mit dem Positivismus kokettieren, etwa mit der Kommunikations- und Informationstheorie, ist neue Musik mit dem herrschenden Positivismus des Lebensgefühls unvereinbar. Es will, daß man die Last des Ichs abwerfe. Der Widerstand dagegen definiert, jedenfalls nach einer entscheidenden Dimension, die neue Musik, obwohl sie auch andere kennt, in denen selber man etwas wie latente Anpassung argwöhnen muß. Eben die letzteren Tendenzen scheinen den Kontakt zu den Hörern dadurch vorzubereiten, daß gelockert, die Straffheit der musikalischen Diktion gemildert wird; daß man schon selber, aber nun mit künstlerischer Absicht, so regressiv komponiert, wie ohnehin die sind, die es hören. Aber man darf diese Tendenz nicht überschätzen, so als formierte sich neuer Einklang zwischen Musik und Publikum; solchem Einklang sind enge Grenzen gesetzt. Musik vermag von sich aus nicht den geschichtlichen Bruch zu schließen. Sie hat ihren rechten gesellschaftlichen Ort nur, wo sie den Bruch so rücksichtslos wie möglich aus Eigenem ausprägt. Anders nicht wird sie der Wahrheit gerecht. Kein Weg führt aus der Paradoxie, daß die Musik die Schließung des Bruchs gar nicht wünschen kann: ihr eigener Gehalt ist heute der kritische, antithetisch zur Gesellschaft. Daher haben alle Veranstaltungen, ihr Verständnis zu fördern, auch meine eigenen Worte, etwas Schiefes, so als ob man sich gegen ihre eigene Intention verginge, ihr durch Erklärungen die Fangzähne ausbräche, die ihr wesentlich sind. Trotzdem muß sie wollen, die Menschen zu erreichen. Denn sie ist noch in ihrer verschlossensten Gestalt ein Soziales und von Irrelevanz bedroht, sobald jedes Gefädel zum Hörer durchschnitten ist. Die Intention, verstanden zu werden, und die Scheu davor wohnt ihr gleichermaßen inne. Über den Widerspruch ist nicht durch den Gedanken hinauszugelangen. Das einzige, was man vermag, ist, ihn zum Bewußtsein zu erheben, ihn auszusprechen; allenfalls bleibt die Hoffnung auf eine Musik, deren Kraft das Verständnis der Indifferenten und Feindseligen sich erzwingt.

1966

Musikalische Diebe, unmusikalische Richter

Will einer, der kein Musiker ist, Schlechtes über Musik sagen, die ihm begegnet, so liegt ihm nichts bequemer zur Hand, als das Urteil, sie sei gestohlen. Es genügt schon, wenn sie ihn an etwas erinnert; meist erkennt er ein Motiv wieder, zuweilen ist ihm nur der Ton vertraut. Die moralische Geste durchschneidet jede umständlichere Erwägung der Schönheit. Er hat seine Ruhe und ist obendrein ein guter Mensch. Zu prompt wird allemal die Verhaltensweise geübt, als daß es sich nicht verlohnte, ihren Rechtsgrund kurz zu überprüfen. Es läßt sich daran kaum weniger über den Urteilenden als über das Beurteilte lernen und Einsicht gewinnen in Fehlerquellen, die das musikalische Verständnis allgemein trüben mögen.

Zunächst: der übliche Einwand, in seiner Schärfe formuliert, hat Sinn überhaupt bloß, wo es sich um Identisches – nicht nur um Ähnliches handelt. Übereinstimmung im Ton, im Klang, in der Formanlage wiegen gewiß ästhetisch unvergleichlich schwerer. Der jedoch, dem sie angekreidet werden, ist unselbständig, nicht unehrlich. Er enträt der Ursprünglichkeit musikalischer Anschauung, nicht der Treu' und Redlichkeit. Er ist ein Epigone oder Imitator, kein Dieb. Stehlen kann man Dinge, in den bestimmten Konturen ihrer beharrenden Dinglichkeit, nicht Charakter, Duft, Timbre. Dem Griff, der sie einsacken wollte, würden sie bunt in die Luft entschweben. Lang war alle polnische Musik nach Chopin in dessen Atmosphäre getaucht. Bestohlen werden ihn nicht viele haben. Ihm geschah weniger und mehr. Nicht ihm ward genommen, er nahm den anderen, die ihm verfielen und sein Werk zur Rache in die Salonsprache übersetzten. Um die Nachfolge Wagners, dann Debussys war es ähnlich bestellt.

Die einzigen Dinge der Musik, die sich stehlen lassen, sind meßbare, zählbare Folgen von Tönen: Motive und Themen. Da mittlerweile auch die harmonische Dimension derart aufgelockert ist, daß ein Akkord so gut ein Einfall sein kann wie ein Thema; und da es keine harmonischen Konventionen mehr gibt, die lediglich eine schmale Zahl von Klängen dem Gebrauch freigeben, dürfte man heute auch gestohlenen Harmonien nachforschen; aber so weit sind die noch nicht, die derlei Sorgen haben. Sie halten sich an das, was sie Melodie nennen, an größere oder kürzere sukzessive Tonreihen, gewöhnlich solche, die auch rhythmisch einander gleichen.

Die sollen, nach einer unbesehen übernommenen Meinung, die Ursprungszellen des Gebildes schlechthin – die »Einfälle« sein. Nun liegt es auf der Hand, daß einem nicht nur ein Thema oder Motiv, sondern ebensowohl eine Form als solche einfallen kann, zu der der Komponist die Einzelheiten erst nachträglich sucht; das kompositorische Verfahren Beethovens spielte sich, wie man weiß, durchweg derart ab. Weiter, es ist eine trübe Verwechslung von Produktionsprozeß und künstlerischer Gestalt, wenn man denkt, das zeitlich Erste der Konzeption sei notwendig der Ursprung als strahlender Kern des Gebildes, während solcher Einfall oft genug nur die Pforte des Unterreichs aufsprengt, das der Ort des wahren musikalischen Vollzuges ist. Erinnert man sich des Verhältnisses der ersten, gewiß auch gerade der Konzeption nach häufig ersten Themen Schuberts zu den meist eindringlicheren zweiten, so gewinnt das rasch seine Evidenz. Daher ist es um den Einfall schon fragwürdig genug bestellt. Im lebendigen, gegenwärtigen Werk ist er bloß Material, so gut wie Klang, Harmonie, Rhythmus, Kontrapunkt; der Gehalt des Stücks, mag er wie immer auch verdichtet und gedrängt sein, entspricht allein der integralen Gestalt des Ganzen und nicht der Vereinzelung der Melodie. Erst zerfallend, im Potpourri, gibt denn auch das Werk den bloßen »Einfall« als solchen frei.

Wer an ihm wesentlich sich ausrichtet, ist darum meist der, welcher die integrale Gestalt nicht zu fassen, das Werk nicht als Einheit mitzuvollziehen vermag; wer die Form nicht gewahrt und gleichsam atomistisch, von Moment zu Moment, mithört, akustisch »mitspringt«, auf eine Weise, die sich der »Musikalische« nur schwer vorstellen kann und die er darum notwendig unvollkommen beschreibt. Jene Verhaltensweise wird sich vor allem bestimmen durch die Unfähigkeit, die zeitlichen Züge und Seitenzüge der Musik zu realisieren: äußerlich sinnfälliger noch durch die Beschränkung auf den Verlauf der Oberstimme unter Abstraktion nicht nur vom eigentlich vielstimmigen Geflecht, sondern etwa auch von der motivischen Melodieteilung an verschiedene Stimmen und von all den »dialektischen«, gegensätzlich-aufspaltenden Formelementen, in denen gerade Beethovens Verfahren seine Substanz besitzt.

Das bloß momentan und als Oberstimmenmelodie Gehörte, Beziehungslose aber erstarrt dem Hörer, wofern er es nicht lieber vergißt. Isoliert aus Zeitstrom und dynamischem Verlauf verhärtet es sich, ohne über sich hinaus aufs Kommende zu weisen und aufs Vergangene, und wird zum eindeutigen, dauernden, kalten Ding; eben dem, das sich besitzen läßt und auch stehlen.

Alle Rede vom musikalischen Diebstahl setzt einen Mechanismus der Verdinglichung voraus, der mit der wahren Objektivität der Kunstwerke nicht verwechselt werden darf, in welchem ihr Leben als Geschichte spielt. Erst wo dies Leben erstorben ist, oder nicht mehr wahrgenommen wird, wachen sie eifernd über die bloßen, beharrlichen Einfälle, als wären sie sakrosankt.

Kaum Zufall, daß der Zeitraum, auf welchen die Rede von gestohlener Musik überhaupt sich beziehen kann, mit dem der entfalteten kapitalistischen Gesellschaft genau zusammenfällt. Barock und Rokoko kannten nichts dergleichen. Die offene Unbedenklichkeit Händels in der Übernahme ganzer Stücke anderer Autoren ist bekannt; nicht ebenso, doch wichtiger, daß Bach gerade einige der schönsten und prägnantesten Fugenthemen des Wohltemperierten Klaviers entlehnte. Vor dem Wiener Klassizismus, vor allem im konzertanten Stil, gab es schon deshalb kaum musikalischen Diebstahl, weil im verwendeten Motivmaterial der manifeste oder lose überkleidete Dreiklang als Produkt musikalischer »Natur« derart vorherrschte, daß fast alle begegnenden Themen einander ähnelten; charakteristische waren die Ausnahme. Diese Motivstruktur behauptet sich bis in viele Themen Mozarts und Haydns, bis zur Transposition des Gesanglichen in die Instrumentalmusik. – Andererseits sind in der neuen Musik, nach Fortfall des tonalen Bezugssystems und der eingeschliffenen Wiederholung identischer Formeln zumal der

Kadenz, die Kombinationsmöglichkeiten so vielfach erweitert, ist zugleich die Nötigung zur singulären Prägung jeden Gebildes und jeder thematischen Gestalt so offenbar, daß thematische Entlehnungen unsinnig und unmöglich wären, wofern es sich nicht um die literarische Beziehung des Zitats handelt.
So können eigentlich nur Themen aus dem neunzehnten Jahrhundert gestohlen werden; aus jener Musik, die zum Mobiliar der Familie zählte. Auch sie aber gehören vorwiegend den Salonpiècen, Souvenirs und Berceusen an, deren Schauer die musikalischen Surrealisten traktierten; dann natürlich der warenhaften Musik der Schlager; hier kommt der Diebstahl ökonomisch nach Hause. Die Konstatierung von sei's erlaubten, sei's unerlaubten Übernahmen in Kunstmusik von Anspruch jedoch wird fast stets durch die verzerrte Akustik ihrer Hörer bedingt.
Denn in symphonischer Musik mit motivischer Arbeit ist das motivisch Einzelne wahrhaft bloß »Motiv«, löst die Bewegung des Ganzen aus und ist aufgehoben darin im doppelten, Hegelschen Sinne. Zwei Beispiele aus Werken mögen dafür einstehen, die zu den bekanntesten der Literatur rechnen, Zeugnis dessen, wie gleichgültig und souverän die Meister zum Diebstahl standen, der keiner ist. Der Anfang des Scherzos aus Schuberts d-moll-Quartett, Motivkern des ganzen Satzes, stimmt getreu überein mit Mimes Schmiedemotiv oder ›Nibelungen-Motiv‹ aus Wagners Siegfried; und zwar nicht nur nach Melos und Rhythmus, sondern auch in einer wesentlichen harmonischen Einzelheit, der scharfen Dissonanz der kleinen Septime, auf gutem Taktteil eintretend zu einem beharrenden Ton der Hauptstimme. Die reaktionäre Wagner-Gegnerschaft wird sich das nicht haben entgehen lassen. Aber was, nach dem Diktum Brahmsens, »jeder Esel hört«, bleibt ohne Macht über das, was sich nicht zu den langen Ohren schickt. Nämlich zur Funktion des Motivs im Gebilde. Bei Schubert ist es ein Ausgangsmotiv im Sinne des Durchführungsprinzips; als solches festgehalten, wird es in harmonischem Fortschreiten dann durch Versetzung in den Baß, an einer der symphonischsten Stellen, die von Schubert überhaupt existieren, wechselnd stets ausgelegt, harmonisch variiert, und treibt einen nicht umkehrbaren, gesteigerten, höchst dramatischen Zeitverlauf aus sich heraus. Bei Wagner

dagegen wird es, wie fast alle Themen des Ringes, formbildend durchs Mittel der Wiederholung, endlos kreisend, Gleichnis der schlechten, mythischen Ewigkeit der Unterwelt; modifiziert zwar – am genialsten mit der Potenzierung der Dissonanz beim Aufgehen des Vorhangs zum ersten Akt –, als solches aber unveränderlich wie ein Zauberspruch; nicht der Entwicklung, sondern einzig der Beschwörung unterworfen. Technisch gesagt: bereits so entwertet bei sich, so ganz nur Material wie ein impressionistisches Komma. Bei Schubert war es noch so selbstmächtig und gebunden zugleich wie ein Mensch vor seinem Schicksal.

Extremer vielleicht noch ein Fall aus der eigentlichen ›Klassik‹. Jemand hat einmal entdeckt, daß das Finale von Mozarts g-moll-Symphonie und das Scherzo von Beethovens Fünfter das gleiche Thema haben, nur eben, nach dem schönen Musikführer-Ausdruck, »umrhythmisiert«. Schaut man hin, denn das Hören hat wenig Zweck, man käme nie darauf, so zeigt sich, daß tatsächlich, für die ganze Dauer des exponierten Themas, die Intervalle übereinstimmen. Nur will das nicht viel mehr besagen als eine Übereinstimmung der Tonart oder, genauer, die Übereinstimmung zwischen den »Grundreihen« zweier Zwölftonstücke, etwa zweier Sätze aus Schönbergs Drittem Quartett. Gleichheit im Material also; die Musik aber beginnt erst nach der Materialdisposition. Das Mozartsche und Beethovensche Stück haben denn auch so viel miteinander zu tun wie die blaue Härte des Mythos mit dem Nebelspiel nordischer Riesen.

Trotzdem, es bleibt ein Rest: jene Themen, wahrhaft »Einfälle«, die Sternen gleich eingefallen sind und sich behaupten, jenseits aller Formimmanenz, aber auch jenseits aller Dinglichkeit dessen, was vom Hörer gestohlen ist aus der Form, in der es lebt. Das sind die Themen, die schon beim ersten Erscheinen klingen wie Zitate; Schubert ist ihr oberster Hüter. Aber um sie braucht kein Hörer sich Sorgen zu machen. Sie sind gefeit; niemand kann sie sich aneignen, weil sie kein Eigentum sind, sondern Figuren der erscheinenden Wahrheit selber. Sie lassen sich so wenig stehlen wie die authentischen Sprichwörter. Versuchte es einer – sie schlügen nur zum Segen aus.

1934

Kleine Häresie

Musikverständnis, musikalische Bildung in menschenwürdigerem Sinn als dem bloß informatorischen, kommt der Fähigkeit gleich, musikalische Zusammenhänge, im idealen Fall ausgesponnene und artikulierte Musik als sinnvolles Ganzes wahrzunehmen. Das meint der Begriff des strukturellen Hörens, dessen Forderung heute, kritisch gegen das im Momentanen Befangene, schlecht Naive, mit Nachdruck sich anmeldet. Vorkünstlerisch ist das atomistische Hören, das an den Reiz des Augenblicks, den angenehmen Einzelklang, die übersichtliche und behaltbare Melodie unkräftig, passiv sich verliert. Weil solchem Hören die subjektive Fähigkeit zur Synthesis abgeht, versagt es auch vor der objektiven Synthesis, die jede höher organisierte Musik vollzieht. Die atomistische Verhaltensweise, stets noch die verbreiteteste, sicherlich die, auf welche die sogenannte leichte Musik spekuliert und welche sie züchtet, geht über ins naturalistisch-sinnliche, schmeckende Vergnügen, die Entkunstung der Kunst, der diese freilich mühsam genug in Jahrhunderten, und nur wie auf Widerruf, sich entrang. Wer atomistisch hört, vermag es nicht, Musik – weil sie nun einmal der Begriffe enträt – sinnlich als Geistiges wahrzunehmen. Derart verhalten sich Dilettanten, die aus großen Sätzen von komplexer Architektur wirklich oder vermeintlich schöne Melodien, zweite Themen Schuberts etwa, herausklauben und, anstatt deren Impuls zu folgen und weiterzugehen, infantil nach ihrer starren Wiederholung verlangen gleich jenem österreichischen Ästhetiker, der bekannte, er habe sich den Toreromarsch aus Carmen einen ganzen Abend lang immer wieder vorspielen lassen, ohne je daran sich sattzuhören. Das ist bereits die den Schlagern zubestimmte Reaktionsform, mögen auch Genießer jenes Typus, die sich heraussuchen, was sie für die ihnen gemäßen Perlen halten, deshalb besonders musikalisch sich dünken. Die Geschichte der

Musik des neunzehnten Jahrhunderts kam ihnen entgegen. In der späten Romantik und den folkloristischen Schulen hat das Interesse mehr stets sich verlagert auf die ursprünglich, bei Schubert noch, subjektiv lyrische Einzelmelodie. Sie wurde als Warenmarke verselbständigt zuungunsten des objektiven, konstruktiven Zusammenhangs des musikalischen Ganzen. Eine Musikhistorie, die an der Scheidung des Hohen und Niedrigen nicht ihr Genügen hätte und das Niedrige als Funktion des Hohen durchschaute, müßte den Weg verfolgen, der von den drastischsten Formulierungen Tschaikowskys wie dem Seitensatzthema aus Romeo und Julia, über die harmonisch gewürzten Lieblingsmelodien aus Rachmaninoffs Klavierkonzerten zu Gershwin führt und hinab in die schlechte Unendlichkeit der Unterhaltung. Angesichts von deren überwältigendem quantitativen Übergewicht muß musikalische Bildung all dem entgegenarbeiten. Ich selbst habe es lange genug versucht, wohl gar den Begriff des atomistischen Hörens geprägt.

Aber musikalische Einsicht und Erfahrung, die nicht im Stolz auf ihr Niveau verdummen will, darf dabei nicht sich beruhigen. Denn in der hochorganisierten Musik, der solche Einsicht gilt, und zwar desto mehr, je höher sie organisiert ward, ist das Ganze ein Werdendes, kein abstrakt Vorgedachtes, keine Schablone, die von den Teilen einzig auszufüllen wäre. Vielmehr ist das musikalisch Ganze wesentlich ein Ganzes aus mit Grund aufeinander folgenden Teilen und nur dadurch Ganzes. Dazu nötigen die Grenzen möglicher Auffassung von Musik selber, die des Ganzen, als eines in der Zeit sich Erstreckenden, nicht anders innewird als in den sukzessiven Abschnitten. Es artikuliert sich durch Vor- und Rückbeziehung, Erwartung und Erinnerung, Kontrast und Nähe; unartikuliert, ungeteilt zerflösse es in seiner bloßen sich selbst Gleichheit. Musik angemessen auffassen verlangt, das jetzt und hier Erscheinende im Verhältnis zu dem Vorher und, antezipierend, dem Nachher zu hören. Dabei behält der Augenblick der reinen Gegenwart, das Jetzt und Hier immer eine gewisse Unmittelbarkeit, ohne welche die Beziehung zum Ganzen, Vermittelten so wenig sich herstellte wie umgekehrt.

Musikalische Erziehung ist, um der von der Kulturindustrie

eingehämmerten und von willfährigen teenagers laut akklamierten Unterhaltungsmusik widerstehen zu können, gezwungen worden, das Hören des Ganzen, auf Kosten der Artikulation nach Details, einseitig hervorzuheben. Die antiromantischen Entwicklungstendenzen der ernsthaften Musik drängten in dieselbe Richtung. Unterdessen jedoch ist bereits, unterm Druck des neoklassizistischen und historistischen Ideals der Nähmaschinenobjektivität, der Sachverhalt umgekippt. Der Blick aufs Ganze ist einseitig geworden und droht, die Einzelmomente verkümmern zu lassen, ohne die doch kein musikalisch Ganzes lebt; unter diesem Gesichtspunkt ließen die Interpretationen der sogenannten Jugendmusikbewegung als unterdrückende Maßnahmen im Dienst des Ganzen und wider die Details sich ansehen. Man setzt diese, nicht ganz zu Unrecht, dem Anteil des Subjekts an der Musik gleich und verkennt, daß anders als durchs Subjekt hindurch ein musikalisch Objektives überhaupt nicht geraten will. Das ohne Rücksicht auf Teilmomente und Gliederungsverhältnisse wahrgenommene Ganze ist kein solches sondern abstrakt, schematisch und statisch. Solcher reaktiven, die musikalisch spontanen Regungen nicht in sich empfangenden, sondern sogleich sie disziplinierenden Wahrnehmungsweise entspricht ein Vorrat undifferenzierter, schematischer Musik aus dem siebzehnten und achtzehnten Jahrhundert, die dadurch nicht besser wird, daß man von ihr mit historisch informierter Miene erklärt, die Kategorie des Individualstils sei ihr nicht angemessen. An derlei Zügen hat die reaktionäre Kulturideologie der musikalischen Jugendbewegung von anno dazumal angeknüpft. Heute, da diese Ideologie durchsichtig geworden und zerbröckelt ist, scheint der beharrliche Blick aufs musikalisch Einzelne, als Komplement zum strukturellen Hören und als dessen Konkretion, dringend an der Zeit.

Die Wendung wird gefordert vom Wahrheitsgehalt der geschichtlichen Bewegung, welche die Musik seit dem Generalbaßzeitalter durchmachte. Sie läßt sich, mit unvermeidlicher Vergröberung, als Dialektik des musikalisch Allgemeinen und Besonderen betrachten: als die keineswegs bewußte Anstrengung des objektiven Geistes, die Divergenz von Form und spezifischem musikalischen Inhalt, wie sie weitgehend übereinstimmt mit der von Gesellschaft und Individuum, zu meistern, beides zu versöhnen. Ohne viel gewaltsame Deutungskunst ist in dieser Dialektik das Detail als Repräsentant des Individuellen zu verstehen und das Ganze als der des Allgemeinen, nämlich gesellschaftlich Approbierten, so sehr dann auch, auf der Höhe des Wiener Klassizismus und vorher bei Bach, die Formen selbst gleichwie aus dem freien Subjekt erzeugt scheinen mochten. Überaus lange währte es, bis das Subjekt es soweit brachte, auch bei der Konstitution und beim Bau des Ganzen, hegelisch gesprochen, dabeizusein. Erst in der Moderne zeichnete das Ideal einer Musik sich ab, in der die beiden Extreme miteinander verschmolzen wären. Fraglich indessen, ob dies Ideal wahrhaft eines ist; ob nicht in vollkommener Integration beide Momente vernichtet würden, ohne, wie man es vermeint, in einem Höheren aufgehoben zu sein. In der gegenwärtigen Musik fehlt es nicht an Gebilden, oder Programmen – und vielfach sind die Gebilde zu ihrem eigenen Programm geworden –, in denen die Regung keinen Ort mehr hat in der diktatorial ihr vorgeordneten Struktur, während diese ein bloß Gesetztes ist, bar der Objektivität musikalischer, übers Einzelwerk hinausreichender Sprache, wie sie den tonalen Formen zuzeiten eignete. Wahrscheinlich ist Integration, die ersehnte Versöhnung von Allgemeinem und Besonderem in der ästhetischen Gestalt, solange unmöglich, wie die außerkünstlerische Realität unversöhnt verharrt. Was an Kunstwerken über die Gesellschaft sich erhebt, wird sogleich von der Not der Realität ereilt; solange Versöhnung nur eine im Bilde ist, behält sie auch als Bild ein Schwächliches und Untriftiges. Demnach wäre Spannung von großen Kunstwerken nicht nur, wie selbst Schönberg es dachte, in ihrem Verlauf auszugleichen sondern ebenso im Verlauf zu erhalten. Das besagt aber nicht weniger, als daß gerade in den legitimen Gebilden Ganzes und Teile nicht so ineinander aufgehen können, wie ein keineswegs auf den Klassizismus beschränktes ästhetisches Ideal es gebietet. Zum richtigen Hören von Musik gehört das spontane Bewußtsein der Nichtidentität von Ganzem und Teilen ebenso hinzu wie die Synthesis, die beides vereint. Sogar bei Beethoven bedurfte der Ausgleich jener Spannung, der keinem gelang wie ihm, weil bei keinem die Spannung selbst mächtiger war, einiger Veranstaltung. Nur weil bei ihm die Teile schon aufs Ganze zugeschnitten, durch es präformiert sind, kommt es zur Identität, dem Gleichgewicht. Den Preis dafür zahlt einerseits das dekorative Pathos, mit dem die Identität sich bekräftigt, andererseits die mit höchstem Bedacht geplante Unbeträchtlichkeit der Einzelerfindung, die von vornherein das Einzelne, damit es etwas werde, über sich hinaustreibt und auf das Ganze wartet, zu dem das Einzelne wird und welches das Einzelne vernichtet. Das Medium, das diese Veranstaltung möglich machte, war die Tonalität, jenes Allgemeine, dessen typische Bestimmungen bei Beethoven bereits dem Besonderen, den Themen, gleichkommen. Mit dem unwiderruflichen Sturz der Tonalität ist diese Möglichkeit dahin; ist auch, nachdem einmal ihr Prinzip durchsichtig ward, nicht mehr zu wollen.

Übt das musikalisch wahrhaft Ganze keine blinde Vorherrschaft der sogenannten Form aus, sondern ist es Resultat und Prozeß in eins, sehr verwandt übrigens den metaphysischen Konzeptionen der großen Philosophie, so müßte plausiblerweise der Weg zum Verständnis des Ganzen ebenso vom Einzelnen hinauf führen können wie vom Ganzen hinab. Auf diesen Weg sieht musikalische Erfahrung um so mehr sich verwiesen, als übergreifende Formen, denen das Gehör blindlings sich anvertrauen könnte, nicht mehr existieren. Das Mittel zu solcher Erfahrung ist exakte Phantasie. Sie schließt den Reichtum des Einzelnen, bei dem sie verweilt, auf, anstatt mit der ängstlichen Ungeduld, die dem guten Musiker anerzogen ward und die neuerdings so viele Interpretation vergällt, darüber hinweg zum Ganzen zu hasten. Weil jedoch beides nicht ineinander aufgeht, gewinnt darüber das Einzelne auch ein über das Ganze hinausschießendes, eigenes Recht. In ihm sammelt sich soviel Substantielles, wie Musik selber, ihrer Idee nach, mehr ist als Kultur, Ordnung, Synthesis. An vielem musikalisch Einzelnen und gar nicht erst, wie der Historismus es möchte, seit der Romantik, haftet eine Farbe, die nicht im Ganzen sich verflüchtigt. Zuweilen neigt man dazu, darin das Beste zu suchen. Details von solcher Würde sind wie Siegel, die das Authentische eines Textes verbürgen; man könnte sie den Namen vergleichen. Wieviel Musik ihnen schuldet, läßt dort sich erkennen, wo sie fehlen, etwa in dem

Musikstrom des genialischen Max Reger, der, unablässig chromatisch gleitend, virtuell Details nicht duldet und dem mit ihnen das Unauslöschliche, Unwiederholbare abgeht.
Walter Benjamins ›Einbahnstraße‹ enthält das Aphorisma: »Zitate in meiner Arbeit sind wie Räuber am Weg, die bewaffnet hervorbrechen und dem Müßiggänger die Überzeugung abnehmen.« Von dieser polemischen Kraft eignet einiges auch musikalischen Zitaten; darum mochte Alban Berg einmal eine Musikzeitschrift sich ausdenken, die Stellen aus Kompositionen so zitiert hätte, wie Karl Kraus, strafend, mit der Presse in der Fackel verfuhr. Der strafenden Gewalt der zitierten musikalischen Dummheit entspricht aber die strahlende des zitierten musikalischen Namens. Das Licht der Schönheit von Einzelheiten, einmal wahrgenommen, tilgt den Schein, mit dem Bildung Musik überzieht und der mit ihrem dubiosen Aspekt nur allzugut sich versteht: sie sei bereits das glückliche Ganze, das der Menschheit bis heute sich versagt. Deren Bild wird festgehalten eher von dem versprengten Takt als von der sieghaften Totale.

1965

Vierhändig, noch einmal

Jene Musik, die wir die klassische zu nennen gewohnt sind, habe ich als Kind kennengelernt durchs Vierhändigspielen. Da war wenig aus der symphonischen und kammermusikalischen Literatur, was nicht ins häusliche Leben eingezogen wäre mit Hilfe der großen, vom Buchbinder einheitlich grün gebundenen Bände im Querformat. Sie schienen wie gemacht, umgeblättert zu werden, und ich durfte sie umblättern, längst ehe ich die Noten kannte, nur der Erinnerung und dem Gehör folgend. Selbst Beethovensche Violinsonaten befanden sich in kuriosen Bearbeitungen darunter. Manche Stücke, wie Mozarts g-moll-Symphonie, haben sich mir in jener Zeit derart eingeprägt, daß es mir heute noch scheint, die Spannung der einleitenden Achtelbewegung könne kein Orchester jemals so vollständig herstellen wie der fragwürdige Anschlag des Secondspielers. Besser als jede andere schickte diese Musik sich in die Wohnung. Sie wurde auf dem Klavier als einem Möbel hervorgebracht, und die sie ohne Scheu vor Stockungen und falschen Noten traktierten, gehörten zur Familie.

Vierhändigspielen legten mir die Genien des bürgerlichen neunzehnten Jahrhunderts als Geschenk an die Wiege im beginnenden zwanzigsten. Die vierhändige Musik: das war die, mit welcher sich noch umgehen und leben ließ, ehe der musikalische Zwang selber Einsamkeit und geheimes Handwerk befahl. Damit ist nicht bloß über die Praxis des Spielens etwas gesagt, sondern auch über das Gespielte selber. Denn die Literatur, die es hier als klassische gab, ist die eines Zeitraumes von weniger als hundert Jahren: selber dem Vierhändigspielen vorbestimmt. Sie beginnt mit Haydn und endet mit Brahms. Bach ist der vierhändigen Interpretation sonderbar unangemessen, und ich vemag mich aus der Kindheit auch nicht zu entsinnen, daß Bach gespielt worden wäre; die nach-Brahmsische Moderne scheidet schon der manuellen Schwierigkeit wegen, mehr noch um der Selbstherrlichkeit ihrer Klangfarben willen, aus. Es ist also die Symphonik im engeren Verstande, die dem Vierhändigspielen zugänglich ist oder war. Sie stammt aber aus der Epoche der eigentlich bürgerlichen Musikübung. Wenn Bekkers Theorie von der gemeinschaftbildenden Kraft der Symphonik zutrifft, so ist doch zugleich diese Gemeinschaft allemal eine von einzelnen. Daß jeder einzelne im großen ganzen der Symphonie sich selbst bestätigt wiederfinde, das erweist sich ihm daran, daß er die Symphonie, ohne von ihrer Verbindlichkeit etwas preiszugeben, in Familie und Wohnung aufnehmen kann, so wie er die Bilder seiner Klassiker aufhing. Aber das Vierhändigspielen war besser als die Toteninsel überm Büffet; stets noch mußte er wahrhaft die Symphonie erwerben, um sie zu besitzen: sie spielen. Und er spielte sie nicht gänzlich privat; er durfte nicht, wie er es mit seinen Griegschen Lyrischen Stücken gewohnt war, Tempo und Dynamik nach dem Belieben seiner Triebregungen modifizieren, sondern mußte sich nach Text und Vorschrift des Werkes richten, wenn er nicht »herauskommen«, den Zusammenhang mit dem Partner verlieren wollte. Mehr noch. Den Werken selber schien etwas vom Geheimnis des Vierhändigspielens innezuwohnen.

Kein Zufall, daß die Literatur der vierhändigen »Originalkompositionen« sich auf jenen Zeitraum beschränkt. Ihr wahrer Meister ist Schubert. Die wichtigsten seiner vierhändigen Werke: die Große Sonate, die f-moll-Phantasie, das Ungarische Divertissement, das A-Dur-Rondo, auch die Militärmärsche, sind stilistisch allesamt dem Orchester nahe genug; vielleicht nur aus Mangel an orchestralen Aufführungsmöglichkeiten oder aus Eile für Klavier geschrieben, zeigen sie deutlich jenes vieldeutige Verhältnis von objektiver Symphonik und privater Musikübung, welches für die Kompositionspraxis des neunzehnten Jahrhunderts insgesamt wichtige Regeln abgeben mag. Umgekehrt: spielt man vierhändige Auszüge der Symphonien von Schumann und Brahms, so wird man erstaunt sein, wie gut sie liegen: allzugut; selbst ein kompositorisch so reiches Stück wie der erste Satz der Brahmsischen Vierten nimmt sich vierhändig so selbstverständlich aus, daß mich das Gefühl nicht verläßt, es sei aus dem Bereich des einfarbigen tragisch-intimen Duetts nachträglich erst in die instrumentale Vielfalt erhoben worden. Dabei ist alles Vierhändigspielen unzuverlässig und fehlbar; das momentane Erklingen des Klaviertons erlaubt nicht den rhythmischen Ausgleich, den die schwingenden Geigensaiten möglich machen, und zwei rhythmisch höchst geschulten Solisten am Klavier wird es schwerer fallen, präzis zu musizieren als einem durchschnittlichen Orchester. Das Zuhören beim Vierhändigspielen vollends ist kaum je eine Freude. Wenn es trotzdem hundert Jahre lang seine große Rolle behauptete, so darum, weil es allein die Musiziertradition in Wohnräumen behütete, die mittlerweile auch die Kammermusik ans Podium verloren. Im Zeitalter der strikten Arbeitsteilung verteidigten die Bürger ihre letzte Musik in der Festung des Klaviers, die sie dicht besetzt hielten; rücksichtslos, gleichgültig, wie es den anderen, Entfremdeten, in den Ohren klang. Noch die Fehler, die sie unvermeidlich machten, bewährten einen tätigen Zusammenhang mit den Werken, den die längst nicht mehr besaßen, welche berauscht vollkommenen Konzertwiedergaben zuhörten. Dafür mußten freilich die Vierhändigspieler den Preis bezahlen, veraltet-häuslich und dilettantisch-ungeschult in Aktion zu treten. Aber ihr Dilettantismus ist nichts als Nachhall und Verfallsprodukt der wahren Musiziertradition. Es bleibt die Frage, wem der letzte Künstler sinnvoll spielt, wenn der letzte Dilettant gestorben ist, der vom Traum lebt, selber Künstler zu sein. Keine singende Gemeinschaft wird ihn ersetzen.

Es kann füglich nicht wundernehmen, daß das Vierhändigspielen mittlerweile verstummte. So wenig man mehr Romane von entführten Klavierschülerinnen und entführenden Klavierlehrern auf Konservatorien erfährt, so wenig werden angesichts der Grammophon- und Radioautos mehr die vierhändigen Klavier-Equipagen traben oder galoppieren, mit den rhythmisch nickenden Köpfen der braven Pferde, die ihren erlauchten Mozart und ihren würdigen Brahms gefährdet zwar, doch stolz zum Ziel bringen. Das Vierhändigspielen ist zu einer Geste der Erinnerung geworden, und nur wenige leben, gewiß unter den Musikern, die die altmodische Kunst ausüben. Aber es wäre zu denken, daß manche Werke, die in ihrer orchestralen Größe mit gewaltigen Anstrengungen vergebens laut werden, sich nur der schüchternen Geste der Erinnerung offenbaren, die mit ihnen das Geheimnis teilt: als menschlicher Mensch Anteil zu haben am Leben der Gesellschaft. Wenn Einsame, die auf keine Zuhörer zu hoffen haben und keine zu fürchten brauchen, es gelegentlich mit dem Vierhändigspielen versuchten, so müßte es nicht ihr Schaden sein. Am Ende findet sich auch ein Kind, das ihnen umblättert.

1933

Metronomisierung

Nicht folgen aus dem natürlichen Wesen der Musik zeitlose Regeln für die Bezeichnungen der Interpretation. Wie die Interpretation haben auch deren Bezeichnungen ihre Geschichte: die die wechselnde Spannung zwischen vorgesetzter Form und personaler Freiheit spiegelt. Aktuell mag eine Grenzlage angenommen sein von der Art, daß jene Spannung schwand. Dann wäre etwa zu sagen:

Der Vorteil der Metronomisierung ist, daß die Tempovorstellung des Autors rational fixiert wird. Da weder eine objektive Formtradition den Vortrag verbindlich bestimmt, noch Werke aus dieser Zeit irgend Freiheit des Spieles lassen, ist solche Fixierung notwendig, ohne daß sie freilich die Interpretation zu sichern vermöchte. Der Willkür des Interpreten, die nur noch als schlechtes Gegenbild spielender Freiheit sich behauptet, beugt Metronomisierung drastisch vor.

Als Nachteil der Metronomisierung wäre eben die rationale Starrheit des Verfahrens zuzugeben, das geeignet scheint, jenes vielberufene lebendige Leben der Aufführung zu bedrohen. Aber einmal ist die Anwendung der Kategorie Leben auf Kunstwerke – die Gebilde, nicht Geschöpfe sind – fragwürdig. Weiter ist der Verdacht gegründet, daß jenes Leben oft nicht mehr ist als eine Ideologie der Interpreten, die sich von der Forderung eines in sich geschlossenen, nicht durch sie erst zu konstituierenden Werkes angegriffen fühlen und denen die eigene Laxheit über das Leben der Werke geht, das sich freilich nicht zwischen ritardando und a tempo zuträgt, sondern die Geschichte der Werke im Wechsel ihrer Interpretation ist – so wie es Schönbergs Aufsatz über mechanische Musikinstrumente bestätigt. Daß ein Werk nicht nach dem Metronom ausdirigiert werden kann – es sei denn, es habe selber mechanistische Absichten –, sondern daß die Metronomzahl näherungsweise die modifizierbare Grundeinheit der Zählzeit angibt, sollte sich von selbst verstehen und keinem pedantischen Zweifel unterliegen. Schönberg hat übrigens die dienende Funktion der Metronomzahl in den Georgeliedern, op. 15, prägnant umschrieben. Das freie Maß des Interpreten reicht nicht mehr aus, die Interpretation zu definieren; während umgekehrt zwischen drei »toten«, aber exakten Zähleinheiten bessere Phrasierung, besserer Klang, treuere Erfassung des Werkes auf der adäquaten Stufe seiner Geschichte – endlich also mehr Leben Raum hat als zwischen privaten Schwankungen, deren individualistische Herkunft einer Stufe der musikalischen Geschichte angehört, die sich überlebte; deren aufdringliche Lebendigkeit in Wahrheit tot, nach Mustern manipuliert ist.

Die Vorteile überwiegen entscheidend und in der Praxis, die hier der Theorie nicht wohl kontrastiert werden mag, da Theorie der musikalischen Darstellung allein deren konkrete Erfordernisse bezeichnet. Bedenklich scheint mir nur die Metronomisierung älterer Werke, die der interpretativen Freiheit mehr vorgeben; obwohl die Geschichte der Bach-Metronomisierungen im neunzehnten Jahrhundert, wenn auch als Geschichte von Irrtümern, die Geschichte der Werke selbst gut repräsentiert. Da jedoch der Verfall der reproduktiven Freiheit nicht nur von der Struktur der zeitgenössischen Werke diktiert, sondern auch von der traditionsfernen Situation der Reproduzierenden selbst mitbedingt wird, ist nicht abzusehen, ob nicht binnen kurzem auch die Metronomisierung von Musik aus anderer Zeit notwendig wird. Ob weiter im Stadium ihrer Metronomisierung ältere Musik zugleich ins Stadium antiquarischer Bewahrtheit trete – ob ihre Geschichte dann ihr Ende habe, bleibe unerörtert. Im einzelnen wird der Takt manche Widersprüche der Erkenntnis schlichten müssen.

Mißverständnissen, »die aus der allzu großen Genauigkeit der Metronomisierung entstehen können«, wird der Komponist vorbeugen, etwa durch noch größere Genauigkeit: indem er nämlich mehrere Zähleinheiten einführt (Tempo I, Tempo II, Tempo III, alle metronomisiert) oder bei Tempo-Änderungen auch die Metronomzahl modifiziert, also:

Bewegt (♩= 120) – etwas ruhiger (♩= 92) – straffer (♩= 106)
Hauptzeitmaß (♩= 120).

Im übrigen vermag die sprachliche Bezeichnung – die nicht nur das Zeitmaß, sondern auch den Charakter trifft – stets zureichend zu helfen.

Die Regerschen Metronomisierungen der Ritardandi und Accelerandi scheinen mir darum verfehlt, weil sie die Tempomodifikationen notwendig aus Abschnitten zusammengesetzt denken, deren jeder – wie klein auch immer – eine konstante Zähleinheit aufweist, während die gänzlich funktionelle Musik Regers tatsächlich nur stetige Übergänge der Tempi kennt. So wenig im Verlauf einer ausgedehnten Modulationsgruppe bei Reger ein Abschnitt eindeutig auf eine Tonart zu beziehen ist, so wenig läßt sich bei seinen Tempo-Abwandlungen eine Gruppe auf eine – selbst nur ideale – Zähleinheit beziehen. Im Falle solcher stetigen Abwandlung mag es genügen, Anfangs- und Endpunkt zu metronomisieren. Auch hier kann der sprachliche Ausdruck differenzieren. – Ein Beispiel: wenn der Schluß eines stringendo besonders zusammengedrängt ist, läßt sich der Hauptbezeichnung (... von x [♩ = 92] bis y [♩ = 160] beschleunigen) noch die Unterbezeichnung »4 Takte vor y sehr drängend« hinzufügen. So bei stetigen und relativ stetigen Modifikationen: solche dagegen, die durch Rückungen vollzogen werden, kann man getrost metronomisieren. Zu solchen Rückungen rechnen außer jähen Tempowechseln (Variationen in Mahlers IV.) die »stokkenden« Ritardandi, die sich Stetigkeit durch Wiederholung des gleichen Motivs oder Motivglieds bewahren, für jede dieser Wiederholungen aber ein anderes Zeitmaß verlangen. Ausmetronomisierte stockende Ritardandi finden sich paradigmatisch in Anton Weberns op. 2 (gemischter Chor a capella ›Entflieht auf leichten Kähnen‹) und op. 5 (Fünf Sätze für Streichquartett).

Der Verzicht auf weitere Tempovorschriften bei genauer Metronomisierung hängt ab vom Charakter des Stücks. Er ist gerechtfertigt, wo der Charakter evident ist durch den Formtypus, dem das Stück offenkundig angehört (Rondo aus Schönbergs Bläserquintett); wo Musik so radikal von intentionalen Gehalten entleert ist, daß ihr kein »Charakter« zukommt, es sei denn, die Negation des Charakters (Quartettconcertino von Strawinsky); hier hat das Fehlen sprachlicher Bezeichnungen polemischen Sinn; die Charaktere sind »ausgespart«; endlich wo

die Musik derart sich differenzierte, daß man fürchten muß, mit der sprachlichen Bezeichnung ihr Gewalt anzutun. Jedenfalls indessen wäre es ebenso voreilig, über sprachliche Bezeichnungen das generelle Verdikt auszusprechen, wie das Ende der musikalischen Charaktere schlechtweg vorherzusagen.
Die mangelnde Anschaulichkeit der Ziffern durch die metronomische Fixierung der »jedem Musiker anschaulichen Begriffe Largo, Adagio, Andante etc.« zu korrigieren, scheint mir nicht möglich, da ich die »Anschaulichkeit« jener Begriffe, wenigstens insoweit neue Werke in Frage stehen, bezweifle. Jene Begriffe meinen Typen und ihre Objektivität wird getragen einzig von der Objektivität der Typen, auf die sie angewandt werden. Da die Typen sich zersetzten, ist das Recht ihrer Namen gemindert und reicht gewiß nicht aus, Gebilde zu umfassen, die aus der typischen Ordnungssphäre sich loslösten. Die Anwendung typischer Bezeichnungen auf Werke, die der realen Geltung von Typen fremd sind – andere rechnen heute nicht –, könnte nur den Schein einer Objektivität konservieren, den die Werke widerlegen, ehe sie nur beginnen; und wäre bloß geeignet, die reinliche Wirkung der metronomischen Angaben illusorisch zu machen, deren Wahrheit darin beruht, daß unter Verzicht auf jede typisch bestätigte Regel des Vortrags und unter Verzicht auf die Freiheit, die solchem Vortrag angemessen wäre, das wenige gesetzt wird, was an regelndem Vermögen der isolierten ratio innewohnt und in der Strenge, welche allein durch genaue Fassung der subjektiv-kompositorischen Absicht die Interpretation vor schlechter Anarchie behütet. Oder hält man es für Zufall, daß der späte Beethoven bereits oft den italienischen Typenworten den deutschen Ausdruck seines personalen Willens hinzufügte, in der sprachlichen Doppelheit den Doppelsinn seiner Gesamtsituation getreu kundgebend? Als Hilfsschematismen für Metronomzahlen sind die ontologisch allzu gefüllten italienischen Worte vollends unbrauchbar. Sie sind legitim allein dort, wo nicht romantisch in den Typen, sondern bewußt, transparent und aktuell mit den Typen gespielt wird, ohne daß deren Realität behauptet wäre. Außer Bergs Kammerkonzert wüßte ich nicht viele Werke, denen dies Recht zu konzedieren ist.

1926

Nach Steuermanns Tod

In New York ist er, zweiundsiebzigjährig, gestorben; an Leukämie. Die Nachricht hatte alles Grauen des Plötzlichen, um so mehr, als die, welche ihm nahe waren, vorbewußt spüren mochten, daß es schlecht um ihn stand, und versucht hatten, von sich zu weisen, was, als es geschah, längst gehegte Furcht bestätigte. Mit seinem Tod sich abzufinden, ist unmöglich; für die paar, die wußten, wer er war, wird das Leben nicht mehr dasselbe sein.

Eduard Steuermann stammte aus Polen; sein Vater war Advokat und Bürgermeister der Stadt Sambor. Die Familie gehörte zur jüdischen gentry, vom Geist geprägt wie kaum eine, die ich je kannte. Seine beiden Schwestern sind in der Jugend Schauspielerinnen gewesen. Kunst, ästhetischer Ernst hatte den Vorrang vor den besonderen Medien der Begabung, der Ernst aber nötigte ihn zur äußersten Konzentration auf sein Material. In jedem Augenblick seiner Existenz blieb er so frei vom Amateurhaften wie vom Fachmenschentum; Freund von Karl Kraus, bei dessen Lesungen er oft mitwirkte.

Seine frühe musikalische Ausbildung empfing er bei Wilem Kurz in Lemberg. Als er ein paar Jahre vor dem ersten Weltkrieg nach Berlin kam, muß er pianistisch wie kompositorisch schon weit fortgeschritten gewesen sein. Klavier studierte er bei Busoni. Noch in den letzten Jahren hat er, mit einer Treue, die für ihn exemplarisch war, auf einer Schallplatte (Contemporary, M 6501) eine emphatische Interpretation der sechs Elegien, der Toccata und zweier Sonatinen Busonis fixiert. Sein Kompositionslehrer sollte Humperdinck werden. Dieser fragte ihn in der ersten Stunde, ob er lernen wollte, auf die Wagnersche oder auf die Brahmsische Weise zu schreiben; Steuermann war von der künstlerischen Moral, die aus der Frage sprach, so schockiert, daß er nie wiederkam. Busoni machte ihn mit Schönberg bekannt. Er wurde nicht nur dessen Schüler, sondern sein geistig-musikalisches Dasein entschied sich durch die Beziehung.

Seine exzeptionelle pianistische Qualität prädestinierte ihn zum maßgebenden Interpreten des Schönbergkreises; nach dem ersten Weltkrieg trat der Geiger Rudolf Kolisch hinzu. Steuermann wurde, bei größter Selbständigkeit des Naturells, imprägniert mit der Konzeption der neuen Musik aus der zweiten Wiener Schule. Die betraf von Anbeginn auch das Verhältnis zur älteren, und wälzte die musikalische Interpretation überhaupt um. Kein Pianist der Epoche, Schnabel und Erdmann nicht ausgenommen, war näher an deren großer Produktion. Er hatte kein aufgeschlossen-rezeptives Verhältnis zur radikalen Moderne, sondern war Fleisch von ihrem Fleisch, leibhaftige Widerlegung jener Trennung aktuellen Komponierens und traditionalistischen Musizierens, die so verhängnisvoll ist wie eingeschliffen; es richtet Interpreten, wenn sie einer ihren eigenen Voraussetzungen ferner gerückten Musik sich näher fühlen als der, mit welcher sie die Voraussetzungen der geschichtlichen Stunde teilen.

Unter der Direktion Schönbergs und Scherchens hat Steuermann als erster den Klavierpart des Pierrot lunaire gespielt, und seitdem alles Wichtige, was Schönberg für Klavier oder mit Klavier schrieb; noch das Konzert hat er, mit Stokowski als Dirigenten, uraufgeführt. Nahe liegt, mit Hinblick auf seine Stellung in der musikalischen Bewegung der zweiten Wiener Schule, der Gedanke an Hans von Bülows Bedeutung für Wagner. Doch muß er diesen übertroffen haben durch produktive Kraft und humane Weite; auch durch tiefere Einsicht in große traditionelle Musik. Ihr Dokument ist seine um 1930 in der Universal Edition erschienene Brahmsausgabe. Ihre ungemein knappen Erläuterungen verbinden bescheidenste Loyalität den Texten gegenüber mit unerschöpflicher künstlerischer Phantasie. Sein konstruktiver Tiefblick hatte an der Schönbergschen kompositorischen Praxis sich gebildet. Die kompromißlose Strenge in der Darstellung musikalischer Texte war bei ihm eins mit der einer künstlerischen Gesinnung, welche jedes Einverständnis mit dem herrschenden hedonistischen Musikbetrieb ausschloß. Ich erinnere mich, wie er nach einem Konzert der Berliner Ortsgruppe der Internationalen Gesellschaft für neue Musik, in dem es 1929

Arbeiten von ihm und von mir zu hören gab, befriedigt konstatierte, in dem ganzen Programm sei kein Dreiklang vorgekommen; die paar versprengten aus Schönbergs Georgeliedern, die mit Steuermann als Begleiter Margot Hinnenberg sang, hat er dabei großmütig überhört. Gegen die Kompromißströmungen, welche in einem Umfang, den sich die junge Musikergeneration kaum mehr vorstellen kann, zwischen den beiden Kriegen den Platz der Moderne usurpierten, war er unnachgiebig. Mit Grund hat Webern eines seiner asketischsten Werke, und das einzige für Klavier allein, die Variationen op. 27, ihm gewidmet. Unbeirrbare Kraft und bis zur Selbstentäußerung zarte Sensibilität fanden in Steuermann zur paradoxen, doch bruchlosen Einheit.

Durch Berg bin ich 1925 mit Steuermann bekanntgeworden und nahm bei ihm Unterricht im Klavierspiel; die Freundschaft dauerte mit großer Kontinuität bis zu diesem Tag. Worte reichen nicht heran an das, was ich ihm verdanke. Als er mich auf einen Motivzusammenhang im h-moll-Capriccio von Brahms aufmerksam machte, den ich übersehen und darum beim Spielen vernachlässigt hatte, wurde mir ganz bewußt, wie sehr die bis zur Analyse artikulierte Erkenntnis darzustellender Musik die Voraussetzung ist für richtige Wiedergabe. Das spezifische Moment dieser mittlerweile durchgedrungenen Einsicht bei Steuermann, wie in der Schönbergschule insgesamt, wird man am besten in der Abgrenzung von Heinrich Schenker aufsuchen. Sie besagt, daß von der tragenden Analyse nicht Reduktion auf ein mehr oder minder Allgemeines, aus den Kategorien der Tonalität Abzuleitendes, keine Orientierung an der »Urlinie« als Skelett zu fordern sei, sondern die Durchleuchtung der besonderen Struktur des konkreten Stücks. Was für die Schenkersche Analyse sekundäre Ausfüllung eines schließlich doch abstrakten Rahmens bleibt, ein Akzidens, wird zum Wesentlichen, wie wenig auch die Konkretion von dem umfassenderen musikalischen Idiom äußerlich abgetrennt werden kann. Damit verknüpft sich das Steuermannsche analytische und interpretative Verfahren der kompositorischen Moderne, in der die strukturelle Stimmigkeit des Gebildes sich gegen die nachgerade überalterte Allgemeinheit der Tonalität durchsetzte. Solche

Erfahrung der Moderne reißt die traditionelle Musik in sich hinein, die längst ein Kraftfeld war zwischen dem kompositorischen Jetzt und Hier und jener Allgemeinheit. Die grundsätzlich neue analytische Blickrichtung hat unabsehbare Konsequenzen fürs Interpretieren. Genannt sei nur, zur simpelsten Illustration, die Tendenz, Auftakte, sogenannte Nebennoten oder »harmoniefremde« Bestandteile, vor allem aber Dissonanzen nicht fallenzulassen, sondern hervorzuheben, in schroffem Gegensatz zu Schenkers Rat. Das impliziert weithin den Vorrang der melodischen Linie über die Generalbaßfunktionen, übereinstimmend mit der polyphonischen Tendenz der neuen Musik. Die Legitimität solcher interpretativen Absicht jedoch erweist sich daran, daß sie mit eben den Impulsen spontaner Musikalität konvergiert, die vom schulgerechten Analysieren abgewürgt werden. Was freilich dabei vom Spielenden an Selbstkontrolle und Selbstkritik erheischt wird, geht nicht nur übers Gewohnte hinaus, sondern beinahe übers Erträgliche. Steuermann hat jene Fähigkeit gesteigert bis zu einem großartigen, wahrhaft Kafkaschen Defaitismus; wenn er im Grunde bei jedem seiner Schüler daran verzweifelte, ob er je richtig Klavier spielen lernen werde, so beseelte ihn dabei die oft geäußerte und sehr ernst gemeinte Frage, ob er selber es denn vermöchte. Sein Interpretationsideal hatte den Horizont der heraufdämmernden Uninterpretierbarkeit der Werke, so wie die Kafkaschen Parabeln inspiriert sind von der Verdunkelung der heiligen Texte. Bei Steuermann wurde daraus erhebliche Gehemmtheit; nur mit äußerster Energie, und einzig der Sache zuliebe, hat er ihr sein öffentliches Auftreten abgetrotzt. Am schönsten, freiesten musizierte er im kleinen Kreis, womöglich nachts, in Situationen, in denen sein Widerwille gegen Musikleben und offizielle Musikkultur keine Stütze fand. Auch dann war es nicht leicht, ihn zum Spielen zu bringen. Es empfahl sich, ein paar Takte eines schwierigen Stücks – den Anfang der Kreisleriana etwa – unverbindlich anzuschlagen. Dann ergriff ihn der produktive Widerspruchsgeist: zeigen, wie es richtig sei. Saß er einmal am Klavier, so vergaß er alles andere und hörte nicht mehr auf.

An ihn wie an keinen anderen Musiker läßt eine Definition der Dialektik denken, die Hegel Goethe gegenüber äußerte: sie sei organisierter Widerspruchsgeist. Allgegenwärtig war in Steuermann der Drang, die Verschalungen des konventionellen Bewußtseins zu durchbrechen, dem Verdeckten ans Licht zu helfen. Mit talmudischer Kraft verhielt er die Zeichen des Notentextes, wie durch Interlinearversion, zum Sprechen. Nicht geringer aber war sein expressionistischer Impetus. In wilder Eruption setzte der Pianist Steuermann den von den Tabus gefesselten Ausdruck frei. Ihr Gemeinsames aber hatten jene beiden Momente in seiner unerschöpflich sich aus sich selbst regenerierenden Phantasie. Sie war ebenso dem musikalischen Sinn als Ausdruck verschworen, wie sie noch im geronnenen Zeichen die Spur jenes Sinnes, die Beziehung der Momente auf den Zusammenhang, gewahrte. Daher hatte sein Spiel, bei größter Selbstvergessenheit, vollkommener Freiheit zum Objekt, sein Unverwechselbares. So wenig er je spielend sich zur Schau stellen wollte, so drastisch war er an jedem Takt: an jedem Einsatz, jeder Attacke, jedem Akzent zu erkennen. Der Spielmechanismus war kraftvoll und höchst virtuos; er hat indessen nie die Virtuosität ausgekostet. Dem Ausdruck und der Struktur zuliebe verzichtete er auf die Glätte, die ihn keine Anstrengung gekostet hätte; verschmähte jede Rücksicht auf mögliche Wirkung. Die musikalischen Oberflächenzusammenhänge polarisierten sich ihm nach zartester Differenziertheit und sprengender Energie. Die Gewalt der Kontraste verfremdete zumal die Romantik zur Moderne. Dem mit Chopin Aufgewachsenen mochte am tiefsten der frühe Schumann verwandt sein. Nicht zu schildern, wie unter seiner Hand in dieser Musik die Abgründe klafften, wie tröstlich das Licht des Eingedenkens in sie einströmte. Seine Imagination schoß in der Moderne zuweilen genialisch über das Komponierte hinaus; Schönberg bemängelte einmal, daß er den Walzer aus op. 23 nicht so spiele, daß der Himmel voller Geigen hängt, aber Steuermann hatte recht, als er jenen Geigen nicht vertraute, sondern dem Dunklen sich überließ, das in jenen Klängen überdauert, auch wo die Zwölftontechnik sie zu Materialien bändigt. Unmittelbar zeugt vom Pianisten die Platte (Columbia ML 5216), welche das gesamte Soloklavierwerk Schönbergs authentisch kodifiziert.

Steuermann als Lehrer übte weitverzweigte und stets intensivere Wirkung erst in Wien, dann an der Juillard School in New York, schließlich auch wieder in Europa, in Salzburg und Kranichstein, obwohl er, dem die Forderung musikalischen Sinns unabdingbar blieb, gegen viele Tendenzen nach 1945 seine Reservate hatte und gelegentlich sich hintersinnig einen Konservativen nannte. Seine unmerklich, aber unwiderstehlich wachsende Autorität mochte nicht zuletzt daher rühren, daß seine Schüler nie darauf verfallen konnten, er strebe, sie zu beherrschen oder ihnen etwas aufzureden: Autorität durchs Gegenteil von autoritärer Gesinnung. Der Intransigente kokettierte mit seiner diplomatischen Finesse.

Die Kraftquelle, aus der er schöpfte, war fraglos das kompositorische Vermögen. Der Stand seines Bewußtseins hat seine Produktivität gesteigert, wie denn meist Künstler nur dann schlecht intellektuell sind, wenn ihre Intellektualität nicht weit genug reicht und mit rationalistischen Hilfskonstruktionen sich zufrieden gibt. Durch nichts ließ er vom Komponieren sich abbringen; in den letzten Jahren seines Lebens dominierte es. Obwohl viel von ihm aufgeführt wurde, dürfte kaum eine Note gedruckt vorliegen. Kritik, ungewohnten kompositorischen Phänomenen gegenüber tief unsicher, fertigt gern, was sie nicht zu erfahren vermag, mit usurpierter Überlegenheit ab. Wer so gut Klavier spielt, so operiert die Rancune-Logik, könne unmöglich ein rechter Komponist sein. Sobald endlich Steuermanns œuvre im Druck allgemein zugänglich wird, dürfte ohne alle Propaganda solcher Unsinn sich zerstreuen; die Sache fordert für ihn, dessen Noblesse nie etwas für sich forderte. Natürlich schrieb er viel für Klavier, eine Sonate, Zyklen von Stücken, auch Lieder nach Gedichten von Hofmannsthal, von Brecht, von seinem Schwager Berthold Viertel; Chöre; Kammermusik: Quartette, darunter eine Folge, die er Walzer nannte, ein sehr bedeutendes Klaviertrio, ein Duo für Violine und Klavier. Am Ende wandte sein Interesse dem Orchester sich zu; es ist zu hoffen, daß er das weit Geförderte unter Dach und Fach brachte. All seine Arbeiten, teils frei atonal, teils zwölftönig, sind von außerordentlicher, jeder bequemen Subsumtion sich entziehender Originalität. Vieles vor Dezennien Komponierte schaut weit voraus: in der unbedingten Vorherrschaft der höchst ziselierten Struktur über den sogenannten Einfall, kraus wie in sich verschlingenden Schriftzügen; auch im nächtlich verfinsterten Ton, in gleichsam graphischer Schwärze. Objektiviert werden Steuermanns Werke nicht durch irgendwelche Anleihen bei von außen gesetzten Formen und Normen, sondern durch die Subjektivität hindurch, ihre unablässig produktive Kritik in der Sache selbst. Ihm eignete die Passivität der Stärke, die Fähigkeit zum Aushören, zum Verschwinden in der Folgerichtigkeit des einmal Konzipierten. Seine Musik war säkularisierte und damit verdüsterte Theologie. Der unerbittlich zarte Ironiker verkörperte das Gute, das in seiner Positivität versperrt ist. Er vollbrachte im falschen Leben ein richtiges, hauchte der aller Praxis fernsten Kunst seine lebendige moralische Kraft ein. Er war ein heimlich Gerechter der Musik.

1964

Winfried Zillig

Möglichkeit und Wirklichkeit

Winfried Zillig starb achtundfünfzigjährig, in einem Alter, in dem bei den meisten Komponisten von Rang das Werk in festem Umriß sichtbar ist. Aber sein Tod hat etwas trostlos Trauriges, als wäre er ein junger Mensch gewesen. Und keineswegs bloß wegen der unbändigen Vitalität dessen, der in seiner Tätigkeit, schonungslos gegen sich selbst, kaum sich zu fassen wußte und buchstäblich bis zum letzten Tag voller Pläne steckte. Übrigens hatte seine Krankheit offenbar nichts zu tun mit der Kräftevergeudung des Musikers, der, in leitender Position am Norddeutschen Rundfunk, dort morgens um fünf Uhr anfing, um Zeit zum Komponieren zu gewinnen. Aber das umfangreiche Werk selber hat etwas Fragmentarisches derart, als hätte er es noch nicht vollbracht; als läge das Beste vor ihm. Zilligs Begabung kann nicht hoch genug eingeschätzt werden. Schönberg, sein Lehrer, hielt ihn für die größte aus der zweiten Generation seiner Schüler, jener, welche auf die von Berg und Webern folgte. Schon ein Stück des Achtzehnjährigen wie das Choralkonzert, entstanden, noch ehe er zu Schönberg kam, zeigt, ohne wunderkindhafte Glätte, gänzliche Verfügung über die kompositorischen Mittel und den Zilligschen Ton. So unverkennbar dieser sein Leben lang blieb, so schwer fällt es, ihn genau zu benennen. Er gedieh in der Spannung zwischen sicherer, fast selbstverständlicher Technik in deren zu Zilligs Jugend fortgeschrittenster Gestalt, dem Beginn der Zwölftönigkeit, und süchtigem Ausdruck, ekstatisch und melancholisch in eins. Der hat, bei aller kompositorischen Gefaßtheit, etwas eigentümlich Taumelndes – Taumeln eines Riesen. Ein Scheuendes, Wundes wuchs, trotz der untrüglichen peinture, ja aus dieser heraus, dem Gehalt zu. Die absonderlich vergrößerte musikalische Optik entspringt ebenso in rein kompositorischen Zusammenhängen, wie diese umgekehrt Zilligs spezifische Weise von Musikalität widerspiegeln. Keineswegs entscheiden die eher konservativen Mittel; nicht nach dem mit vorsichtigem Bedacht gewählten Material wäre er zu beurteilen, sondern nach dem, was daraus unter seinen Händen wurde.

Während am Vorrang seiner kompositorischen Begabung kein Zweifel sein konnte, drängte seine Musikalität, sein künstlerisches Naturell, stets darüber hinaus, und das verschaffte ihm eine gewisse Unabhängigkeit von dem Rohstoff, mit dem er umging. Er paßte ihn vielfältig wechselnden Aufgaben an. Zilligs Talent strahlte in die verschiedensten Richtungen. Als passionierter und sehr befähigter Dirigent war er, leitend am Hessischen Rundfunk, tätig; nahm, die Philologie streifend, der beiden unvollendeten Sakralwerke Schönbergs mit liebender Sorgfalt sich an. Nachdem das Hitlersche Reich ihn als Komponisten ausschaltete, hat er zahlreiche Gebrauchsstücke produziert; das erste war eine meisterliche Filmmusik zum ›Schimmelreiter‹. Durch die Gebrauchsarbeiten kam er in Kontakt mit der Funkdramaturgie, mit dramaturgischen Fragen überhaupt. Die ›Verlobung in St. Domingo‹ machte eine Radio- und eine Fernsehphase durch, ehe sie zur Oper wurde. Zilligs schonende Behutsamkeit dem Kleistschen Vorwurf gegenüber bezeugt seinen literarischen Sinn; die Texte seiner d'Annunzio-Lieder übersetzte er selbst, bearbeitete anderes mit großem Verständnis. Das Komponieren jedoch ist ihm in all der Aktivität nie zerflossen; das Gesamtwerk, wie es heute einigermaßen sich überblicken läßt, hielt sich erstaunlich einheitlich. Der Stil war von Anbeginn formuliert, auch die Gebrauchsarbeiten gehören ihm an; kaum gibt es eine scharfe Grenze zwischen ihnen und den anderen. Empfindliche Eleganz der Verfahrungsart, souveränes Schalten mit Möglichkeiten teilten sie mit den Gebrauchsstücken, während die letzteren nie den Geschmack des Artisten vergaßen.

Freilich brachte die Konzilianz in den großen Arbeiten eine gewisse Differenz von Gesinnung und Sache mit sich. Die Gesinnung war die kompromißlose der Schönbergschule; er hat sie auch in kulturpolitischen Konflikten aufs entschiedenste und tapferste bewährt. Die Sache zeigte, vergröbernd gesagt, eher Hindemithsche Züge; am deutlichsten vielleicht im Zweiten

Quartett, bis in die Themengestalten hinein, auch im monothematischen Bau langer Sätze. Die Zwölftontechnik, die er, neben Hanns Eisler, unter den jüngeren Schönbergschülern als erster benutzte, behielt bei aller Virtuosität der Reihenbehandlung etwas Unverbindliches. Denn sie berührte die Struktur der Einzelgestalten und der Formanlage nur wenig. In den Zwölftonwerken und den nicht zwölftönigen unterscheidet darum das Komponierte sich gar nicht so sehr. Rühmt man ihm nach, es fände sich in seinen frühen Zwölftonkompositionen »nirgends die amorphe Rhythmik der Wiener Zwölftonschule«, so tut das Lob ihm unrecht und verschiebt den Sachverhalt. Zillig kannte die Konstruktionsprinzipien der Wiener bis in ihre alchimistischen Geheimnisse hinein und hätte nie banausischen Vorwürfen gegen das angeblich Zerrissene und Chaotische zugestimmt. Schönberg selbst jedoch bevorzugte in den für Zilligs Entwicklung bestimmenden zwanziger Jahren mehr oder minder feste Rhythmen als eigentliche »Themen«, die von den Reihen ihren wechselnden Intervallinhalt empfingen; dem entsprachen auch die später oft gerügten, traditionellen Großformen. Nicht zufällig spielten unter diesen hochstilisierte Tänze, ›Suiten‹ eine so große Rolle: bei Zillig die Serenaden, die über sein gesamtes œuvre verstreut sind. Während aber der rastlose Schönberg darüber hinausgetrieben wurde, hielt Zillig an der einmal erworbenen Verfahrungsweise fest. Ähnliche Konflikte trug Alban Berg aus, der ebenfalls eine gleichsam ältere Gestalt von Musikalität in die Schönbergschule einbrachte. Aber die Lösungen waren umgekehrt. Berg überantwortete jene ältere Musikalität vorbehaltlos dem neuen Verfahren; nur gelegentlich, und dann mit besonderer Wirkung, schlägt sie durch. Zillig dagegen führte alles, was er bei und an Schönberg lernte, seiner vorher bereits definierten, in weiterem Sinn tonalen Musikalität zu. Aber die Zwölftontechnik ist nichts Isoliertes, sondern wälzt in ihrer Konsequenz das gesamte Komponieren um. Trotzdem verharrte Zillig zäh in gewissen Ausgangspositionen. Typisch für die Komponisten heute ist die Schwierigkeit, sich frei zu schwimmen. Wer mit Anspruch schreibt, ist gezwungen zu einem Äußersten an Schulung. Sie war bei Schönberg zu erlangen um den Preis rücksichtsloser Selbstdisziplin. Daß ein jeder Stärkere einen Punkt erreicht, wo das eigene kompositorische Bedürfnis ausbrechen will, versteht sich. Aber der Akt, der den Komponisten als ihr zu sich selbst Kommen erscheint, wird vielfach bezahlt mit einer Lockerung von Anforderungen innerer Stimmigkeit, die ihnen irrtümlich akademisch und unterdrückend dünken. Die Emanzipation von der Schule droht, die selbstkritischen Normen zu erweichen, nach dem Trugbild, man könne singen, wie der Vogel singt. Setzt Originalität sich selbst, so fällt sie nur allzu leicht ins Überholte zurück, das es durchweg bequemer macht. Berg, Webern haben dem widerstanden; Zillig nicht ebenso. Die Einheitlichkeit seines Stils verdeckt das, aber an einigen der bedeutendsten Arbeiten seiner Jugend, wie der Ersten Serenade und vor allem dem Ersten Streichquartett, ist es doch offenbar. Sie sind, bei allen Rückverbindungen durch Symmetrien und Fugati, schneidend exponiert, formen auch die Details unerbittlich aus. Das hat Zillig, als er seines Tones ganz mächtig war, nicht mehr erreicht; daß er es wieder erreiche, gesteigert durch all seine Erfahrung, war die Hoffnung, die sein Tod zerstörte. Hervorgehoben zu werden verdient etwa an dem genialischen Ersten Quartett ein Detail solchen Wesens, eine Gestalt aus dem Fugatothema des ersten Satzes. Eine Achteltriole im Viervierteltakt setzt auf dem unbetonten Achtel ein und läßt noch ein Nichttriolen-Achtel am Ende des Takts übrig. Der Einfall war höchst ungewöhnlich und prägnant. Derlei blieb bei Zillig selten. Seine Kunst gilt vorweg Abweichungen in der Behandlung von Mustern aus dem musikalischen Sprachschatz, vor allem der variierenden Fortsetzung strophisch wiederholter Komplexe, nach Mahlerschem Vorbild. Naiv war er, insofern er ohne Skrupel dem Gefälle sich anvertraute, zweiter musikalischer Natur. Diese Naivetät fand sich zusammen mit musikalischer Weltkenntnis, dem Blick für die einfachste und sinnfälligste Realisierung, der intelligenten Planung von Wirkungszusammenhängen. Nicht schlecht vertrugen sich der Organisator Zillig und der Komponist.

Unter der Oberfläche von Zilligs Komponiervirtuosität, zumal der der instrumentalen Disposition, klaffen Brüche. Zu ihrer Erklärung genügen nicht Reflexionen über seine Individualität. Was der exzeptionellen Begabung versagt blieb, hat eine objektive Seite; getreu hat er Widersprüche der gegenwärtigen Lage des Komponisten als solcher in dem von ihm Komponierten registriert. Zunächst die, welche am Begriff kompositorischer Erfahrung haften. Ihrer bedarf es; der kompositorischen Hand, die nur in Übung, unablässiger Tuchfühlung mit Material und Prozeduren sich bildet. Aber die kompositorische Hand und die zu leichte Hand sind mittlerweile fast dasselbe geworden. Vor zweihundert oder einhundertfünfzig Jahren, bei den höchsten Fällen Mozart und Schubert, ging, dank des unerschütterten Idioms, hemmungsloses Produzieren mit Qualität noch zusammen, obwohl selbst bei den beiden schon Symptome der Unvereinbarkeit nicht zu verkennen sind. Während aber die neue Musik, mehr vielleicht als je die traditionelle, den ungeschmälerten Besitz der kompositorischen Mittel voraussetzt und damit auch Übung, spricht Fazilität ihrer Idee Hohn. Nichts in ihr taugt mehr, was aus dem Fundus stammt; ihren Mitteln selber wohnt das Gebot der Einmaligkeit eines jeglichen Komponierten inne und das gänzlicher Durchgestaltung. Berg und Webern handelten danach; wendeten all ihre Mühe an technische Entwicklung zum Intensiven, nicht zum Extensiven. Beide waren Meister ohne Routine. Zilligs Begabung jedoch war durchaus extensiv, konnte der Routine nicht entraten zu einer Stunde, da sie, indem sie hilft, daß etwas zustande komme, zugleich es unterhöhlt. Der legitime Drang der kompositorischen Sache ins Breite trägt bereits das Potential ihres Verfalls in sich.

Dieser Drang jedoch kam bei Zillig selber wieder aus objektiver Nötigung. Etwas in seiner Art, Musik zu empfinden und sich vorzustellen, rebellierte gegen einen Aspekt der Moderne, der ihn etwa an Webern als spezialistisch beengt schrecken mochte. Daß Zillig fast in allen Gattungen sich erprobte, folgt wohl aus diesem Impuls, einer Sehnsucht nach verlorener Totalität; dem Gefühl, daß es in der Musik nur eine Wahrheit geben könne, daß es mit der Idee musikalischer Wahrheit nicht sich vertrüge, wenn sie in schlechthin divergente Schulen vergleichbaren Niveaus auseinanderfiele. Vorm Monumentalisieren zwar behütete ihn seine Schulung und sein überaus differenziertes Sensorium. Wohl aber wollte er bei der beschränkenden Gestalt musikalischer Arbeitsteilung nicht sich bescheiden, wie sie in Weberns absoluter Lyrik einerseits, andererseits im kubischen Ballett Strawinskys triumphierte auf Kosten breiter Möglichkeiten, die in beiden Extremen existierten und von beiden asketisch beschnitten wurden. Eben das widerstrebte Zillig. Hans-Wilhelm Kulenkampff hat in seinem schönen Nachruf[1] Zilligs Tendenz als eine zur Synthese jener Extreme, also der Schönbergschule mit Strawinsky, definiert. Wahrscheinlich war das nicht einmal Zilligs ausdrückliche Absicht, sondern er gelangte dazu vermöge der Spannung zwischen seinem Naturell, dem gleichsam Anachronistischen, das in ihm aufgespeichert war, und seinem fortgeschrittenen kompositorischen Bewußtsein. Aber das Wort Synthese klingt längst verdächtig. Die Spaltung, an der Zillig wie viele litt, und welche die Anstrengung zur Synthese inspirierte, ist nicht durch ein Vermittelndes wegzuschaffen. Einzig durchs Extrem hindurch ist noch zu vermitteln. Zillig hat das verkannt oder eher noch, mit einer der Musikalität im spezifischen Sinn verwandten Lässigkeit, sich dagegen gesperrt. Synthese erhoffte er sich, vergebens, von einem Zusammenbiegen, wenn man will: von der disponierenden Organisation des Vertrauten, das sich anbot; nicht von der reinen Versenkung in die einzelne Komposition. Was sich derart voneinander losgerissen hat wie die auf Beethoven, Brahms, auch Wagner zurückdatierende Verfahrungsweise der radikal dynamischen, entwickelnden Variation hier und dort die trickhafte Manipulation der musikalischen Zeit durch schief geschnittene und aneinander gereihte Motivblöcke, ist auch bei größtem Geschick des Realisierens nicht zu versöhnen. Beim Versuch dazu wird der Schönbergschen Forderung verbindlicher Durchgestaltung ins Flächige, breit Gepinselte ausgewichen, während innerhalb einer trotz allem fließenden Musik deutsch-österreichischer Herkunft die Blöcke jene Härte einbüßen, die sie bei Strawinsky wenigstens zur Stilisation geeignet machten. Erscheinen die Zilligschen Sätze, auch Lieder zuweilen, merkwürdig überdehnt, so manifestiert darin sich kraß jener Widerspruch; er wäre bis in die feinsten Verästelungen der Komposition hinein zu verfolgen.

Er ist aber Zillig nicht äußerlich, nicht abstrakt von der Zeit-

1 Hans-Wilhelm Kulenkampff, Zum Tode von Winfried Zillig, Hessischer Rundfunk, 18. 12. 1963.

situation bedingt. Sein künstlerisches Schicksal hat seinen tödlichen Ernst, weil ihn die eigene kompositorische Anlage in jene Situation führte. Überhaupt darf das Verhältnis zwischen geschichtlicher Phase und individueller Beschaffenheit nicht starr polar gedacht werden. Nicht nur bringt der historische Augenblick die Begabungen hervor, nach denen er verlangt, er beschädigt sie auch. Das musikalische Naturell Zilligs war beherrscht von einem Zeitgefühl, das Musik als Dauer vorstellt. Die alten Mittel vermochten das nicht mehr zu realisieren; alles etwa, was je um Bruckner-Nachfolge sich bemühte, wurde schaler Aufguß. Die neuen Mittel jedoch sind solche intensiver Verschränkung, nicht solche der Dauer. Selbst bei Strawinsky, der eben doch zur französischen Tradition gehört, überwiegen die kurzen Formen. Noch wenn er als sein eigenes Material die zuzurüstende Zeit empfindet, möchte er sie durch Kontraktion intensivieren. All dem wich Zillig aus. Das hat ihn zu einer Art Reduktion der neuen Mittel veranlaßt. Er trachtete, deren Ansprüche zu mildern, bis die kompositorische Fiber dem Wunsch nach Dauer durch Übersichtlichkeit sich anbequemte. Im Kontrast zu Webern war solche Reduktion eine der Vereinfachung. Sie aber verurteilt die thematischen Modelle vielfach zu einer Unerheblichkeit, die ihnen verwehrt, die großen Formen zu tragen, um derentwillen reduziert ward. Was man an Zillig optische Täuschung nennen könnte, hat hier seinen technischen Ort. Dauer wird abstrakt; die Zeit, welche die Musik erfüllen möchte, tritt kahl, nackt, ungeformt aus ihr wiederum hervor. Die umfangreichsten Werke Zilligs, wie die mit allzu karger Motivik haushaltende Oper ›Troilus und Cressida‹, sind die schwächsten; relativ kurze wie die Verlaine-Lieder die besten, unter den Opern die konzentrierten ›Rosse‹. Von der Idee des Extensiven war er so fasziniert, daß er deren Verhältnis zum musikalischen Inhalt und zur Frage des kompositorischen Werdens verkannte; er beschied sich bei der Paradoxie, Statik mit dynamischen Mitteln zu erreichen. Der Musikant ward zum Splitter im Auge des Musikers. Der Fortschritt der Synthese näherte sie der Regression.

Zilligs Utopie von Dauer veranlaßt zur Besinnung darauf, wie er überhaupt musikalisch reagierte. Steuermann sagte einmal von Hindemith, er meine Musik als permanenten, nicht als Ausnahmezustand. Auch für Zillig war sie ein kontinuierlicher, nicht abreißender Bewußtseinsstrom, alles andere als die extreme Situation des zum Zerreißen Gespannten, auf welche nicht nur die Wiener Schule, sondern auch deren Widerpart, die besten Werke Strawinskys, es absehen. Musiker wie Zillig denken eigentlich gar nicht in einzelnen Werken, sondern in einer Art klingendem monologue intérieur, aus dem dann die einzelnen Arbeiten zufällig fast sich lösen, ohne festen Kontur gegeneinander. Max Reger war der größte Repräsentant dieses Typus. In dessen reifen Stücken ließen mühelos nicht nur Sätze, sondern auch Teilkomplexe sich austauschen; so als ob die einzelnen Stücke dem Kontinuum zuliebe ihre eigene Bestimmtheit aufopferten. Durch ein Moment der Immergleichheit des unablässig Verschiedenen mahnt Zillig an Reger; in einem seiner letzten Werke, dem über den Meistersingerchoral, hat er ihm ausdrücklich gehuldigt, indem er das Thema der Schlußfuge an das der Regerschen aus dem Es-Dur-Quartett anklingen ließ. Überdimensioniert sind Zilligs Sätze auch als Abschnitte aus jenem unendlichen Kontinuum, möchten wie dieses immerzu weitergehen. Zwischen Werk und Ausübendem ist ebenfalls keine feste Demarkationslinie gezogen; beides verfließt im selben Strom, gleichwie in archaischer Musikalität. Solche Reaktionsform ist so eingewurzelt, unterhalb alles Gelehrten und Gekonnten, daß sie bei Musikern verschiedenster Herkunft und Schulzugehörigkeit wie Reger, Hindemith, Zillig ähnlich sich behauptet wider die Stimmigkeit des Gebildes, die anders als im Profil der einzelnen Werke nicht mehr glücken will. Sicherlich war für Zillig die Sphäre der Gebrauchsmusik so wenig ein Segen wie für irgendeinen, aber auch seine Hinneigung zu ihr stimmte zu jener Reaktionsweise, gegen die er nicht ankonnte. Anpassung an von außen gesetzte Zwecke kam seiner Sehnsucht nach Musik als Dauerzustand entgegen, der nach der Reintegration in jenes Leben, dem Werke das Einverständnis kündigen.

Kunstwerke, die es sind, haben an sich selber etwas Grausames. Ihre Objektivität ist nicht zu denken ohne die Gewalt des Abschneidens. Das ist einer der triftigsten Einwände gegen Kunst überhaupt, die auf das Gewaltlose hinaus möchte, ohne daß sie doch, als Form, der Gewalt entrinnen könnte. Gegen keinen aber sind die Kunstwerke grausamer als gegen die, welche sie hervorbringen. Denn die Werke dulden keine Nachsicht. Ihre Qualität ist eben das, was vom Künstler sich trennt, und ihre Mängel werden zu dessen Feinden. Um so mehr gebührt Nachsicht den Künstlern selber, wider die ihre Werke als vergängliche sich kehren. Die Möglichkeiten des Gelingens und des Mißlingens verschränken sich objektiv; vom Individuum und seinem Schicksal aus gesehen ist es zufällig, ob einer ein Genie wird oder nicht, und das zeugt gegen den Geniebegriff. Valéry hat bemerkt, von welch absurden Umständen es abhänge, was von früheren Werken überliefert wäre; wie damit noch der Begriff der Klassizität sein Gegenteil enthalte. Das gilt auch für die ästhetische Sache selbst, in deren Macht es nicht gegeben ist, ob sie gerät. Ihr Traum von Unsterblichkeit wird begleitet vom finsteren Schatten des Vergessens. Das Trostlose in der Erinnerung an Zillig, und das, was gebietet, etwas an ihm wiedergutzumachen, ohne daß man doch recht wüßte, auf welche Weise – dies Trostlose ist, daß er das Äußerste hätte werden können und es nicht wurde. Das erschüttert den Glauben an große Komponisten: dieser Glaube ist befleckt von dem an den Erfolg. Begabungen wie Zillig, die ihre Platonische Idee nicht realisieren, weil sie dem sich preisgeben, was in ihnen stärker ist als die objektivierte Leistung, sind darum nicht geringer. Was ihre eigene Musik verfehlte, führen sie der Idee einer Musik überhaupt zu, die über den Werken wäre. Daher die abgründige Ungerechtigkeit in dem Urteil, das sie aufs Geleistete vereidigt. Zillig die Treue halten heißt, seinem Potential die Treue halten, im Widerstand gegen das Gesetz dessen, was, nach dem Wort von Karl Kraus, die Welt aus uns gemacht hat. Der Augenblick seines Todes ist der des Einspruchs gegen ein Verdikt, das sich absehen läßt. Festzuhalten ist die Möglichkeit gegen das Verwirklichte und gegen die schmähliche Gestalt der Wirklichkeit selber.

1964

Über einige Arbeiten Arnold Schönbergs

Die Stücke von Arnold Schönberg, von denen die Rede sein soll, durch ein Rundfunkkonzert nebeneinandergestellt, zählen nicht zu den bekanntesten. Nach üblichen Denkgewohnheiten sind es Nebenwerke, sei's ihrer Kürze wegen, sei's, weil sie Bearbeitungen von fremdem Material, von Volksliedmelodien, darstellen, diesseits von Schönbergs eigenem Stil. Die Produktivkraft des Komponisten war so groß, daß sie noch dem scheinbar Unbelasteten originale Aspekte abzwang. Die Begriffe Haupt- und Nebenwerk hat er selbst abgelehnt. Sie sind problematisch gegenüber einem, der das Oratorium und die große Oper, die als chefs d'œuvre sich präsentiert hätten, unvollendet ließ. Machen Hauptwerke heute insgesamt sich als akademische Schaustücke verdächtig, dann sträubt Schönberg von einem gewissen Augenblick an sich dagegen durch ein tief liegendes Moment all seiner Kompositionen. Während eine jegliche gestaltet ist, als wäre sie allein auf der Welt, als gäbe es keine Gattung, die sie vertritt, steht zugleich doch keine nur für sich selbst ein. Jede vielmehr öffnet eine Perspektive möglicher anderer Werke, die an das jeweils Visierte anschließen, wohl auch es zur Konsequenz treiben könnten, wie es in den Serien moderner Maler die Regel ist.

Schönbergs Typen schaffende Fähigkeit inmitten des rückhaltlos Individuierten ersetzt gleichsam den Schutz bei den etablierten Gattungen, den Musik vor ihm genoß. Wenn aber Werke Möglichkeiten ebensosehr abtasten, wie sie wirklich sind allein in ihrer Besonderung, so verliert der Unterschied von Haupt- und Nebenwerk seinen Grund. Von Arbeiten, die aussehen, als lägen sie bloß am Rande, können ganze Richtungen abzweigen; Webern etwa ist aus Schönbergs vorletztem Georgelied und den Kleinen Klavierstücken op. 19 hervorgetreten. Daraus erhellt eine in die Sache hineinreichende Beziehung der autonomen

Komposition zur Pädagogik. So bar aller Rücksicht auf von außen her zugemutete pädagogische Zwecke hat diese seit Bach kaum mehr sich entfaltet. Daß jedes Werk die Möglichkeit anderer umschreibt, macht ein jegliches zu einem Lehrstück ins Unbekannte hinein. Zuweilen dringt dies latente pädagogische Moment bis an die Oberfläche; so in den Volksliedbearbeitungen. Sie bilden die Brücke zwischen Schönbergs autonomen Kompositionen und den schulmäßigen Kunststücken der Kanons, die er, treu einer alten Tradition unter Meistern, in die auch Brahms sich fügte, nebenher verfertigte. Kurz, sie verdienen Aufmerksamkeit nicht nur um ihrer eigenen Meriten willen, sondern ebenso, weil sie zur Erkenntnis von Schönberg insgesamt wesentlich beitragen.

Die ›Drei Stücke für Kammerorchester‹ wurden von Josef Rufer im Nachlaß zu Los Angeles entdeckt. Daß es um einen Fund größter Relevanz sich handelt, hat man keinen Augenblick bezweifelt. Sie stammen aus Schönbergs revolutionärer Zeit, seiner besten. Damals legte er in beispiellos dichter und gedrängter Produktion eine astronomisch weite Entwicklungsstrecke zurück. Geschrieben wurden sie 1910, in der Periode der freien Atonalität, schätzungsweise parallel zur ›Glücklichen Hand‹, jedenfalls vor den Kleinen Klavierstücken. Ihr Handicap ist ihr fragmentarischer Charakter. Das letzte bricht plötzlich ab; man kann nicht bestimmt sagen, wie es weiter gegangen wäre; man weiß auch nicht, ob der Zyklus nur auf drei Stücke berechnet war oder, wie man bei ihrer Kürze annehmen möchte, mehr hätte enthalten sollen. Selbst die Notation bereitet gewisse Schwierigkeiten. Die Klarinette steht in b; das ist in der verkleinerten Partitur in Josef Rufers Buch ›Das Werk Arnold Schönbergs‹ deutlich zu sehen, die Angabe fehlt aber in der vergrößerten und zum praktischen Gebrauch allein verwendbaren Partitur des Kranichsteiner Musikinstituts. Auch bei dem Horn ist die Stimmung nicht bezeichnet; es ist aber nach der üblichen, später von Schönberg aufgegebenen Weise transponierend geschrieben, in f. Wen das lesende Ohr nicht darüber belehrt, dem kann der zwingende Beweis aus dem Takt 5 des zweiten Stücks erbracht werden, wo Pizzicato-Sechzehntel der beiden Geigen einen liegenden Bläserakkord tongetreu in Bewegung übersetzen: die Identität herrscht nur unter der Bedingung jener Transpositionen.

Der Schönbergsche Nachlaß enthält ungemein zahlreiche Fragmente; freilich nur wenige, die so weit gefördert wären wie diese Drei Stücke. Seine Verfahrungsweise ähnelte darin der Mozarts, wahrscheinlich ohne daß er, historisch wenig interessiert, das gewußt hätte. Lieber schrieb er, gleich Mozart, etwas Neues, als daß er in eine Komposition, in der Hindernisse auftraten oder etwas ins Stocken geriet, ändernd eingegriffen hätte; nicht zuletzt vielleicht aus blindem Vertrauen in die Nötigung durchs innerlich Gehörte betrachtete er seine Hand als die glückliche. Solche Gewohnheit war aber nicht bloß psychologischer Art, sondern hängt mit der Sache zusammen, zumal mit der Idee des Expressionismus, dem die freie Atonalität verschwistert ist. Die frei atonalen Werke haben ihr Formgesetz am Ausdruck einer Innenspannung. Um sich zu objektivieren, setzt sie sich auch in den Produktionsprozeß um. Läßt sie nach, gehorcht die Hand nicht mehr einem Zwang wie dem der späteren automatischen Niederschriften der Surrealisten, so läßt sie lieber die Feder sinken, als daß sie Unwillkürlichkeit durch Willkür vorspiegelte; insofern steckt schon im Schönbergschen Expressionismus ein Stück Sachlichkeit. Als die Zwölftontechnik noch nicht zum Komponierrezept herabgesunken war, sprach man gern, und selten ohne das hämische Epitheton »überspitzt«, von Schönbergs Subjektivismus. Im unbewußten Zwang des kompositorischen Akts steckt sicherlich alle subjektive Kraft. Aber auch das Gegenteil. Wie, nach psychoanalytischer Lehre, das Unbewußte, so sind Gebilde wie die Drei Stücke für Kammerorchester zugleich ich-fremd, gegenüber der subjektiv-souveränen Verfügung des Komponisten verselbständigt. Durchs von ihm so genannte »Triebleben der Klänge«, dem der Komponist eher nachhorcht, als daß er es veranstaltete, gewinnt Schönbergs Musik aus jener kritischen Zeit die Objektivität, die sie über die Zufälle ihres Ursprungs in der bloß individuellen Regung erhebt. So tief verschränken sich Subjekt und Objekt in der Musik.

Die Drei Kammerstücke verleugnen nicht die Phase ihrer Entstehung. Nicht bloß sind sie atonal, benutzen noch keine Reihen;

sind sie auch, prima vista zumindest, athematisch, also ohne jede Wiederholung oder offenbare Variation von irgendeinem der darin verwendeten Motive. Aber als eigener Typus erweisen sie sich durch ihre scharfe Differenz von allem in Schönbergs œuvre Benachbarten. Zum Lapidarstil der ›Glücklichen Hand‹ verhalten sie sich wie David zum Goliath. Sie sind mikrologisch durchgebildet. Im Vergleich mit den Kleinen Klavierstücken aber, mit denen sie die Kürze teilen, hat Rufer sie als »aphoristisch« bezeichnet. Das ist richtig, wenn man dabei nicht bloß an die noch knapperen Dimensionen denkt, sondern an eine gewisse melodische Prägnanz der Gedanken. Ohne irgend in traditionellem Sinn verarbeitet zu werden, gleichen sie doch eher Themen als die Zellen der Klavierstücke. Das entspricht dem Bedürfnis linearer Instrumente, dem der solistischen Streicher und Bläser, für welche die Kammerstücke konzipiert sind. Am ehesten könnte man an Schönbergs Monodrama ›Erwartung‹ denken. Doch erlaubte das halbstündige Bühnenwerk unbesorgtere Reihung der Einzelereignisse als die Miniaturen, in denen ebenso jedes Einzelereignis rein es selber sein muß, ohne Zeit zu haben, sich zu expandieren, wie auch mit den anderen Details zwingend sich zusammenzuschließen. Zu denken ist schließlich an die etwas später geschriebenen Orchesterstücke op. 10 von Webern, die ebenfalls ein Kammerorchester mit solistischen Streichern benutzen. Nicht nur wegen des ein wenig größeren instrumentalen Aufwands sind die Webernschen Stücke orchestraler. In ihnen behauptet der Gesamtklang, nach Schönbergs Sprache die Klangfarbenmelodie, den Vorrang. Die Schönbergschen Stücke jedoch, wenigstens die zwei ersten, sind insofern kammermusikalisch, als der Einzelgedanke im einzelnen Instrument führt, von einem zum anderen wandernd. Ihrer Fiber nach sind sie Kammer-, nicht Orchestermusik.

Danach wird man das Problem nennen dürfen, das die Stücke spezifisch sich stellen, ohne daß der Komponist eigens darauf reflektiert haben müßte. Jede bedeutende Komposition ist strengen Sinnes um ein Problem zentriert, jede hat ihre Weise, unlösbare Aufgaben paradox zu lösen. Die Frage, welche die Konzeption der Stücke an den Komponisten richtet, lautet: wie lassen sich plastische kammermusikalische Gedanken, kammermusikalische Durchbrochenheit so formulieren, daß gleichwohl nichts gegen ein Ganzes sich verselbständigt, das seinerseits weder Fortspinnung noch variierende Entwicklung duldet. Die Teilmomente müssen aufs schärfste voneinander sich abheben, um artikulierte Form zu erzeugen, keines aber darf sich absondern, alle sollen mit allen aufs dichteste sich verklammern. Die Schachaufgabe ist: in einem Atem und doch in sich gegliedert zu komponieren.

Die bündige technische Antwort darauf erteilt das erste Stück, das ich darum für das wichtigste halte. Mit dem ersten Augenblick ist es mitten in der Sache, wie die ›Jakobsleiter‹ oder die ›Erwartung‹, schlagend einfach nach dem ästhetischen Programm der ›Glücklichen Hand‹. Das Prinzip aber, nach dem das Stück organisiert wird, ist, vermittelnd, das der Überkreuzung. Die jeweils von selbständigen Nebenstimmen begleitete Hauptstimme, die aphoristischen und in sich pointierten Ideen werden dadurch in Zusammenhang gebracht, daß eine vor dem Ende der vorhergehenden einsetzt. Schönberg hat höchst original ein ehrwürdiges Mittel polyphonen Komponierens umgedacht: das der Engführung, also des imitatorischen Eintritts einer Stimme vorm Abschluß ihres Modells. Paradox im buchstäblichen Sinn ist das Verfahren deshalb, weil es Engführungswirkungen ohne Thema und Kanonik erzielt. Von der alten Idee ist das höchst Formale übrig, daß ein Hauptereignis in den Vordergrund dringt, ehe das andere beendet ist; faßliche Identität des motivischen Materials stellt nur intermittierend sich her. Zu sprechen wäre von athematischen Engführungen. So setzt sogleich im ersten Takt aufs letzte Viertel der Hauptstimme des Cellos die Klarinette mit einer nicht minder prägnanten Hauptstimme ein. Man könnte auch sagen, in dem Stück werde der rote Faden geschürzt.

Das eigentlich Geniale ist nun, daß aus dieser Idee, also einer *Satz*idee, die *Form* abgeleitet wird. Diese ist dreiteilig, aber nicht wie die übliche Liedform nach dem Schema a-b-a, sondern, ebenfalls wiederholungslos, a-b-c. Die Gliederung folgt aus den Stimmkreuzungen. In den ersten Takten beschränken sie sich auf eben jenes Verhältnis zwischen Cello und Klarinette. Ein Ritardando führt zu einem neuen, deutlich gesonderten zweiten

Teil, mäßige Viertel nach den raschen des Beginns: übergeleitet wird durch die Fortsetzung der Klarinettenmelodie, nun solo ohne alle Begleitung. Die Klangfarbe des ritardierenden Endes der ersten Phrase ist zugleich die des Anfangs der mäßigeren, neuen; sie verbindet beide. Die neue ist eine rudimentäre Durchführung durch zunehmende Dichte der Überkreuzungen. Dabei verdient Aufmerksamkeit, daß diese Verdichtung das Verfahren insofern tangiert, als nun auch, wie unterm Zwang des Engführungsdenkens, tatsächliche motivische Zusammenhänge sich ergeben. Nicht nur variiert das Oboenmotiv das des Cellos vom Beginn, sondern das Motiv der kleinen Terz dominiert in den Einsätzen, und zwar insbesondere in den Tönen g und e, die nacheinander von der Oboe, der ersten Geige und dem Cello, nach Art eines Motivrests, gespielt und dann teils umgekehrt, teils transponiert werden.

Daran bestätigt sich, wie nahe in Wahrheit auch die sogenannten athematischen Kompositionen Schönbergs dem Geist motivisch-thematischer Arbeit sind: das ist der wesentliche Unterschied zwischen ihm und den gegenwärtigen seriellen Komponisten, die ja das athematische Verfahren übernommen haben. Im Anfang des Mittelteils, den Takten 3 und 4, ist zwischen den sich überschneidenden Einsätzen noch viel Klangraum frei; vom fünften an schichten sie sich eng übereinander, ein Cello-Einsatz forte, ein weiterer zweier selbständiger Stimmen von Oboe und Horn, dann treten die Geigen in hoher, exponierter Lage hinzu und steigen jäh zur Klimax an. Darauf senkt sich, nachsatzartig, die Kurve im dritten Abschnitt. Nachdem die erste Geige sich einmal, gegen einen Kontrapunkt des gedämpften Horns, durchgesetzt hat, behauptet sie sich bis zum Schluß als Solomelodie: ihr Aufschwung hat in dem Wechselspiel der sich überkreuzenden Stimmen die Entscheidung herbeigeführt. Die etwas ausgesponnene Geigenmelodie entspricht, einfach durch ihren solistischen Charakter, der Klarinettenmelodie zwischen erstem und zweitem Teil: die Analogie stellt Gleichgewicht her. Derart sublimierte Ähnlichkeiten: daß einmal dies, einmal ein anderes Instrument ein wenig länger sich ausspielen darf, ererben die Funktion von Wiederholungen oder variierten Reprisen. Der letzte Abschnitt ist erst akkordisch homophon begleitet, am

Schluß ganz monodisch: die Senkung der Formkurve wird durch die instrumentale Disposition auskomponiert. Schönberg hat, als Theoretiker, von der formbildenden Struktur der Harmonie gesprochen. An dem ersten Kammerstück wäre die formbildende Struktur von Satz und Setzweise zu erläutern. Die Integration der musikalischen Dimensionen, die seitdem das Komponieren beherrschte, manifestierte schon vor mehr als fünfzig Jahren sich darin, daß eine kompositorische Schicht Leistungen übernehmen kann, die früher einer anderen oblagen, dort aber durch Kritik ausgeschieden wurden.

Kompliziert ist das erste Stück, weil es gleichsam mit doppelter Polyphonie arbeitet: der der Überschneidungen der Hauptstimmen und der der sehr profilierten Begleitstimmen. Dazu kontrastiert das zweite. Es ist noch kürzer, wesentlich einfacher, auch homophoner. Formal ist es aus Abschnitten gereiht, aus »Intonationen«. Schönberg hat in seinem letzten Instrumentalwerk, der Violinphantasie[1], diese Technik wieder aufgenommen; seitdem spielt sie allerorten eine erhebliche Rolle. Das Stück gliedert sich nach Fermaten im doppelten Sinn: drei Fermaten über Taktstrichen sind als nachdrückliche Phrasierungszeichen zu lesen: die Intonationen, eine zweitaktige mit Auftakt, eine eintaktige und zwei Zweitakter, verhalten sich zueinander etwa wie Verszeilen, Choralfermaten. Ton und Bau des Stücks nehmen jene zweite Einfachheit vorweg, die in späten Werken von Webern, so im Konzert für neun Instrumente, waltet. Fürchtete ich nicht bei einer Komposition des Umfangs von sieben Takten die Lächerlichkeit, so würde ich sagen, es handele sich dem Geist nach um ein Rondo, eben durch die gereihte, nichtverwobene, quasi-offene Anlage. Aber wie die Idee des ersten Stücks die der Engführung ohne Thema war, so ist es diesmal die des Rondos ohne Thema, ohne Refrain; rondohaft ist einzig noch das Prinzip absichtsvoll unverbindlicher Reihung. Denn diese wird aufs kunstvollste behandelt. Während nämlich das Stück abermals athematisch und amotivisch sich gebärdet, benutzt es doch ein

1 Vgl. deren Interpretationsanalyse in Theodor W. Adorno, Der getreue Korrepetitor. Lehrschriften zur musikalischen Praxis, Frankfurt a. M. 1963, S. 162 ff. [jetzt auch: Gesammelte Schriften, Bd. 15, Frankfurt a. M. 1976, S. 313 ff.].

minimales Bindemittel, den letzten Rest eines Motivs: einen Rhythmus. Es ist der des nachschlagenden Sechzehntels, mit dem das Stück anhebt. Die Geschichte dieses synkopischen Sechzehntelrhythmus ist der musikalische Inhalt des Stücks. In dem ersten Abschnittchen erscheint er in den drei Hauptstimmen: erst in der Flöte, zweimal, darauf fortsetzend einmal in der Oboe, dann, ebenfalls einmal, im gedämpften Horn. Im dritten Takt wird die Sechzehntelidee durch eine durchlaufende Pizzicato-Figur des Cellos unterstrichen.

Der nächste, kürzeste Abschnitt ist wiederum der durchführungsähnliche. Mit den Webernschen Miniaturen, zumal den Bagatellen für Streichquartett, haben die Stücke gemeinsam, daß ihre Form durch einen Verdichtungsprozeß in ein oder zwei kritischen Takten sich konstituiert. Der hier ist der dritte, polyphoner als die ersten. Der synkopierte Einsatz wird vergrößert, das erste Achtel fehlt. Die Sechzehntelsynkope erscheint nochmals auf dem dritten Taktteil; der Takt reißt abrupt ab. Die nächste Gruppe löst konsequent die Spannung auf. Sie setzt, zum erstenmal, eindeutig auf dem guten Taktteil ein, in einer ruhigen Viertelbewegung; während die Töne des sich bildenden Akkords c-f-h-b dissonieren, wird er zugleich rhythmisch gleichsam zur Konsonanz. Der nächste Takt verdoppelt diesen Akkord durch Sechzehntel-Pizzicati der beiden Geigen und verflüssigt die motivische Synkope in gleichmäßiger Bewegung; am Ende des fünften Takts hallt der Synkopenrhythmus in der Oboe reminiszenzhaft nach. Die beiden letzten Takte sind Coda oder Nachsatz. Wie der dritte Takt setzen sie mit einer Achtelpause ein, aber ohne allen Sechzehntelrhythmus. Die Hauptstimmen – Flöte und Kontrabaß – verlaufen in größeren, rhythmisch parallelen Notenwerten. In der Farbdisposition deutet sich eine krebsähnliche Idee an. Begann das Stück mit einer Klangfarbenmelodie der Folge von Flöte und Oboe, so geht nun die Oboe – mit denselben Anfangsnoten wie bei ihrem ersten Auftreten – der endenden Flöte voraus: formbildende Funktion des Kolorits.

Das dritte, unvollendete Stück ist am ehesten kammerorchestral, durchs Vorwalten der Farbe und die Vorstellung einer Klangtotale, die dem Stück mit den Herdenglocken aus Weberns

Zyklus verwandt ist. Zur Besetzung treten zwei Tasteninstrumente hinzu, Orgel – oder Harmonium – und Celesta. Das Stück veranlaßt dazu, manche Vorstellungen über den Schönberg der freien Atonalität zu revidieren. Dieser erschien bislang in schroffem Gegensatz zu den gleichzeitigen, mit Ostinato-Wirkungen, liegenden Stimmen und festgehaltenem Begleitsystem operierenden Arbeiten von Strawinsky. Der Gegensatz war aber damals keineswegs so kraß; erst allmählich hat Schönberg in seiner Musik jenes Formmittel getilgt; erstmals fehlt es wohl ganz im ›Pierrot‹, wo nicht umsonst bald mehr oder minder vertraute Liedformen, bald Typen wie Fuge, Kanon, Barcarole, Walzer, Passacaglia integrieren helfen. Offenbar war in den Pionierjahren der neuen Musik, welche die Stütze des tonalen Systems verloren hatte, ohne simplere Mittel des Zusammenhangs nicht ganz auszukommen. Bei Schönberg wurden sie rasch durch die fortschreitende Konstruktion verdrängt, Strawinsky ist die Lückenbüßer der Atonalität nie wieder losgeworden, auch nicht, als er längst auf die Tonalität sich zurückgezogen hatte.

Ein liegender Akkord also wurde vom Schönberg der revolutionären Jahre nicht nur im ersten und dritten Orchesterstück op. 16 und in der ersten Szene der ›Glücklichen Hand‹, sondern auch in dem dritten Kammerstück benutzt. Aber seine unerschöpfliche Phantasie hat noch in dem identischen Mittel differenziert. Diesmal ist es kein drohender oder unheilvoll-starrer Komplex, sondern ein unendlich zarter, atmosphärischer Hintergrund, der sechstönige Akkord ges-c-f-b-e-a im Flötenregister von Orgel oder Harmonium: er bleibt das ganze Stück hindurch liegen, soweit es geschrieben ist. Als Hauptstimmen heben sich davon etwas fester gefügte, aber äußerst kurze Gestalten ab, charakteristisch punktierte Halbe in Streichern und Flöte, zweimal, auffällig, ein Quintenintervall. Den Nachsatz dazu bestreitet ein aufgelöstes Motiv der Celesta, mit Zweiunddreißigsteln, die sich dann fortsetzen. Vom vierten Takt an bildet sich, zusätzlich zu dem liegenden Akkord, ein Ostinato-System mit rudimentären Motivansätzen. Aus diesem System erfolgt im achten Takt ein heftiger Ausbruch der zufahrenden Klarinette, des Horns und der Oboe. Dann bricht die Komposition ab.

Mutmaßungen über die Form sind wohl erlaubt. Das Stück wäre

vielleicht ein klein wenig länger als die beiden ersten geworden, allein schon wegen der Proportion zum größeren Instrumentalaufwand; kaum jedoch sehr viel, ebenso wegen der Gesamtanlage des Zyklus wie wegen der Begrenzung, die dem Stück durch das statische Klangdessin auferlegt ist. Wahrscheinlich hätte der Ausbruch des achten Takts sich fortgesetzt, vielleicht auch bloß steigernd wiederholt, ohne wirklich sich zu entwickeln, und dann wäre das Stück rasch abgeklungen und hätte nur das Klangdessin des Hintergrunds, allenfalls in dem allmählich erreichten dichteren Gewebe, übriggelassen. Malt man sich derart den fehlenden Rest aus, so gelangt man zu einer Hypothese, warum das Stück Fragment blieb. Sein Plan ist so deutlich zu erkennen, daß man es als durch den achten Takt entschieden betrachten mag; es würde wohl mehr oder minder von selbst sich fortsetzen und auslaufen. Leicht vorstellbar, daß es eben darum an Interesse für Schönberg verlor. Daran wird man einer Paradoxie allen modernen Komponierens von emphatischem Anspruch inne. Jede in sich stimmige, konsequent ausgehörte Komposition läuft von einem gewissen Punkt an – oft ist es das letzte Drittel – wie zum Lohn von selbst weiter; der Komponist notiert das mit dem Gefühl, überm Berg zu sein. In umfangreichen Sätzen von Schönberg läßt zuweilen bis auf den Takt der Punkt sich angeben, wo jene Selbsttätigkeit der Komposition anhebt. Wie sie aber deren Gelingen bestätigt, so ist sie zugleich ein Einwand gegen die gelungene Komposition: die Schwerkraft, die sie zum Ende zieht, ist auch eine nach unten, ein Nachlassen der Spannung, eine sei's noch so latente Automatisierung. Eigentlich geschieht nichts mehr, nur noch das Gleichgewicht wird hergestellt, wie Schönberg theoretisch es von jeder Musik verlangte; aber sehr eigene Musik verlangt ebenso, daß unablässig etwas geschehe. Die Rundung der Komposition ist, nach einem obersten Kriterium, zugleich auch ihr Mißlingen; diese Aporie hat Schönberg offenbar gefühlt, und sie hat ihm, wenigstens dies eine Mal, wenn nicht häufiger, den Abschluß verleidet. So läßt sich noch aus dem Unkomponierten Einsicht gewinnen ins Komponierte.

Die ›Vier deutschen Volkslieder‹, für Singstimme und Klavier,

hat Schönberg im Jahr 1930, während seiner Tätigkeit als Lehrer einer Meisterklasse an der Berliner Akademie, bearbeitet. Man mißverstünde sie, wenn man sie schlicht als ein Werk von ihm selber auffaßte oder gar ihnen vorwürfe, daß sie nicht seine Sprache sprechen. Zwei der Vorlagen stammen aus dem fünfzehnten Jahrhundert, zwei sind zumindest früher als 1540. Sie sind also kirchentonal; das diktiert auch die Grenzen der Bearbeitung. Die Vorlagen dürften Schönberg nach dem Plan der »Staatlichen Kommission für das Volksliederbuch für die Jugend« zugewiesen worden sein; sicherlich jedoch reizte ihn an dem Material die Asymmetrie der Melodiebildung, der häufige Taktwechsel. Die Schwierigkeiten der rhythmischen Transkription solcher Musik kümmerten ihn wohl wenig; historische Intentionen lagen ihm fern, er verließ sich auch bei zeitlich weit zurückliegender Musik einfach auf seine Musikalität.
Trotz seiner unhistorischen Haltung aber sind die Volksliederbearbeitungen Schönbergs, auch die für Chor, oberflächlich gesehen, weniger modern als andere aus der gleichen Zeit, wie sie etwa von Anhängern der Singbewegung geliefert wurden; sowohl harmonisch wie kontrapunktisch strenger auskomponiert, unter Verzicht auf Fermente aus der neuen Musik, aber auch auf befremdende Archaismen wie fauxbourdon-ähnliche Stimmparallelen. Als Bearbeiter war Schönberg konservativer als seine restaurativen Zeitgenossen. Das eröffnet eine Perspektive in seine kompositorische Reaktionsweise. H. F. Redlich sprach vor Jahrzehnten von der »Tonalitätslüsternheit« des frühen Schönberg und berührte damit einen recht grundsätzlichen Sachverhalt. Man könnte die Differenz Schönbergs von den mehr oder minder gemäßigten Komponisten der Epoche unter dem Gesichtspunkt darstellen, daß er die Tonalität, will sagen: die Anforderungen, die von ihr für die Akkordführung ebenso wie für das Gewebe der Stimmen ausgehen, schwerer nahm. Der heutzutage für gewisse Stücke Schönbergs gern gebrauchte Begriff der erweiterten Tonalität paßt strikt gar nicht darauf; man müßte eher von ausgestufter oder auskonstruierter Tonalität reden.
Der loyale Respekt vor allen in der Tonalität angelegten Postulaten – der kräftigen, selbständigen, auf billige Akkord-

verschiebungen verzichtenden Stufenführung ebenso wie eines verbindlichen Kontrapunkts – sprengte die Tonalität von innen her; je mehr er von ihr in ihr verlangte, desto weniger konnte sie dem genügen. Schönbergs Naturell ist gespannt zwischen zwei Extremen, der Verpflichtung durch die älteren Mittel und dem magnetischen Feld des noch nie Erprobten. Die peinture seiner Musik bildet sich durch diese Extreme hindurch, nicht in einer kompromißhaft mittleren Zone dazwischen. Seine pädagogische Leidenschaft mag damit ebenso zusammenhängen wie seine hartnäckige und, wie mir scheinen will, höchst legitime Weigerung, die radikal neuen Techniken jemals zu unterrichten. Ihrer wird mächtig nur, wen die Komplexion der eigenen Musik dazu zwingt; sonst bleiben sie aufgeklatscht wie in all den Zwölftonkompositionen, wo ein bis zur Belanglosigkeit einfacher musikalischer Gehalt mit Reihenkünsten aufgezäumt wird. Andererseits kräftigt sich die zentrale Fähigkeit dazu, Kompositionen als Problem, als widerspruchsvolle und verpflichtende Aufgabe, zu formulieren, sobald man die schulgerechten Normen pädagogisch gegen sich selbst wendet.

All das läßt an Brahms denken, dem Schönberg, in der Verfahrungsweise, doch wohl von allen Komponisten am tiefsten verpflichtet war. Aber im Vergleich zu den Brahmsischen Volksliedbearbeitungen mit Klavier sind die Schönbergschen spröde und asketisch, Realisierungen der musikalischen Substanz, keine Projektionen des eigenen Affekts. Während, als Kontrast zu den Sitten der Chorsängerei, die durchweg sehr bewegten und schwungvollen Tempi auffallen, die der Bearbeiter wählt, macht er, der große Innovator des Klaviersatzes, von spezifisch pianistischen Möglichkeiten kaum Gebrauch. Grund ist die reale Polyphonie, die in den Bearbeitungen trotz der Fassung der Lieder als begleiteter Monodien vorwaltet. Die Begleitstimmen sind so selbständig, fast im Vokalsinn geführt, daß für instrumentengerechte Klaviergriffe so wenig Raum bleibt wie in den Fugen des Wohltemperierten Klaviers. Schönberg hat denn auch in seiner letzten Zeit, als op. 49, die Lieder für a-cappella-Chor umgedacht, und eine weitere Chorversion des zweiten Liedes, ›Es gingen zwei Gespielen gut‹, findet sich in den drei Volksliedsätzen. Nach Rufers Angabe schrieb er an Lütge, er habe in der Bearbeitung keine reine Kirchentonart angestrebt, sondern »das Spiel mit den verschiedenen Akzidentien als färbend angewandt«. Sogleich jedoch schränkt er das ein: »Trotzdem aber würde ich es für richtig halten, die Stücke mit der alten Art der Tonartsbezeichnung abzudrucken, weil ja die Melodie sowohl, als auch die Harmonie nur so verstanden werden können.«[2]

In dieser Ambivalenz steckt eine freiwillige Erschwerung: es soll das moderne, will sagen: Bachsche, harmonische Generalbaß-Bewußtsein mit dem stufenlosen älteren, rein polyphonen Geist sich paaren. Daß Schönberg tatsächlich ungleichzeitige Normen gleichzeitig zu beachten liebte, geht aus einer ungemein aufklärenden Stelle aus einem Brief an Fritz Stiedry über seine Bearbeitung zweier Choralvorspiele von Bach hervor, die Rufer ebenfalls zitiert. Sie sagt soviel auch über Schönbergs Praxis als Volksliedbearbeiter, daß sie angeführt sei:

»Unser heutiges musikalisches Auffassen verlangte Verdeutlichung des motivischen Verlaufs in der Horizontalen sowie in der Vertikalen. D. h. wir begnügen uns nicht mit dem Vertrauen auf die immanente Wirkung der als selbstverständlich vorausgesetzten kontrapunktischen Struktur, sondern wir wollen diese Kontrapunktik wahrnehmen: als motivische Zusammenhänge. Die Homophonie hat uns gelehrt, diese in einer Oberstimme zu verfolgen, die Mittelstufe der Mendelssohn-Wagner-Brahms ›mehrstimmigen Homophonie‹ hat uns gelehrt, mehreren Stimmen so nachzugehen: unser Ohr und unser Auffassungsvermögen werden heute nicht zufriedengestellt, wenn wir diese Maßstäbe nicht auch auf Bach anwenden. Rein durch Zusammenklang kunstvoll geführter Stimmen entstehende ›angenehme‹ Wirkung genügt uns nicht mehr. Wir brauchen: Durchsichtigkeit um durchschauen zu können.«[3]

Die Vereinbarung von Unvereinbarem, zum Extrem getrieben in den wahrhaft niederländischen Kunststücken von Schönbergs Kanons, wirkt auch in den Liedbearbeitungen dem Expressiven wie dem sinnlich Angenehmen entgegen. Daß aber Schönberg so

2 Josef Rufer, Das Werk Arnold Schönbergs, Kassel–Basel–London–New York 1959, S. 78.

3 A. a. O., S. 79.

verfuhr, hat seinen Grund: die Technik der Erschwerung nötigt den Komponisten, den Tonsatz so gänzlich durchzukneten, daß nichts dem Zufall überlassen bleibt, nichts vor allem der von der Komposition unabhängigen Schwerkraft harmonischer Homophonie anheimgestellt wird. In diesem gleichsam pädagogischen Geheimnis stimmen die fast übertonalen Bearbeitungen mit der Zwölftontechnik überein; sie sind deren hohe Schule. Losgelöst aber von den Spannungen, für welche hier die Schwierigkeiten sorgen, die der Komponist sich selbst bereitet, hätte die Zwölftontechnik überhaupt kein Recht; sie mißt sich an den in jeder Komposition aufgespeicherten Widerständen. So innig sind bei Schönberg Komposition und Pädagogik amalgamiert, und wohl ließe sich sagen, daß damit die jeder geselligen Wirkung abholde Kunst Schönbergs gleichwohl ein soziales Element enthalte.

In den ›Drei Volksliedsätzen für gemischten Chor a cappella‹, die nicht datiert sind, aber der gleichen Phase angehören dürften – sie erschienen erstmals 1930 im Volksliederbuch für die Jugend und sind jetzt bei Peters in einer Sonderausgabe publiziert –, ist die in den Klavierbearbeitungen latente Polyphonie durch den Vokalklang entbunden und dadurch der Zusammenhang mit Schönbergs eigener Produktion unmittelbar evident; erinnert sei aus dieser an den letzten der Männerchöre op. 35. Harmonisch, zumal in der Behandlung der frei eintretenden Dissonanz, geht der Satz mindestens so weit wie Bach, wirkt aber, ohne alle Archaismen, den Vorlagen gemäß älter. Das mag daran liegen, daß vom Standpunkt des Komponisten Schönberg aus, vom Posttonalen, hier nun überhaupt nicht mehr generalbaßmäßig gedacht wird, sondern, unterm Aspekt der Harmonie, schwebend; die Einzelstimmen sind so selbständig, daß ein Fundamentgefühl so wenig mehr aufkommt, wie keines in der Kunstmusik des Spätmittelalters existierte. Die motivisch-thematischen Beziehungen sind außerordentlich eng geknüpft; so gleich zu Beginn des ersten Liedes. Der cantus firmus, die vorgegebene Melodie, liegt während der ersten Strophe im Tenor. Der Kontrapunkt des Soprans wird sogleich im zweiten Takt imitiert, der Baß aber ist in den beiden ersten Takten die Vergrößerung des Kopfmotivs dieses Kontrapunkts.

Die drei Strophen des Chors stehen im Verhältnis von Variationen zueinander. In der zweiten wandert der cantus firmus zunächst in den Baß, in der dritten in den Sopran; jede einzelne ist strikt anders gewoben als die vorhergehende. Schönbergs Formgefühl aber wacht darüber, daß nicht alle einfach, entwicklungslos, auf der gleichen Ebene verharren. Durch den ruhevollen Einsatz der letzten, in breiten Notenwerten nach der figurierten zweiten, wirkt diese letzte, mit dem späteren Eintritt der Hauptstimme im Sopran, unmißverständlich als Abgesang. Der zweite Chor, eine ganz abweichende Version der Ballade ›Es gingen zwei Gespielen gut‹, ist, dem erzählenden Charakter gemäß, breit angelegt, überaus reich und figurativ komponiert, abermals mit Strophenvariationen über einen cantus firmus, der in jeder Strophe in eine andere Stimme wandert. Von den Wiederholungen des einfachen Strophenlieds der Klavierfassung ist nichts übrig. Die Hauptmelodie wird, sooft sie mit einer neuen Strophe in einer anderen Stimme erscheint, rhythmisch erheblich variiert, zuweilen fast bis zur Unkenntlichkeit. Sie bildet nur noch kompositorisches Rohmaterial, vergleichbar einer Reihe; so nahe berühren sich hier Komponist und Bearbeiter. Die ältere imitatorische Praxis verbindet sich mit der modernen variierender thematischer Arbeit; oft beziehen sich die Kontrapunkte nicht direkt auf den cantus firmus, sondern sind entfernte Ableitungen daraus. Der letzte Chor ist, als Kontrast, viel kürzer, auch weniger komplex als Haupt- und Mittelstück.

Das Lied ›Herzgewächse‹, op. 20 schließlich, nach einem Gedicht von Maurice Maeterlinck, für Sopran, Celesta, Harmonium und Harfe, ist schon seit über vierzig Jahren gedruckt. Obwohl es, wegen der exzeptionell hohen Stimmlage des Soprans, nicht eben häufig aufgeführt wird, kann man es kaum einen unbekannten Schönberg nennen. Es hängt in mehr als einer Hinsicht mit den Kammerstücken zusammen. Nur ein Jahr später, 1911, komponiert, ist es ebenfalls athematisch, auch in der Motivbildung verwandt; die Harmoniummelodie, mit der es beginnt, könnte in einem jener Stücke vorkommen. Zwei charakteristische Instrumente aus den Kammerstücken, Harmonium und

Celesta, kehren wieder, als stünde Schönberg noch im Bann derselben Klang-imago. Gleichwohl ist das Lied abermals ein Mikrokosmos für sich. Ein wenig länger, dreißig Takte umfassend, wirft es die Frage der zeitlichen Extension nicht-tonaler Musik erneut auf, die dann schließlich die Zwölftontechnik herbeizitierte. Die Faktur ist weniger aphoristisch; nicht nur die Singstimme kulminiert in einer freien Melodie von langem Atem, sondern auch die Begleitung neigt zu weniger zerklüfteten Gestalten. Manchmal wird mit längeren Hauptstimmen gearbeitet, in den späteren Teilen sind in sich geschlossene, etwas breitere Klangflächen gebildet. Man hat einmal von Franz Schreker gesagt, seine Musik artikuliere sich dadurch, daß sie an den Höhepunkten sich vereinfache. Wenn der sphärenhafte Klang dieses Liedes insgesamt, vergeistigt, an Schrekers Phantasma erinnert, dann fügt sich auch die Form nach jenem Prinzip; während der Sopran immer kantabler sich aussingt, immer weniger rezitativisch, immer arioser wird, wie gegen Ende der ›Erwartung‹, verwandelt sich das Spiel der drei Instrumente immer mehr in ein flimmerndes Begleitsystem.

Das unverwechselbar Neue aber ist aus den gewählten Instrumenten geschöpft. Alle drei sind, wie das in dem Lied vermiedene Klavier, Griff-, keine Stimmeninstrumente. Wie stets läßt Schönberg vom Wesen der Instrumente sich inspirieren, ohne daß er doch ihm sich unterordnete und sich, um den Spielweisen gerecht zu werden, einschränkte. Vielmehr entzündet sich am Charakter der Instrumente seine Phantasie und bringt sie in Konfigurationen, die ihnen nicht geweissagt waren. Die höchst ungewöhnliche Zusammenstellung von Celesta, Harmonium und Harfe wird von ihm so interpretiert, daß er diesmal nicht, wie sonst in seinen polyphonen Werken, bloß Stimmen übereinander legt, sondern ganze harmonisch-melodische Komplexe, die aus der Grifftechnik der drei Instrumente sich ergeben. Ähnlich war schon die Technik der ›Glücklichen Hand‹, die man als Flächenpolyphonie, als Überlagerung von Schichten anstatt von Linien bezeichnen könnte. Nur wird, was dort der Expansion des gleichzeitig Erklingenden diente, im Celesta-Lied Wirkungen subliminaler Zartheit zugeführt.

Das Klangbild ist, bei aller Komplexität, von wahrhaft gläserner Transparenz. Was es inaugurierte, läßt sich kaum überschätzen. In der Zwölftonperiode ist daraus bei Schönberg selbst jenes neue Continuo eines klirrenden, zupfenden, höchst farbigen und dabei pedalfreien, gleichsam atmosphärelosen Begleitsystems geworden. Diese Idee wurde dann in der seriellen Musik weitergeführt; so Frappantes wie der zugleich bunt-lockende und schmerzhaft-hämmernde Klang des ›Marteau sans maître‹ von Boulez datiert schließlich auf die ›Herzgewächse‹ zurück. Eine viel spätere kompositorische Erfahrung, die Allergie nicht nur gegen den ins Unendliche verschwebenden Streicher-, sondern auch gegen den ausgehaltenen, hallenden Bläserton, die Vorliebe für Klänge, die ihr Modell am zeitlich genau präzisierten Anschlag haben – all das ist in den ›Herzgewächsen‹ von Schönberg antezipiert; auch der unmittelbar danach geschriebene ›Pierrot‹ hat etwas davon. Man könnte die Konzeption am ehesten beschreiben als den Versuch, Möglichkeiten des Schlagzeugs auf den gesamten Umfang genauer Tonhöhen, vor allem auch die oberen, auszudehnen; neuerdings bringt die Elektronik Ähnliches hervor. Dabei ist das überaus zarte Begleitsystem in sich nochmals so differenziert, daß dem Harmonium, dessen Töne ja wie die von Bläsern dauern, die eigentlichen Subsidiarstimmen zum Gesang zugeteilt werden, während die beiden anderen Instrumente als solche der Attacke, des momentanen Anschlags, davon sich abheben.

Die Gegenkraft zur Griffkontrapunktik des Ganzen aber ist die ungemein gestaltenreiche, über dem Ganzen schwebende Singstimme. Es ist ein Zerbinetta-Sopran, früher als die ›Ariadne‹. Es wird bis zum hohen f geführt. Die Vorstellung von der Koloraturstimme als einem pflanzenhaft Unbeseelten, das die menschliche Stimme von ihrer Trägerin emanzipieren will, ist dann in Bergs ›Lulu‹ zum Stilprinzip geworden. Dabei kontrastiert die Stimme nicht nur zum Begleitsystem, sondern ähnelt ihm auch wiederum durch ihr eigenes gläsernes Cachet. Diese Einheit ist inspiriert vom Maeterlinck-Gedicht. Ein künstliches Paradies wird darin entworfen, die lyrische Projektion eines Inwendigen, eine imagerie von Blumen. Auffällig, wie sehr diese imagerie mit der von Georges ›Buch der hängenden Gärten‹ sich trifft, der des Liedes vom schönen Beet oder des letzten

aus dem großen Zyklus, den Schönberg ein paar Jahre vor den ›Herzgewächsen‹ vertont hatte. Die Melodiebildung der Singstimme, zumal während der ersten Hälfte des Lieds – die zweite geht zur Koloratur über – erinnert in der Verwendung kleiner Werte, der Deklamation in über die Takt-Enden übergebundenen Noten, dem chromatischen Umspielen jeweiliger Zentraltöne, vor allem aber in der Synthesis des rezitativisch Sprechenden mit dem thematisch Plastischen ungemein an die George-Lieder. Noch wird Schönbergs Musik bewegt von dem Impuls der symbolistischen Dichter, eine Bilderwelt zu schaffen als reines Gleichnis der Seele, die sich verschweigt. Die Erscheinung eines imaginären Innenraums in einer höchst sinnlichen Klangsprache, hier wie im ›Pierrot‹, ist in Mallarmé beheimatet. Aber wie dieser lassen jene Werke Schönbergs den Jugendstil unter sich, in dem sie entspringen. Denn der musikalische Ausdruck nimmt eine Unmittelbarkeit an, welche keines Metaphorischen mehr bedarf: die Musik verzehrt die Bilder, das Innen redet selber.
Zeigt sich heute insgesamt, wie eine Dynamik vom Jugendstil in den Expressionismus treibt – in der Malerei etwa bei dem Wiener Schiele, von dem manche Fäden zu dem Schönberg der kritischen Jahre sich hinüberspinnen, und auch in dessen eigenen Bildern –, dann hat Schönbergs Musik diesen Übergang allein aus sich heraus vollzogen und, durch ihren ornamentlosen Ausdruck, den Jugendstil zu sich selbst gebracht, zum Expressionismus. Diese Bewegung seines Werks ist aber darum so authentisch, weil sie in dessen technischem Fortschritt, dem Abstoßen des schmückenden Beiwerks, sich vollzog, nicht aus Stilgesinnung. Die Lösung der strikt kompositorischen Probleme wird zur historischen Veränderung der Stile; im Umschlag des Jugendstils in Expressionismus ebenso wie später in dessen Versachlichung durch Konstruktion. Eine der möglichen Antworten auf die Frage nach der Dignität von Schönbergs Werk wäre, daß es, fensterlos der eigenen Tendenz sich überlassend, die gesamte Geschichte des Geistes seiner Epoche bündig in sich zusammendrängte.

1963

Editorische Nachbemerkung

Band 17 der »Gesammelten Schriften« umfaßt zwei von Adorno selbst zusammengestellte Sammlungen kleinerer musikalischer Schriften aus mehr als vier Jahrzehnten. Druckvorlage des vorliegenden Abdrucks sind die jeweiligen Erstausgaben: für die »Moments musicaux« – von denen keine Neuauflage veranstaltet wurde – die 1964 im Suhrkamp Verlag, Frankfurt a. M., für die »Impromptus« – die erst nach dem Tod des Autors neu aufgelegt wurden – die 1968 im selben Verlag und am selben Ort erschienene; die Bände figurieren in der Reihe »edition suhrkamp« als Nr. 54 und Nr. 267. – Auf Vorveröffentlichungen der einzelnen Texte wird am Ende der respektiven Bände mit den folgenden »Drucknachweisen« hingewiesen:

Spätstil Beethovens, in: Der Auftakt, Blätter für die tschechoslowakische Republik, XVII, Heft 5/6, 1937

Schubert, in: Die Musik, XXI, Heft 1, 1928

Huldigung an Zerlina, in: Programmheft der Städtischen Bühnen Frankfurt, IV, Heft 13, 1952/53

Bilderwelt des Freischütz, in: Programm der Hamburger Staatsoper, Heft 5, 1961/62

Hoffmanns Erzählungen in Offenbachs Motiven, in: Programmschrift der Städtischen Bühnen Düsseldorf, VIII, 1932

Zur Partitur des ›Parsifal‹, in: Theaterzeitschrift der Deutschen Oper am Rhein, I, Heft 3, 1956/57

Nachtmusik, in: Anbruch, XI, Heft 1, 1929. Gekürzt.

Ravel, in: Anbruch XII, Heft 4/5, 1930. Überarbeitet.

Neue Tempi, in: Pult und Taktstock, VII, Heft 1, 1930

Über Jazz, geschrieben 1936, publiziert unter dem Pseudonym Hektor Rottweiler; in: Zeitschrift für Sozialforschung, V, 1937. *Oxforder Nachträge*, unpubliziert.

Zur Physiognomik Kreneks, in: Theaterzeitschrift der Deutschen Oper am Rhein, II, Heft 13, 1957/58

Mahagonny, in: Der Scheinwerfer, Blätter der Städtischen Bühnen Essen, III, Heft 14, 1930

Zilligs Verlaine-Lieder, Vortrag, gesendet vom Bayrischen Rundfunk, Juli 1961. Ungedruckt.

Reaktion und Fortschritt, in: Anbruch, XII, Heft 6, 1930. Gekürzt.

Schönbergs Bläserquintett, in: Pult und Taktstock, V, Heft 5/6, 1928

Verfremdetes Hauptwerk. Zur Missa Solemnis, in: Neue Deutsche Hefte, Heft 54, 1959

Anmerkungen zum deutschen Musikleben, in: Deutscher Musikrat. Referate, Informationen, 5. Februar 1967, S. 2 ff.

Zu einer imaginären Auswahl von Liedern Gustav Mahlers: unpubliziert.

Der dialektische Komponist, in: Arnold Schönberg zum 60. Geburtstag, 13. September 1934, Wien, S. 18 ff.

Anton von Webern, Vortrag im Südwestfunk (damals: Frankfurt), 21. April 1932. Abgedruckt in mehreren Zeitschriften, so im Auftakt 1936.

Ad vocem Hindemith. Eine Dokumentation.
Präludium, ungedruckt.
I *Paul Hindemith*, in: Neue Blätter für Kunst und Literatur, hrsg. von der Centrale für gemeinnützige Kunstpflege, Frankfurt am Main, Jg. 4, Nr. 7, 20. 3. 1922, S. 103 ff.
II unter dem Titel *Kammermusik von Paul Hindemith* in: Die Musik, XIX Jg., Heft 1, Oktober 1926.
III unter dem Titel *Kritik des Musikanten* in: Frankfurter Zeitung, 12. März 1932.
IV Hindemith, Paul, *Unterweisung im Tonsatz. Theoretischer Teil.* B. Schott's Söhne, Mainz 1937. Besprechung für die »Zeitschrift für Sozialforschung«, wortgetreu nach einem Fahnenexemplar vom 15. Mai 1939. Das Heft ist wegen des Krieges nicht mehr erschienen.
V geschrieben 1962 als Beitrag für die Sendereihe des Westdeutschen Rundfunks »Selbstkritik der Kritiker« (gesendet: 7. Februar 1963); unter dem Titel *Früher Irrtum* erschienen in: Schweizer Monatshefte, 43. Jahr, Heft 10, Januar 1964.
Postludium, ungedruckt.

Glosse über Sibelius, in: Zeitschrift für Sozialforschung, Jg. 1938, Heft 3.

Schwierigkeiten
I. *Beim Komponieren*, Vortrag für Radio Bremen am 5. Mai 1964. Gedruckt in: Aspekte der Modernität, Göttingen 1965, S. 129 ff.
II. *In der Auffassung neuer Musik*, Vortrag für Radio Bremen am 6. Mai 1966. Publiziert in: Neue deutsche Hefte, Jg. 14, Heft 5, 1968, S. 38 ff.

Musikalische Diebe, unmusikalische Richter, in: Stuttgarter Neues Tagblatt, 20. August 1934.

Kleine Häresie, in: Wege und Gestalten, Biberach an der Riss, September 1965.

Vierhändig, noch einmal, in: Vossische Zeitung, 19. Dezember 1933.

Metronomisierung, in: Pult und Taktstock, Wien–New York, Heft 7/8, September/Oktober 1926, S. 130 ff.

Nach Steuermanns Tod, unter dem Titel *Nachruf auf einen Pianisten*, in: Süddeutsche Zeitung, 28./29. November 1964.

Winfried Zillig. Möglichkeit und Wirklichkeit, Vortrag für den Bayrischen Rundfunk, gesendet am 10. Juni 1964. Ungedruckt.

Über einige Arbeiten Arnold Schönbergs, in: Forum, Wien, X. Jahr, Juli/August und September 1963, Hefte 115/116 und 117, S. 378 ff. und 434 ff.

Von den »Moments musicaux« fand sich im Nachlaß Adornos ein Handexemplar; die dort verzeichneten Korrekturen und Änderungen wurden im vorliegenden Abdruck selbstverständlich ausgeführt.

August 1981

Walter Benjamin in der edition suhrkamp
Eine Auswahl

Das Passagenwerk. Zwei Bände. Herausgegeben von Rolf Tiedemann. es 1200. 1354 Seiten

Moskauer Tagebuch. Herausgegeben und mit Anmerkungen von Gary Smith. Vorwort von Gershom Scholem. es 1020. 222 Seiten

Zur Kritik der Gewalt und andere Aufsätze. Mit einem Nachwort von Herbert Marcuse. es 103. 107 Seiten

Walter Benjamin
im suhrkamp taschenbuch wissenschaft
Eine Auswahl

Gesammelte Schriften. Unter Mitwirkung von Theodor W. Adorno und Gershom Scholem. Herausgegeben von Rolf Tiedemann und Hermann Schweppenhäuser. Sieben Bände. stw 931-937. 7583 Seiten. Auch einzeln lieferbar.

Ursprung des deutschen Trauerspiels. Revidierte Ausgabe von Rolf Tiedemann. stw 225. 234 Seiten

Über Walter Benjamin
Eine Auswahl

Winfried Menninghaus. Walter Benjamins Theorie der Sprachmagie. stw 1168. 282 Seiten

Detlev Schöttker. Konstruktiver Fragmentarismus. Form und Rezeption der Schriften Walter Benjamins. stw 1428. 343 Seiten

NF 301/1/10.15

